AVR 8535 중심

One-Chip Microprocessor 실습

한올출판사

머 리 말

현대 산업 사회에서 마이크로 컨트롤러에 의한 자동화의 응용범위는 참으로 다양하며 실생활에서도 많이 적용되어 인간의 편리를 더하고 있다. 이러한 마이크로 컨트롤러는 여러 종류가 있지만 이 중에서도 AVR 계열의 마이크로 프로세서는 현재 실무에서 특히 각광을 받고 있는 제어용 프로세서이므로 이에 대한 이론적 지식과 프로그램 기법, 실제의 제어 기술은 전자, 전산, 통신 및 멀티미디어 등의 관련 분야에 종사하고자하는 개발자에게는 필수적이라 할 수 있겠다. 이러한 추세에 따라 AVR 마이크로프로세서에 대한 이론과 실무에 도움이 되고자 마이크로 프로세서의 원리와 응용기술을 이해하기 위해 하드웨어를 직접 조립하고 제어하는 프로그램을 작성해보는 것이 마이크로 프로세서를 이해하는 가장 효과적인 방법으로 판단되어 산업체에서의 연구경력과 대학의 강의 경험을 바탕으로 이에 맞는 교재를 마련하였다.

본 교재에서는 PART 1에서 one-Chip시작을 위한 기본과 AVR 8535이해, 실습을 위한 C-언어 기본을 이해하도록 하였다. PART 2에서는 다양한 부하에 대한 실험실습을 할 수 있도록 회로도와 프로그램 작성 등을 중심으로 One-Chip Microprocessor활용 기법을 습득할 수 있도록 구성하였다.

교재에 대한 미비한 점을 계속 보완하여 공학도가 쉽게 실무에 적용될 수 있는 길잡이의 역할을 위해 최선의 노력을 다할 것이며 이 책의 출간을 위해 도움을 주신 한올출판사의 사장님을 비롯한 임직원에게 깊은 감사의 말씀을 드립니다.

2011년 1월

著者

차 례

CONTENTS

PART 1 AVR 8535

차 례

CONTENTS

PART 2 AVR 8535 실험 실습

차 례

CONTENTS

차 례
CONTENTS

부 록

PART 1

AVR 8535…

01 CHAPTER

One-Chip 시작하기

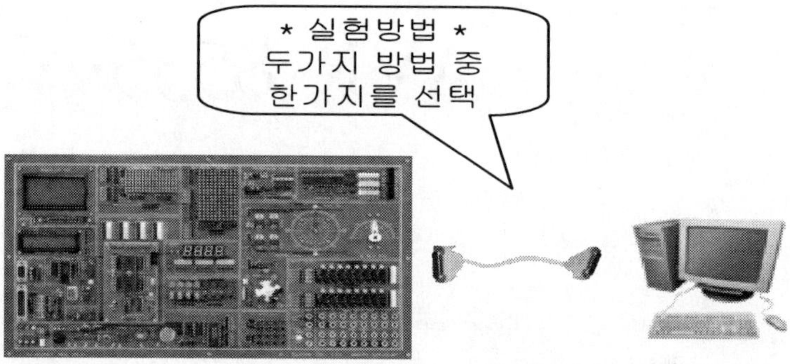

*프린터 케이블을 사용하여 연결할 경우 MICOM-PROGRAMMER로 HEX File을 다운로드 한다.

*ISP 케이블을 사용하여 연결할 경우 CodeVision Compiler로 HEX File을 다운로드

프린터 케이블 사용	MICOM-PROGRAMMER로 HEX File을 다운로드한다.
ISP 케이블 사용	CodeVision Compiler로 HEX File을 다운로드한다.

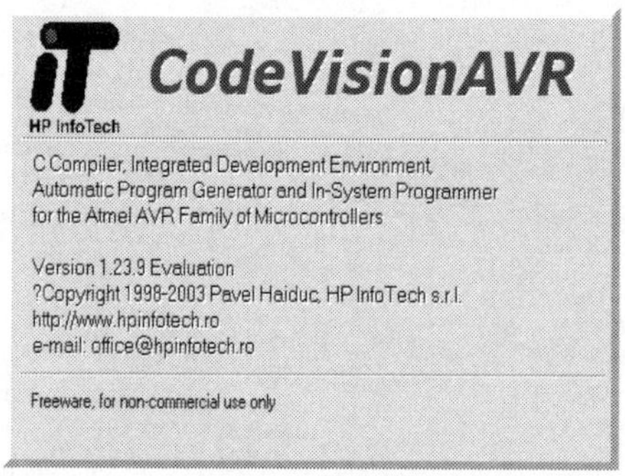

CodeVision Compiler

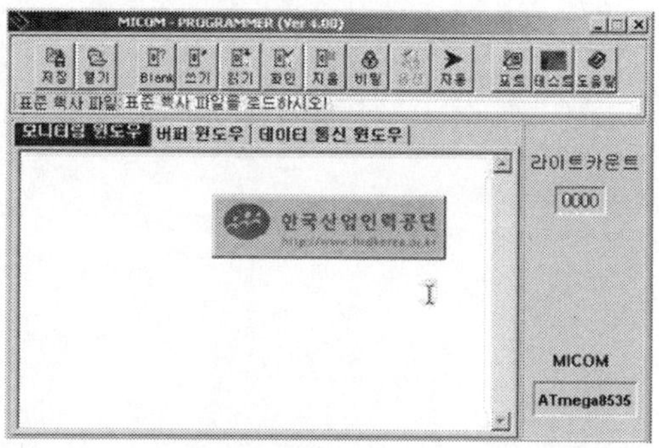

MICOM-PROGRAMMER

One-Chip Kit를 활용하는 절차를 설명한다.

1.1 One-Chip Kit 실험 절차

One-Chip Kit를 활용하여 AVR 8535를 학습, 실험을 하기 위해서는 다음과 같은 순서를 거쳐야 한다.

1. 「부록 1 One-Chip 장비설명」을 숙지한다.
2. 「부록 2 CodeVision Compiler 사용하기」를 참조하여 프로그램을 설치, 사용법을 숙지한다.
3. 「부록 3 MICOM-PROGRAMMER 사용법」, 「부록 2 CodeVision」을 참조, HEX file 다운로드 프로그램을 설치, 사용법을 숙지한다.(MCU의 종류에 따라 사용법을 달리 할 수 있다.)
4. One-Chip Kit를 컴퓨터와 연결, 실험준비를 한다.

■ 실험방법 1 : CodeVision Compiler로 실험

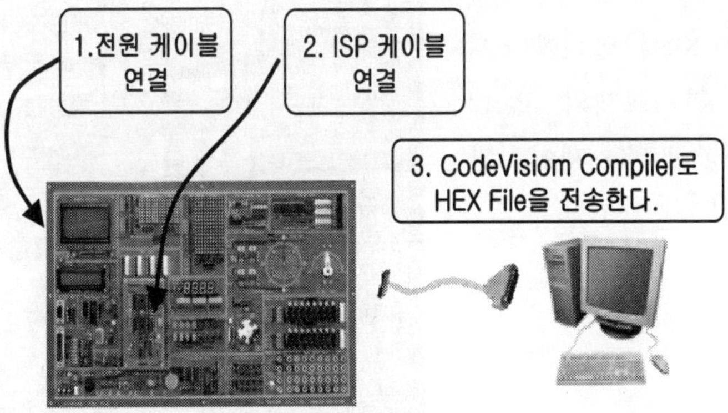

■ 실험방법 2 : MICOM-PROGRAMMER로 실험

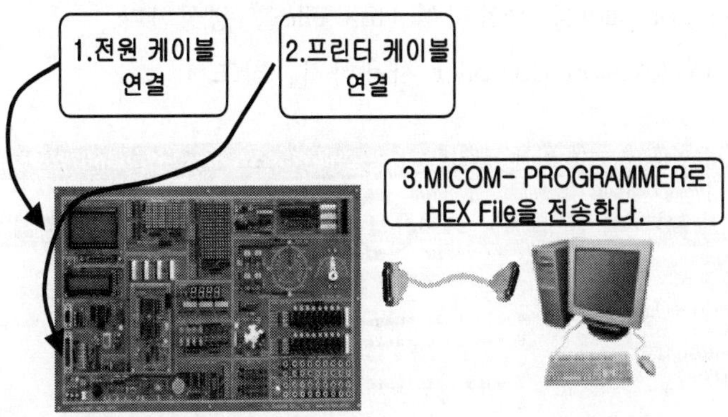

5. 예제 프로그램을 작성한다.
(ATmega8535 예제)

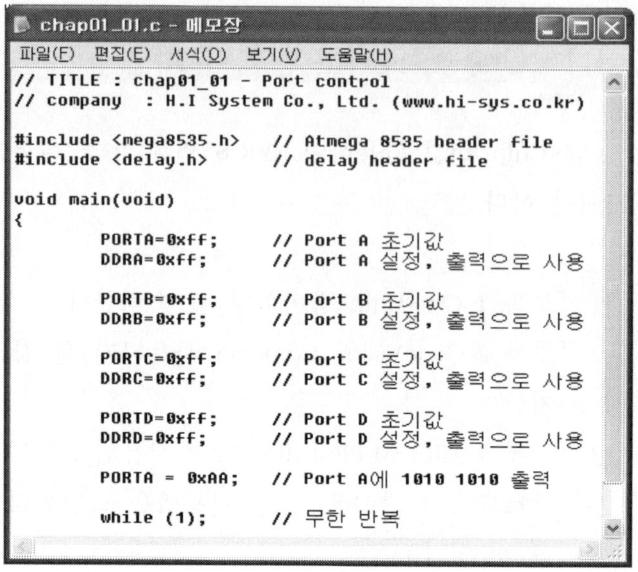

6. 작성한 프로그램에 맞게 One-Chip Kit를 결선한다. (그림은 본 교재의 Part2 「1장 Digital I/O 제어」 연결도 이다.)

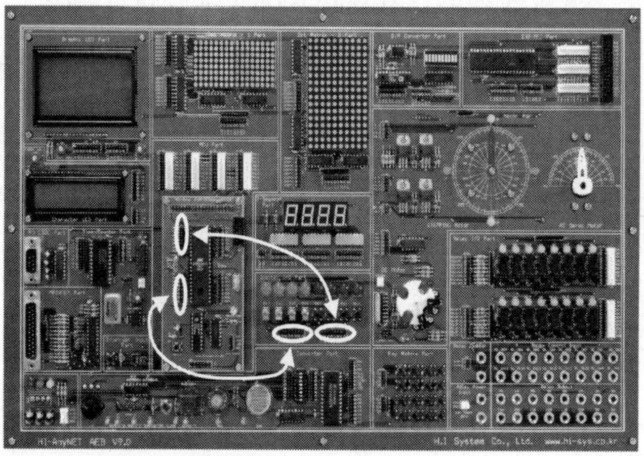

7. CodeVision Compiler를 사용하여 HEX File을 생성한다.
(「부록 2 CodeVision Compiler 사용하기」 참조)

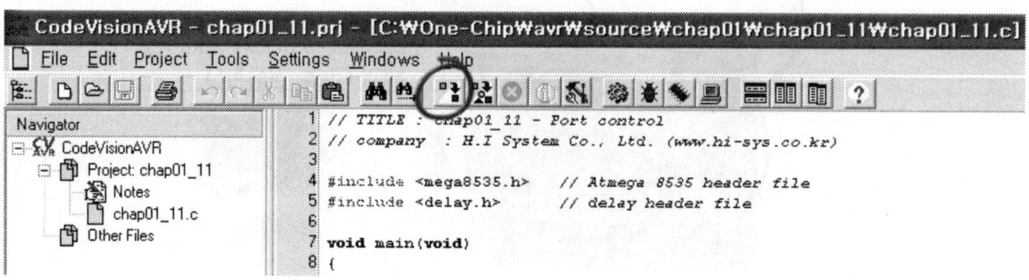

8. HEX File을 다운로드한다.

■ 방법 1 : CodeVision Compiler로 실험

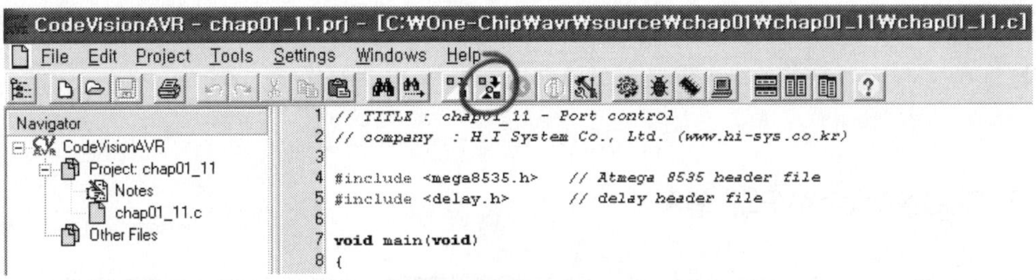

■ 방법 2 :

MICOM-PROGRAMMER로 실험

(「부록 3 MICOM-PROGRAMMER 사용법」 참조)

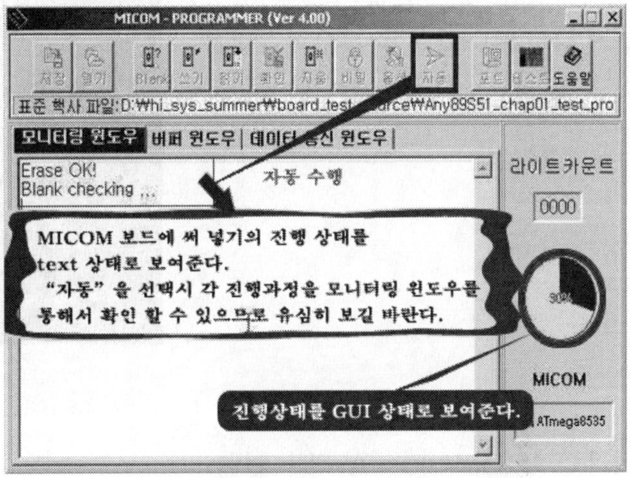

Hex 파일 자동으로 MICOM에 써 넣기

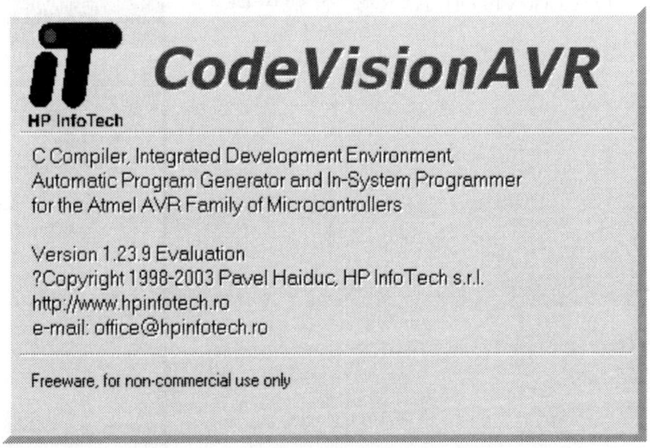

CodeVision Compiler 사용방법을 설명한다.

1.2 Code Vision Compiler 설치 및 실행

CodeVision AVR(무료배포버전)을 다운로드한 후 설치하여 다음의 순서에 따라 컴파일 한다.

1.1.1 CodeVisionAVR의 설치

- CodeVisionAVR을 사용하여 컴파일할 것이다. 프로그램 용량이 크지 않다면 무료배포버전의 사용도 무난하다.

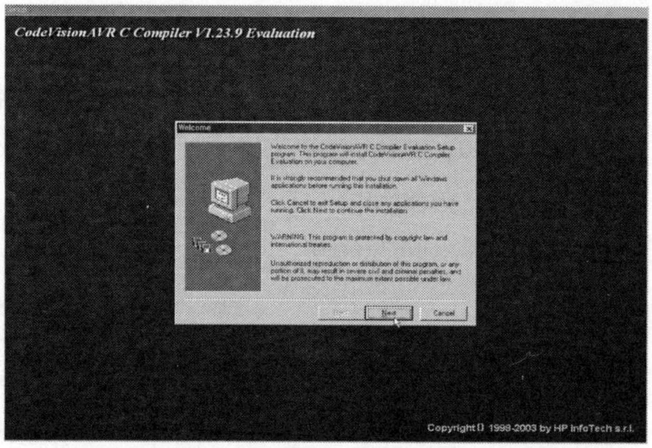

1.1.2 CodeVision AVR의 실행

1) CodeVision AVR을 실행한다.

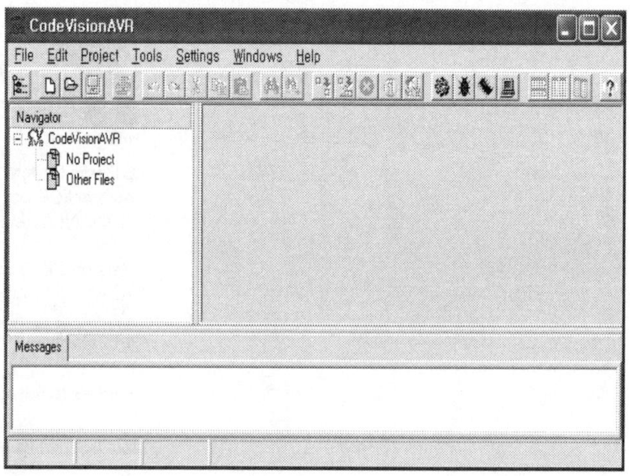

2) Creat New File을 실행하여 새 프로젝트를 생성한다.

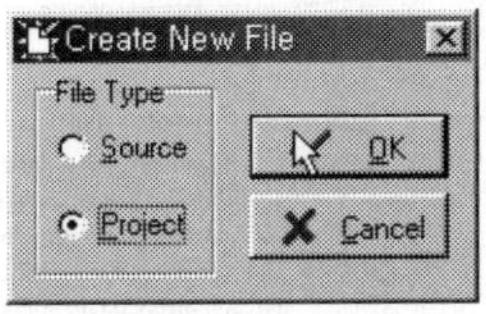

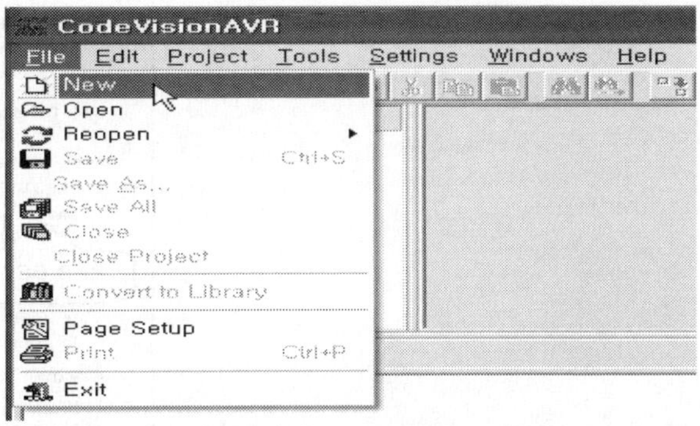

3) Wizard를 사용할 것인지를 묻는 창이 출력된다.
본 교재에서는 사용한다는 않는다.

4) 작업 폴더로 이동 프로젝트 이름을 입력 후 저장한다. (영문사용)

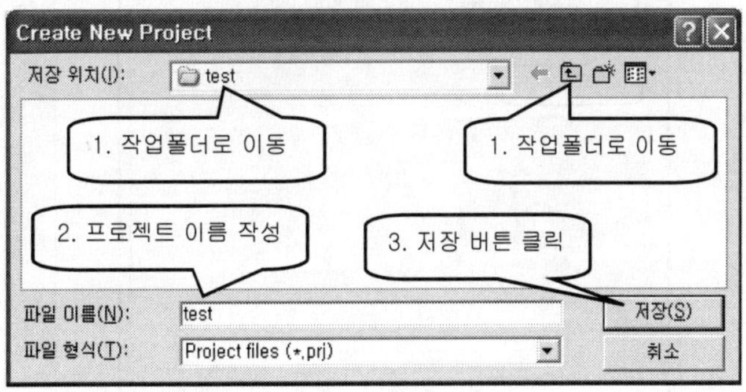

5) 「C Compiler」를 클릭하면 Chip, Clock등 Compiler 환경설정 창이 출력된다.

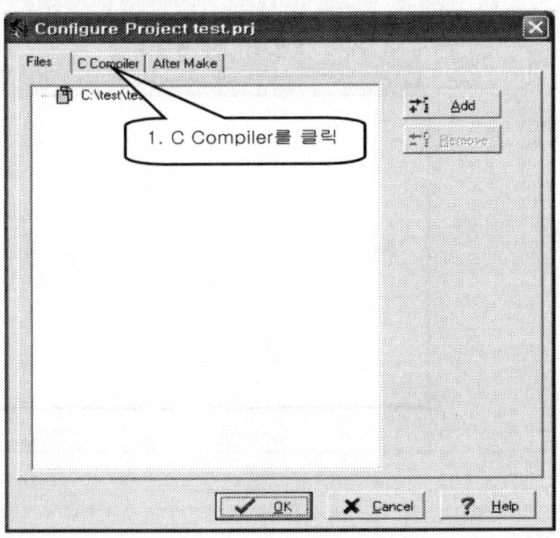

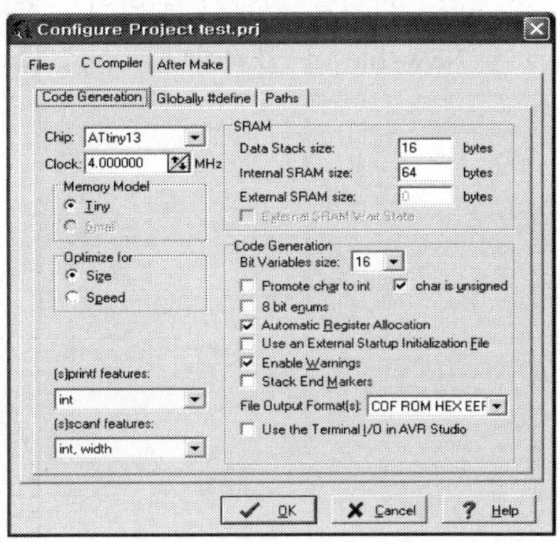

6) Chip, Clock을 설정하고 「After Make」를 클릭한다.

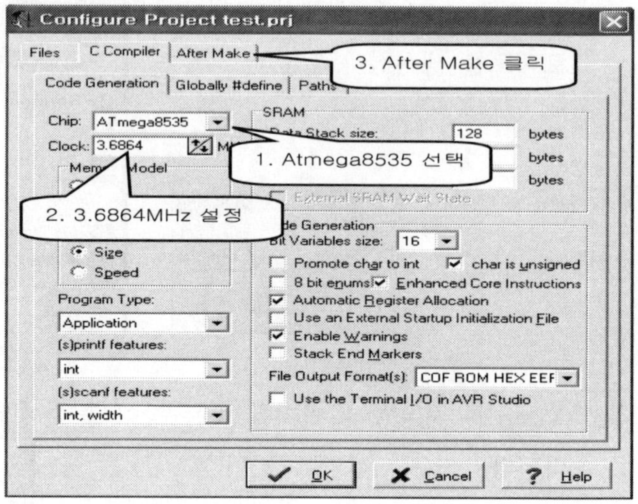

7) Program Chip을 체크하면 Chip Programming Option창이 출력된다.

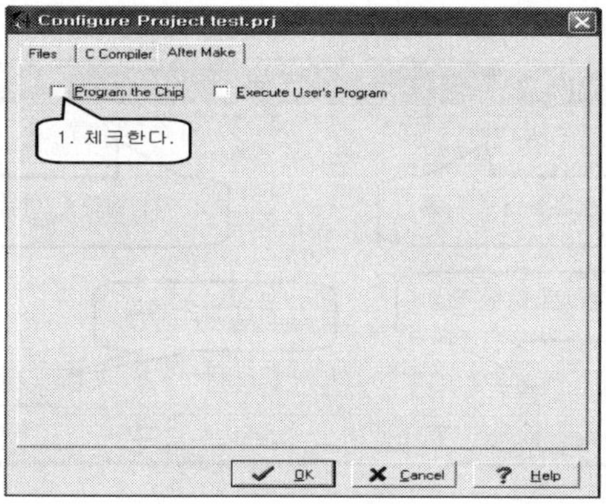

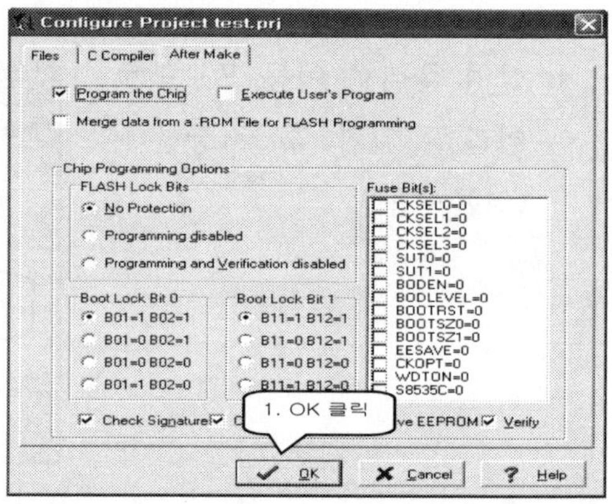

8) 소스 파일을 만들기 위하여 「NEW file」을 클릭한다.

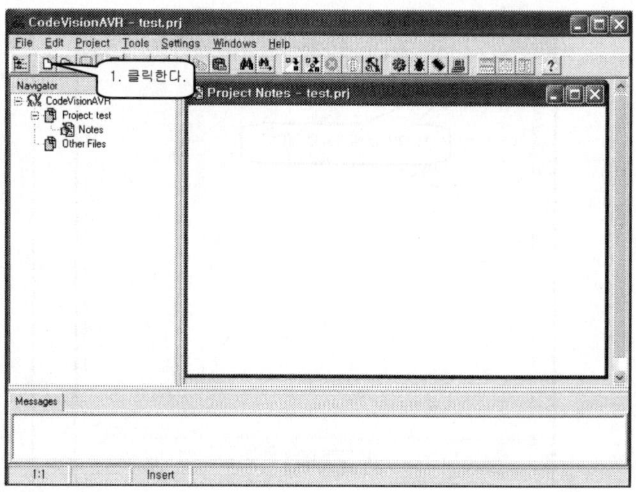

9) File Type을 Source 선택, 「OK」 버튼을 클릭한다.

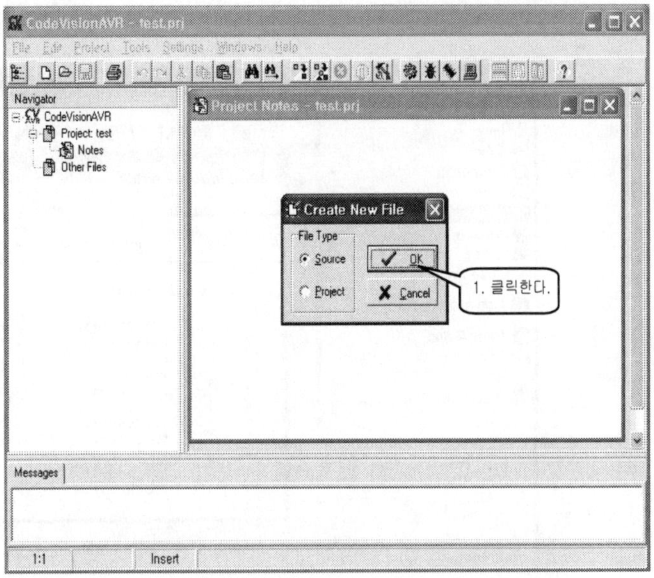

10) 「untitled.c」 파일 생성, 프로그램을 작성한다.

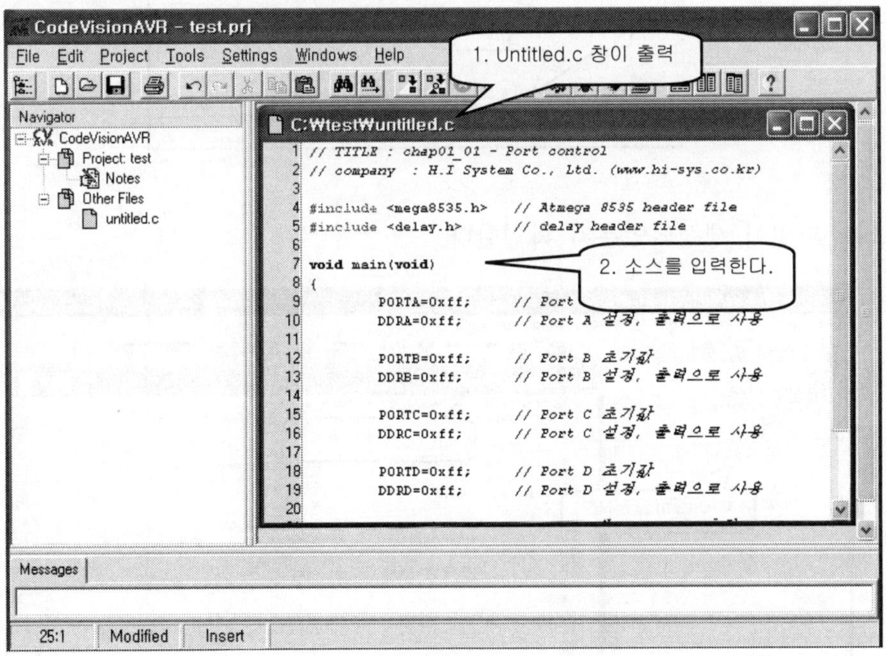

11) 「File」 - 「Save As」를 클릭하여 파일 이름을 입력, 저장 버튼을 클릭한다.

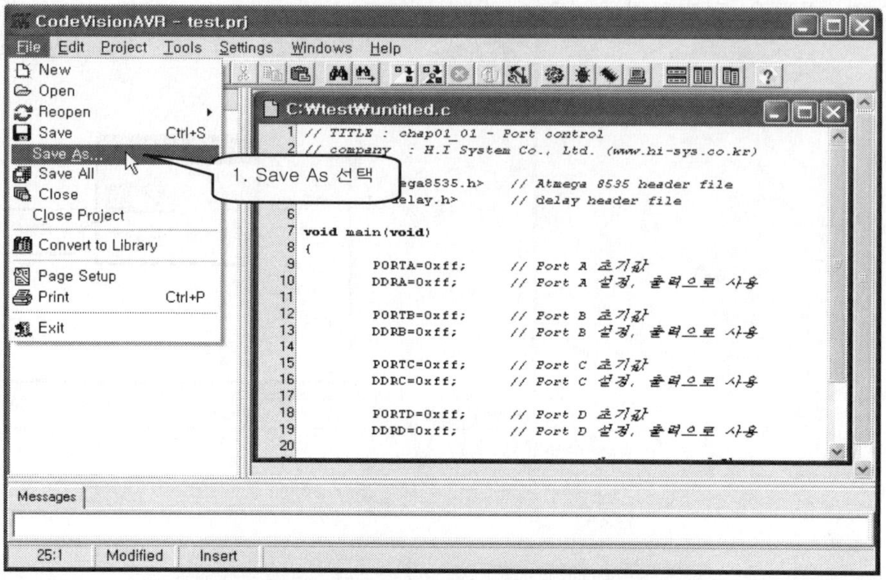

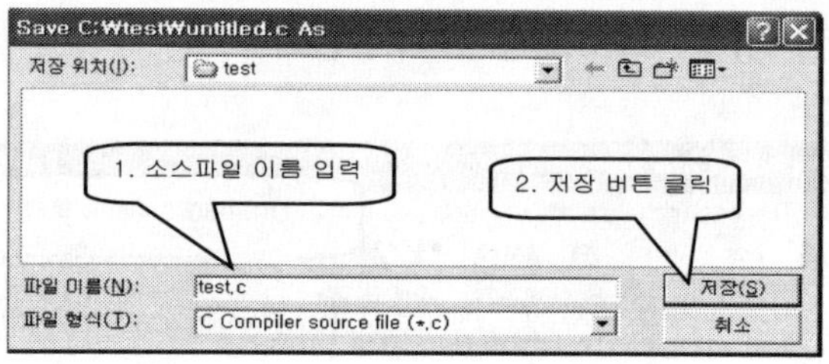

12) 소스 파일이 생성되었는지 확인한다.

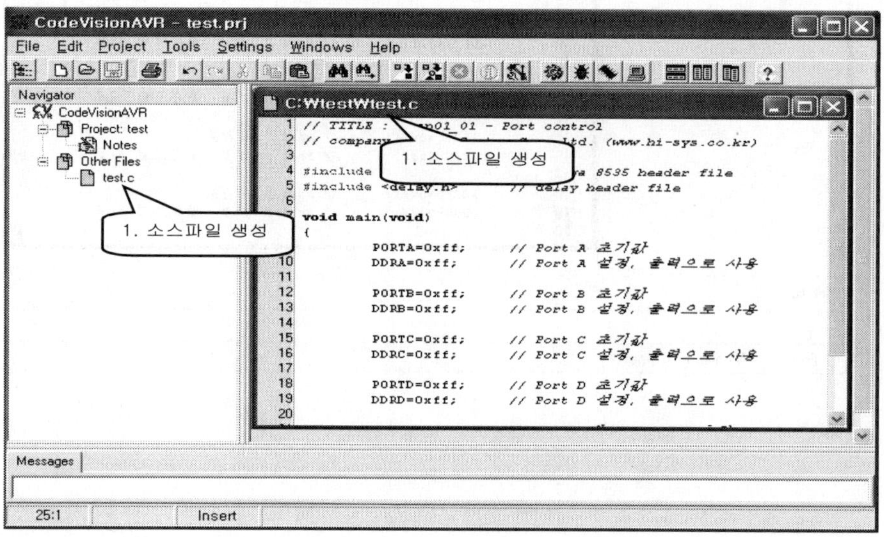

13) 「Project」 - 「Configure」를 클릭 하여 소스 파일을 프로젝트에 추가한다.

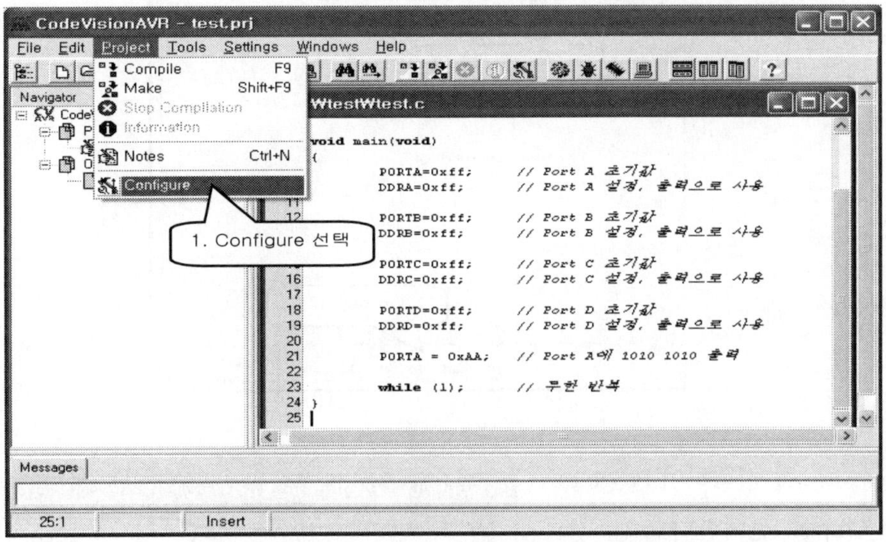

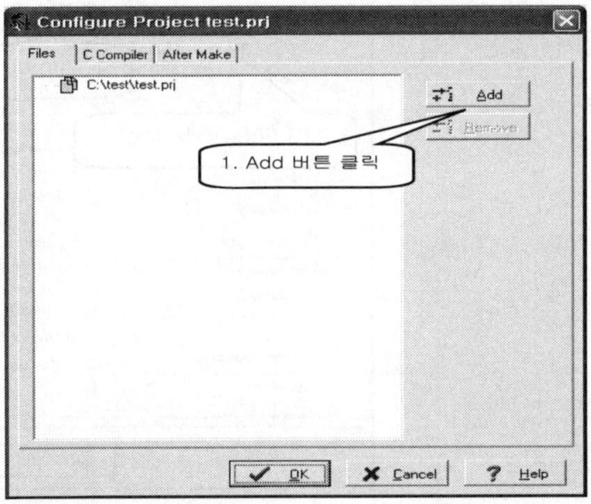

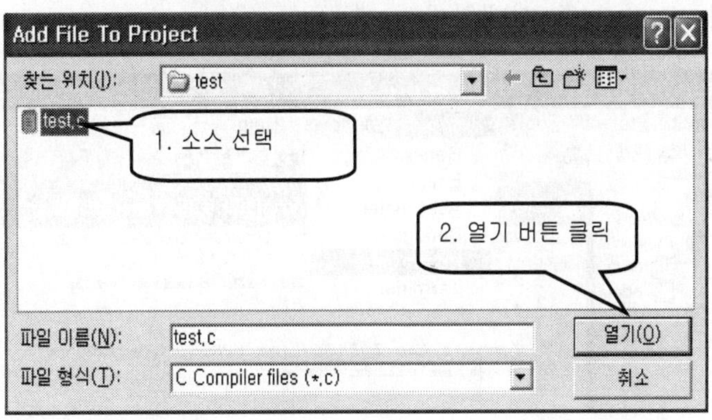

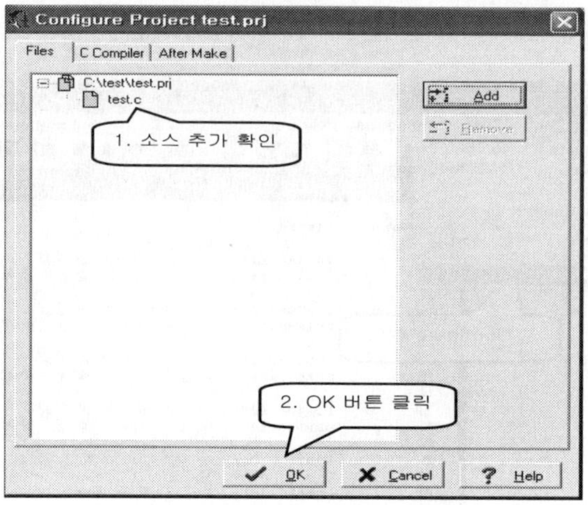

- After Make를 선택하여 Program the Chip을 선택한다.
- C compiler를 선택하여 아래 사항들이 선택되어 있는가를 확인한다.

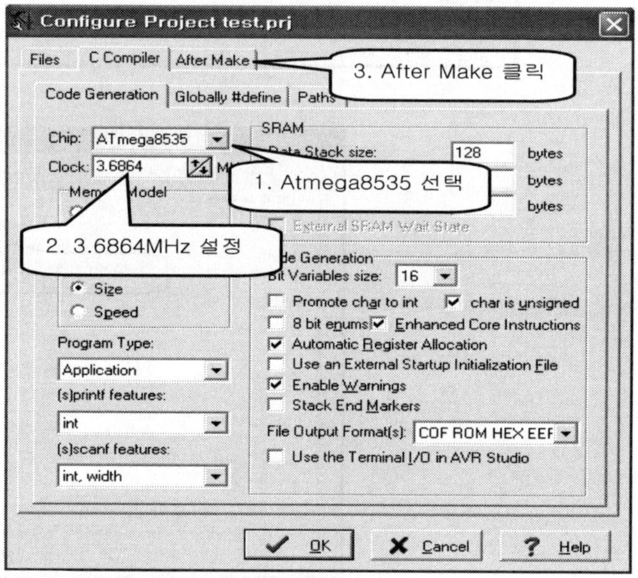

- 메인 창에서 Settings를 선택한다.

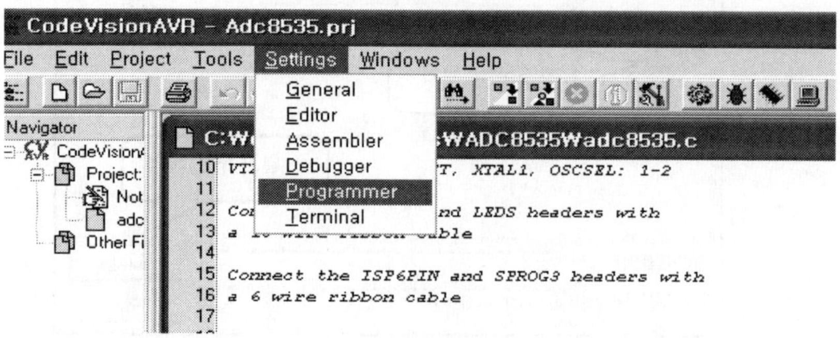

- Programmer를 선택하여 다음과 같이 선택한다.

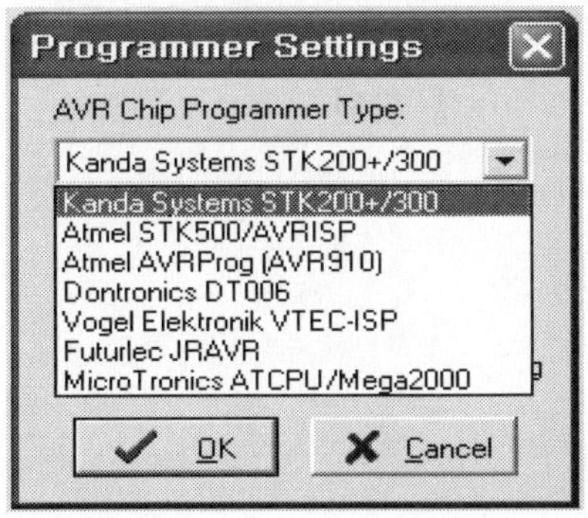

- 실험 장치에 있는 Toggle 스위치를 AVR CPU모듈을 사용 시에는 ISP쪽으로 스위치를 선택한 후 프로그램을 다운로드하여야 한다.

14) 프로젝트에 추가된 소스를 확인, 컴파일, 컴파일 & ISP 다운로드를 한다.

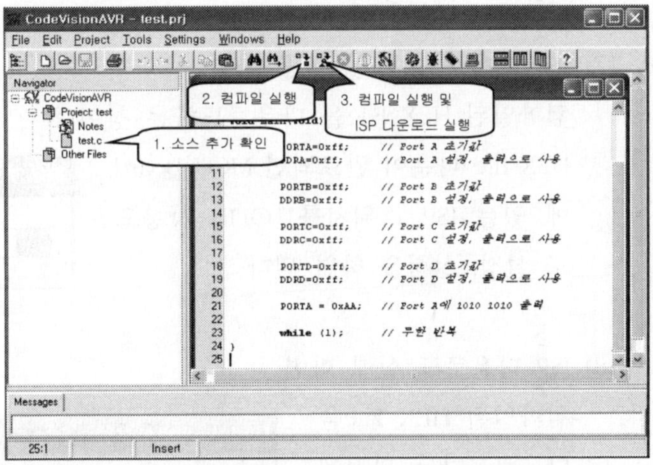

15) 컴파일 실행 화면

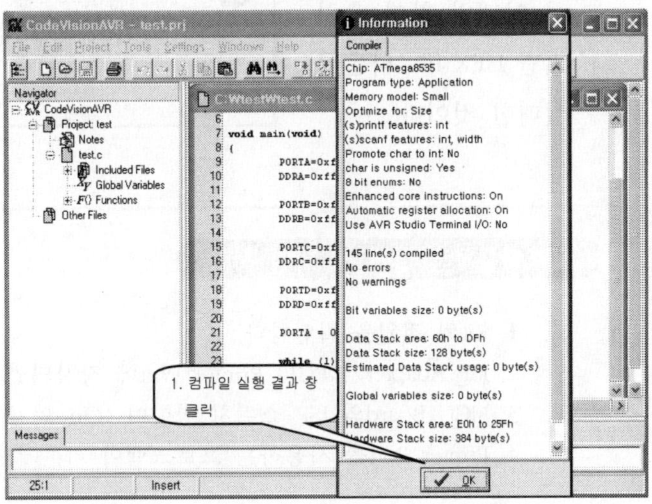

16) 컴파일 & ISP 다운로드 실행 화면

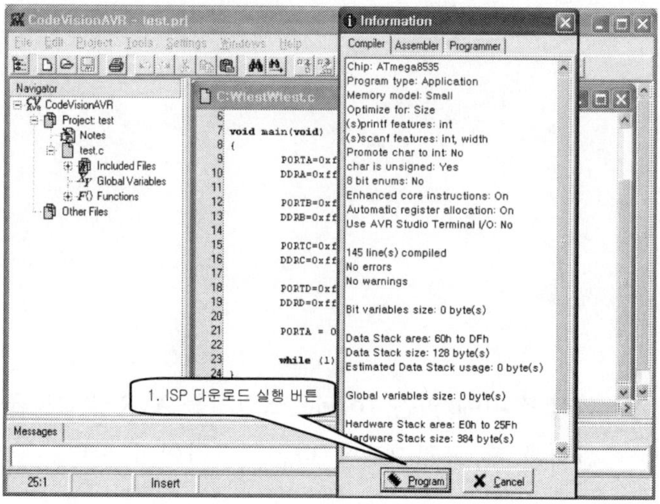

17) ISP 다운로드 진행, 성공 화면

컴파일된 HEX File을 다운로드하는 창이다. HEX file 다운이 완료되면 MCU Board에 있는 ISP 스위치를 「OFF」 방향으로 설정, 실험을 하면 된다.

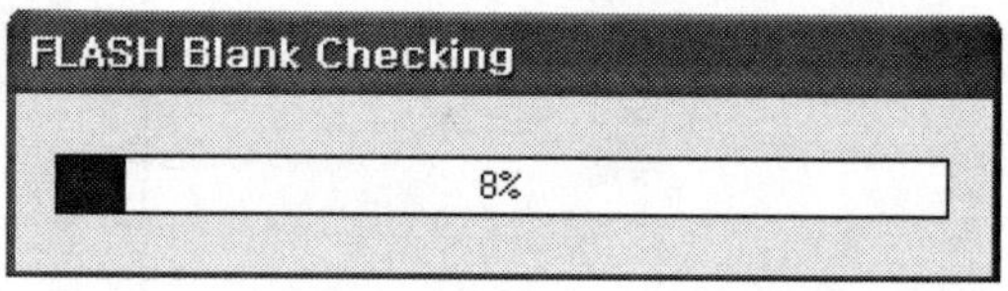

18) ISP 다운로드 실패 화면

컴파일된 HEX File을 다운로드하는 과정에서 아래의 창이 출력되면 HEX file 다운이 실패한 것이다.

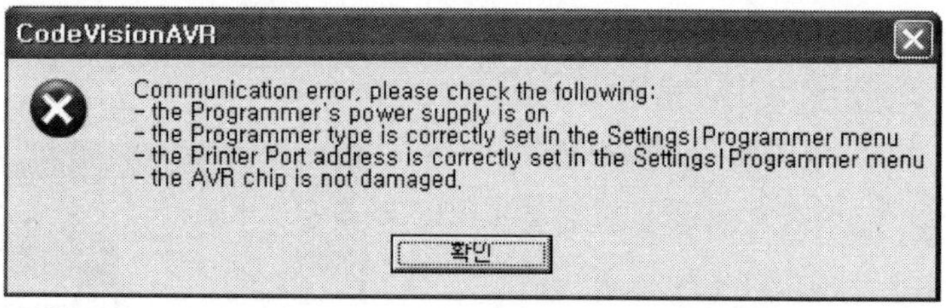

ISP 다운로드 실패 시 확인 사항

1. Kit의 전원을 확인한다.
2. ISP Adapter가 PC의 Printer Port에 장착되었는지 확인한다.
3. MCU Board의 ISP 스위치 방향이 「On」인지 확인한다.
4. Printer Port를 사용하는 프로그램이 기존에 실행되어 있는지 확인한다.

ISP 다운로드 실패 시 실행 사항

1. 예제 프로그램을 수정한다.
   - PB5, 6, 7 PIN은 ISP 프로그램을 다운로드 하는 PORT이므로 GND입력을 바로 연결(예를 들면 Toggle 스위치를 내리고 PB5, 6, 7에 연결)하면 ISP 다운로드가 안 된다. 그러므로 다른 PORT로 스위치 입력을 바꾼다.
2. 프린터 케이블로 PC와 Kit를 연결한다.
3. MCU Board의 ISP 스위치 방향이 「Off」 한다.
4. MICOM-Programmer로 HEX File 다운로드한다.

CHAPTER

02. 마이크로컨트롤러 AVR 8535

2.1 마이크로프로세서

마이크로컴퓨터(micro-computer)의 일반적인 구조는 그림과 같이 CPU(CPU : central processing unit: 중앙처리장치)를 중심으로 해서 기억장치(memory)와 입출력장치(I/O device)로 구성되어 있다.

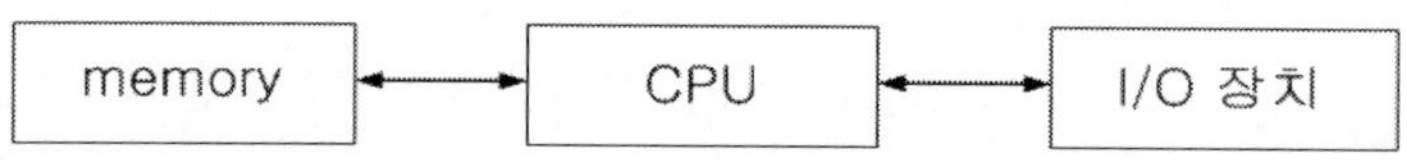

마이크로컴퓨터의 CPU는 마이크로프로세서(microprocessor)라고도 불리우며 메모리에 저장된 프로그램이나 데이터를 읽어 와서 필요한 명령을 실행하는 기능을 말한다. 마이크로컴퓨터의 CPU는 일반 대형컴퓨터나 소형컴퓨터(mini-computer)의 CPU와 그 기능이 본질적으로는 같으나 그 구성이 비교적 간단하다. 마이크로컴퓨터의 중앙처리장치(CPU : central processing unit)를 단일 IC를 직접 시켜 만든 반도체 소자이며, 마이크로프로세서는 CPU의 여러 형태 중에 1개의 소자이다.

마이크로프로세서 중에 1개의 칩(chip) 내에 CPU기능은 물론이고, 일정한 용량의 메모리와 입출력 회로까지 내장한 것을 마이크로컨트롤러(Micro -controller)라 말한다. 이는 하나의 소자가 완전한 하나의 컴퓨터의 기능을 가지고 있기 때문에 one-chip 혹은 single-chip Micro-controller라고도 부른다.

마이크로프로세서 내부에는 모두 공통적으로 데이터의 산술 연산과 논리연산을 수행하는 회로인 ALU(arithmetic logic unit: 산술논리연산장치)와 일시적으로 데이터를 기억하고 처리하기 위한 몇 개의 레지스터(register)들과 그 밖에 특수 용도의 레지스터들을 갖고 있다.

순서논리회로는 기억 장치를 가지고 있는 MSI(medium-scale integration: 중규모 집적회로)회로로서, 수행하는 역할에 따라 레지스터(register), 카운터(counter), RAM(Random Access Memory)으로 구분할 수 있다.

레지스터는 여러 개의 플립플롭으로 구성되며 자료의 기억용으로 사용되고 있다. n bit 레지스터는 n개의 플립플롭으로 이루어지고 2진수 n개를 기억하게 된다. 따라서 레지스터는 미리 정해진 순서대로 상태가 변하므로 펄스의 수를세거나 논리회로의 동작 순서 제어(sequence control), 클럭의 주파수 분배기(frequency divider)등의 역할 한다.

기억장치에는 여러 종류가 있는데 크게 RAM(Random Access Memory)과 ROM(Read-Only Memory)으로 구분할 수 있다. RAM은 자료를 기억(write)시킬 수도 있고 기억된 내용을 읽을(read)수도 있는 장치이다. 반면에 ROM은 사용자의 요구에 따라 ROM제조자가 마스크(mask)를 만들어 ROM을 만드는 과정에서 기억시켜 둔 일정한 정보를 읽을 수만 있는 장치이다. 즉, 내용을 읽기만 하고 다른 내용을 쓸 수 없는 메모리이다.

2.2 마이크로프로세서의 기능 및 레지스터

마이크로 프로세서(CPU)의 기능은 다음과 같다.

① 메모리로 다음에 수행해야 할 명령어의 번지를 보낸다.

② 메모리로부터 명령어를 인출해 와서 (instruction fetch) 어떠한 작용을 하여야 할지 결정한다.

③ 명령어 수행에 필요한 데이터가 있으면 기억장치나 입력장치로부터 읽어온다.

④ 명령어를 수행한다.

⑤ CPU 외부에서 전달되는 신호, 인터럽터(interrupt)나 DMA(Direct Memory Access)요청 등을 처리하고 명령어 수행가정에서 요구되는 각종 신호를 CPU 내부나 외부로 보낸다.

레지스터는 일종의 작은 기억장치로 볼 수 있으며 흔히 8bit나 16bit의 정보를 저장할 수 있다.

일반적으로 마이크로프로세서의 레지스터는 그림과 같이 나뉘어지며 각각의 기능은 다음과 같다.

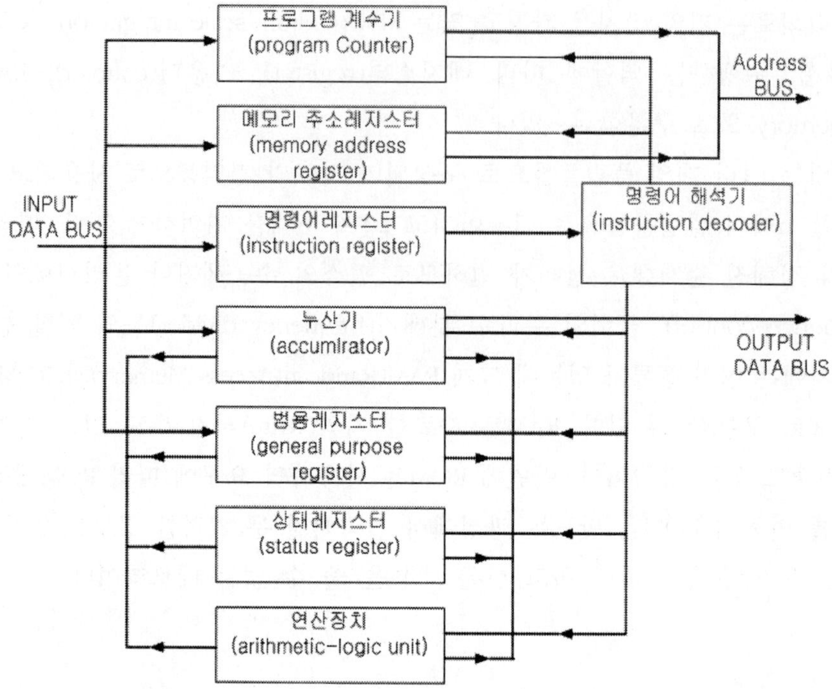

(1) 프로그램 계수기(PC)

일반적으로 명령어는 기억장치에 저장된 순서대로 수행이 되며 PC는 다음에 수행하여야 할 명령어가 저장되어 있는 기억장치에서의 주소를 가지고 있다.

(2) 명령어 레지스터(IR)

명령어 수행이 끝날 때까지 명령어를 저장하고 있다.

(3) 메모리 주소레지스터

메모리에 있는 데이터의 주소를 갖고 있다.

(4) 누산기

일반적으로 1개 혹은 2개가 있으며 이들은 연산과정 중에 발생하는 데이터를 임시로 보관하기 위해 주로 사용된다.

(5) 인덱스 레지스터

주소 지정방식 중 인덱스 주소 지정방법에 사용된다.

(6) 범용 레지스터

데이터나 메모리 주소를 일시적으로 보관하는 장소로 사용되며 메모리에서 데이터를 읽어 들이거나 쓰는 경우보다 시간이 매우 절약된다. CPUso에 다수 가 내장되어 있다.

(7) 상태 레지스터

CPU 내부의 상태를 기록하고 있으며 레지스터의 각 비트는 플래그(Flag)라고 불리며 특정한 조건이나 상황을 기록하고 있다. 흔히 사용되는 플래그들을 보면 다음 표와 같다.

플래그	기 능
제로(Zero)	연산의 결과가 0인 경우 1로 된다. 이러한 경우를 set된다고 한다.
캐리(carry)	연산결과 가장 높은 비트(MSB)에서 캐리가 발생한 경우 set된다.
사인(sign)	연산결과 MSB가 1인 경우 set되며 이는 음수를 2의 보수로 표현 할 경우 유효하게 쓰인다.
패리티(parity)	연산결과 '1'의 값을 갖는 비트의갯수가 짝수이냐 홀수이냐에 따라 set되거나 reset된다.
인터럽트(enable)	외부에서 인터럽트가 걸려도 좋은 지의 여부를나타낸다.

(8) 스택포인터(SP)

데이터를 저장하는데 사용되는 스택의 메모리 내에서의 주소를 지정하는 16비트 레지스터로서 Push Pop명령의 동작을 수행하도록 되어 있다.

2.3 AVR 이란?

Atmel사의 AVR(Alf(Bogon)Vergard(Wollan)RISC(ReducedInstructionSetComputer)마이크로컨트롤러는 Single 사이클 명령 실행 구조를 갖는 축소명령형컴퓨터(RISC)이다. 또한 효율적인 I/O포트 구조와 각 모델에 따라서 발진회로, 타이머, 시리얼 통신(UART: universal asynchronous receiver/transmitter:범용 비동기화 송수신기), SPI(Serial Peripheral Interface: 직렬주변장치 인터페이스), AD변환기, 풀업저항(pull-up 저항), 펄스폭변조(PWM: pulse width modulation)제어, 아날로그비교기 그리고 시스템이 기계적인 고장으로 중단 상태가 되거나 프로그램의 오류로 무제한의 반복 상태로 들어가는 것을 감시하는 장치로서 이와 같은 오(誤)동작을 방지하기 위해 프로그램으로 설정된 타이머로 어떤 조건을 만족하면 경보를 표시하게 하는 장치인 감시계기(Watch dog)타이머 등이 내장되어 있다.

AVR마이크로프로세서의 명령어들은 C-언어나 어셈블러로 개발할 때 프로그램의 크기를 최적화 하도록 되어 있고, 플래쉬 메모리(Flash Memory)가 내장되어 있어 단시간 내에 최소의 비용으로 개발하려는 사용자들에게 매우 적합한 마이크로컨트롤러이다.

그림은 AT90S8535와 ATmega8535의 chip 구조를 나타내었다.

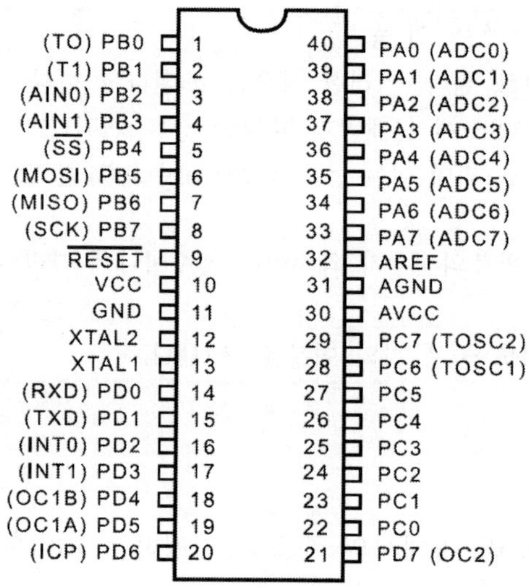

AT90S8535

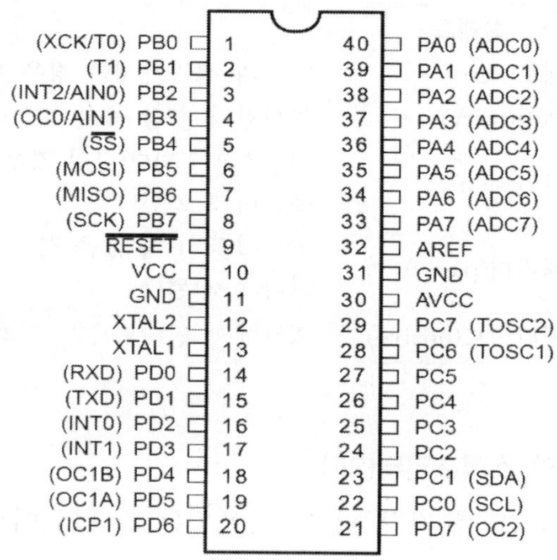

ATmega8535

AVR 마이크로컨트롤러 8535의 구조와 기능을 설명한다.

또한 하이레벨 언어(HLL)는 8비트의 소형 MCU(micro-controller unit)는 물론 그 이상의 임베디드 마이크로컨트롤러를 프로그램하는 일반적인 방법으로 정착되어가고 있고, C-언어는 MCU의 HLL로 가장 많이 사용되지만 C-언어로 프로그램 할 경우 어셈블러 프로그램의 경우보다 더 많은 코드 사이즈를 생성 하게 된다.

따라서 ATMEL사는 C-언어에 적합한 프로세서를 개발하게 되었고 최적화 된 코드사이즈와 32개의 레지스터에 의하여 일반 프로세서서보다 4에서 12배 빠른 RISC프로세서 AVR을 탄생시켰다.

2.4 AVR의 특징

AVR은 Atmel사에서 만든 RISC 타입의 고속 8비트 마이크로컨트롤러이다. 먼저 "AVR 8-Bit micro-controller"의 뜻을 살펴 보면 AVR은 Atmel사의 "Alf(Bogen) Vergard(Wollan) RISC micro-controller"의 이니셜을 따서 만든 말이다. RISC는 Reduced Instruction Set Computer의 약자로서 1명령 사이클이 내부 클럭의 1클럭에 의해 처리되는 방식을 말한다.

AVR의 장점은 PIC보다 처리속도가 빠르고 8051보다 자원이 풍부하다는 특징이 있어 중소 규모의 산업용 제어기제작에 적합하다.

또한 아래와 같은 특징이 있어서 개발/디버깅을 함에 있어서 매우 편리하다.

◈ ISP(In System Programming)기능이 있어 AVR 칩을 기판에 부착한 상태에서 내부 FLASH롬과 EEPROM을 여러 번 프로그래밍할 수 있다.

◈ C언어 처리를 강력하게 지원한다.
☞ CPU설계 단계에서 레지스터/메모리/명령어가 C언어에 적합하도록 설계되었다. C언어를 사용하면 개발기간 단축 및 유지보수가 편리하다.

◈ RISC 구조의 고속 처리가 가능하다.
☞ 같은 클럭으로 동작시 PIC보다 4배 빠르고, 8051보다 10배 이상 빠르다. 1MHz에 1MIPS의 처리 능력이 있어 10MHz로 동작하는 경우 10MIPS의 처리 능력을 발휘한다.

◈ 다양한 AVR제품군이 있어 용도에 적합한 소자를 선정하여 사용할 수 있다.

◈ 풍부한 내부 자원(SRAM, 통신포트, A/D변환기, Watchdog, 타이머, PWM, I/O포트 등)을 구비하고 있어 별도의 주변장치를 부착하지 않아도 된다.

◈ 8-비트 RISC(Reduced Instruction Set Computer) 구조로 명령어가 간단하며 동작속도가 빠르다

◈ 1MHz당 약 1MIPS(Million Instruction Per Second)의 성능을 보인다.

◈ 소비 전력이 적다.

◈ 10 비트 ADC 내장하고 있다.(일부 패밀리)

◈ Flash memory의 내장으로 프로그래밍이 용이하다.

◈ EEPROM을 내장하고 있어서 데이터 백업이 가능하다.

◈ 8비트 및 16비트 타이머를 내장하고 있다.

어셈블리 언어로 소스 프로그램을 작성 및 관리하는 경우에는 C언어로 작성하는 경우보다 시간이 많이 걸린다. 그리고 프로그램 기능을 변경하거나 사용하는 프로세서 자체를 변경하는 경우에도 시간이 많이 소요된다. 따라서 제품 개발기간이 짧고 계속적으로 새로운 제품을 개발해야 하는 개발조건에서는 C언어를 사용하면 좋다.

AVR은 개발 단계부터 C언어 사용을 고려하여 제작되었으므로, 코드 생성면에서 PIC나 8051 보다 유리하다.

2.5 AVR 패밀리의 종류

AVR은 적게는 8 핀에서 많게는 100 핀으로 다양한 핀수, 기능 그리고 메모리 용량에 따라 Tiny Series, AT90S Series 및 Mega Series의 세 가지로 분류된다.

◈ Tiny 시리즈 : RAM이 없거나 적은 모델이 대부분이며 핀 수 또한 적어서 간단한 어플리케이션에 적합하다.

◈ AT90S 시리즈 : RAM의 크기는 보통으로 8051과 비슷하거나 더 나은 성능을 제공한다.

◈ Mega 시리즈 : 플래쉬 메모리와 램의 용량이 크고 핀 수 또한 많아서 복잡한 어플리케이션에 적합하다.

그러나 위의 3가지 종류의 AVR들은 내부 구조를 똑 같이 사용하고 있으므로 어느 한 칩에 대해서 사용법을 익혀 두면 다른 칩에도 동일하게 적용이 된다. 예를 들어서 Mega Series로 프로그램을 만들었는데, 그 후에 프로그램의 크기가 줄어 들 수 있다면, Tiny /AT90S Series로 설계를 변경할 수도 있다.

표 2.1, 표 2.2 및 표 2.3에 각 시리즈의 사양에 대해서 정리하여 놓았다.

[표 2-1] TinyAVR Series 비교표

Product	Flash (KB)	EEPROM (Bytes)	RAM (Bytes)	I/O	UART	USI	SPI	PWM	ISP	On-chip Debug debugWIRE	10-bit ADC	Vcc 1.8V	Samples Availability
ATtiny11	1	–	–	6	–	–	–	–	12V	–	–	–	Now
ATtiny12	1	64	–	6	–	–	–	–	Y	–	–	Y	Now
ATtiny13	1	64	64	6	–	–	–	2	Y	Y	4	–	Now
ATtiny15L	1	64	–	6	–	–	–	1	Y	–	4	–	Now
ATtiny26	2	128	128	16	–	Y	–	2	Y	–	11	Y	Now
ATtiny28	2	–	–	20	–	–	–	–	–	–	–	Y	Now
ATtiny2313	2	128	128	18	1	Y	–	4	Y	Y	–	Y	Now
ATtiny25	2	128	128	6	–	Y	Y	2	Y	Y	4	Y	2H-04
ATtiny45	4	256	256	6	–	Y	Y	2	Y	Y	4	Y	2H-04
ATtiny46	4	256	256	16	–	Y	Y	3	Y	Y	11	Y	2H-04

[표 2-2] AT90S AVR Series 비교표

Part	FLASH (KB)	EEPROM(Bytes)	RAM(Bytes)	Instructions	I/O Pins	Interrupts	Ext. Interrupts	SPI	UART	8-bit Timer	16-bit timer	PWM	Watchdog Timer	RTC Timer	Analog Comp	10-bit A/D Channels	On Chip Oscillator	Brown Out Detector	In System Programming	Vcc(V)	Clock speed(MHz)	Packages	Part
AT90S1200	1	64	-	89	15	3	1	-	-	1	-	-	Y	-	Y	-	Y	-	Y	2.7-6.0	0-12	20-Pin DIP 20-Pin SOIC 20-Pin SSOP	AT90S1200
AT90S2313	2	128	128	120	15	10	2	-	1	1	1	1	Y	-	Y	-	-	-	Y	2.7-6.0	0-10	20-Pin DIP 20-Pin SOIC	AT90S2313
AT90LS2323	2	128	128	120	3	2	1	-	-	1	-	-	Y	-	-	-	-	-	Y	2.7-6.0	0-4	8-Pin DIP 8-Pin SOIC	AT90LS2323
AT90S2323	2	128	128	120	3	2	1	-	-	1	-	-	Y	-	-	-	-	-	Y	4.0-6.0	0-10	8-Pin DIP 8-Pin SOIC	AT90S2323
AT90LS2343	2	128	128	120	5	2	1	-	-	1	-	-	Y	-	-	-	Y	-	Y	2.7-6.0	0-4	8-Pin DIP 8-Pin SOIC	AT90LS2343
AT90S2343	2	128	128	120	5	2	1	-	-	1	-	-	Y	-	-	-	Y	-	Y	4.0-6.0	0-10	8-Pin DIP 8-Pin SOIC	AT90S2343
AT90LS2333	2	128	128	120	20	14	2	1	1	1	1	2	Y	-	Y	6	-	Y	Y	2.7-6.0	0-4	28-Pin DIP 32-Pin TQFP	AT90LS2333
AT90S2333	2	128	128	120	20	14	2	1	1	1	1	2	Y	-	Y	6	-	Y	Y	4.0-6.0	0-8	28-Pin DIP 32-Pin TQFP	AT90S2333
AT90S4414	4	256	256	120	32	11	2	1	1	1	1	2	Y	-	Y	-	-	-	Y	2.7-6.0	0-8	40-Pin DIP 44-Pin PLCC 44-Pin TQFP	AT90S4414
AT90LS4433	4	256	128	120	20	14	2	1	1	1	1	2	Y	-	Y	6	-	Y	Y	2.7-6.0	0-4	28-Pin DIP 32-Pin TQFP	AT90LS4433
AT90S4433	4	256	128	120	20	14	2	1	1	1	1	2	Y	-	Y	6	-	Y	Y	4.0-6.0	0-8	28-Pin DIP 32-Pin TQFP	AT90S4433
AT90LS4434	4	256	256	120	32	15	2	1	1	2	1	3	Y	Y	Y	8	-	-	Y	2.7-6.0	0-4	40-Pin DIP 44-Pin PLCC 44-Pin TQFP	AT90LS4434
AT90S4434	4	256	256	120	32	15	2	1	1	2	1	3	Y	Y	Y	8	-	-	Y	4.0-6.0	0-8	40-Pin DIP 44-Pin PLCC 44-Pin TQFP	AT90S4434
AT90S8515	8	512	512	120	32	11	2	1	1	1	1	2	Y	-	Y	-	-	-	Y	2.7-6.0	0-8	40-Pin DIP 44-Pin PLCC 44-Pin TQFP	AT90S8515
AT90C8534	8	512	256	120	15	7	2	-	-	1	1	-	Y	-	-	6	-	-	-	3.3-6.0	0-1.5	48-Pin VQFP	AT90C8534
AT90LS8535	8	512	512	120	32	15	2	1	1	2	1	3	Y	Y	Y	8	-	-	Y	2.7-6.0	0-4	40-Pin DIP 44-Pin PLCC 44-Pin TQFP	AT90LS8535
AT90S8535	8	512	512	120	32	15	2	1	1	2	1	3	Y	Y	Y	8	-	-	Y	4.0-6.0	0-8	40-Pin DIP 44-Pin PLCC 44-Pin TQFP	AT90S8535
ATmega83L	8	512	512	128	32	17	2	1	1	2	1	4	Y	Y	Y	8	Y	Y	Y[6]	2.7-3.6	0-4	40-Pin DIP 44-Pin PLCC 44-Pin TQFP	ATmega83L
ATmega83	8	512	512	128	32	17	2	1	1	2	1	4	Y	Y	Y	8	Y	Y	Y[6]	4.0-5.5	0-6	40-Pin DIP 44-Pin PLCC 44-Pin TQFP	ATmega83

[표 2-3] MegaAVR Series 비교표

Product	Flash (KB)	EEPROM (Bytes)	RAM (Bytes)	I/O	SPI	USART	USI	TWI	PWM	On-Chip Debug JTAG	On-Chip Debug debugWire	10-bit ADC	LCD	Availability
megaAVR														
ATmega 48	4	256	512	23	1	1	–	1	5	–	Y	8	–	Q4-03
ATmega8	8	512	1K	23	1	1	–	1	3	–	–	8	–	Now
ATmega88	8	512	1K	23	1	1	–	1	5	–	Y	8	–	Q4-03
ATmega8515	8	512	512	35	1	1	–	–	3	–	–	–	–	Now
ATmega8535	8	512	512	32	1	1	–	1	4	–	–	8	–	Now
ATmega16	16	512	1K	32	1	1	–	1	4	Y	–	8	–	Now
ATmega162	16	512	1K	35	1	2	–	–	6	Y	–	–	–	Now
ATmega168	16	512	1K	23	1	1	–	1	5	–	Y	8	–	Q4-03
ATmega32	32	1K	2K	32	1	1	–	1	4	Y	–	8	–	Now
ATmega64	64	2K	4K	53	1	2	–	1	8	Y	–	8	–	Now
ATmega128	128	4K	4K	53	1	2	–	1	8	Y	–	8	–	Now
ATmega256	256	4K	8K	53	1	2	–	1	16	–	Y	8	–	Q1-04
LCD AVR														
ATmega169	16	512	1K	53	1	1	Y	–	4	Y	–	8	Y	Now
ATmega329	32	1K	2K	53	1	1	Y	–	4	Y	–	8	Y	Q1-04

2.6 ATmega8535의 특징

ATmega8535의 특징을 요약하였다.

◈ AVR RISC(Reduced Instruction Set Computer) 구조를 사용

◈ 고속 수행, 저전력 소모용 RISC 구조 설계
- 118개의 강력한 명령구조
- 대부분 단일 클록 사이클에 의한 실행가능
- 32 * 8 범용 워킹 레지스터(Working Registers)
- 10MHz에서 최대 10MIPS의 처리 속도를 갖는다.

◈ 데이터와 비휘발성 프로그램 메모리 구조
- 프로그램 가능한 8KByte의 플래시 메모리 내장
  (8KBytes of In-System Programmable Flash)
- 최대 프로그램 가능 횟수 : 약 10000번 write/erase 가능
- 512 Byte 의 SRAM
- 512 Byte의 프로그램 가능한 EEPROM 내장(최대100000번 write/erase 가능)
- 플래시 프로그램과 EEPROM 데이터 보호용 Lock 기능

◈ 주변 장치의 특성(Peripheral Features)
- 별도의 프리스케일러가 있는 1개의 8bit 타이머/카운터 내장

- 별도의 프리스케일러가 있는 1개의 16bit 타이머/카운터 내장
- 비교, 캡처모드와 8-, 9-, 10-비트 PWM 기능 내장
- 아날로그 비교기 내장 (On-chip Analog Computer)
- 오실레이터가 내장되고 프로그램도 가능한 워치도그 타이머
- 시스템 내부 프로그래밍용 SPI 직렬 인터페이스 방식
- 전이중 방식의 UART(시리얼통신포트)

◈ 전용 마이크로컨트롤러 특성
- 저전력 아이들(Idle : 휴식) 모드와 전력 절약모드
- 외부와 내부 인터럽트 소스

2.7 ATmega8535의 구조

ATmega8535는 AVR RISC 구조를 기본으로 하는 전전력 CMOS 8비트 마이크로컨트롤러이다(그림 2.2 참조). 단일 클럭 사이클 내에 강력한 명령이 수행되므로 ATmega8535는 8MHz에서 8MIPS의 속도를 낼 수 있다.

AVR은 32개의 범용 작업 레지스터를 이용하여 명령을 처리한다. 모든 32개의 레지스터가 ALU와 직접적으로 연결되어 있고 두 개의 레지스터 연산을 하나의 명령으로 처리할 수 있다.

결론적으로, ATmega8535는 CISC(Complex Instruntion Set Computer) 마이크로컨트롤러보다 10배 가량 빠른 효과적인 코드를 제공한다.

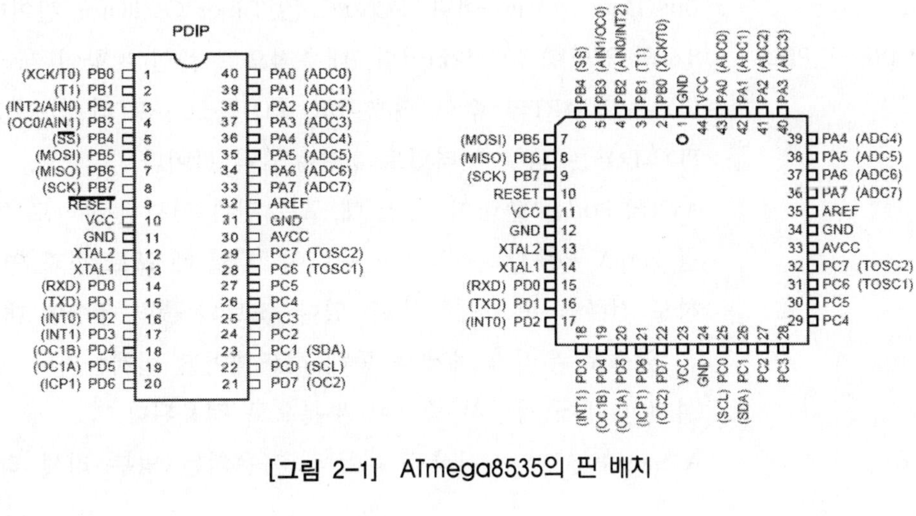

[그림 2-1] ATmega8535의 핀 배치

AVR 마이크로컨트롤러는 프로그램 코드용 버스와 데이터 버스가 분리되어 있는 하버드(Harvard) 구조로 되어 있으며, 프로그램 메모리는 2 단계 Pipe-Line 방법으로 수행된다. 현재의 명령이 수행되고 있는 동안에 다음 명령어가 Fetch 된다.

Stack Pointer의 크기는 10-Bit 이다.

ATmega8535의 핀배치는 그림 2.1과 같으며 다음 절에서 각 핀의 기능을 알아본다.

2.8 ATmega8535의 핀 기능

Vcc	디지털 공급 전원
GND	시스템의 0V 접지
Port A(PA7..PA0)	ADC로 입력되는 아날로그 입력 핀 ADC로 사용되지 않을 때에는 8개의 양방향 I/O Port이다.
Port B(PB7..PB0)	8개의 양방향 I/O Port이다. 내부적으로 풀업 저항이 제공된다. PB2, PB3은 아날로그 컴퍼레이터로 쓸 수 있다. PB0, PB1은 Timer/Counter 1, 2 의 Source. PB4, PB5, PB6, PB7은 Flash ROM과 EEPROM에 프로그래밍과 직렬 다운로드 포트로 이용된다.
Port C(PC7..PC0)	8개의 양방향 I/O Port이다. 내부적으로 풀업 저항이 제공된다. PC0는 Two-wire Serial Bus Clock Line이고 PC1은 Two-wire Serial Bus Data I/O line이다. PC6/PC7은 Timer Oscillator 핀이다.
Port D(PD7..PD0)	8개의 양방향 I/O Port이다. 내부적으로 풀업 저항이 제공된다. PD0는 USART의 수신 신호이고, PD1은 USART의 전송신호이다. PD2/PD3은 외부 인터럽트 0/1의 입력 핀이다. AVR의 Port는 출력이 "0"일 때 포트 핀과 연결된 부하로부터 전류를 20mA 흡수할 수 있으며 출력이 "1"일 때 포트 핀과 연결된 부하로 전류를 4mA 공급할 수 있다. 포트의 출력 용량에 대한 설명은 앞으로 우리가 예제를 통해 하드웨어를 설계하거나 마이컴을 설계할 때에 굉장히 중요한 부분으로 적용된다.
RESET	ATmega8535의 재시작을 하는데 사용되는 외부 리셋 라인이다.

AVR의 MPU는 리셋 회로를 내장하고 있기 때문에 외부적으로 리셋을 연결할 필요는 없다. 일반적인 MPU를 사용할 경우 리셋 단자에 푸쉬 스위치를 달아 프로그램 재시작용으로 사용한다.

XTAL1/2 외부 클럭 입력 신호

AVCC 아날로그 전원

AREF ADC를 위한 아날로그 기준 전압

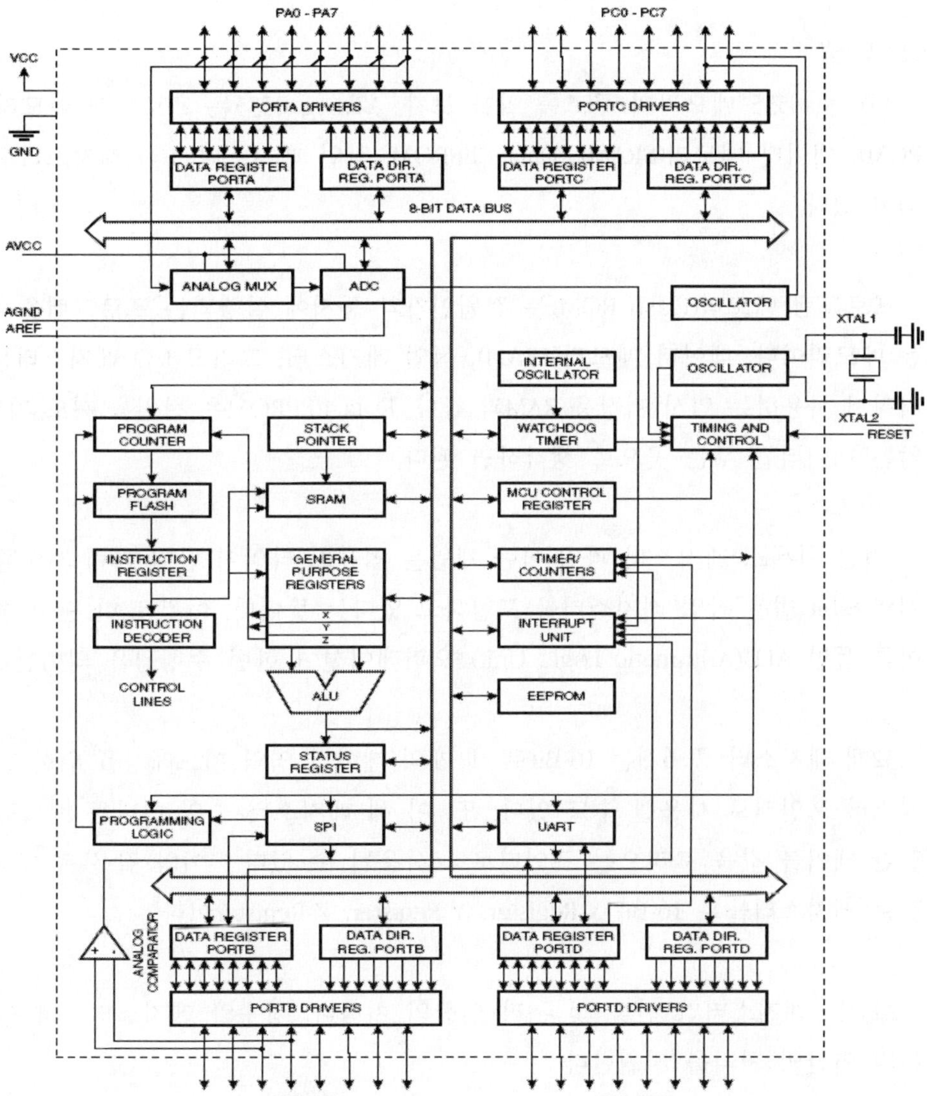

[그림 2-2] ATmega8535의 Block Diagram

2.9 ATmega8535의 내부 및 메모리 구조

프로그래밍을 하기 위해 우선 ATmega8535의 메모리 구조와 내부에 대해 익숙해 져야 한다.

ATmega8535의 내부 구성은 매우 복잡하기 때문에 간단한 블록도를 통해 이해해 보기로 한다(그림 2.3).

◉ 메모리 맵

ATmega8535 메모리의 구조를 알아 보자. ATmega8535는 프로그램 메모리(Flash ROM), 데이터 메모리(SRAM), Data EEPROM, 작업 레지스터, I/O 레지스터로 구성되어 있다.

프로그램 메모리(Flash ROM)는 전원인가와 동시에 실행되는 프로그램을 저장하는 메모리이다. 데이터 메모리(SRAM), 작업 레지스터, 그리고 I/O 레지스터는 CPU 처리시 사용하는 임시 저장용 RAM과 같다. Data EEPROM은 전원을 꺼도 지워지지 않는 데이터를 두는 곳으로 생각하면 된다.

"빠른 억세스 레지스터 파일"이란 개념은 억세스 타임이 단일 클럭 사이클로 32개의 8-bit 범용 작업 레지스터를 포함하고 있다는 뜻이다. 이것은 한 단일 클럭 사이클 동안 ALU(Arithmetic Logic Unit) 오퍼레이션이 한번 수행됨을 의미한다.

32개 레지스터 중 6개는 16-Bit로 세 개의 데이터 영역 어드레싱을 위한 간접 레지스터 포인터로 사용될 수도 있다. 또, 이 세 레지스터 중의 하나는 메모리에 저장한 테이블 값을 불러오는 포인터로도 사용될 수 있다. 이와 같은 추가 기능을 갖는 레지스터들은 16-Bit X-Register, Y-Register, Z-Register이다.

ALU는 레지스터간 산술 및 논리 연산의 처리나, 상수와 레지스터간의 산술 및 논리 연산의 처리를 지원한다.

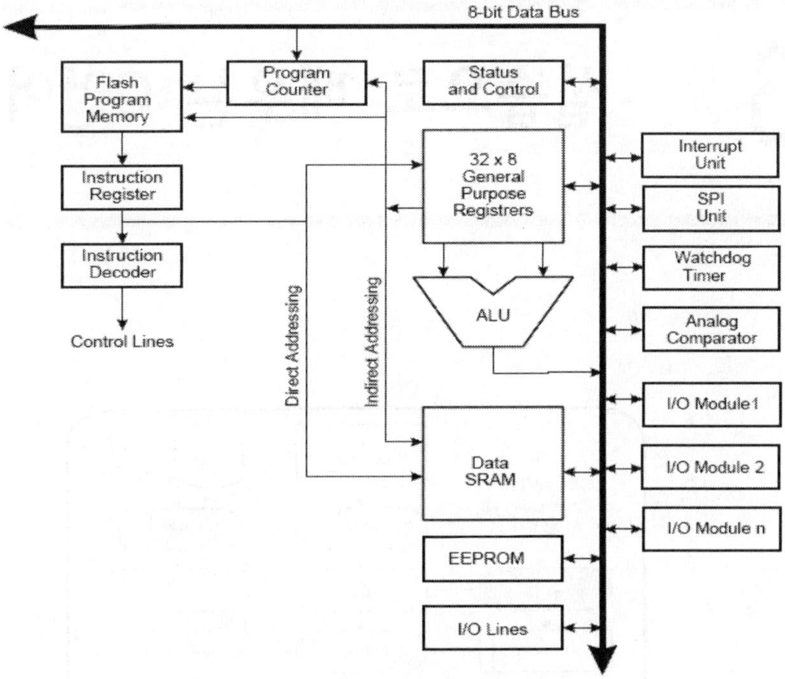

[그림 2-3] ATmega8535의 내부 구성

레지스터 오퍼레이션에 덧 붙여 편리한 메모리 어드레싱 모드도 또한 레지스터 파일을 사용하는 것을 지원한다. 왜냐하면, 실제적으로 레지스터 파일의 위치는 데이터 메모리의 최하위 어드레스로 할당되어 있기 때문이다.

I/O 메모리 영역은 64개의 어드레스를 갖는데, 제어 레지스터로의 CPU 주변 기능, 타이머/카운터, A/D 컨버터, 다른 I/O 기능과 관련된 것이다.

AVR은 Harvard Architecture이다. 프로그램과 데이터의 메모리와 버스가 분리된 구조로 프로그램 메모리는 2 단계의 파이프라인으로 억세스 된다. 한 명령이 수행되는 동안 다음 명령은 프로그램 메모리에서 미리 Fetch된다. 이런 개념이 매 클럭 사이클마다 명령을 수행하는 것이 가능토록 하는 것이다. 프로그램 메모리는 시스템 내부의 프로그램 가능한 Flash 메모리이다.

인터럽트나 서브루틴을 호출하는 동안, 프로그램 카운터(PC)의 리턴 어드레스는 스택에 저장된다. 스택은 일반적인 데이터 SRAM안에 두는 것이 효율적이며 스택의 크기는 전체 SRAM의 크기와 SRAM의 사용에 의해서만 제한된다. 모든 사용자 프로그램은 리셋 루틴 안에서 서브루틴이 호출되거나 인터럽트가 발생하기 전에 스택 포인터를 초기화 해야 한다. 8-Bit Stack Pointer는 I/O 영역에서 읽기/쓰기로 접근이 가능하다.

03 CHAPTER 실습으로 배우는 C언어

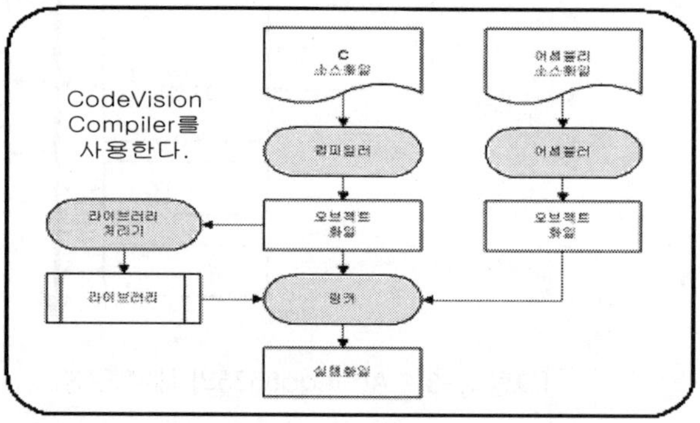

HEX File 생성

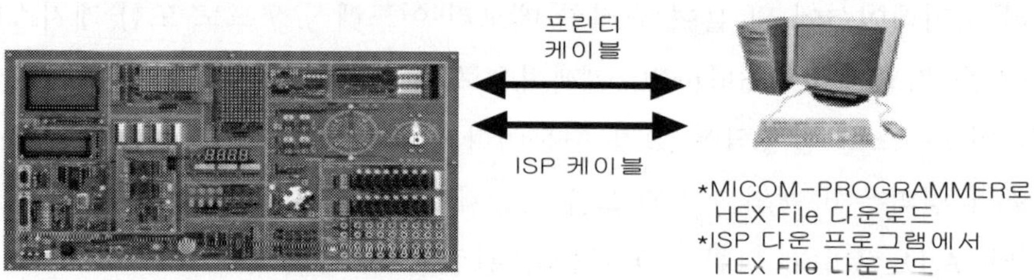

기초적인 C언어를 설명, AVR 8535 예제 프로그램을 작성한다.

3.1 C언어로 HEX File 만들기

● 개요

마이크로컨트롤러를 이용하여 system을 구현하기 위해서는 마이크로컨트롤러에 프로그래밍을 해서 기억 시켜야 한다. 상황이 이러하니 마이크로컨트롤러를 이용하는 개발자들은 어쩔 수 없이 프로그램을 알아야 한다.

프로그래밍 언어를 크게 분류하면 다음과 같다.

* 고수준 언어

번역(컴파일러) 방식 - C, 파스칼, 포트란

통역(인터프리터) 방식 - 베이직, 로고

* 저수준 언어

어셈블리 언어

기계어

저수준 언어부터 살펴보면, 기계어는 11010100 등과 같이 0과 1의 조합인 기계어 코드로 이루어진 언어로 마이크로프로세서는 이 기계어를 읽고 실행한다. 그러나 사람은 단순한 숫자로 이루어진 기계어를 읽고 이해할 수 없으므로 그 대신 이 기계어를 그에 해당하는 간단한 기호(영어 약자)로 바꾼 어셈블리 언어를 사용한다.

예를 들면 어셈블리 언어에서는 ADD, MOV, JMP 등의 기호가 명령어로 사용된다. 따라서 기계어는 직접 실행되나 기호에 불과한 어셈블리 언어는 기호를 그에 해당하는 기계어로 바꾸어야 한다. 이 과정을 어셈블이라 하며 이 어셈블 작업을 어셈블러가 처리한다.

번역이나 통역이라 하지 않고 어셈블(재구성, 조립)이라고 하는 이유는 어셈블리어의 기호와 그에 해당하는 기계어가 일대일로 대응하기 때문에 어셈블러는 단순히 어셈블리어의 기호를 그에 해당하는 기계어로 대치하는 기능을 하기 때문이다.

사람의 관점에서 보아 고수준인, 고수준 언어는 번역 방식과 통역 방식이 있다.

먼저 통역 방식은 그 말처럼 한 문장씩 그 뜻을 옮겨 실행하는 것으로 베이직 언어가 그 대표적인 예이다. 실행 시 인터프리터(통역기)는 매 한 줄씩을 그에 해당하는 기계어로 통역하여 실행한다. 통역 방식은 그 구조가 간단하여 널리 쓰이나 매번 실행할 때마다 인터프리터가 통역을 해야하므로 번거롭고 속도가 떨어지는 단점이 있다.

이에 비해 번역 방식은 전체 프로그램을 한꺼번에 기계어로 번역한 다음 번역이 끝나면 실행해 옮긴다. 따라서 일단 한번 번역된 프로그램은 실행할 때마다 다시 번역할 필요가 없다는 장점이 있다. 또한 프로그램을 부분 부분으로 나누어 번역한 후 하나로 링크하여, 실행 화일을 만드는 것이 가능하다. 따라서 큰 작업을 나누어 처리할 수 있다. 이런 번역 방식의 언어로는 C, 파스칼, 포트란 등이 있다.

이 장에서는 마이크로컨트롤러가 실행하기 위한 ***.hex 파일을 만드는 과정 중 그림 3.1에서 음영처리된 컴파일, 링커에 대하여 알아보기로 한다.

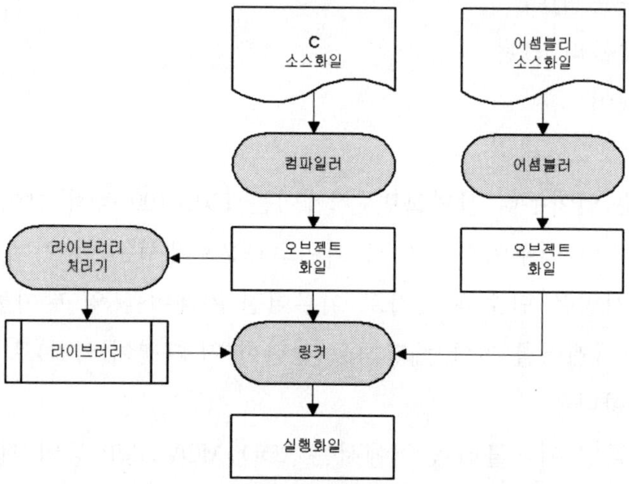

[그림 3-1] C언어로 프로그램 개발과정

컴파일

컴파일이란 C 소스 프로그램을 기계어로 된 오브젝트 화일로 번역하는 과정이다.

컴파일러는 관례적으로 .c의 확장명을 갖는 C 소스 화일을 기계어로 번역하여 .obj의 확장명을 갖는 오브젝트 화일을 만든다. 이 기계어로 번역된 화일이 기계어로 되어 있음에도 실행되지 않고 오브젝트 (객체, 덩어리) 라 불리는 이유는 앞서 지적하였듯이 이 화일을 다른 목적에도 사용하기 위해 재배치(relocation)가 가능하고 다른 화일과 연결될 수 있도록 절대 주소가 아니라 상대 주소를 갖도록 번역했기 때문이다.

링크

재배치가 가능하고 다른 화일과 연결될 수 있도록 번역된 오브젝트 화일은 실행에 필요한 다른 화일들(오브젝트, 라이브러리)과 연결하고 절대 주소로 재배치해야 한다. 이 과정을 링크라 한다. 이렇게 링크가 끝난 파일이 비로소 실행 화일이 되는 것이다. 링커는 한개 또는 여러 개의 오브젝트 화일에 표준 라이브러리와 기타 필요한 라이브러리들을 첨가하여 절대 주소로 재배치해서 실행 화일을 만든다.

링커는 표준 라이브러리와 필요한 라이브러리들을 실행 화일안에 첨가하는데 여기서 라이브러리라 함은 오브젝트 중에서 많이 사용되고 필수적인 것들만을 모아 놓은 화일을 말한다. 라이브러리언 (라이브러리 관리기)은 오브젝트를 라이브러리로 변환한다. 라이브러리가 오브젝트와 다른 점은 링크시에 오브젝트는 오브젝트 화일 전체가 링크되나 라이브러리는 라이브러리 안의 필요한 함수만이 링크되어 효율이 높아진다는 점이다.

실행

컴파일과 링크를 거쳐 만들어진 실행 화일은 DOS나 unix등의 OS상에서는 OS가 프로그램을 메모리에 싣고 변수를 초기화하는 등의 필수적인 준비 과정을 처리하기 때문에 직접 실행된다. 그러나 대부분의 소규모 마이크로프로세서 시스템에서는 OS가 없기 때문에 개발된 프로그램은 에뮬레이터를 통해 다운 로딩되거나 ROM으로 구워져 실행된다.

ROM에서 프로그램이 수행되는 경우 프로세서가 리셋되면 프로그램의 흐름은 리셋 벡터에서 시작하여 cstartup 코드에 존재하는 C 프로그램의 초기화 루틴을 실행한다. 여기에서 모든 변수를 초기화하고 main() 함수가 실행될 수 있도록 환경을 준비한다. 초기화 과정이 끝나면 수행 흐름은 main() 함수로 넘겨지고 비로소 사용자 프로그램이 실행된다. 실행이 끝나면 수행 흐름은 다시 cstartup 코드의 exit() 함수로 넘겨져 종료 루틴이 수행된다.

인텔 HEX 형식

실행 화일은 이 실행 화일의 형식을 이해하는 OS나 에뮬레이터 상에서는 직접 메모리에 실어 실행할 수 있지만 ROM에서 실행하려면 ROM으로 구워야 한다. 그러나 ROM 라이터는 cpu마다 다른 실행 화일의 형식을 이해하지 못하므로 실행 화일을 ROM 라이터가 이해할 수 있는 형식으로 변환해야 한다. 표준으로 사용되는 형식으로는 여러 가지가 있으나 8051은 인텔 헥사 형식을 사용한다.

3.2 무작정 따라하기 C

"무작정 따라하기 C"는 초보자들이 HI-Any One-Chip Kit로 실험 실습을 하기 위한 기본적인 C언어를 배우는 장이다.

여기서는 C언어의 기본적인 구조와 사용예제에 대한 설명을 할 것이다. 그러므로 더욱 C언어에 대한 배움을 원하는 사용자들은 서점에서 전문적인 C언어 책을 보기 바란다.

C언어를 공부하려면 다음과 같은 사항들을 알아야한다. 하지만 앞에서도 말을 했듯이 초급편의 기본적인 문법을 설명하겠다.

■ C 언어의 구조 ■ 자료형 ■ 연산자 ■ Digital input, output ■ 프로그램 제어기법 ■ 함수	초급편
■ 선행처리기 ■ 포인터 ■ 배열 ■ 문자열 ■ 구조형과 공용형	중급편
■ 구조형을 이용한 리스트처리 ■ 파일입출력	고급편

3.3 C언어의 구조

모든 프로그램은 구조를 가지고 있다.

```
#include 〈헤더화일(화일명.h)〉
#include "헤더화일(화일명.h)"          /* 〈 〉와 " "의 차이점은 헤더화일이 있는 곳의 디렉토
                                        리에 따라 다름 */
```

```
main()                          /* 주함수 : 프로그램의 실행이 시작되는 곳이다 */
    {                           /* 함수의 시작을 나타냄 */

        실행문
          :
          :
    }                           /* 함수의 끝을 나타냄 */

함수명()                        /* 사용자가 작성한 함수들..*/
    {
        실행문
          :
          :
    }

함수명()                        /* 여러개의 함수를 계속 만들어 쓸 수 있다. */
    :
    :
```

이상이 C언어의 일반적인 구조이다. 앞으로 작성하게 되는 예제들은 위의 구조에 맞추어서 작성하겠다.

참고로 /* ..... */는 주석이라 한다. 프로그래머가 뜻을 간단하게 적어놓는 것입니다.

프로그램의 컴파일에서 수행에는 아무런 영향이 없습니다.

3.3.1 실습 따라하기

> One Chip MCU를 이용하여 Digital Output 실험을 한다.

◉ 동작 설명

HI-AnyNET Kit에 있는 Digital Input / Output Part의 LED에 Digital Data 0xAA를 출력하자.

(0xAA는 16진수 hex이다. 이것은 이진수로 "10101010"이 된다.)

출력 결과를 보면 아래와 같다. LED를 점등시키려면 Logic '0'을, LED를 소등하려면 Logic '1'을 출력하면 된다.

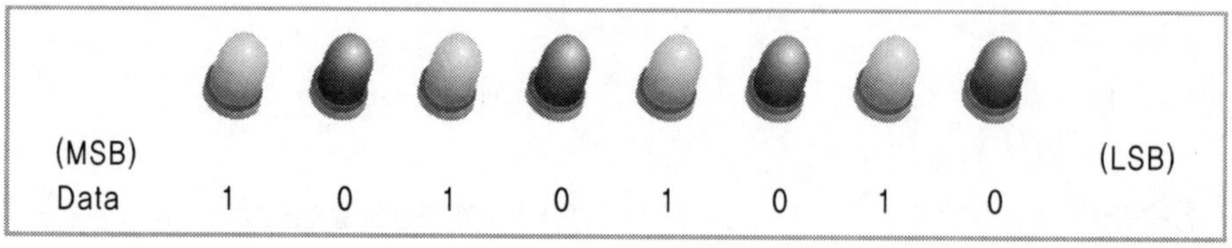

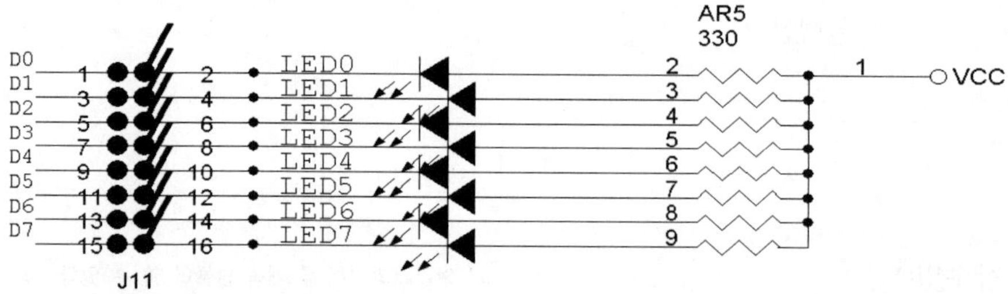

Digital
Output

● 실험 방법

1) HI-AnyNET One-Chip Kit를 실험, 실습 항목에 맞게 설정한다.
2) HI-AnyNET One-Chip Kit의 전원을 ON 한다.
3) Compiler를 실행 예제 프로그램 프로섹트를 오픈, 컴파일 한다.
4) 「MICOM-PROGRAM」을 실행, HEX file을 선택하여 다운로드한다.
5) HI-AnyNET One-Chip Kit를 확인한다.

● 소스 프로그램

```
#include <mega8535.h>     // Atmega 8535 header file
#include <delay.h>        // delay header file

void main(void)
{
      PORTA=0x00;         // Port A 초기값
```

```
    DDRA=0xFF;         // Port A 설정, 출력으로 사용

    PORTB=0x00;        // Port B 초기값
    DDRB=0x00;         // Port B 설정, 입력으로 사용

    PORTC=0x00;        // Port C 초기값
    DDRC=0x00;         // Port C 설정, 입력으로 사용

    PORTD=0x00;        // Port D 초기값
    DDRD=0x00;         // Port D 설정, 입력으로 사용

    PORTA = 0xAA;      // Port A에 1010 1010 출력

    while (1);         // 무한 반복
}
```

3.4 C언어의 자료형

우선 C언어에서 제공하는 자료의 기본형을 정리해보겠다.

정수형	int, unsigned int, long, unsigned long
실수형	float, double
문자형	char, unsigned char

자료형이란 data의 크기 및 출력형(type)을 나타낸다.

다음은 변수의 선언을 예로 들었다.

```
int a, b, c, d;
float e, f, g, h;
char i,j;
```

참 조

변수란?
쉽게 말하면 "그릇"이라고 설명할 수 있다. 그 그릇에 담을 수 있는 data "수"는 값이 자유롭게 바꿀 수 있다.

이와같이 변수를 선언하였을 때 어떻게 data를 사용하는지 보자.

```
a = 1, b = 2, c = 3, d = 4;
e = 1, f = 2.2, g = 100.1, h = 3.14;
i = 12, j = 255;
```

int는 정수형이죠? 그러므로 소숫점 없는 정수로 배정해야한다. int형 그릇 a에 1을 넣는다.
float은 실수형이죠, 그래서 정수와 실수를 사용할 수 있다.
char는 int형과 같은 정수이지만 크기다 작은 1byte이다.

앞에서 변수를 선언했다.
그렇다면 그 변수의 범위, 그릇의 크기는 얼마일까?
아래의 표와 같다.

int	-32768 ~ 32767
unsigned int	0 ~ 65535
long	-2147483648 ~ 2147483647
unsigned long	0 ~ 4294967295
float	지수 : -38 ~ +38
double	지수 : -308 ~ +308
char	ASCII값 : -128 ~ 127
unsigned char	ASCII값 : 0 ~ 255

int형 범위는 -32768 ~ 32767 이다. 만약에 a = 32768; 이렇게 하면 어떻게 될까? 이러면 에러는 아니다. 그러나 그 변수에는 엉뚱한 값이 입력된다. 그릇에 물이 넘친 경우이다.

3.5 C언어의 연산자

연산자란 사칙연산자를 생각하면 된다. 덧셈, 뺄셈, 곱셈, 나눗셈 등이 있다. 기능은 모두 알 것이다.

프로그램을 작성하다보면 앞에서 말한 사칙연산자로는 구현하기 힘든 부분이 많다. 그래서 아래와 같은 연산자가 만들어 졌습니다.

1) 산술연산자

(1) 산술 이항 연산자

- 연산자의 종류는 +, −, *, /, %(나머지 연산)등이 있다. 예를들면 a + b, a − b… 수식이 두개씩 쓰여져서 이항연산자라 한다.

(2) 산술 단항 연산자

- 연산자의 종류는 -(부호변환),++(증가연산자),--(감소연산자)가 있다.
  형식은 −a (a의 부호를 바꿈), ++b (b의 값을1씩 증가시킴), −c(c의 값을 1씩 감소시킴) 이다. 그러면 ++a 와 a++의 차이는 무엇일까?
  ++a는 처리하기전에 먼저 1을 증가시키고, a++은 처리한 후에 1을 증가시킨다.
  그러므로 a++ 또는 ++a는 a = a + 1과 의미가 같다.

(3) 대입연산자

- 연산된 결과를 변수의 값으로 대입.
  =, +=, -=, *=, /=, %= 이 있으며 의미는 다음과 같다.
  a+ = b → a = a + b , a− = b → a = a − b …

2) 논리연산자

연산자	기능	사 용 예
&&	논리곱(AND)	a = b&&c; b와 c가 모두 참일 때 참
||	논리합(OR)	a = b||c; b와 c중 하나가 참이면 참
!	논리부정(NOT)	a = !b

※ "참과 거짓"이란 수치가 0이면 거짓이고 0이외의 숫자는 모두 참다.

3) 조건연산자

```
조건식 ? 수식1 : 수식2 ; /* 조건식이 참이면 수식1, 거짓이면
                              수식2를 수행함 */
```

이 문장을 나중에 배울 if~else문으로 나타내면 다음과 같다.

```
    if ( 조건식 )
    {
       수식 1;
    }
    else
    {
       수식 2;        /* 이렇게 되겠죠 */
    }
```

마찬가지로 조건식이 참이면 수식 1, 거짓이면 수식 2를 수행한다.

그럼 이번에는 마지막으로 연산자 우선순위를 알아보자. 일반원칙은 좌측에서 우측으로 수행, 단항연산자가 이항연산자보다 우선, ( )안의 내용이 우선이다. 그럼 연산자의 종류에 따른 우선순위를 보면

순위	연산자의 종류
고	식.구조체.공용체 연산자
	단항연산자
	이항연산자
	조건연산자
	대입연산자
저	나열연산자

이상이 연산자의 우선순위이다.

3.6 C언어의 프로그램 제어기법

3.6.1 if 문

if 문

프로그램을 작성하면서 분기문을 사용하여야하는 경우가 많습니다. 여기서는 가장 간단하고 많이 사용되는 if문에 대해서 알아보겠습니다.

〈형식〉

```
if(조건)
  {
    실행문
  }
```

if문은 괄호속의 조건이 성립될 때(참, logic 1)만 {}내의 문장을 실행합니다. 성립이 되지 않으면 {}안의 실행문은 넘어갑니다.

■ 예제

```
if(i<10)                // i값이 10보다 작으면 참
{
   i=0;                 // i 를 0으로 만든다.
}
```

3.6.2 if ~ else 문

if ~ else 문

〈형식〉

```
if(조건)
  {
      실행문1
  }
    else
    {
      실행문2
    }
```

if문은 괄호속의 조건이 성립될 때(참, logic 1)는 { }내의 '실행문1'을 실행하고, 성립이 되지 않으면 else문에 있는 '실행문2'를 수행합니다.

■ 예제

```
if(i<10)               // i값이 10보다 작으면 참
{
    i=0;               // i 를 0으로 만든다.
}
else                   // i값이 10보다 크면
{
    i = i + 1          // i를 1 증가
}
```

3.6.3 switch ~ case 문

switch ~ case 문

앞에서 배운 if문에 비하여 switch ~ case문은 다중분기에 쓰입니다.

〈형식〉

```
switch(변수명)
```

```
{
  case '변수의 값' :
     실행문 1;
     break;
  case '변수의 값' :
     실행문 2;
        :
        :
     break;
  defualt :
     실행문 ;
     break;
}
```

형식은 이와 같습니다. 여기서 case '변수의 값': 에 쓰일 수 있는 문자는 char, int형의 정수값과 영문자가 쓰일 수 있습니다. 다른 실수값이나 long형 등…은 쓰일 수 없습니다. "default:"는 해당되는 '변수의 값'이 없을 때 실행하는 문이다.

■ 예제

```
switch(buff)            // buff의 값이
{
    case 0x01:              // 0x01이면
        i = i + 1;          // i를 1 증가
        break;
    case 0x02:              // 0x01이면
        i = i + 2;          // i를 1 증가
        break;
    case 0x03:              // 0x01이면
        i = i + 3;          // i를 1 증가
        break;
default:
```

```
        i = i * 2;          // i를 2배 한다.
    }
```

3.6.4 반복문

반복문

프로그램을 작성하면서 많이 사용되는 문법중에 반복문이 있다.
여기서는 반복문에 대해서 알아보기로 하자.

1) while문

〈형식〉

```
    while(수식)
    {
      문장 ;
    }
```

while문은 수식이 참(logic 1)이면 계속하여 {}안의 문장을 실행합니다.
if문과 다른 점은 수식이 참일 때까지 계속 반복하는 겁니다. if문은 수식이 참이면 한 번 수행하고 끝나버리지요.

■ 예제

```
while(1)              // while문 조건이 1이므로 무한반복
{
      i = i + 1;      // i를 1 증가
}
```

2) do ~ while문

〈형식〉

```
do
```

```
{
   문장 ;
}
while(수식)
```

그럼 do ~ while문과 while문의 차이점은 무엇일까요? 형식을 보면 약간 다른 점이 있다는 게 보일겁니다. 우선 while문은 수식을 평가해본 후에 {}안의 문장을 실행합니다. 그러니 수식이 거짓이면 문장은 한번도 실행이 안되겠죠. 그러나 한번이라도 실행을 하고 평가해보고 싶은 경우에는 do ~ while문을 쓰면 됩니다.

■ 예제

```
do{
      i = i + 1;        // i를 1 증가
}while(1)               // while문 조건이 1이므로 무한반복
```

3) for문

〈형식〉

```
for(초기값설정;조건판단;루프카운터)
{
   문장 ;
}
```

앞에서 설명한 while문과는 조금 다른 반복문입니다. 쉽게 말하면 while문은 무한반복을 행해야 하는 조건에서 많이 사용하지만 for문은 유한 반복을 행해야 하는 조건에서 많이 사용됩니다. 예를 들어 설명하겠습니다.

```
for(i=0;i<3;i++)
{
  실행문 ;
}
```

이라면 i의 처음값은 0이며 i가 3보다 작을때까지 계속 실행문을 반복하며 i는 1씩 증가됩니다.(i++ 과 i=i+1은 같은 결과를 갔는다.)

```
for(i=10;i>1;i--)
{
  실행문;
}
```

이라면 i의 초기값은 10이고 i가 1보다 작을때까지 계속 실행문을 반복하며 i는 1씩 감소됩니다.

■ 예제

```
for(i=0;i<10;i++)              // while문 조건이 1이므로 무한반복
{
    buff = buff + i;           // buff값에 i를 증가하여 buff에 저장한다.
}
```

3.6.5 함수

함수

여러분들이 생각하실 때 "그냥 main()프로그램에 모두 써놓으면 되지 왜 함수를 써야하느냐?"라는 의문을 갖고 계신 분들도 있을 것이다. 물론 함수를 사용하지 않아도 프로그램은 완벽하게 작동한다. 그럼 차이점은 무엇일까? 그건 프로그램의 기능을 분담시켜서 각자 행동하도록 하는 것이다. 그러므로 에러가 발생했을 때 프로그램의 일부분을 수정할 때 무척 편리하게 수정할 수 있다. 그리고 프로그램을 모듈화 함으로써 프로그램을 쉽게 알아볼 수 있기 때문이다.

〈함수의 형식〉

형식 : 함수형 함수명(매개변수…)

함수를 사용하는 방법은 다음과 같은 2가지 방법이 있다. 함수의 정의를 먼저 작성하고 main()을 나중에 사용하는 방법과 함수의 선언을 먼저하고 main() 아래에 작성하는 방법이다. 큰 의미를 두면 첫 번째 방식은 이런 이런 함수를 먼저 사용할 것이라고 프로그래머가 미리 생각하는 방식이며, 두 번째 방식은 main()이란 줄기를 작성하면서 그때마다 필요하면 작성하는 것이다. 요즘 프로그래머의 추이는 두 번째 방식으로 가고 있다. 물론 첫 번째 방식도 그 나름대로 사용된다. 적당한 방식을 선택하여 자기만의 스타일을 만드는 것이 바람직하다고 볼 수 있다.

1) 먼저 함수를 정의하고 호출하는 경우

```
outLED(unsigned char i)        /* 정의 및 선언 : main함수보다 먼저 나오면 선언도
                                  같이 됩니다. */
    {
        :
    }
    main()
    {
        outLED(outData);       /* 호출 */
    }
```

2) 선언, 호출, 정의순으로 된 함수

```
void outLED(unsigned char i);   /* 선언이기 때문에 ;을 붙임 */

main()
{
    outLED(outData);            /* 호출 */
}
void outLED(unsigned char i)            /* 정의 */
{
    :
}
```

PART 2

AVR 8535 실험 실습

01 CHAPTER Port Input/Output 제어

실습 목표

- MCU AVR ATmega8535의 Port Input/Output 제어 실험을 통하여 MCU의 Port 사용방법과 Port Input/Output 동작을 이해, 실험 실습한다.

1.1 관련 지식

1) AVR ATmega8535

- 교재 Part1 참조.

2) tick-tack 스위치

- Kit에서 스위치의 기본값은 Logic 'H'이며, 스위치를 누르면 Logic 'L'가 된다.

부품 외형

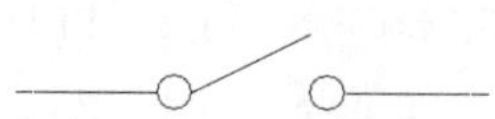

회로도 기호

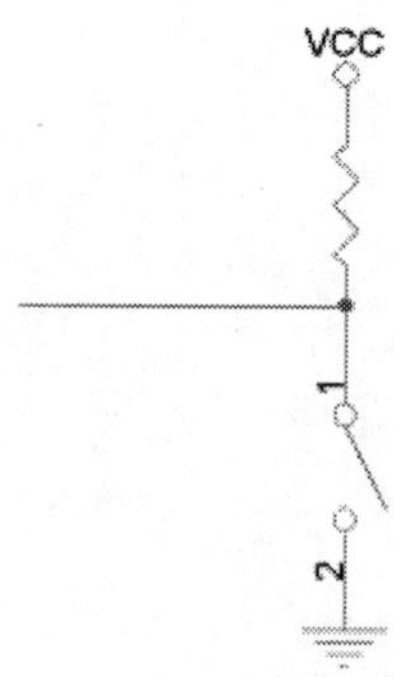

구동 회로

3) Toggle 스위치

■ 스위치 특성 중 상태 유지를 위해 쓰이는 스위치이다. Kit에서 스위치는 아래로 내리면 Logic 'L', 위로 올리면 Logic 'H'가 연결된다.

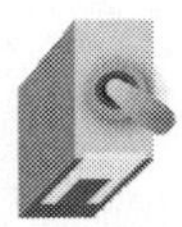

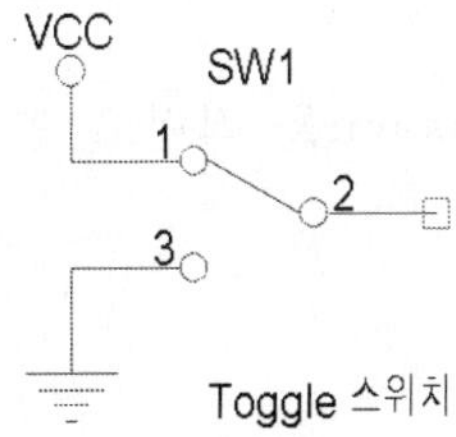

4) LED(Light Emitting Diode)

■ 전기적인 신호를 빛에너지로 변환하는 소자이다.

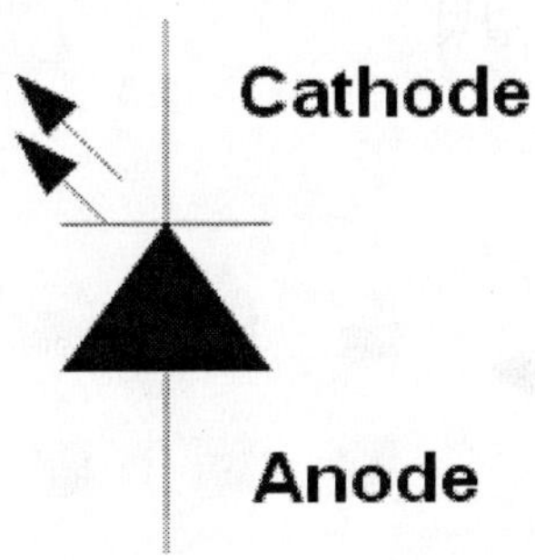

회로도 기호

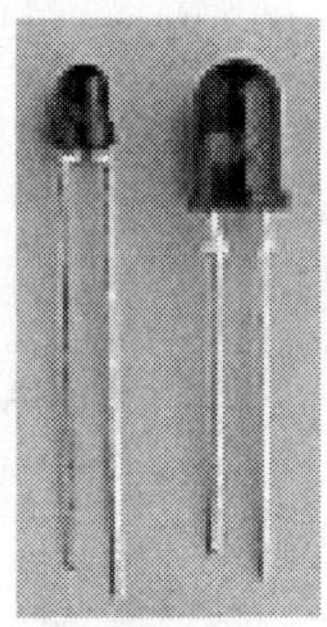

부품 외형 I

부품 외형 II

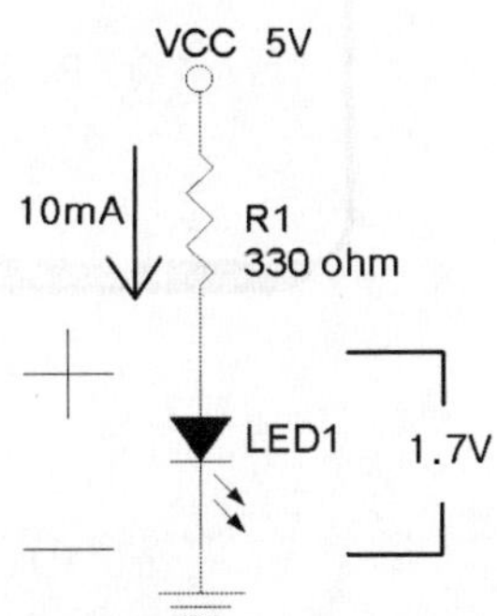

구동 회로

LED를 동작시키기 위해서는 일반적으로 1.7V의 전압과 10mA의 전류가 공급되어야 한다. 이러한 동작 특성을 가지고 있으므로 그림에서와 같은 회로에서 R값은 옴의 법칙에 의해서

$$R=(VCC-1.7V)/10mA$$

와 같다. 그러므로 330ohm을 직렬로 연결해야 한다.

1.2 장비 구조

1.2.1 Port I/O 회로 구성도

Port Input/Output 회로 구성은 다음과 같다.

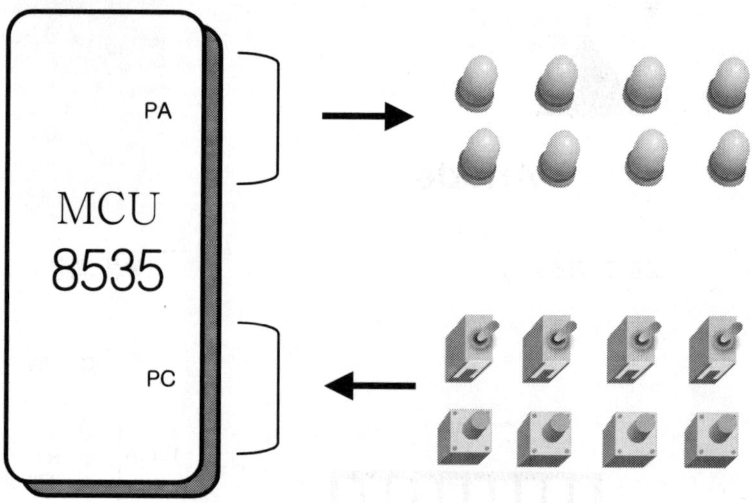

Port Input / Output 회로 구성도

Port	내 용
Port A	LED가 연결되어있어 Port 출력 실험을 할 수 있다.
Port C	Toggle, tick tack 스위치가 연결되어있어 Port 입력 실험을 할 수 있다.

1.2.2 Port I/O 제어 회로도

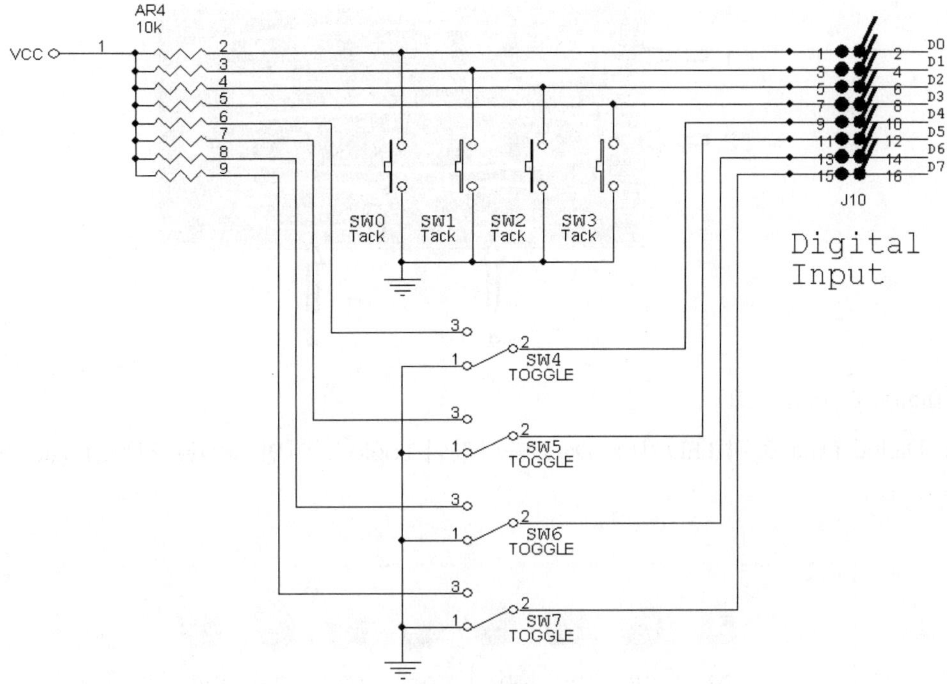

Digital Input

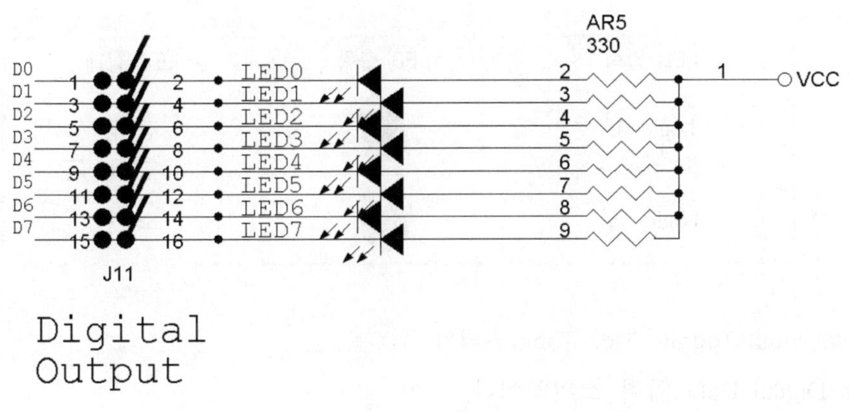

Digital Output

Port Input/Output Part 회로이다.

LED를 점등 시키려면 Logic 'L'를 출력해야 하며, 소등 시키려면 Logic 'H'를 출력해야 한다.

1.2.3 Port I/O 부품 배치도

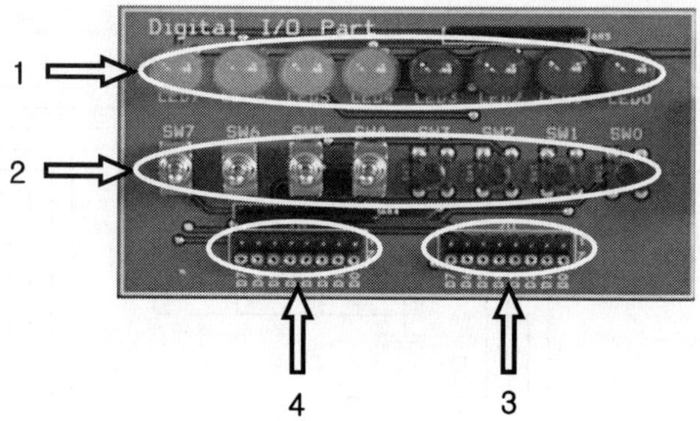

① Digital Output LED

8bit Digital Data 출력 LED이다. Data 출력값이 Logic 'L'이면 LED는 점등, Logic 'H'이면 소등된다.

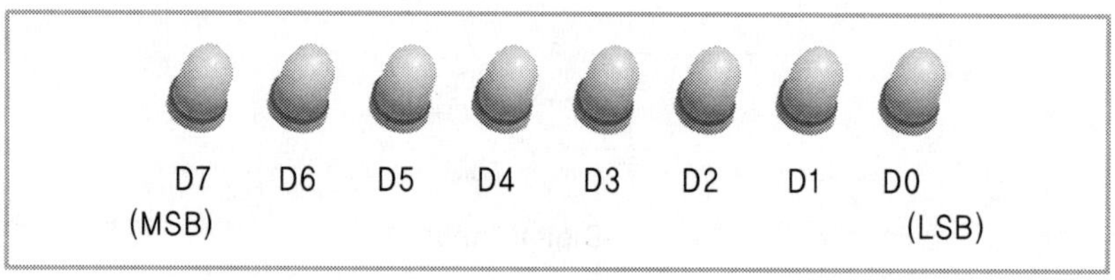

LED 입력	LED 출력	LED 상태
Logic 'L'		점 등
Logic 'H'		소 등

② Digital Input Toggle, Tick Tack 스위치

8bit Digital Data 입력 스위치이다.

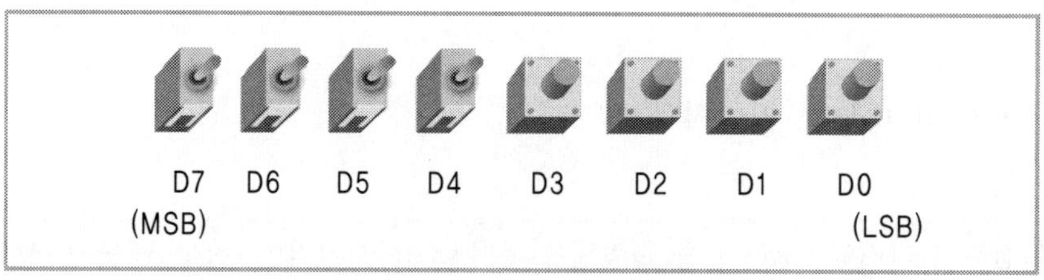

스위치 상태	스위치 모양	출력값
Toggle Up / tick-tack 스위치 기본값	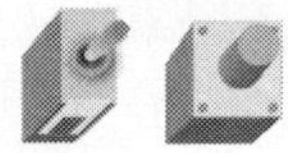	Logic 'H'
Toggle Down / tick-tack 스위치 Push	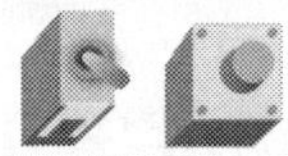	Logic 'L'

③ LED Output Data Connecter

MCU의 Port와 LED를 연결한다.

④ 스위치 Input Data Connecter

MCU의 Port와 스위치를 연결한다.

1.3 배선 연결도

실험, 실습을 위해서는 아래와 같이 연결한다.

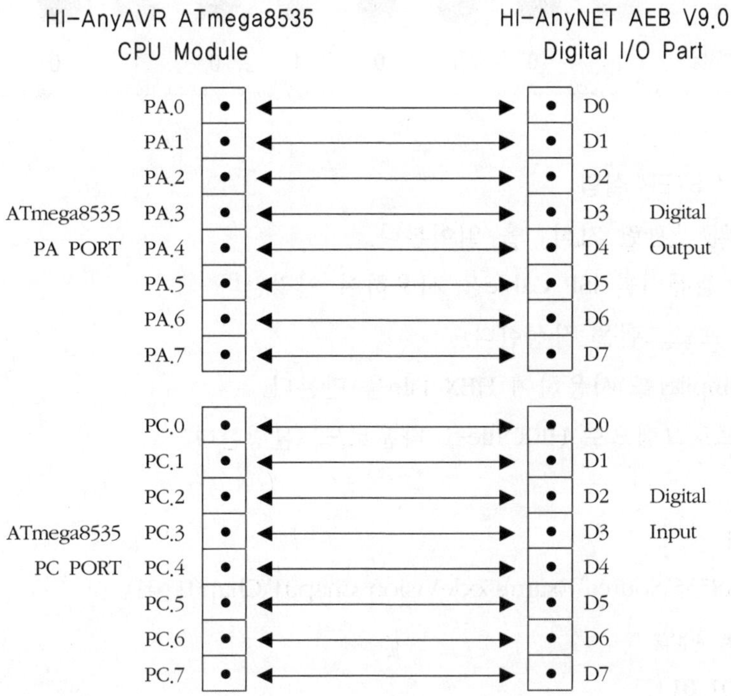

1.4 제어 실험

1.4.1 MCU Port로 LED 점등하기

ATmega8535 실험 1.1

● 문제

LED에 16진(HEX) Data 0xAA(2진(BIN) 10101010)를 출력, 아래와 같이 점등하게 한다.

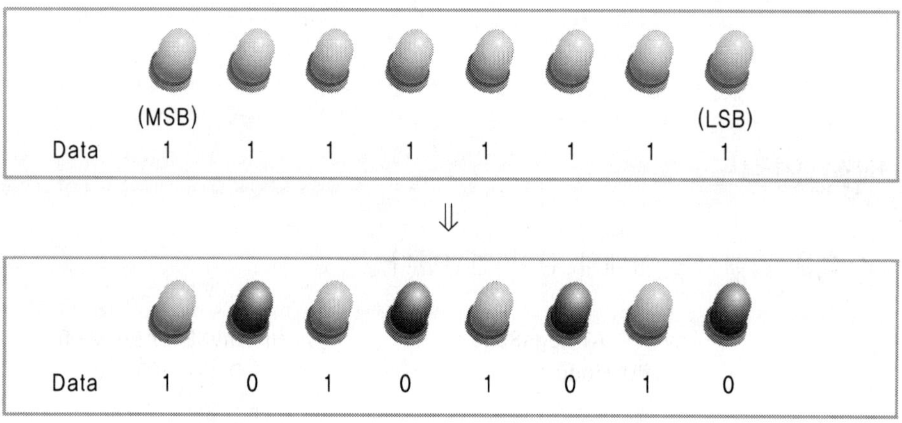

● STEP BY STEP 실험

1. 교재의 「관련 지식」을 읽어본다.
2. Kit와 컴퓨터를 ISP Cable을 사용하여 연결한다.
3. 예제 프로그램을 작성한다.
4. C Compiler를 사용하여 HEX File을 만든다.
5. ISP 프로그램으로 HEX file을 다운로드, 실행한다.

● 폴더위치

AnyAVR8535\Source\Exam\CodeVision\Chap01\Chap01_01\

- Source 파일

  Chap01_01.C

- Download 파일

  Chap01_01.HEX

● Program Source

```
#include <mega8535.h>        // Atmega 8535 header file
#include <delay.h>           // delay header file

void main(void)
{
        PORTA=0xff;          // Port A 초기값
        DDRA=0xff;           // Port A 설정, 출력으로 사용

        PORTB=0xff;          // Port B 초기값
        DDRB=0xff;           // Port B 설정, 출력으로 사용

        PORTC=0xff;          // Port C 초기값
        DDRC=0xff;           // Port C 설정, 출력으로 사용

        PORTD=0xff;          // Port D 초기값
        DDRD=0xff;           // Port D 설정, 출력으로 사용

        PORTA = 0xAA;        // Port A에 1010 1010 출력

        while (1); // 무한 반복
}
```

ATmega8535 실험 1.2

● 문제

LED에 0x55를 출력한다.

● 폴더위치

AnyAVR8535\Source\Exam\CodeVision\Chap01\Chap01_02\

● Program Source

```
#include <mega8535.h>        // Atmega 8535 header file
#include <delay.h>           // delay header file
```

```
void main(void)
{
        PORTA=0xff;              // Port A 초기값
        DDRA=0xff;               // Port A 설정, 출력으로 사용

        PORTB=0xff;              // Port B 초기값
        DDRB=0xff;               // Port B 설정, 출력으로 사용

        PORTC=0xff;              // Port C 초기값
        DDRC=0xff;               // Port C 설정, 출력으로 사용

        PORTD=0xff;              // Port D 초기값
        DDRD=0xff;               // Port D 설정, 출력으로 사용

        PORTA = 0x55;            // Port A에 0101 0101 출력

        while (1);               // 무한 반복
}
```

ATmega8535 실험 1.3

문제

LED에 0xAA와 0x55를 반복, 출력한다.

폴더위치

AnyAVR8535\Source\Exam\CodeVision\Chap01\Chap01_03\

Program Source

```
#include <mega8535.h>          // Atmega 8535 header file
#include <delay.h>             // delay header file

void delay(unsigned int cnt);

void main(void)
{
        PORTA=0xff;            // Port A 초기값
        DDRA=0xff;             // Port A 설정, 출력으로 사용

        PORTB=0xff;            // Port B 초기값
        DDRB=0xff;             // Port B 설정, 출력으로 사용

        PORTC=0xff;            // Port C 초기값
```

```
        DDRC=0xff;              // Port C 설정, 출력으로 사용

        PORTD=0xff;             // Port D 초기값
        DDRD=0xff;              // Port D 설정, 출력으로 사용

        while (1)
        {
                PORTA = 0xaa;           // Port A에 1010 1010 출력
                delay(30000);           // 시간 지연 함수

                PORTA = 0x55;           // Port A에 0101 0101 출력
                delay(30000);           // 시간 지연 함수
        };
}

void delay(unsigned int cnt)                    //user function define
{
        while(cnt--);
}
```

ATmega8535 실험 1.4

문제

delay() 함수의 인자값을 10000으로 변경한다.

폴더위치

AnyAVR8535\Source\Exam\CodeVision\Chap01\Chap01_04\

Program Source

```
#include <mega8535.h>               // Atmega 8535 header file
#include <delay.h>                  // delay header file

void delay(unsigned int cnt);

void main(void)
{
        PORTA=0xff;             // Port A 초기값
        DDRA=0xff;              // Port A 설정, 출력으로 사용

        PORTB=0xff;             // Port B 초기값
        DDRB=0xff;              // Port B 설정, 출력으로 사용
```

```
        PORTC=0xff;             // Port C 초기값
        DDRC=0xff;              // Port C 설정, 출력으로 사용

        PORTD=0xff;             // Port D 초기값
        DDRD=0xff;              // Port D 설정, 출력으로 사용

        while (1)
        {
                PORTA = 0xaa;           // Port A에 1010 1010 출력
                delay(10000);           // 시간 지연 함수

                PORTA = 0x55;           // Port A에 0101 0101 출력
                delay(10000);           // 시간 지연 함수
        }
}

void delay(unsigned int cnt)                    //user function define
{
        while(cnt--);
}
```

ATmega8535 실험 1.5

문제

delay() 함수의 인자값을 60000으로 변경한다.

폴더위치

AnyAVR8535\Source\Exam\CodeVision\Chap01\Chap01_05\

Program Source

```
#include <mega8535.h>               // Atmega 8535 header file
#include <delay.h>                  // delay header file

void delay(unsigned int cnt);

void main(void)
{
        PORTA=0xff;             // Port A 초기값
        DDRA=0xff;              // Port A 설정, 출력으로 사용

        PORTB=0xff;             // Port B 초기값
        DDRB=0xff;              // Port B 설정, 출력으로 사용
```

```
        PORTC=0xff;             // Port C 초기값
        DDRC=0xff;              // Port C 설정, 출력으로 사용

        PORTD=0xff;             // Port D 초기값
        DDRD=0xff;              // Port D 설정, 출력으로 사용

        while (1)
        {
                PORTA = 0xaa;           // Port A에 1010 1010 출력
                delay(60000);           // 시간 지연 함수

                PORTA = 0x55;           // Port A에 0101 0101 출력
                delay(60000);           // 시간 지연 함수
        }
}

void delay(unsigned int cnt)                    //user function define
{
        while(cnt--);
}
```

ATmega8535 실험 1.6

문제

Data 0xAA와 0x55를 변수에 저장, LED에 반복, 출력한다.

폴더위치

AnyAVR8535\Source\Exam\CodeVision\Chap01\Chap01_06\

Program Source

```
#include <mega8535.h>               // Atmega 8535 header file
#include <delay.h>                  // delay header file

void delay(unsigned int cnt);

void main(void)
{
        unsigned char buff0, buff1;

        PORTA=0xff;             // Port A 초기값
        DDRA=0xff;              // Port A 설정, 출력으로 사용
```

```
        PORTB=0xff;             // Port B 초기값
        DDRB=0xff;              // Port B 설정, 출력으로 사용
        PORTC=0xff;             // Port C 초기값
        DDRC=0xff;              // Port C 설정, 출력으로 사용
        PORTD=0xff;             // Port D 초기값
        DDRD=0xff;              // Port D 설정, 출력으로 사용

        buff0 = 0xaa;           // buff0 변수에 0xaa 저장
        buff1 = 0x55;           // buff1 변수에 0x55 저장

        while (1)
        {
                PORTA = buff0;          // Port A로 buff0 data 출력
                delay(30000);           // 시간지연 함수
                PORTA = buff1;          // Port A로 buff1 data 출력
                delay(30000);           // 시간지연 함수
        };
}

void delay(unsigned int cnt)            //user function define
{
        while(cnt--);
}
```

1.4.2 LED 쉬프트 동작 I

ATmega8535 실험 1.7

문제

LED에 그림과 같이 1bit씩 왼쪽 쉬프트하며 점등한다.

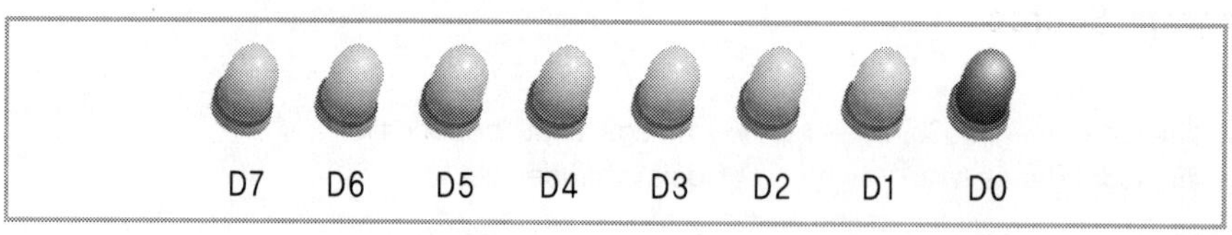

⇓

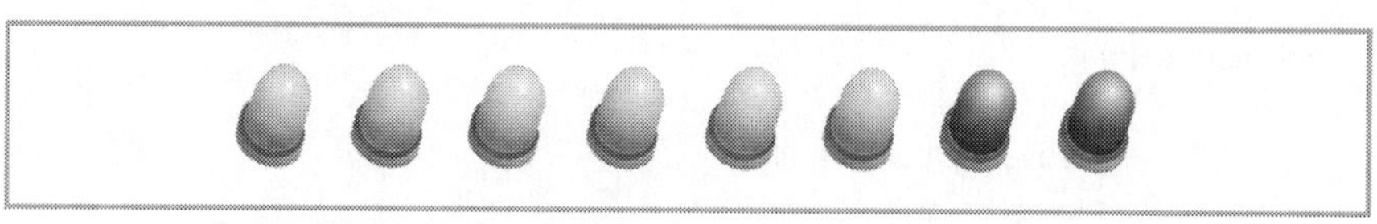

:

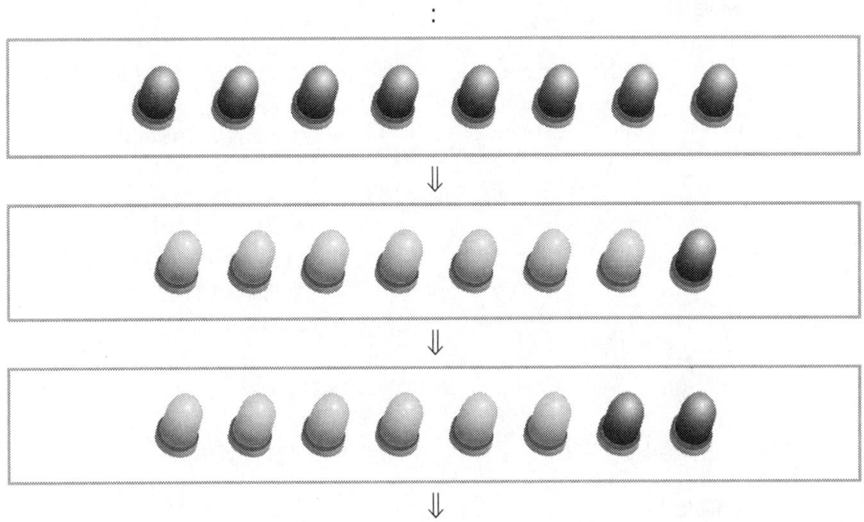

반 복

◎ 폴더위치

AnyAVR8535\Source\Exam\CodeVision\Chap01\Chap01_07\

◎ Program Source

```
#include <mega8535.h>              // Atmega 8535 header file
#include <delay.h>                 // delay header file

void delay(unsigned int cnt);

void main(void)
{
          unsigned char buff;

          PORTA=0xff;              // Port A 초기값
          DDRA=0xff;               // Port A 설정, 출력으로 사용

          PORTB=0xff;              // Port B 초기값
          DDRB=0xff;               // Port B 설정, 출력으로 사용

          PORTC=0xff;              // Port C 초기값
          DDRC=0xff;               // Port C 설정, 출력으로 사용

          PORTD=0xff;              // Port D 초기값
          DDRD=0xff;               // Port D 설정, 출력으로 사용

          buff = 0xfe;             // buff 값 0xff 설정
```

```
        while (1)
        {
                PORTA = buff;                   // Port A로 buff data 출력
                delay(60000);                   // 시간지연 함수
                if(buff == 0x00)                // buff값이 0x00이면
                {
                        buff = 0xfe;            // buff값 설정
                }
                else                            // buff값이 0x00이 아니면
                        buff = buff << 1;       // 1bit left shift
                }
        }
}

void delay(unsigned int cnt)                    //user function define
{
        while(cnt--);
}
```

ATmega8535 실험 1.8

문제

LED에 그림과 같이 1bit씩 오른쪽 쉬프트하며 점등한다.

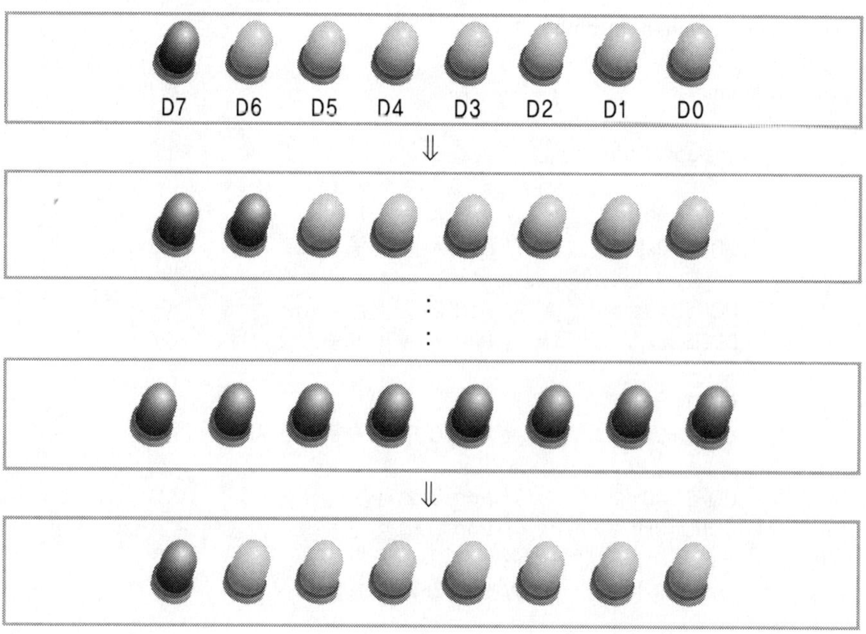

⇓

⇓

반 복

폴더위치

AnyAVR8535\Source\Exam\CodeVision\Chap01\Chap01_08\

Program Source

```
#include <mega8535.h>          // Atmega 8535 header file
#include <delay.h>             // delay header file

void delay(unsigned int cnt);

void main(void)
{
        unsigned char buff;

        PORTA=0xff;            // Port A 초기값
        DDRA=0xff;             // Port A 설정, 출력으로 사용

        PORTB=0xff;            // Port B 초기값
        DDRB=0xff;             // Port B 설정, 출력으로 사용

        PORTC=0xff;            // Port C 초기값
        DDRC=0xff;             // Port C 설정, 출력으로 사용

        PORTD=0xff;            // Port D 초기값
        DDRD=0xff;             // Port D 설정, 출력으로 사용

        buff = 0x7f;           // buff 값 0x7f 설정

        while (1)
        {
                PORTA = buff;                   // Port A로 buff data 출력
                delay(60000);
                if(buff == 0x00)                // buff값이 0x00이면
                {
                        buff = 0x7f;            // buff값 설정
                }
                else                            // buff값이 0x00이 아니면
                {
                        buff = buff >> 1;       // 1bit right shift
```

```
		}
	};
}

void delay(unsigned int cnt)			//user function define
{
	while(cnt--);
}
```

1.4.3 LED 쉬프트 동작 II

ATmega8535 실험 1.9

◉ 문제

LED에 그림과 같이 1bit씩 왼쪽 쉬프트하며 점등한다.

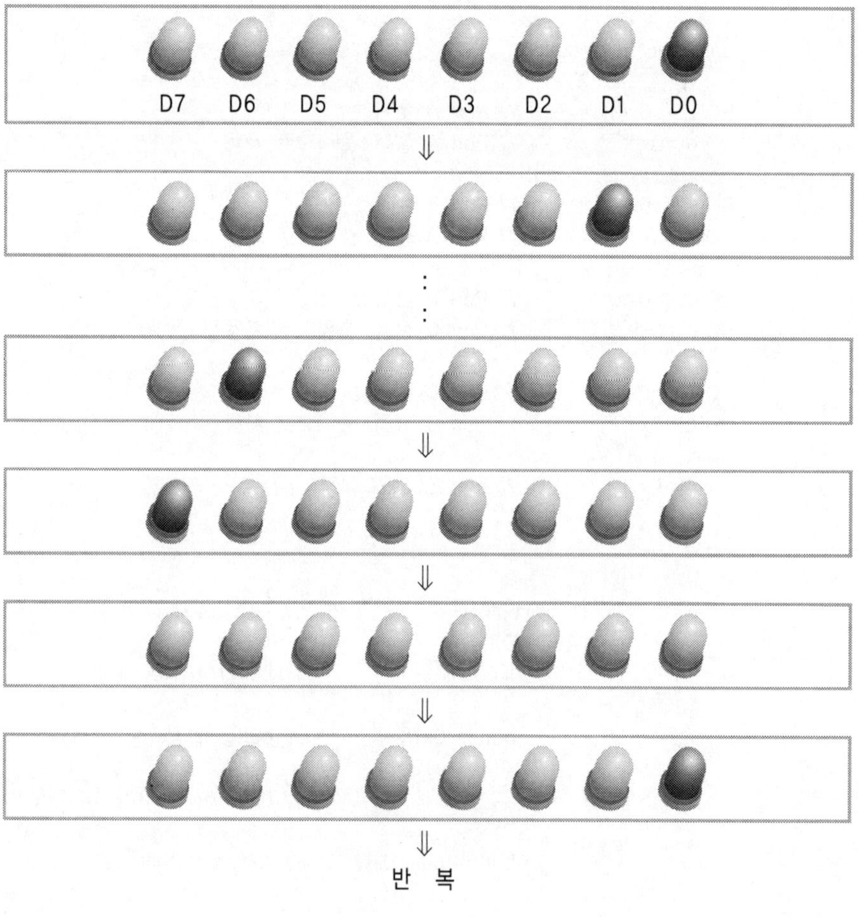

폴더위치

AnyAVR8535\Source\Exam\CodeVision\Chap01\Chap01_09\

Program Source

```
#include <mega8535.h>          // Atmega 8535 header file
#include <delay.h>             // delay header file
void delay(unsigned int cnt);

void main(void)
{
        unsigned char buff;

        PORTA=0xff;            // Port A 초기값
        DDRA=0xff;             // Port A 설정, 출력으로 사용
        PORTB=0xff;            // Port B 초기값
        DDRB=0xff;             // Port B 설정, 출력으로 사용
        PORTC=0xff;            // Port C 초기값
        DDRC=0xff;             // Port C 설정, 출력으로 사용
        PORTD=0xff;            // Port D 초기값
        DDRD=0xff;             // Port D 설정, 출력으로 사용

        buff = 0xfe;           // buff 값 0xfe 설정

        while (1)
        {
                PORTA = buff;                  // buff data를 Port A로 출력
                if(buff == 0xff)               // buff 값이 0xff이면
                {
                        buff = 0xfe;           // buff 값 설정
                }
                else                           // buff 값이 0xff가 아니면
                {
                        buff = buff << 1;      // 1bit left shift
                        buff |= 0x01;          // buff 값에 0x01 OR mask
                }
                delay(60000);
        };
}

void delay(unsigned int cnt)           //user function define
{
        while(cnt--);
}
```

ATmega8535 실험 1.10

문제

LED에 그림과 같이 1bit씩 오른쪽 쉬프트하며 점등한다.

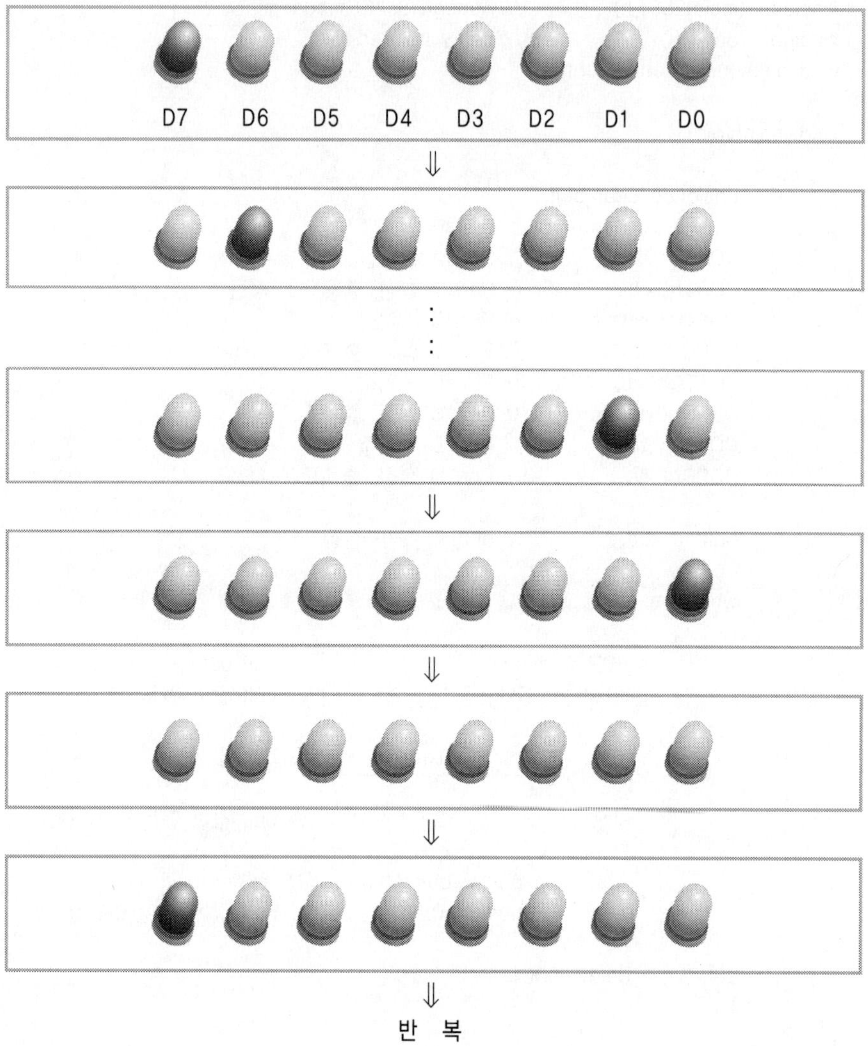

폴더위치

AnyAVR8535\Source\Exam\CodeVision\Chap01\Chap01_10

Program Source

```
#include <mega8535.h>          // Atmega 8535 header file
#include <delay.h>             // delay header file

void delay(unsigned int cnt);

void main(void)
{
        unsigned char buff;

        PORTA=0xff;            // Port A 초기값
        DDRA=0xff;             // Port A 설정, 출력으로 사용
        PORTB=0xff;            // Port B 초기값
        DDRB=0xff;             // Port B 설정, 출력으로 사용
        PORTC=0xff;            // Port C 초기값
        DDRC=0xff;             // Port C 설정, 출력으로 사용
        PORTD=0xff;            // Port D 초기값
        DDRD=0xff;             // Port D 설정, 출력으로 사용

        buff = 0x7f;           // buff 값 0x7f 설정

        while (1)
        {
                PORTA = buff;                   // buff data를 Port A로 출력

                if(buff == 0xff)                // buff 값이 0xff이면
                {
                        buff = 0x7f;            // buff 값 설정
                }
                else                            // buff 값이 0xff가 아니면
                {
                        buff = buff >> 1;       // 1bit right shift
                        buff |= 0x80;           // buff 값에 0x80 OR mask
                }
                delay(60000);
        }
}

void delay(unsigned int cnt)            //user function define
{
        while(cnt--);
}
```

1.4.4 Toggle 스위치의 입력을 LED에 출력하기

ATmega8535 실험 1.11

● 문제

스위치 입력을 LED로 출력하자.

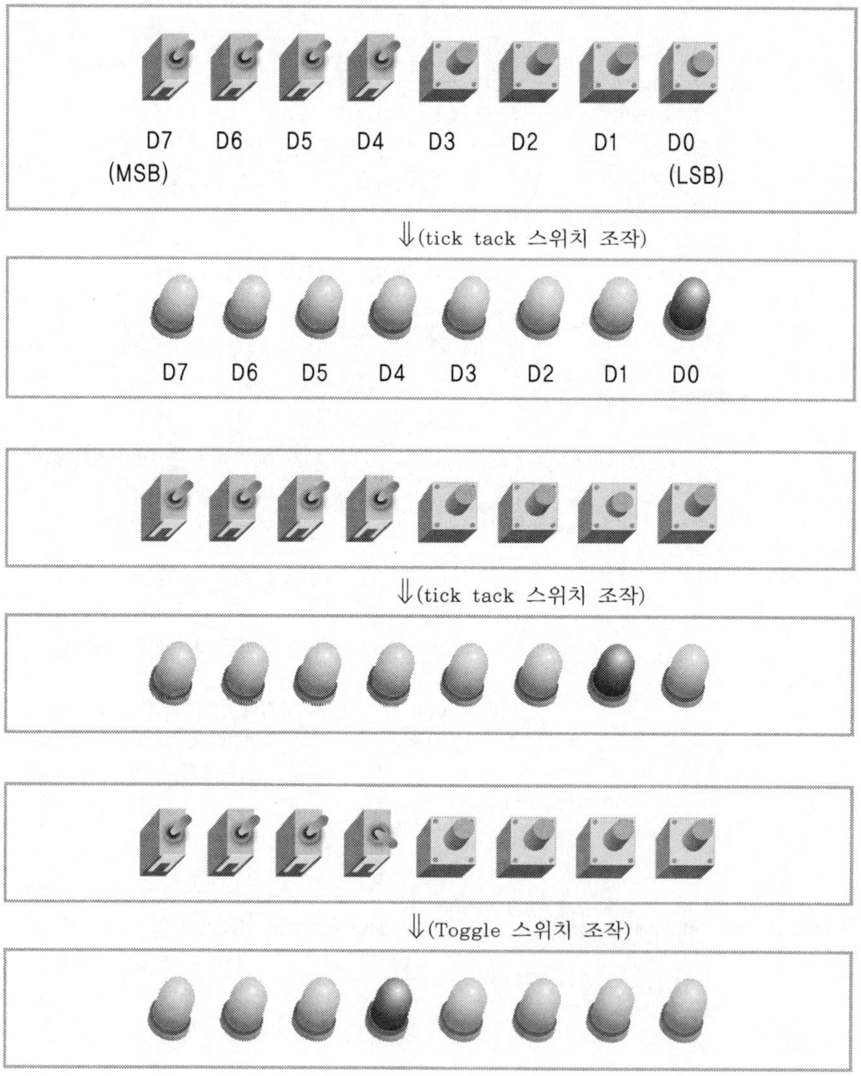

● 폴더위치

AnyAVR8535\Source\Exam\CodeVision\Chap01\Chap01_11\

Program Source

```
#include <mega8535.h>          // Atmega 8535 header file
#include <delay.h>             // delay header file

void delay(unsigned int cnt);

void main(void)
{
        unsigned char buff;

        PORTA=0xff;            // Port A 초기값
        DDRA=0xff;             // Port A 설정, 출력으로 사용

        PORTB=0xff;            // Port B 초기값
        DDRB=0xff;             // Port B 설정, 출력으로 사용

        PORTC=0xff;            // Port C 초기값
        DDRC=0x00;             // Port C 설정, 입력으로 사용

        PORTD=0xff;            // Port D 초기값
        DDRD=0xff;             // Port D 설정, 출력으로 사용

        buff = 0x00;           // buff 값 0x00 설정

        while (1)
        {
                buff = PINC;           // Port C의 값을 입력 받는다.
                delay(10000);          // 시간지연 함수 호출
                PORTA = buff;          // buff Data를 Port 1로 출력한다.
                delay(10000);          // 시간지연 함수 호출
        }
}

void delay(unsigned int cnt)           //user function define
{
        while(cnt--);
}
```

ATmega8535 실험 1.12

문제

스위치 입력을 반전하여 LED로 출력하자.

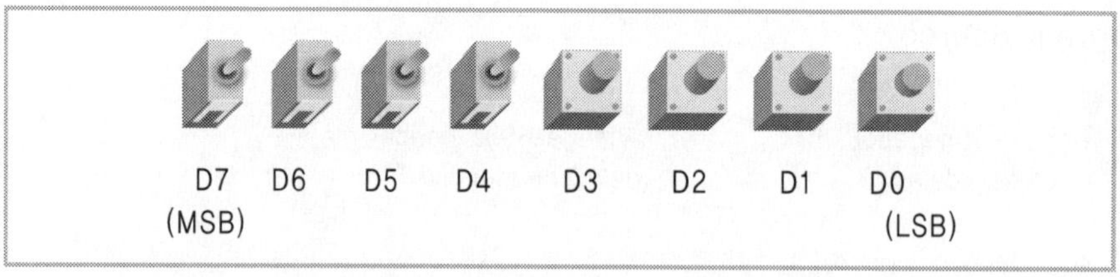

⇓(tick tack 스위치 조작)

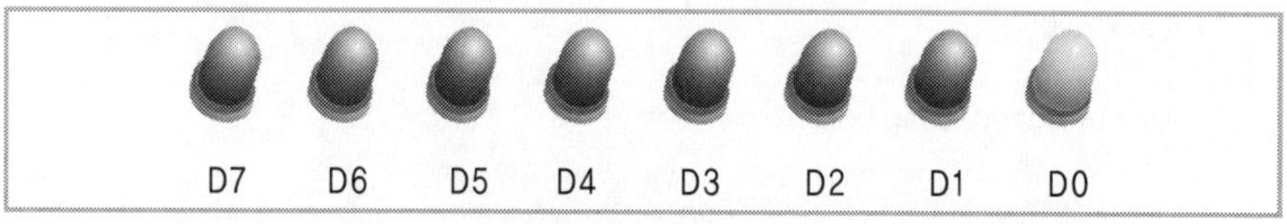

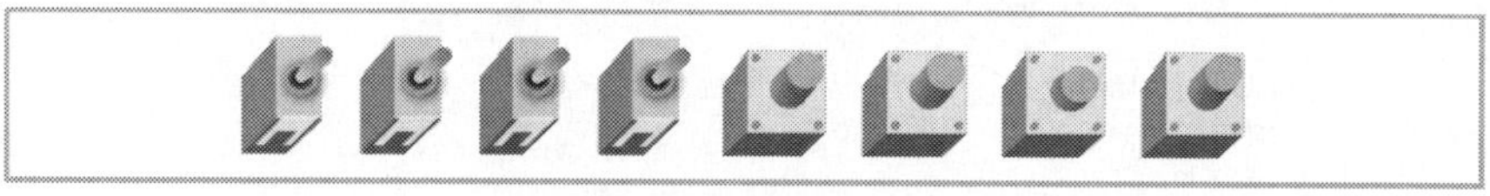

⇓(tick tack 스위치 조작)

⇓(Toggle 스위치 조작)

폴더위치

AnyAVR8535\Source\Exam\CodeVision\Chap01\Chap01_12\

Program Source

```
#include <mega8535.h>              // Atmega 8535 header file
#include <delay.h>                 // delay header file

void delay(unsigned int cnt);

void main(void)
{
        unsigned char buff;
```

```
        PORTA=0xff;            // Port A 초기값
        DDRA=0xff;             // Port A 설정, 출력으로 사용

        PORTB=0xff;            // Port B 초기값
        DDRB=0xff;             // Port B 설정, 출력으로 사용

        PORTC=0xff;            // Port C 초기값
        DDRC=0x00;             // Port C 설정, 입력으로 사용

        PORTD=0xff;            // Port D 초기값
        DDRD=0xff;             // Port D 설정, 출력으로 사용

        buff = 0x00;           // buff 값 0x00 설정

        while (1)
        {
                buff = ~PINC;          // Port C의 값을 반전하여 입력 받는다.
                delay(10000);          // 시간지연 함수 호출

                PORTA = buff;          // buff Data를 Port 1로 출력한다.
                delay(10000);          // 시간지연 함수 호출

        }
}

void delay(unsigned int cnt)                   //user function define
{
        while(cnt--);
}
```

1.5 실습 과제

- 스위치의 입력에 따라 LED의 동작을 그림과 같이 만들어보자.
  - SW0를 Push

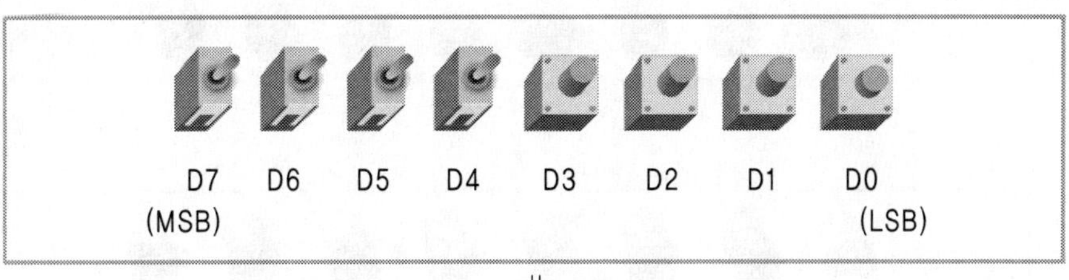

⇓

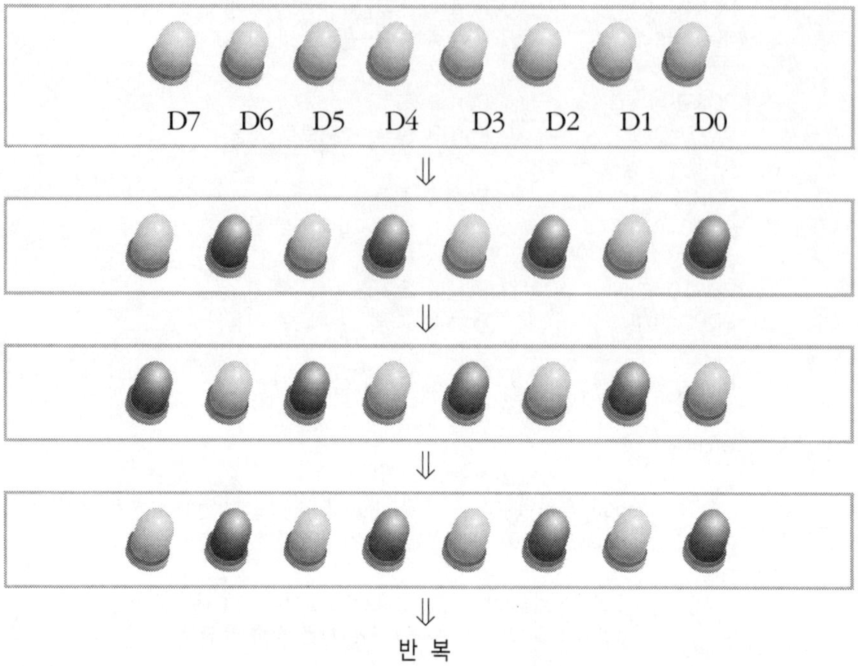
D7 D6 D5 D4 D3 D2 D1 D0
반 복

- SW1을 Push

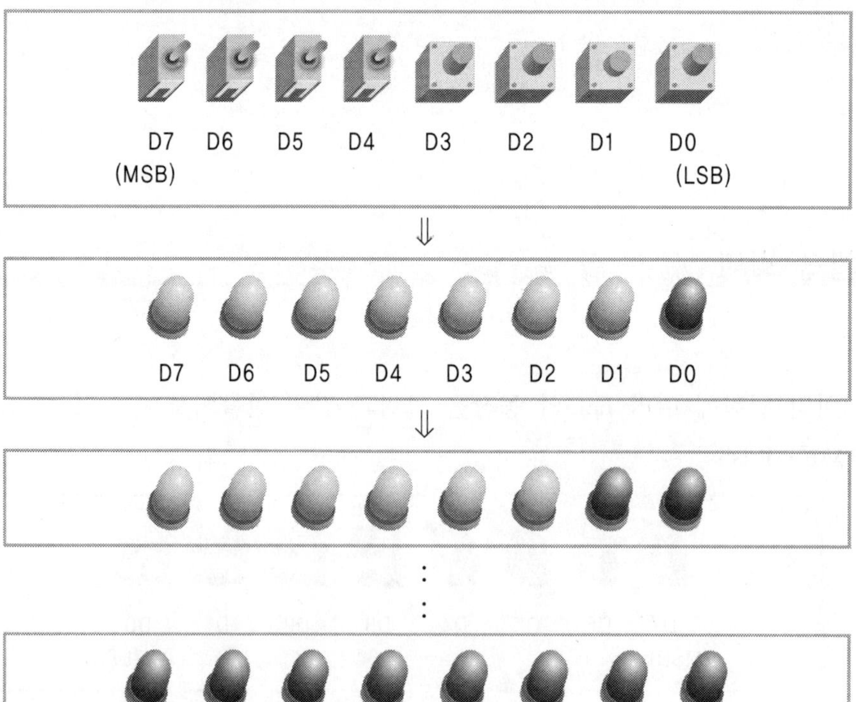
D7 D6 D5 D4 D3 D2 D1 D0
(MSB)
(LSB)
D7 D6 D5 D4 D3 D2 D1 D0

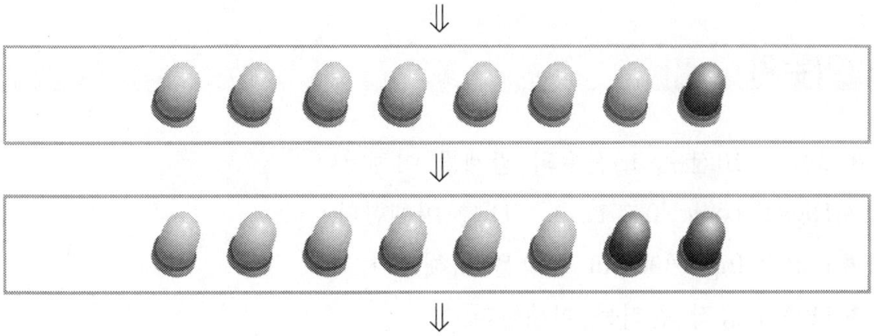

반 복

- SW2를 Push

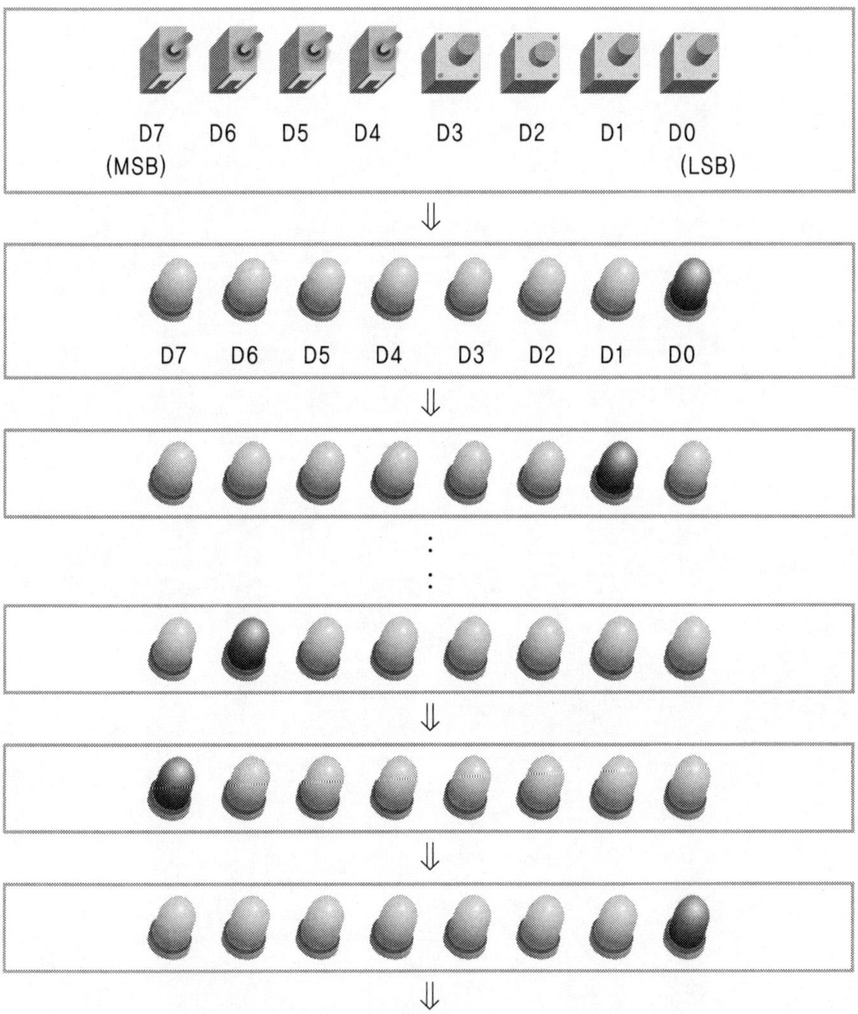

반 복

1.6 알아두기

- 2진수, 10진수, 16진수의 관계를 이해한다.
- Digital Logic '0', '1', 'L', 'H'를 이해한다.
- Port의 Input/Output 동작을 이해한다.
- LED의 동작 원리를 이해한다.
- Toggle, tick tack 스위치의 동작 원리를 이해한다.

02. CHAPTER 7-Segment 제어

실습 목표

- MCU AVR ATmega8535과 7-Segment 제어 실험을 통해 7-Segment의 동작원리와 사용방법을 이해, 실험 실습한다.

2.1 관련 지식

1) AVR ATmega8535

- 교재 Part1 참조.

2) Cathode Common 7-Segment

- Digital 회로에서 정보를 Display하는 방법에는 여러 가지가 있다.
  그 중 가장 보편적인 방법으로는 LED를 사용하는 것이다. 하지만 LED로는 많은 정보를 쉽게 표현할 수가 없다는 단점이 있다. 그래서 만들어진 Device가 7-Segment이다.

  7-Segment는 실생활에서 많이 사용되는 Display Device로 엘리베이터에서 층수를 나타내는 숫자 표시기등이 있다.

  7-Segment의 구조와 외형을 보면 다음과 같다.

7-Segment 외형

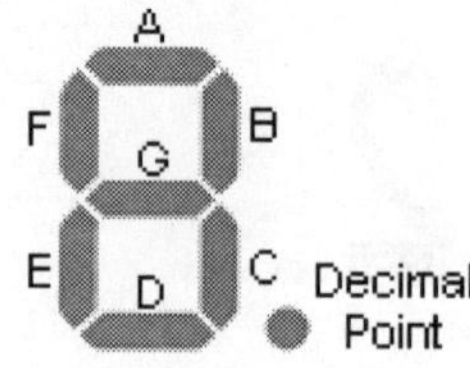

7-Segment 배열

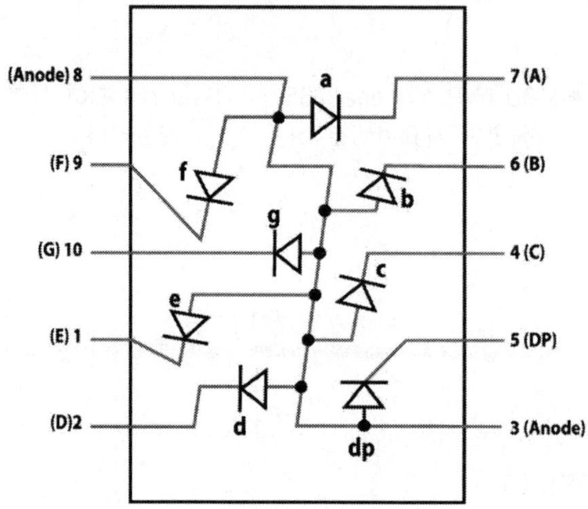

Anode 공통 내부 구조

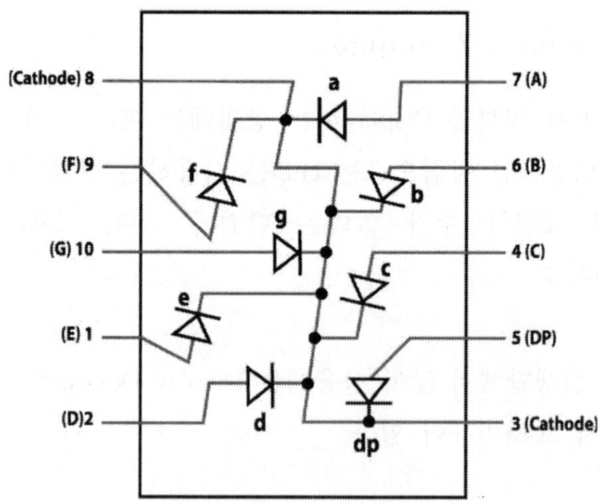

Cathode 공통 내부 구조

7-Segment 외형 , 배열, 내부 구조

간단하게 말해 8개의 LED가 하나의 Device를 이루는 것이다.

사용자가 7-Segment의 표시를 '0'으로 하려면 「Segment 배열」에서 a, b, c, d, e, f의 LED는 점등, g, dot의 LED는 소등 시키면 된다.

7-Segment를 구동하는 방법에는 두가지 방법이 있다. 위의 그림과 같이 양극 공통(Anode Common), 음극 공통(Cathode Common)으로 나누어진다.

양극 공통(Anode Common) 7-Segment를 사용하여 '0'을 표시하기 위해서는 a, b, c, d, e, f의 LED에 로직 '0'을 출력하면 LED는 점등 되고, g, dot의 LED에 로직 '1'을 출력하면 LED는 소등된다.

또한 음극 공통(Cathode Common) 7-Segment를 사용하려면 a, b, c, d, e, f의 LED에 로직 '1'을 출력하면 LED는 점등 되고, g, dot의 LED에 로직 '0'을 출력하면 LED는 소등된다.

실습장비에서 사용한 7-Segment는 양극 공통(Anode Common) 이기 때문에 7-Segment에 로직 '0'을 주어야 LED가 점등된다.

7-Segment에 숫자를 출력하는 Hex Data를 다음과 같다.

7-Segment Hex 출력 Data (Anode Common)

Display	HEX	dot	g	f	e	d	c	b	a
0	0xc0	1	1	0	0	0	0	0	0
1	0xf9	1	1	1	1	1	0	0	1
2	0xa4	1	0	1	0	0	1	0	0
3	0xb0	1	0	1	1	0	0	0	0
4	0x99	1	0	0	1	1	0	0	1
5	0x92	1	0	0	1	0	0	1	0
6	0x82	1	0	0	0	0	0	1	0
7	0xd8	1	1	1	1	1	0	0	0
8	0x80	1	0	0	0	0	0	0	0
9	0x98	1	0	0	1	0	0	0	0
A	0x99	1	0	0	0	1	0	0	0
b	0x83	1	0	0	0	0	0	1	1
C	0xc6	1	1	0	0	0	1	1	0
d	0xa1	1	0	1	0	0	0	0	1
E	0x86	1	0	0	0	0	1	1	0
F	0x8e	1	0	0	0	1	1	1	0
.	0x7f	0	1	1	1	1	1	1	1

7-Segment Hex 출력 Data (Cathode Common)

Display	HEX	dot	g	f	e	d	c	b	a
0	0x3f	0	0	1	1	1	1	1	1
1	0x06	0	0	0	0	0	1	1	0
2	0x5b	0	1	0	1	1	0	1	1
3	0x4f	0	1	0	0	1	1	1	1
4	0x66	0	1	1	0	0	1	1	0
5	0x6d	0	1	1	0	1	1	0	1
6	0x7d	0	1	1	1	1	1	0	1
7	0x07	0	0	0	0	0	1	1	1
8	0x7f	0	1	1	1	1	1	1	1
9	0x6f	0	1	1	0	1	1	1	1
A	0x77	0	1	1	1	0	1	1	1
b	0x7c	0	1	1	1	1	1	0	0
C	0x39	0	0	1	1	1	0	0	1
d	0x5e	0	1	0	1	1	1	1	0
E	0x79	0	1	1	1	1	0	0	1
F	0x71	0	1	1	1	0	0	0	1
.	0x80	1	0	0	0	0	0	0	0

2.2 장비 구조

2.2.1 7-Segment 회로 구성도

7-Segment 회로 구성은 다음과 같다.

범용적인 Data Output Device인 7-Segment를 사용하여 Digital Data를 시각적으로 표현하였다.

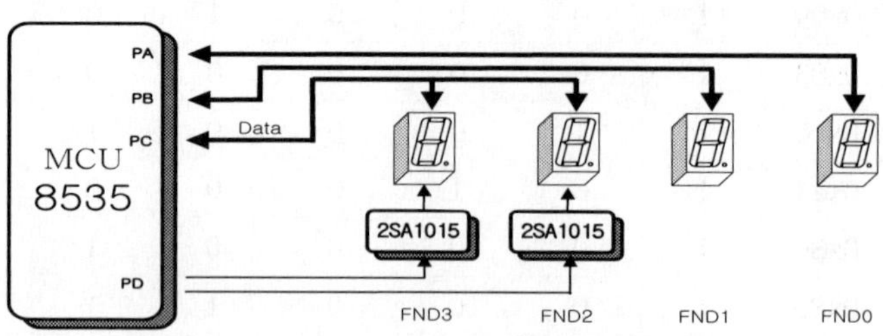

7-Segment 회로 구성도

Port	내 용
Port A	FND0에 data를 출력한다.
Port B	FND1에 data를 출력한다.
Port C	FND2, 3에 data를 출력한다.
Port D.0	FND2 Chip Select로 사용하다.
Port D.1	FND3 Chip Select로 사용하다.

2.2.2 7-Segment 제어 회로도

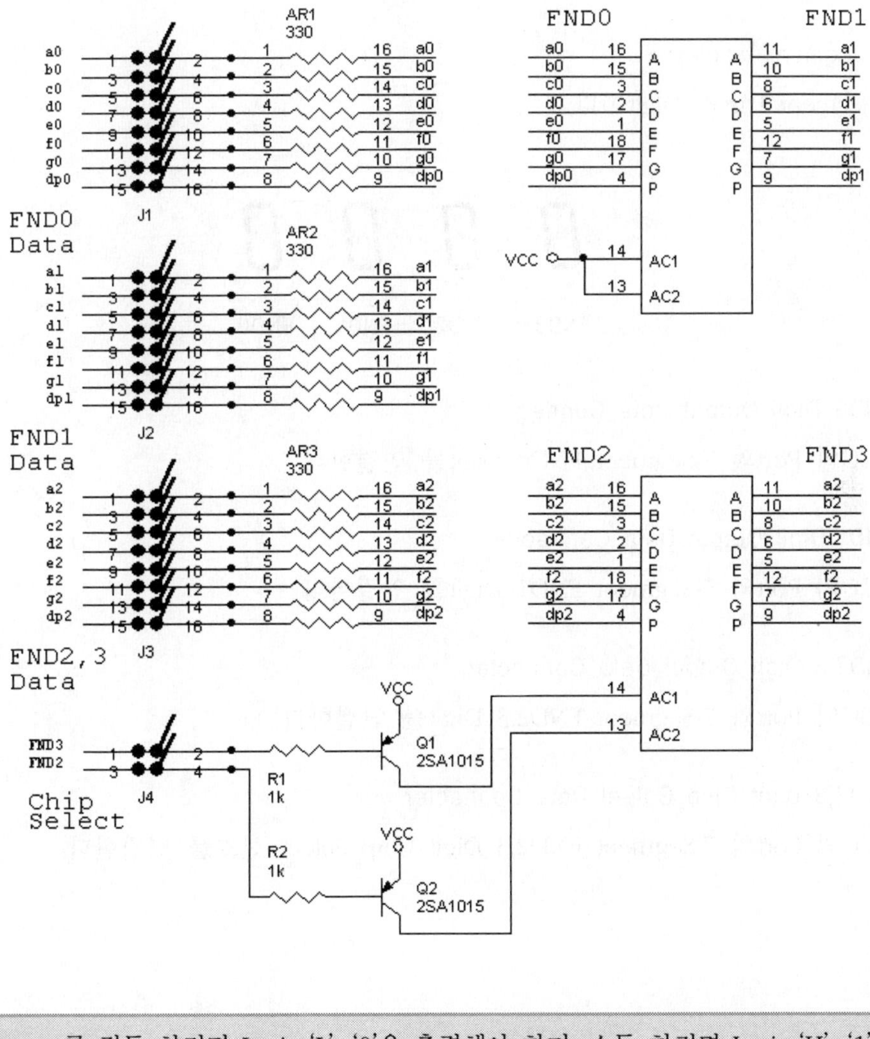

7-Segment를 점등 하려면 Logic 'L', '0'을 출력해야 하며, 소등 하려면 Logic 'H', '1'을 출력해야 한다.

2.2.3 7-Segment 부품 배치도

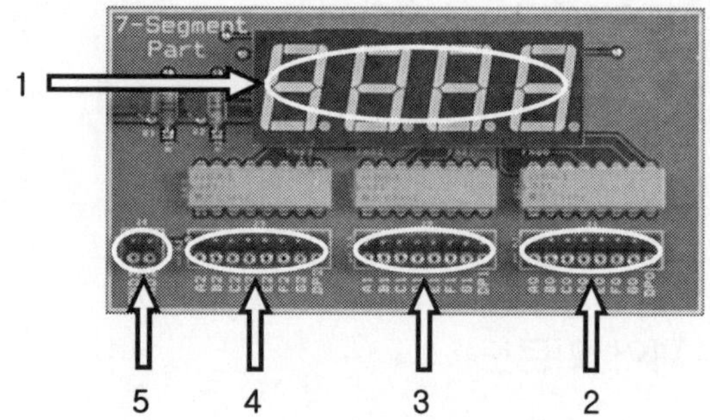

① 7-Segment Display

7-Segment Part의 Digit이다.

FND3 FND2 FND1 FND0

② FND0 Digit Output Data Connecter

MCU의 Port와 7-Segment FND0 Digit를 연결한다.

③ FND1 Digit Output Data Connecter

MCU의 Port와 7-Segment FND1 Digit를 연결한다.

④ FND2,3 Digit Output Data Connecter

MCU의 Port와 7-Segment FND2,3 Digit를 연결한다.

⑤ FND2,3 Digit Chip Celect Data Connecter

MCU의 Port와 7-Segment FND2,3 Digit Chip Select 신호를 연결한다.

2.3 배선 연결도

실험, 실습을 위해서는 아래와 같이 연결한다.

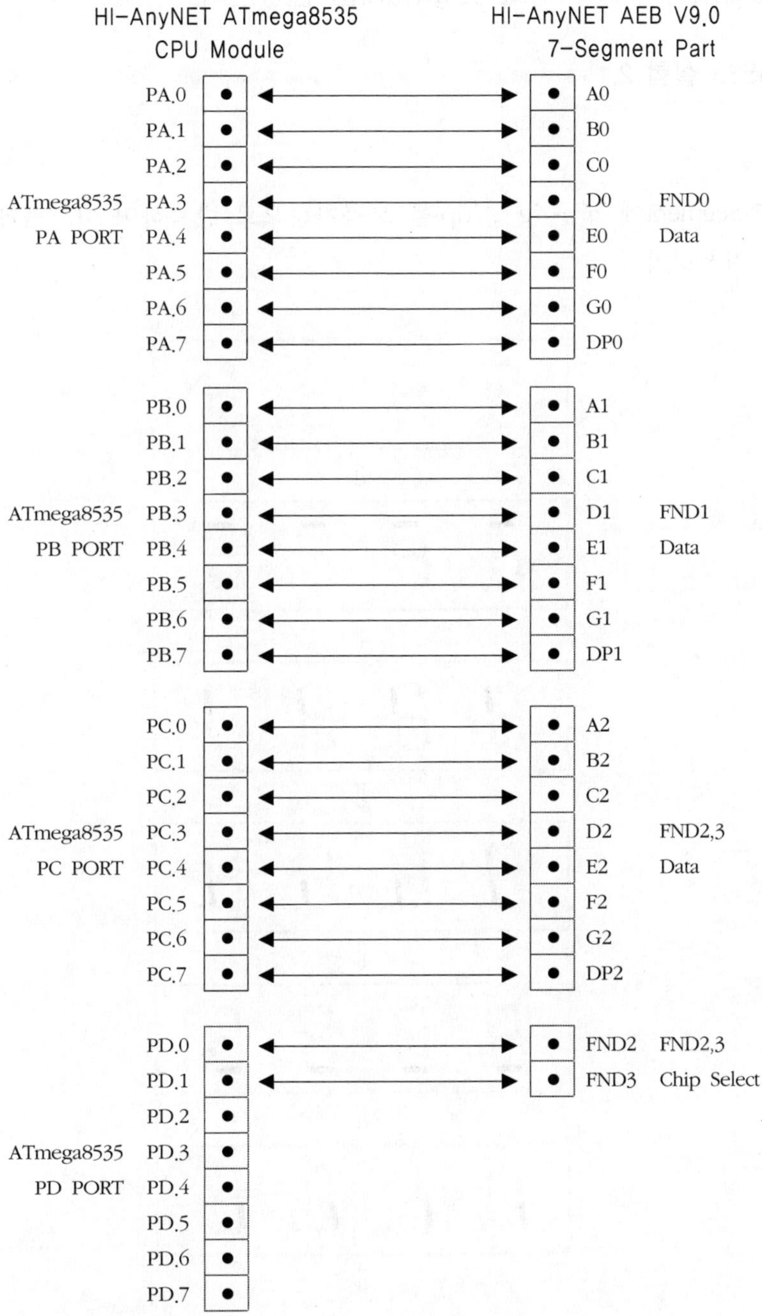

2.4 제어 실험

2.4.1 7-Segment에서 각각의 Segment를 점등한다.

ATmega8535 실험 2.1

● 문제

4개의 7-Segment에 'a' ~ 'g' , 'dp'를 오름차순으로 반복하며 디스플레이 하는 프로그램을 작성하자.

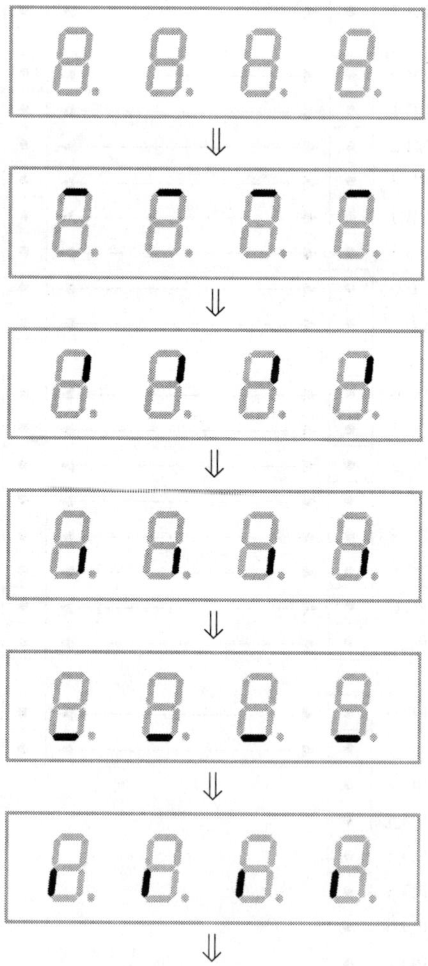

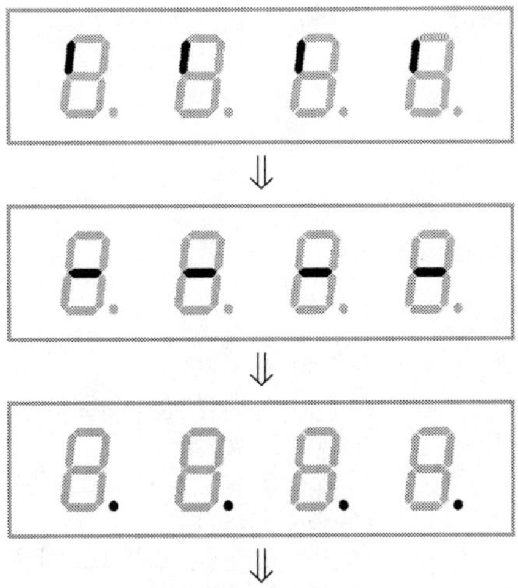

반 복

STEP BY STEP 실험

1. 교재의 「관련 지식」을 읽어본다.
2. Kit와 컴퓨터를 ISP Cable을 사용하여 연결한다.
3. 예제 프로그램을 작성한다.
4. C Compiler를 사용하여 HEX File을 만든다.
5. ISP 프로그램으로 HEX file을 다운로드, 실행한다.

폴더위치

AnyAVR8535\Source\Exam\CodeVision\Chap02\Chap02_01\

- Source 파일

  Chap02_01.C

- Download 파일

  Chap02_01.HEX

Program Source

```
#include <mega8535.h>            // Atmega 8535 header file
#include <delay.h>               // delay header file

#define   FND0      PORTA     // Port A, FND0 Data로 사용
#define   FND1      PORTB     // Port B, FND1 Data로 사용
#define   FND2_3    PORTC     // Port C, FND2,3 Data로 사용
#define   FND2_CS   PORTD.0   // Port D.0 bit, FND2 Chip Select로 사용
```

```
#define    FND3_CS  PORTD.1   // Port D.1 bit, FND3 Chip Select로 사용

void delay(unsigned int cnt);

void main(void)
{
        unsigned char buff;
        int i;

        PORTA=0xff;           // Port A 초기값
        DDRA=0xff;            // Port A 설정, 출력으로 사용
        PORTB=0xff;           // Port B 초기값
        DDRB=0xff;            // Port B 설정, 출력으로 사용
        PORTC=0xff;           // Port C 초기값
        DDRC=0xff;            // Port C 설정, 출력으로 사용
        PORTD=0xff;           // Port D 초기값
        DDRD=0xff;            // Port D 설정, 출력으로 사용

        buff = 0xfe;
        FND2_CS = 0;          // FND2 Chip Select 신호
        FND3_CS = 0;          // FND3 Chip Select 신호

        while (1)
        {
                for(i=0;i<10;i++)                    // 0에서 9까지 1씩 증가, 반복
                {
                        FND0 = buff;         // FND0, 7-Segment data 출력
                        FND1 = buff;         // FND1, 7-Segment data 출력
                        FND2_3 = buff;       // FND2_3, 7-Segment data 출력

                        if(buff == 0xff)     // buff 변수값이 0xff이면
                        {
                                buff = 0xfe;            // buff 변수 초기화
                        }
                        else                            // buff 변수값이 0xff이 아니면
                        {
                                buff = buff << 1;       // 1bit left shift
                                buff = buff | 1;        // 1bit or mask
                        }
                }

                delay(60000);                           // 시간지연 함수 호출
        }
}

void delay(unsigned int cnt)                            //user function define
{
        while(cnt--);
}
```

ATmega8535 실험 2.2

문제

4개의 7-Segment에 '1111'을 디스플레이 하는 프로그램을 작성하자.

폴더위치

AnyAVR8535\Source\Exam\CodeVision\Chap02\Chap02_02\

Program Source

```
#include <mega8535.h>           // Atmega 8535 header file
#include <delay.h>              // delay header file

#define   FND0      PORTA       // Port A, FND0 Data로 사용
#define   FND1      PORTB       // Port B, FND1 Data로 사용
#define   FND2_3    PORTC       // Port C, FND2,3 Data로 사용
#define   FND2_CS   PORTD.0     // Port D.0 bit, FND2 Chip Select로 사용
#define   FND3_CS   PORTD.1     // Port D.1 bit, FND3 Chip Select로 사용

void delay(unsigned int cnt);

void main(void)
{
          unsigned char buff;

          PORTA=0xff;           // Port A 초기값
          DDRA=0xff;            // Port A 설정, 출력으로 사용

          PORTB=0xff;           // Port B 초기값
          DDRB=0xff;            // Port B 설정, 출력으로 사용

          PORTC=0xff;           // Port C 초기값
          DDRC=0xff;            // Port C 설정, 출력으로 사용

          PORTD=0xff;           // Port D 초기값
          DDRD=0xff;            // Port D 설정, 출력으로 사용

          buff = 0xf9;
```

```
        FND2_CS = 0;        // FND2 Chip Select 신호
        FND3_CS = 0;        // FND3 Chip Select 신호

        while (1)
        {
                FND0 = buff;            // FND0, 7-Segment data 출력
                FND1 = buff;            // FND1, 7-Segment data 출력
                FND2_3 = buff;          // FND2_3, 7-Segment data 출력

                delay(1000);            // 시간지연함수 호출
        }
}

void delay(unsigned int cnt)            //user function define
{
        while(cnt--);
}
```

2.4.2 7-Segment에 '0' ~ '9' 를 오름차순으로 점등한다.

ATmega8535 실험 2.3

● 문제

4개의 7-Segment에 '0' ~ '9'를 오름차순으로 반복하며 디스플레이 하는 프로그램을 작성하자.

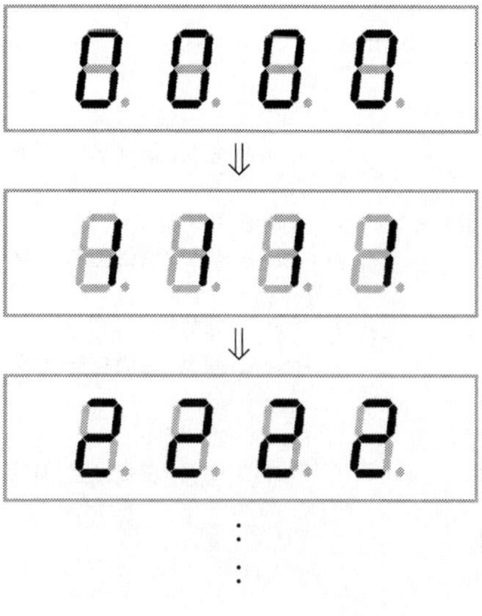

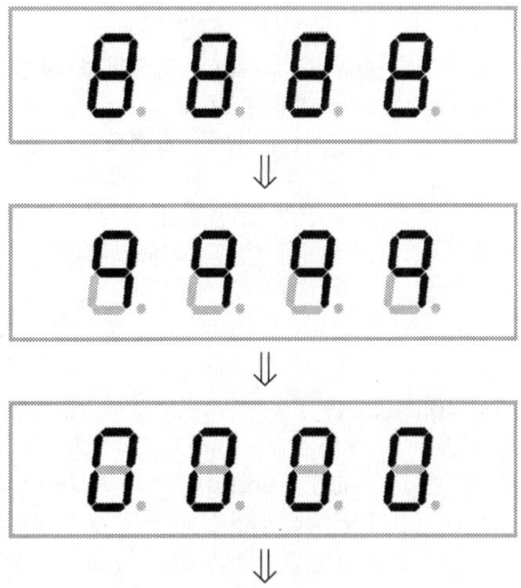

반 복

◉ 폴더위치

AnyAVR8535\Source\Exam\CodeVision\Chap02\Chap02_03\

◉ Program Source

```
#include <mega8535.h>          // Atmega 8535 header file
#include <delay.h>             // delay header file

#define   FND0      PORTA      // Port A, FND0 Data로 사용
#define   FND1      PORTB      // Port B, FND1 Data로 사용
#define   FND2_3    PORTC      // Port C, FND2,3 Data로 사용
#define   FND2_CS   PORTD.0    // Port D.0 bit, FND2 Chip Select로 사용
#define   FND3_CS   PORTD.1    // Port D.1 bit, FND3 Chip Select로 사용

void delay(unsigned int cnt);

void main(void)
{
                               // 0, 1, 2, 3, 4, 5, 6, 7, 8, 9, A, B, C, D, E, F, .
          unsigned char fnd[17]={0xc0,0xf9,0xa4,0xb0,0x99,0x92,0x82,0xd8,0x80,0x98,0x88,
                                 0x83,0xc6,0xa1,0x86,0x8e,0x7f};
          unsigned char i;

          PORTA=0xff;          // Port A 초기값
          DDRA=0xff;           // Port A 설정, 출력으로 사용
          PORTB=0xff;          // Port B 초기값
          DDRB=0xff;           // Port B 설정, 출력으로 사용
```

```
        PORTC=0xff;             // Port C 초기값
        DDRC=0xff;              // Port C 설정, 출력으로 사용
        PORTD=0xff;             // Port D 초기값
        DDRD=0xff;              // Port D 설정, 출력으로 사용

        FND2_CS = 0;            // FND2 Chip Select 신호
        FND3_CS = 0;            // FND3 Chip Select 신호

        while (1)
        {
                for(i=0;i<10;i++)                       // 0에서 9까지 1씩 증가, 반복
                {
                        FND0 = fnd[i];          // fnd변수의 값을 FND0에 출력
                        FND1 = fnd[i];          // fnd변수의 값을 FND1에 출력
                        FND2_3 = fnd[i];        // fnd변수의 값을 FND2_3에 출력

                        delay(60000);           // 시간지연 함수 호출
                }
        }
}

void delay(unsigned int cnt)                    //user function define
{
        while(cnt--);
}
```

ATmega8535 실험 2.4

문제

4개의 7-Segment에 '9' ~ '0'을 내림차순으로 반복하며 디스플레이 하는 프로그램을 작성하자.

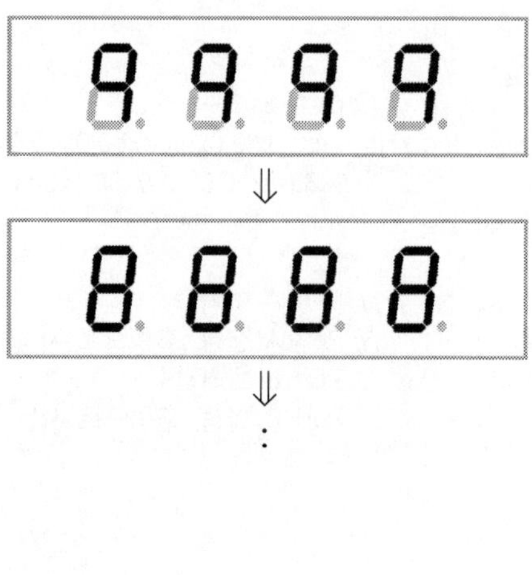

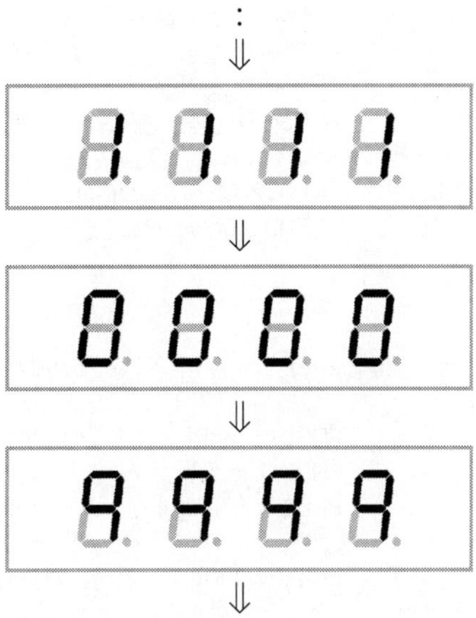

반 복

● 폴더위치

AnyAVR8535\Source\Exam\CodeVision\Chap02\Chap02_04\

● Program Source

```
#include <mega8535.h>          // Atmega 8535 header file
#include <delay.h>             // delay header file

#define   FND0      PORTA      // Port A, FND0 Data로 사용
#define   FND1      PORTB      // Port B, FND1 Data로 사용
#define   FND2_3    PORTC      // Port C, FND2,3 Data로 사용
#define   FND2_CS   PORTD.0    // Port D.0 bit, FND2 Chip Select로 사용
#define   FND3_CS   PORTD.1    // Port D.1 bit, FND3 Chip Select로 사용

void delay(unsigned int cnt);

void main(void)
{
        // 0, 1, 2, 3, 4, 5, 6, 7, 8, 9, A, B, C, D, E, F, .
        unsigned char fnd[17]={0xc0,0xf9,0xa4,0xb0,0x99,0x92,0x82,0xd8,0x80,0x98,0x88,
                               0x83,0xc6,0xa1,0x86,0x8e,0x7f};
        int i;

        PORTA=0xff;            // Port A 초기값
        DDRA=0xff;             // Port A 설정, 출력으로 사용
        PORTB=0xff;            // Port B 초기값
        DDRB=0xff;             // Port B 설정, 출력으로 사용
```

```
        PORTC=0xff;             // Port C 초기값
        DDRC=0xff;              // Port C 설정, 출력으로 사용
        PORTD=0xff;             // Port D 초기값
        DDRD=0xff;              // Port D 설정, 출력으로 사용

        FND2_CS = 0;            // FND2 Chip Select 신호
        FND3_CS = 0;            // FND3 Chip Select 신호

        while (1)
        {
                for(i=9;i>=0;i--)                       // 9에서 0까지 1씩 감소, 반복
                {
                        FND0 = fnd[i];          // fnd변수의 값을 FND0에 출력
                        FND1 = fnd[i];          // fnd변수의 값을 FND1에 출력
                        FND2_3 = fnd[i];        // fnd변수의 값을 FND2_3에 출력

                        delay(60000);           // 시간지연 함수 호출
                }
        }
}

void delay(unsigned int cnt)                            //user function define
{
        while(cnt--);
}
```

ATmega8535 실험 2.5

문제

4개의 7-Segment에 '0' ~ '9'중 짝수를 올림차순으로 반복하며 디스플레이 하는 프로그램을 작성하자.

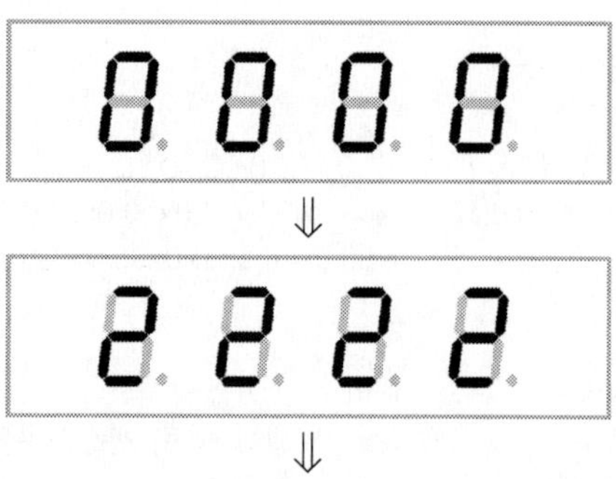

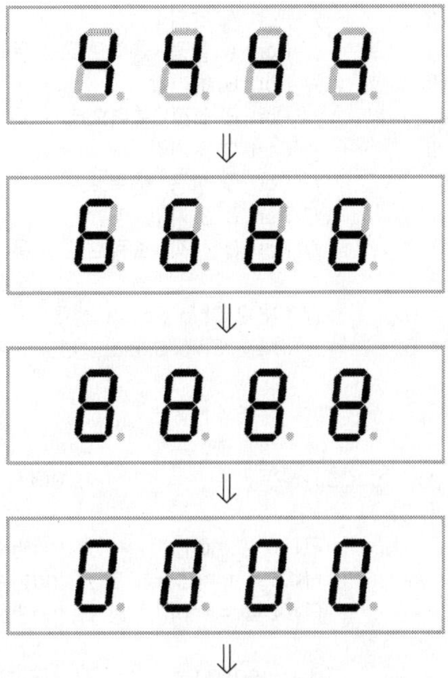

반 복

폴더위치

AnyAVR8535\Source\Exam\CodeVision\Chap02\Chap02_05\

Program Source

```
#include <mega8535.h>          // Atmega 8535 header file
#include <delay.h>             // delay header file

#define   FND0     PORTA     // Port A, FND0 Data로 사용
#define   FND1     PORTB     // Port B, FND1 Data로 사용
#define   FND2_3   PORTC     // Port C, FND2,3 Data로 사용
#define   FND2_CS  PORTD.0   // Port D.0 bit, FND2 Chip Select로 사용
#define   FND3_CS  PORTD.1   // Port D.1 bit, FND3 Chip Select로 사용

void delay(unsigned int cnt);

void main(void)
{
        // 0, 1, 2, 3, 4, 5, 6, 7, 8, 9, A, B, C, D, E, F, .
        unsigned char fnd[17]={0xc0,0xf9,0xa4,0xb0,0x99,0x92,0x82,0xd8,0x80,0x98,0x88,
                               0x83,0xc6,0xa1,0x86,0x8e,0x7f};
        char i;
```

```
        PORTA=0xff;         // Port A 초기값
        DDRA=0xff;          // Port A 설정, 출력으로 사용
        PORTB=0xff;         // Port B 초기값
        DDRB=0xff;          // Port B 설정, 출력으로 사용
        PORTC=0xff;         // Port C 초기값
        DDRC=0xff;          // Port C 설정, 출력으로 사용
        PORTD=0xff;         // Port D 초기값
        DDRD=0xff;          // Port D 설정, 출력으로 사용

        FND2_CS = 0;        // FND2 Chip Select 신호
        FND3_CS = 0;        // FND3 Chip Select 신호

        while (1)
        {
                for(i=0;i<10;i+=2)                  // 0에서 9까지 2씩 증가, 반복
                {
                        FND0 = fnd[i];      // fnd변수의 값을 FND0에 출력
                        FND1 = fnd[i];      // fnd변수의 값을 FND1에 출력
                        FND2_3 = fnd[i];    // fnd변수의 값을 FND2_3에 출력

                        delay(60000);       // 시간지연 함수 호출
                }
        }
}

void delay(unsigned int cnt)                        //user function define
{
        while(cnt--);
}
```

2.4.3 7-Segment를 이용하여 99진 업카운터 만들기

ATmega8535 실험 2.6

문제

7-Segment에 「 00 」⇒「 99 」 업카운터 프로그램을 만든다.

⇓

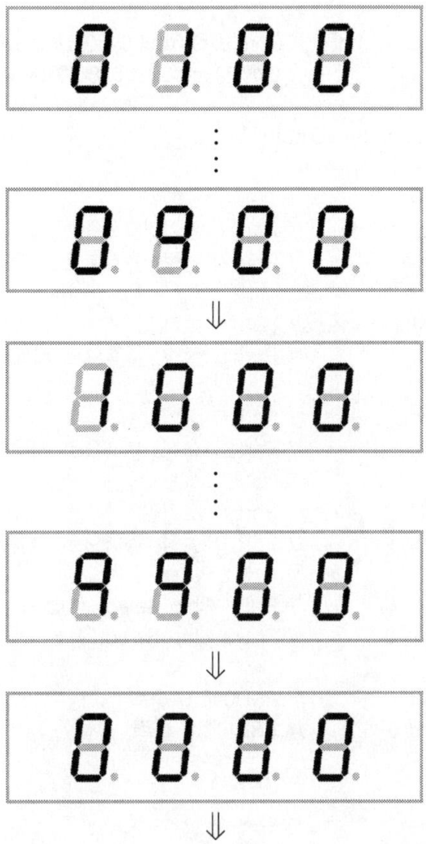

반 복

◉ 폴더위치

AnyAVR8535\Source\Exam\CodeVision\Chap02\Chap02_06\

◉ Program Source

```
#include <mega8535.h>          // Atmega 8535 header file
#include <delay.h>   // delay header file

#define   FND0      PORTA      // Port A, FND0 Data로 사용
#define   FND1      PORTB      // Port B, FND1 Data로 사용
#define   FND2_3    PORTC      // Port C, FND2,3 Data로 사용
#define   FND2_CS   PORTD.0  // Port D.0 bit, FND2 Chip Select로 사용
#define   FND3_CS   PORTD.1  // Port D.1 bit, FND3 Chip Select로 사용

void delay(unsigned int cnt);

void main(void)
{
```

```
        // 0  1  2  3  4  5  6  7  8  9  A  B  C  D  E  F  .
        unsigned char fnd[17]={0xc0,0xf9,0xa4,0xb0,0x99,0x92,0x82,0xd8,0x80,0x98,0x88,
                               0x83,0xc6,0xa1,0x86,0x8e,0x7f};

        unsigned char buff10,buff1;
        int i;

        PORTA=0xff;         // Port A 초기값
        DDRA=0xff;          // Port A 설정, 출력으로 사용

        PORTB=0xff;         // Port B 초기값
        DDRB=0xff;          // Port B 설정, 출력으로 사용

        PORTC=0xff;         // Port C 초기값
        DDRC=0xff;          // Port C 설정, 출력으로 사용

        PORTD=0xff;         // Port D 초기값
        DDRD=0xff;          // Port D 설정, 출력으로 사용

        FND2_CS = 0;        // FND2 Chip Select 신호
        FND3_CS = 0;        // FND3 Chip Select 신호

        FND0 = fnd[0];      // FND0에 0 출력
        FND1 = fnd[0];      // FND1에 0 출력

        while (1)
        {
                for(i=0;i<100;i++)                  // 0 에서 99까지 1씩 증가
                {
                        buff10 = i/10;              // buff10변수에 i값을 10으로 나눈 몫 저장
                        buff1 = i % 10;             // buff1변수에 i값을 10으로 나눈 나머지 저장

                        FND2_3 = fnd[buff1];  // fnd 변수의 값을 Port 0로 출력
                        FND2_CS = 0;          // Port 3_0 bit, FND2 Chip Select에 0 출력
                        FND3_CS = 1;          // Port 3_1 bit, FND3 Chip Select에 1 출력
                        delay(5000);

                        FND2_3 = fnd[buff10];// fnd 변수의 값을 Port 0로 출력
                        FND2_CS = 1;          // Port 3_0 bit, FND2 Chip Select에 1 출력
                        FND3_CS = 0;          // Port 3_1 bit, FND3 Chip Select에 0 출력
                        delay(5000);
                }
        }
}

void delay(unsigned int cnt)                        //user function define
{
        while(cnt--);
}
```

문제

7-Segment에 「99」⇒「00」 다운카운터 프로그램을 만든다.

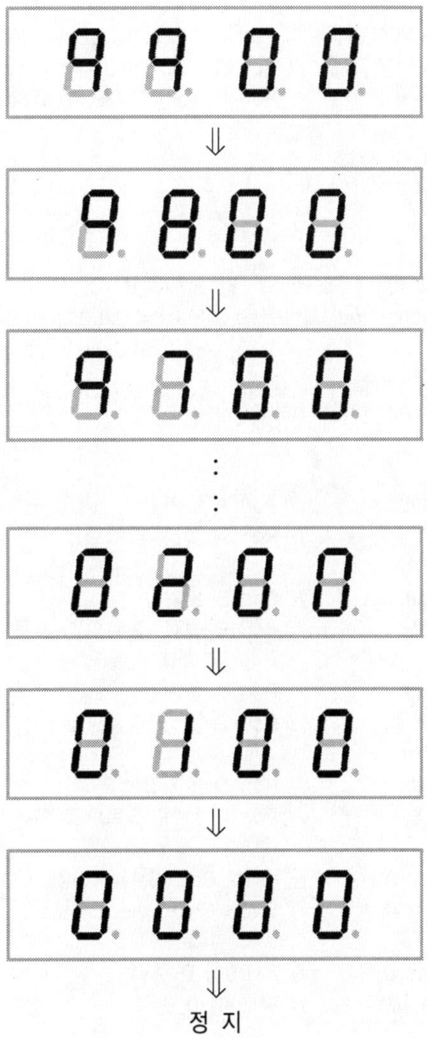

폴더위치

AnyAVR8535\Source\Exam\CodeVision\Chap02\Chap02_07\

Program Source

```
#include <mega8535.h>           // Atmega 8535 header file
#include <delay.h>              // delay header file

#define  FND0     PORTA     // Port A, FND0 Data로 사용
#define  FND1     PORTB     // Port B, FND1 Data로 사용
#define  FND2_3   PORTC     // Port C, FND2,3 Data로 사용
#define  FND2_CS  PORTD.0   // Port D.0 bit, FND2 Chip Select로 사용
#define  FND3_CS  PORTD.1   // Port D.1 bit, FND3 Chip Select로 사용

void delay(unsigned int cnt);

void main(void)
{
        // 0  1  2  3  4  5  6  7  8  9  A  B  C  D  E  F  .
        unsigned char fnd[17]={0xc0,0xf9,0xa4,0xb0,0x99,0x92,0x82,0xd8,0x80,0x98,0x88,
                               0x83,0xc6,0xa1,0x86,0x8e,0x7f};

        unsigned char buff10,buff1;
        int i;

        PORTA=0xff;             // Port A 초기값
        DDRA=0xff;              // Port A 설정, 출력으로 사용

        PORTB=0xff;             // Port B 초기값
        DDRB=0xff;              // Port B 설정, 출력으로 사용

        PORTC=0xff;             // Port C 초기값
        DDRC=0xff;              // Port C 설정, 출력으로 사용

        PORTD=0xff;             // Port D 초기값
        DDRD=0xff;              // Port D 설정, 출력으로 사용

        FND2_CS = 0;            // FND2 Chip Select 신호
        FND3_CS = 0;            // FND3 Chip Select 신호

        FND0 = fnd[0];          // FND0에 0 출력
        FND1 = fnd[0];          // FND1에 0 출력

        while (1)
        {
                for(i=99;i>=0;i--)              // 99 에서 0까지 1씩 감소
                {
                        buff10 = i/10;          // buff10변수에 i값을 10으로 나눈 몫 저장
                        buff1 = i % 10;         // buff1변수에 i값을 10으로 나눈 나머지 저장

                        FND2_3 = fnd[buff1]; // fnd 변수의 값을 Port 0로 출력
```

```
                    FND2_CS = 0;          // Port 3_0 bit, FND2 Chip Select에 0 출력
                    FND3_CS = 1;          // Port 3_1 bit, FND3 Chip Select에 1 출력
                    delay(5000);

                    FND2_3 = fnd[buff10]; // fnd 변수의 값을 Port 0로 출력
                    FND2_CS = 1;          // Port 3_0 bit, FND2 Chip Select에 1 출력
                    FND3_CS = 0;          // Port 3_1 bit, FND3 Chip Select에 0 출력
                    delay(5000);
                }
            }
}

void delay(unsigned int cnt)              //user function define
{
        while(cnt--);
}
```

2.5 실습 과제

- 7-Segment를 이용하여 시계를 만들어보자.

2.6 알아두기

- 7Segment의 동작 원리를 이해한다.
- Chip Select구동을 이해, 활용한다.

03 CHAPTER Key-Matrix 제어

실습 목표

- MCU AVR ATmega8535과 Key Matrix 제어 실험을 통해 Key Matrix의 동작원리와 사용방법을 이해, 실험 실습한다.

3.1 관련 지식

1) AVR ATmega8535

- 교재 Part1 참조.

2) Key Matrix

- Digital 회로에서 어떠한 정보를 입력하는 방법에는 여러 가지가 있다. 그중 적은 Port로 많은 입력을 받을 수 있는 방법으로는 Key Matrix를 이용하는 것이다. 다시 말해, Matrix 구조의 Key 조합으로 4개의 out Port 와 4개의 in Port로 16개의 입력을 받을 수 있다.

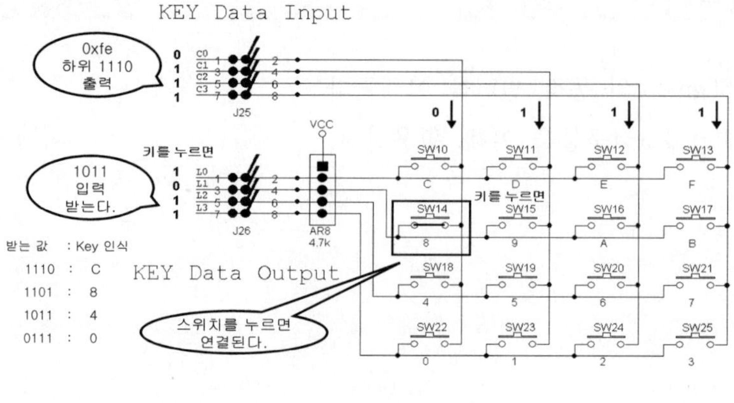

입력을 0x0e로 하면 Key 값은 C, 8, 4, 0의 값 중 하나를 ('0'값을 가지고 있는 Line의 값을 인식) 택하려는 것이다. 그리고 다시 0x0d를 출력하면 D, 9, 5, 1의 값 중 하나를 택할 것이다.

이렇게 0x0b, 0x07을 순차적으로 입력하고 Key Data Output의 값을 읽으면 0에서 f까지의 Key 값을 읽을 수 있다.

3.2 장비 구조

3.2.1 Key Matrix 회로 구성도

Key Matrix 회로 구성은 다음과 같다.

범용적인 Key Matrix를 사용하여 Data를 입력 받는다.

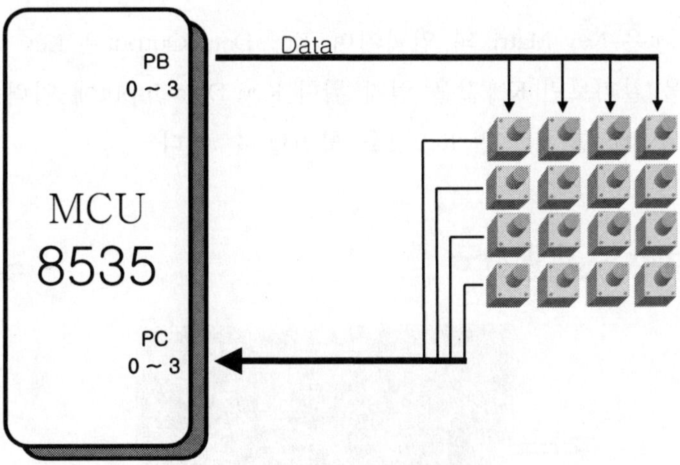

Key Matrix 회로 구성도

Port	내 용
Port B	Key Matrix Data를 검출하기 위한 입력신호
Port C	Key Matrix Data 출력신호
Port A	7-Segment FND0에 Data 출력신호

3.2.2 Key Matrix 제어 회로도

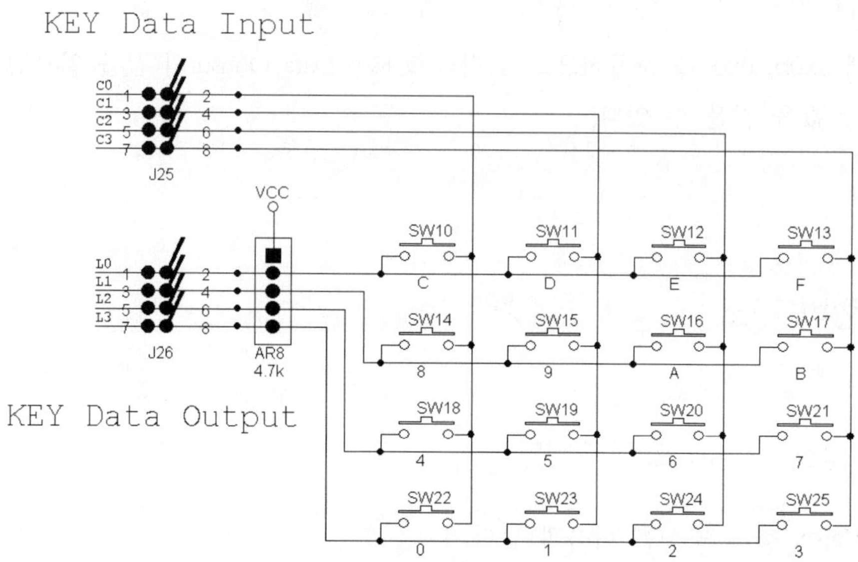

Key Matrix Part의 회로이다.

Key Data Input은 Key Matrix의 입력이며, Key Data Output은 Key Matrix의 출력이다.

회로의 동작을 살펴보면 Key값을 얻기 위한 Key Data Input에 입력 Data를 쓰고, Key Data Output으로 Data를 읽으면 Key값을 확인할 수 있다.

3.2.3 Key Matrix 부품 배치도

① Key Matrix

Tack 스위치를 이용한 Key Matrix 회로이다. 4 × 4Matrix 구조로 이루어져있다.

② Key Data Input Connecter

Key Matrix의 Key값을 찾기 위한 입력 신호이다.

③ Key Data Output Connecter

Key Matrix의 Key값을 판별하기 위한 출력 신호이다.

3.3 배선 연결도

실험, 실습을 위해서는 아래와 같이 연결한다.

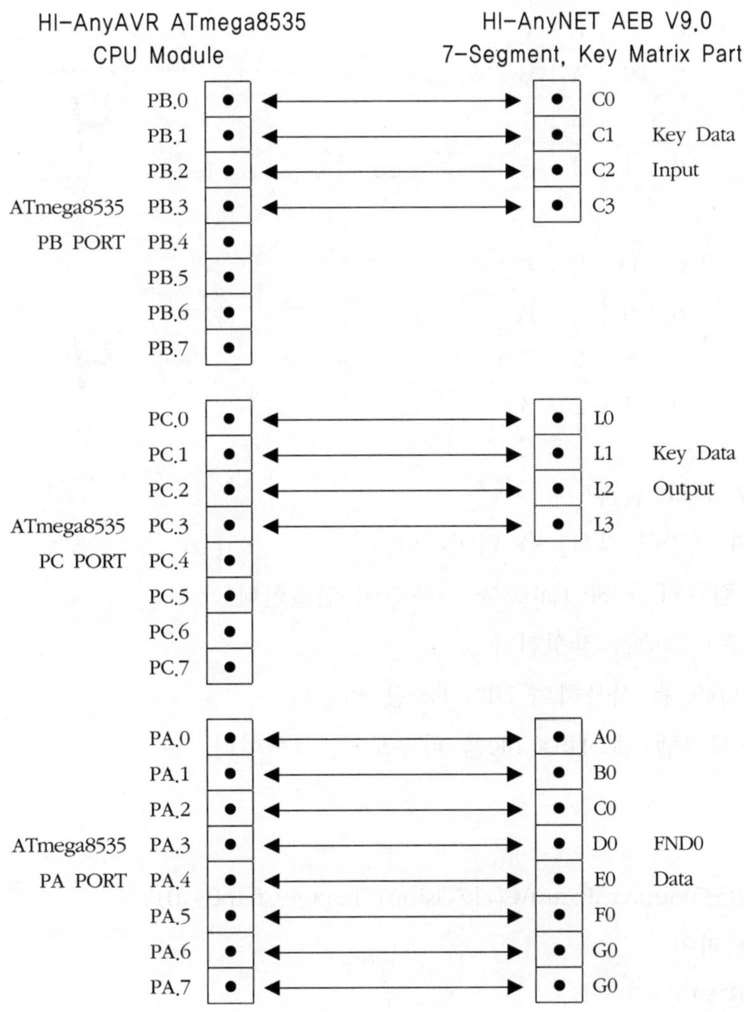

3.4 제어 실험

3.4.1 Key Matrix의 Key값을 7-Segment에 표시하기 I

ATmega8535 실험 3.1

문제

Key Matrix에서 '4'에 해당하는 Key가 눌리면 7-Segment로 '4'를 출력하자. (단, '4'가 아닌 다른 Key가 눌리면 FND는 변동사항이 없다.)

C	D	E	F
8	9	A	B
4	5	6	7
0	1	2	3

→ 

⇓

C	D	E	F
8	9	A	B
4	5	6	7
0	1	2	3

→ 

STEP BY STEP 실험

1. 교재의 「관련 지식」을 읽어본다.
2. Kit와 컴퓨터를 ISP Cable을 사용하여 연결한다.
3. 예제 프로그램을 작성한다.
4. C Compiler를 사용하여 HEX File을 만든다.
5. ISP 프로그램으로 HEX file을 다운로드, 실행한다.

폴더위치

AnyAVR8535\Source\Exam\CodeVision\Chap03\Chap03_01\

- Source 파일

  Chap03_01.C

- Download 파일
  Chap03_01.HEX

Program Source

```
#include <mega8535.h>          // Atmega 8535 header file
#include <delay.h>  // delay header file

#define   FND0      PORTA    // Port A, FND0 Data로 사용
#define KEY_C       PORTB    // Port B, Key Matrix 입력 신호
#define KEY_L       PINC     // Port C, Key Matrix 출력 신호

void delay(unsigned int cnt);                    // 시간 지연함수

void main(void)
{
        // 0,  1,  2,  3,  4,  5,  6,  7,  8,  9,  A,  B,  C,  D,  E,  F .
        unsigned char fnd[17]={0xc0,0xf9,0xa4,0xb0,0x99,0x92,0x82,0xd8,0x80,0x98,0x88,
                               0x83,0xc6,0xa1,0x86,0x8e,0x7f};

        unsigned char buff=0;

        PORTA=0xff;          // Port A 초기값
        DDRA=0xff;           // Port A 설정, 출력으로 사용

        PORTB=0xff;          // Port B 초기값
        DDRB=0xff;           // Port B 설정, 출력으로 사용

        PORTC=0xff;          // Port C 초기값
        DDRC=0x00;           // Port C 설정, 입력으로 사용

        PORTD=0xff;          // Port D 초기값
        DDRD=0xff;           // Port D 설정, 출력으로 사용

        FND0 = fnd[0];       // Port A에 fnd[0] data 출력

        while (1)
        {
                KEY_C = 0xfe;          // Port B에 1111 1110 출력, 0,4,8,C line Enable
                delay(100);            // 시간지연 함수 호출

                buff = KEY_L;          // buff에 Port C 값을 저장한다.
                buff = buff & 0x0f;  // buff값에 0x0f AND Mask

                switch(buff)
                {
                        case 0x0d:
```

```
                                        FND0 = fnd[4];      // Port A에 fnd[4] data 출력
                                        break;
                        }
                }
        }

        void delay(unsigned int cnt)                                    //user function define
        {
                while(cnt--);
        }
```

ATmega8535 실험 3.2

문제

Key Matrix에서 '1'에 해당하는 Key가 눌리면 7-Segment로 '1'를 출력하자. (단, '1'가 아닌 다른 Key가 눌리면 FND는 변동사항이 없다.)

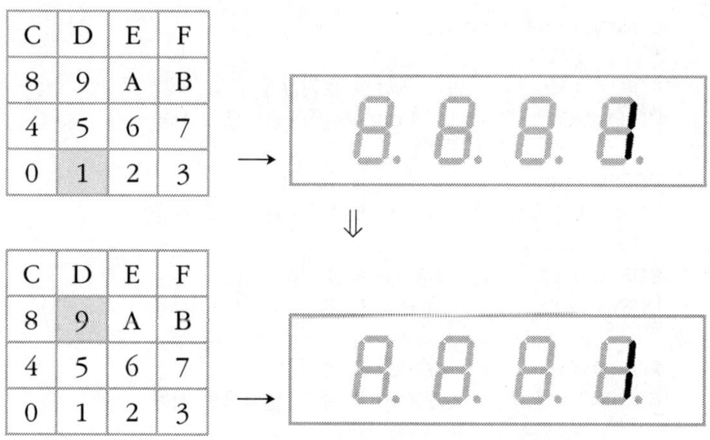

폴더위치

AnyAVR8535\Source\Exam\CodeVision\Chap03\Chap03_02\

Program Source

```
#include <mega8535.h>           // Atmega 8535 header file
#include <delay.h>              // delay header file

#define   FND0      PORTA       // Port A, FND0 Data로 사용
```

```
#define KEY_C        PORTB    // Port B, Key Matrix 입력 신호
#define KEY_L        PINC     // Port C, Key Matrix 출력 신호

void delay(unsigned int cnt);   // 시간 지연함수

void main(void)
{
        // 0, 1, 2, 3, 4, 5, 6, 7, 8, 9, A, B, C, D, E, F .
        unsigned char fnd[17]={0xc0,0xf9,0xa4,0xb0,0x99,0x92,0x82,0xd8,0x80,0x98,0x88,
                                0x83,0xc6,0xa1,0x86,0x8e,0x7f};

        unsigned char buff=0;

        PORTA=0xff;             // Port A 초기값
        DDRA=0xff;              // Port A 설정, 출력으로 사용
        PORTB=0xff;             // Port B 초기값
        DDRB=0xff;              // Port B 설정, 출력으로 사용
        PORTC=0xff;             // Port C 초기값
        DDRC=0x00;              // Port C 설정, 입력으로 사용
        PORTD=0xff;             // Port D 초기값
        DDRD=0xff;              // Port D 설정, 출력으로 사용

        FND0 = fnd[0];          // Port A에 fnd[0] data 출력

        while (1)
        {
                KEY_C = 0xfd;           // Port B에 1111 1101 출력, 1,5,9,D line Enable
                delay(100);             // 시간지연 함수 호출

                buff = KEY_L;           // buff에 Port C 값을 저장한다.
                buff = buff & 0x0f;     // buff값에 0x0f AND Mask

                switch(buff)
                {
                        case 0x0e:
                                FND0 = fnd[1];          // Port A에 fnd[1] data 출력
                                break;
                }
        }
}

void delay(unsigned int cnt)                            //user function define
{
        while(cnt--);
}
```

문제

Key Matrix에서 'A'에 해당하는 Key가 눌리면 7-Segment로 'A'를 출력하자. (단, 'A'가 아닌 다른 Key가 눌리면 FND는 변동사항이 없다.)

C	D	E	F
8	9	A	B
4	5	6	7
0	1	2	3

→ 

⇓

C	D	E	F
8	9	A	B
4	5	6	7
0	1	2	3

→ 

폴더위치

AnyAVR8535\Source\Exam\CodeVision\Chap03\Chap03_03\

Program Source

```
#Include 〈mega8535.h〉          // Atmega 8535 header file
#include 〈delay.h〉  // delay header file

#define   FND0        PORTA     // Port A, FND0 Data로 사용
#define KEY_C         PORTB     // Port B, Key Matrix 입력 신호
#define KEY_L         PINC      // Port C, Key Matrix 출력 신호

void FndDisplay(unsigned int cmd);          // 7-Segment 출력함수 선언
void delay(unsigned int cnt);               // 시간 지연함수

void main(void)
{
        // 0, 1, 2, 3, 4, 5, 6, 7, 8, 9, A, B, C, D, E, F .
        unsigned char fnd[17]={0xc0,0xf9,0xa4,0xb0,0x99,0x92,0x82,0xd8,0x80,0x98,0x88,
                               0x83,0xc6,0xa1,0x86,0x8e,0x7f};

        unsigned char buff=0;
```

```
        PORTA=0xff;             // Port A 초기값
        DDRA=0xff;              // Port A 설정, 출력으로 사용
        PORTB=0xff;             // Port B 초기값
        DDRB=0xff;              // Port B 설정, 출력으로 사용
        PORTC=0xff;             // Port C 초기값
        DDRC=0x00;              // Port C 설정, 입력으로 사용
        PORTD=0xff;             // Port D 초기값
        DDRD=0xff;              // Port D 설정, 출력으로 사용

        FndDisplay(0);          // Port A에 fnd[0] data 출력

        while (1)
        {
                KEY_C = 0xfb;           // Port B에 1111 1101 출력, 2,6,A,E line Enable
                delay(100);             // 시간지연 함수 호출

                buff = KEY_L;           // buff에 Port C 값을 저장한다.
                buff = buff & 0x0f;     // buff값에 0x0f AND Mask

                switch(buff)
                {
                        case 0x0b:
                                FndDisplay(10);         // Port A에 fnd[10] data 출력
                                break;
                }
        }
}

void FndDisplay(unsigned int cmd)
{
        // 0, 1, 2, 3, 4, 5, 6, 7, 8, 9, A, B, C, D, E, F .
        unsigned char fnd[17]={0xc0,0xf9,0xa4,0xb0,0x99,0x92,0x82,0xd8,0x80,0x98,0x88,
                              0x83,0xc6,0xa1,0x86,0x8e,0x7f};

        FND0 = fnd[cmd];                // Port 2에 fnd[cmd] data 출력
}

void delay(unsigned int cnt)            //user function define
{
        while(cnt--);
}
```

3.4.2 Key Matrix의 Key 값을 7-Segment에 표시하기 II

ATmega8535 실험 3.4

◉ 문제

Key Matrix의 Key 값을 읽어서 7-Segment로 출력하자.

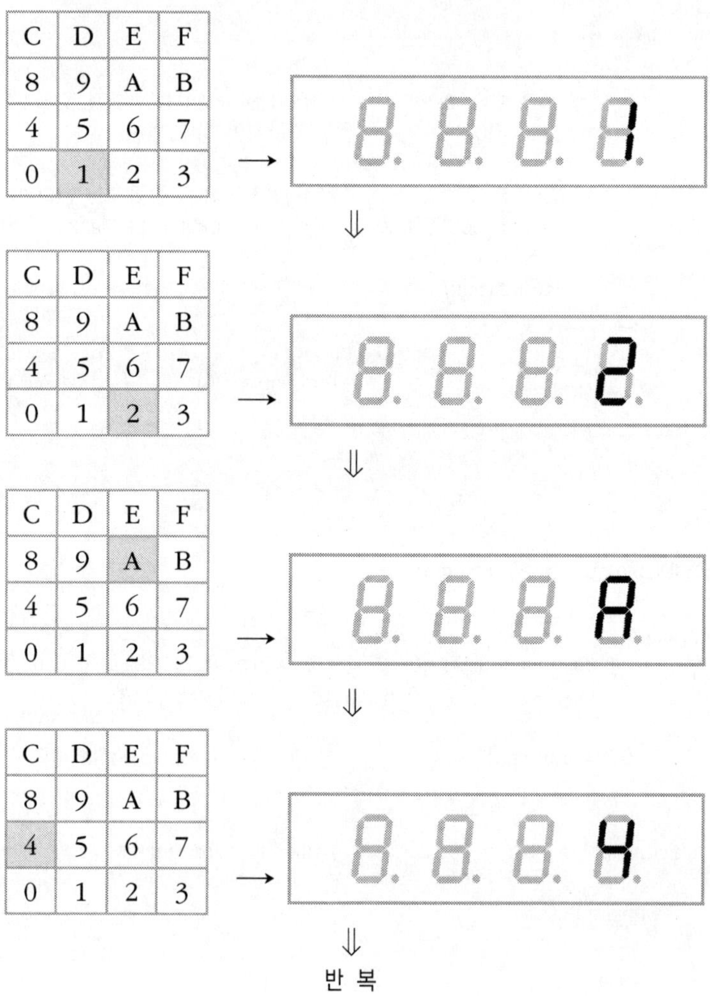

◉ 폴더위치

AnyAVR8535\Source\Exam\CodeVision\Chap03\Chap03_04\

Program Source

```
#include <mega8535.h>          // Atmega 8535 header file
#include <delay.h>  // delay header file

#define   FND0      PORTA    // Port A, FND0 Data로 사용
#define KEY_C       PORTB    // Port B, Key Matrix 입력 신호
#define KEY_L       PINC     // Port C, Key Matrix 출력 신호

void FndDisplay(unsigned int cmd);        // 7-Segment 출력함수 선언
void delay(unsigned int cnt);             // 시간 지연함수

void main(void)
{
        unsigned char buff=0;

        PORTA=0xff;          // Port A 초기값
        DDRA=0xff;           // Port A 설정, 출력으로 사용
        PORTB=0xff;          // Port B 초기값
        DDRB=0xff;           // Port B 설정, 출력으로 사용
        PORTC=0xff;          // Port C 초기값
        DDRC=0x00;           // Port C 설정, 입력으로 사용
        PORTD=0xff;          // Port D 초기값
        DDRD=0xff;           // Port D 설정, 출력으로 사용

        FndDisplay(0);       // 7-Segment에 '0'출력

        while (1)
        {
                KEY_C = 0xfe;          // Port B에 1111 1110 출력, 0,4,8,C line Enable
                delay(100);            // 시간지연 함수 호출

                buff = KEY_L;          // buff에 Port C 값을 저장한다.
                buff = buff & 0x0f;  // buff값에 0x0f AND Mask

                switch(buff)
                {
                        case 0x0e:
                                FndDisplay(0);        // 7-Segment에 '0'출력
                                break;
                        case 0x0d:
                                FndDisplay(4);        // 7-Segment에 '4'출력
                                break;
                        case 0x0b:
                                FndDisplay(8);        // 7-Segment에 '8'출력
                                break;
                        case 0x07:
                                FndDisplay(12);       // 7-Segment에 'C'출력
```

```
				break;
		}

		KEY_C = 0xfd;		// Port B에 1111 1101 출력, 1,5,9,D line Enable
		delay(100);		// 시간지연 함수 호출

		buff = KEY_L;		// buff에 Port C 값을 저장한다.
		buff = buff & 0x0f;	// buff값에 0x0f AND Mask

		switch(buff)
		{
			case 0x0e:
				FndDisplay(1);		// 7-Segment에 '1'출력
				break;
			case 0x0d:
				FndDisplay(5);		// 7-Segment에 '5'출력
				break;
			case 0x0b:
				FndDisplay(9);		// 7-Segment에 '9'출력
				break;
			case 0x07:
				FndDisplay(13);		// 7-Segment에 'D'출력
				break;
		}

		KEY_C = 0xfb;		// Port B에 1111 1011 출력, 2,6,A,E line Enable
		delay(100);		// 시간지연 함수 호출

		buff = KEY_L;		// buff에 Port C 값을 저장한다.
		buff = buff & 0x0f;	// buff값에 0x0f AND Mask

		switch(buff)
		{
			case 0x0e:
				FndDisplay(2);		// 7-Segment에 '2'출력
				break;
			case 0x0d:
				FndDisplay(6);		// 7-Segment에 '6'출력
				break;
			case 0x0b:
				FndDisplay(10);		// 7-Segment에 'A'출력
				break;
			case 0x07:
				FndDisplay(14);		// 7-Segment에 'E'출력
				break;
		}

		KEY_C = 0xf7;		// Port B에 1111 0111 출력, 3,7,B,F line Enable
		delay(100);		// 시간지연 함수 호출
```

```
            buff = KEY_L;           // buff에 Port C 값을 저장한다.
            buff = buff & 0x0f;  // buff값에 0x0f AND Mask

            switch(buff)
            {
                    case 0x0e:
                            FndDisplay(3);          // 7-Segment에 '3'출력
                            break;
                    case 0x0d:
                            FndDisplay(7);          // 7-Segment에 '7'출력
                            break;
                    case 0x0b:
                            FndDisplay(11);         // 7-Segment에 'B'출력
                            break;
                    case 0x07:
                            FndDisplay(15);         // 7-Segment에 'F'출력
                            break;
            }
            delay(100);                             // 시간지연 함수 호출
    }
}

void FndDisplay(unsigned int cmd)
{
    // 0, 1, 2, 3, 4, 5, 6, 7, 8, 9, A, B, C, D, E, F .
    unsigned char fnd[17]={0xc0,0xf9,0xa4,0xb0,0x99,0x92,0x82,0xd8,0x80,0x98,0x88,
                        0x83,0xc6,0xa1,0x86,0x8e,0x7f};

    FND0 = fnd[cmd];    // Port A에 fnd[cmd] data 출력
}

void delay(unsigned int cnt)    //user function define
{
    while(cnt--);
}
```

3.5 실습 과제

Key Matrix의 Key 값을 누르면 다음과 같이 7-Segment에 출력 한다.

C	D	E	F
8	9	A	B
4	5	6	7
0	1	2	3

→

3.6 알아두기

- 7-Segment의 동작 원리를 이해한다.
- Key Matrix의 동작 원리를 이해한다.

CHAPTER 04.

Relay 제어

실습 목표

- MCU AVR ATmega8535과 Relay 제어 실험을 통해 Relay의 동작원리와 사용방법을 이해, 실험 실습한다.

4.1 관련 지식

1) AVR ATmega8535

- 교재 Part1 참조.

2) Relay

- 일반적으로 전기회로를 개폐하는 조작을 다른 전기회로의 전기적인 세력의 변화에 의하여 행하는 장치를 말한다. 다시 말해, 1차측 회로의 신호를 제어하여 2차측 회로를 제어하는 Device이다.

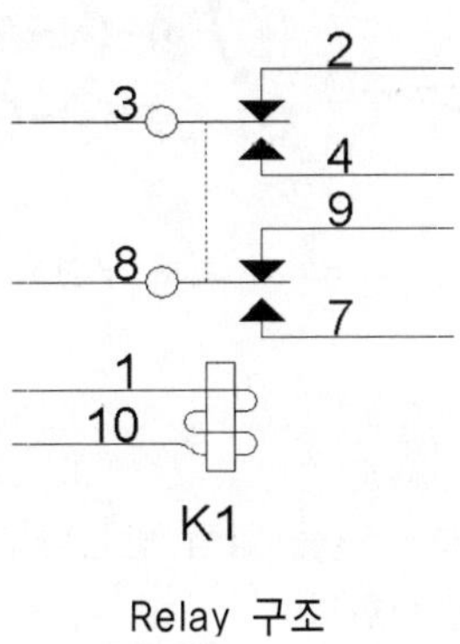

Relay 구조

4.2 장비 구조

4.2.1 Relay 회로 구성도

Relay Part 회로 구성은 다음과 같다.

Digital Data를 기구물과 연결하는 방법으로 Relay는 오래전부터 사용된 방식이다.

Kit에서는 +24V Relay를 사용하였으므로 외부에서 +24V를 인가하여야 사용할 수 있다.

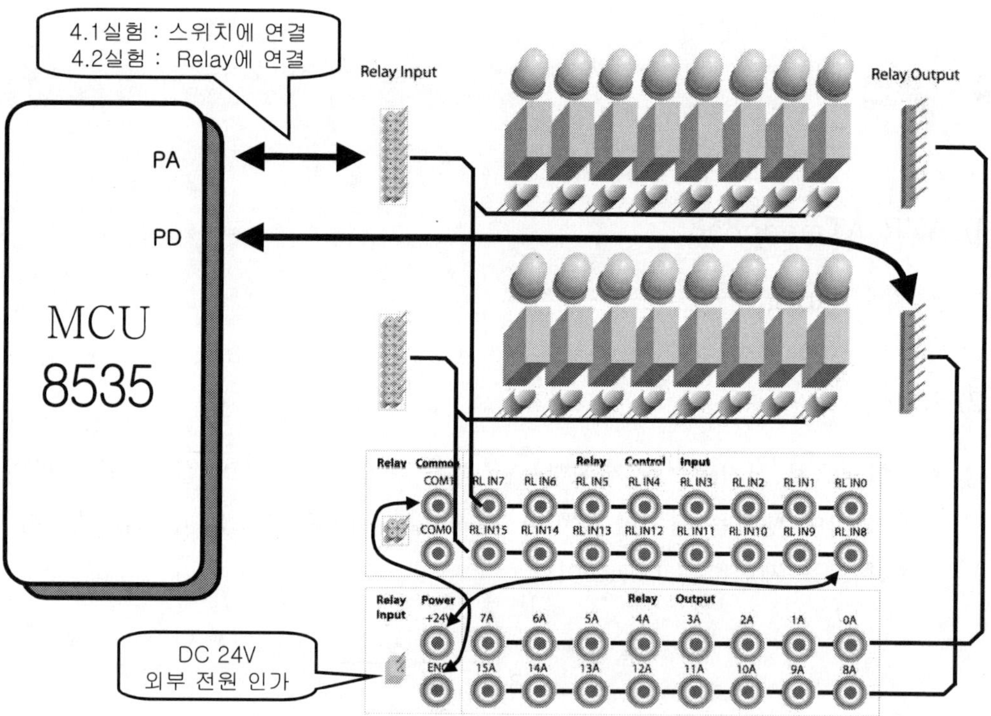

Relay 회로 구성도

Port	내 용
Port D	Relay 815의 8A~15A를 입력 받는다.
Port A	Relay 0~7에 출력한다.

4.2.2 Relay 제어 회로도

Relay는 MCU의 Port 출력으로 직접 구동할 수 없다. 그러므로 TR 2SC1815 전류 증폭 회로를 사용하여 Relay에 간접적으로 구동할 수 있게 회로가 구성되어있다.

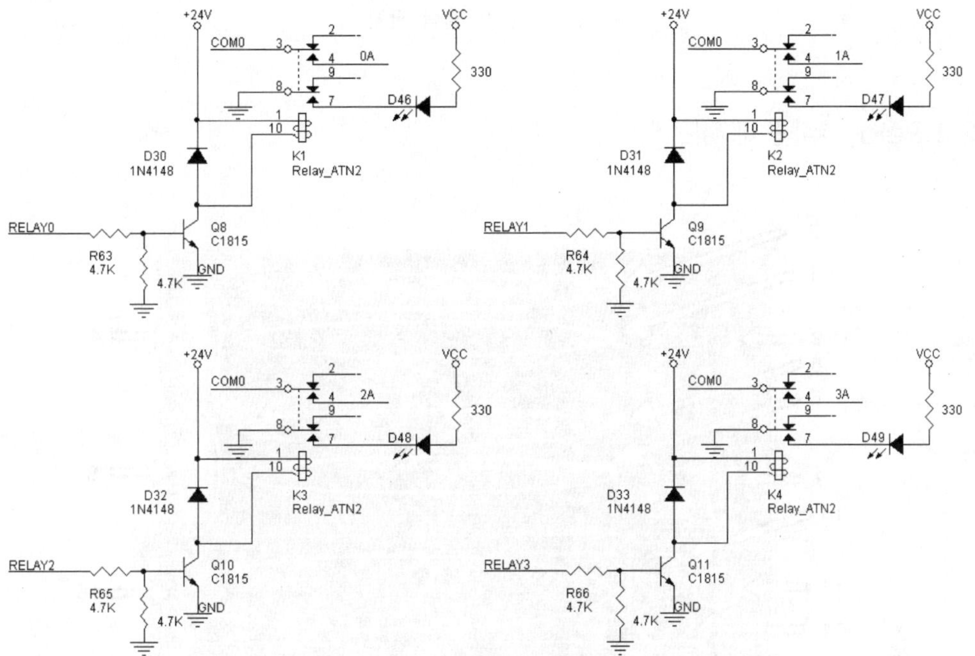

16개 Relay 회로

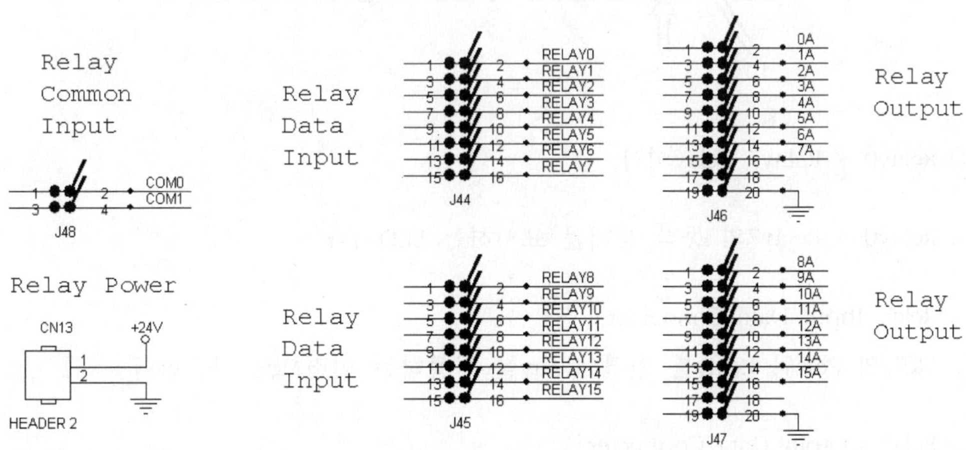

입·출력 Connecter

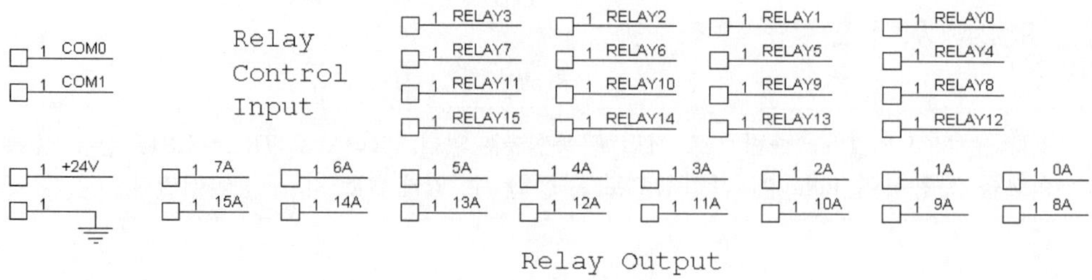

4Ø 입·출력 단자

4.2.3 Relay 부품 배치도

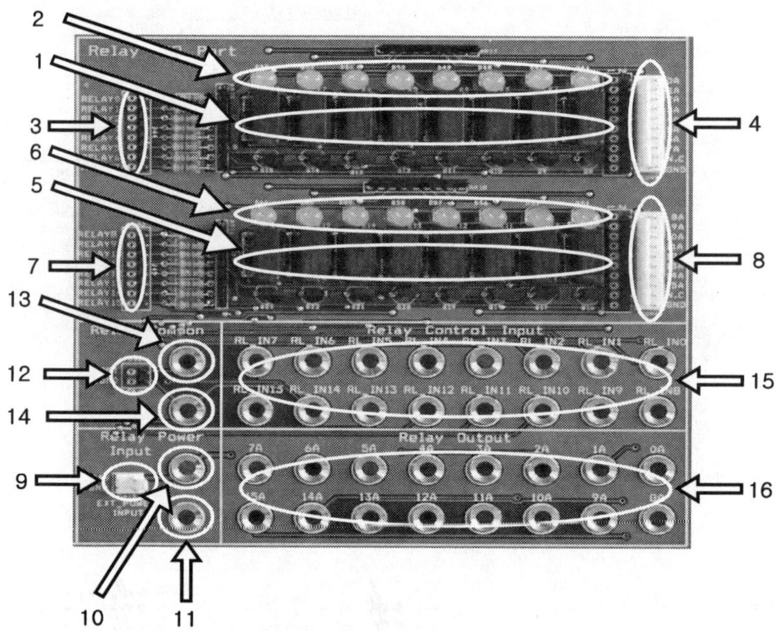

① Relay0 ~ Relay7 Relay이다.

② Relay0 ~ Relay7의 동작 상태를 표시하는 LED이다.

③ Relay Input Data Connecter

MCU의 Port와 Relay를 연결, Relay를 구동하는 입력으로 사용한다.

④ Relay Output Data Connecter

Relay의 A접점 Output이다.

⑤ Relay8 ~ Relay15 Relay이다.

⑥ Relay8 ~ Relay15의 동작 상태를 표시하는 LED이다.

⑦ Relay Input Data Connecter
MCU의 Port와 Relay를 연결, Relay를 구동하는 입력으로 사용한다.

⑧ Relay Output Data Connecter
Relay의 A접점 Output이다.

⑨ Relay Power Input Connecter
+24V, GND를 외부에서 연결한다.

⑩ +24V입력 단자이다.

⑪ GND 입력 단자이다.

⑫ Relay Common Connecter이다.

COM0	Relay 0 ~ 7의 COM단자이다.
COM1	Relay 8 ~ 15의 COM단자이다.

⑬ COM0 입력 단자이다.

⑭ COM1 입력 단자이다.

⑮ Relay Input Data 입력 단자이다.

⑯ Relay Output Data (A접점) 출력 단자이다.

4.3 배선 연결도

실험, 실습을 위해서는 아래와 같이 연결한다.

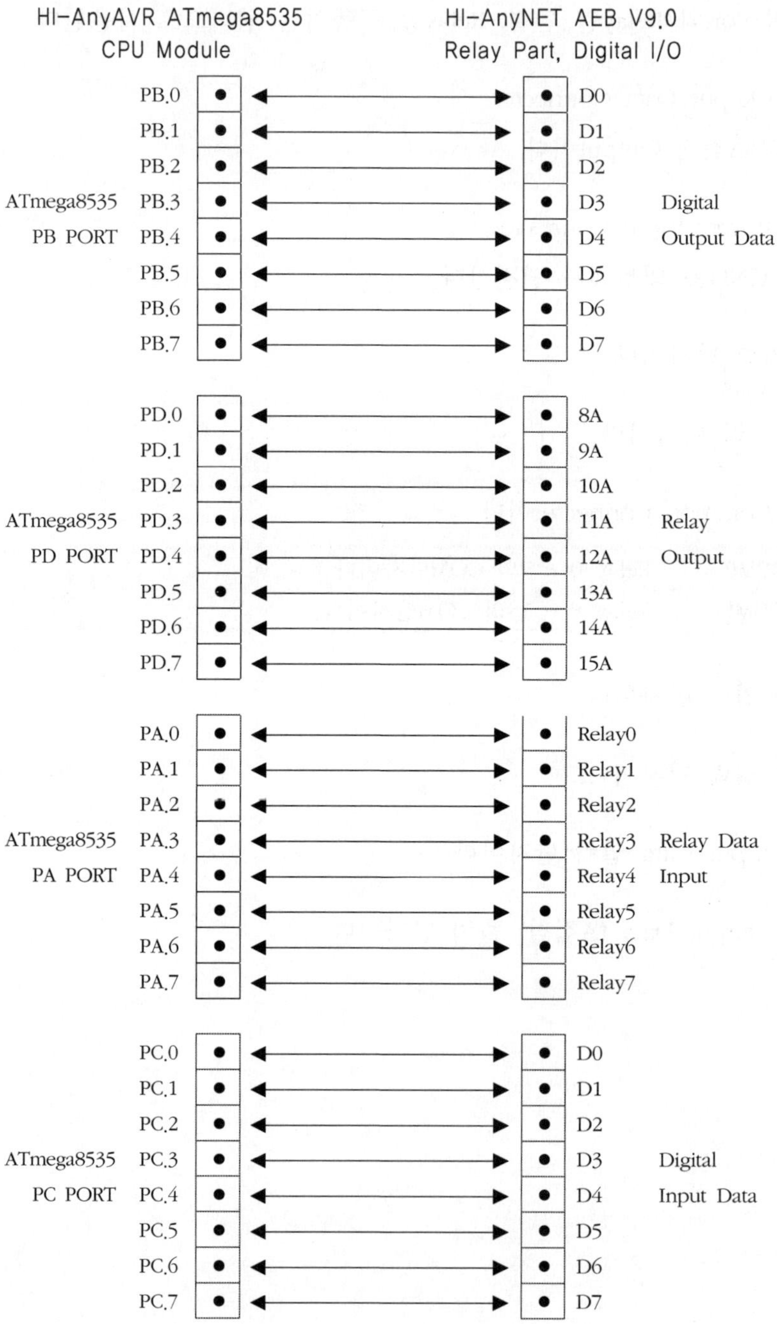

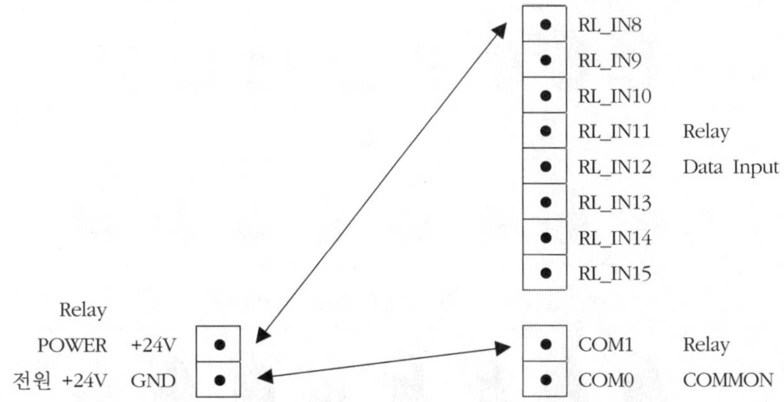

4.4 제어 실험

4.4.1 Relay 점멸하기

ATmega8535 실험 4.1

문제

Digital Input Data의 스위치를 조작하여 Relay, Digital Output LED를 제어한다.

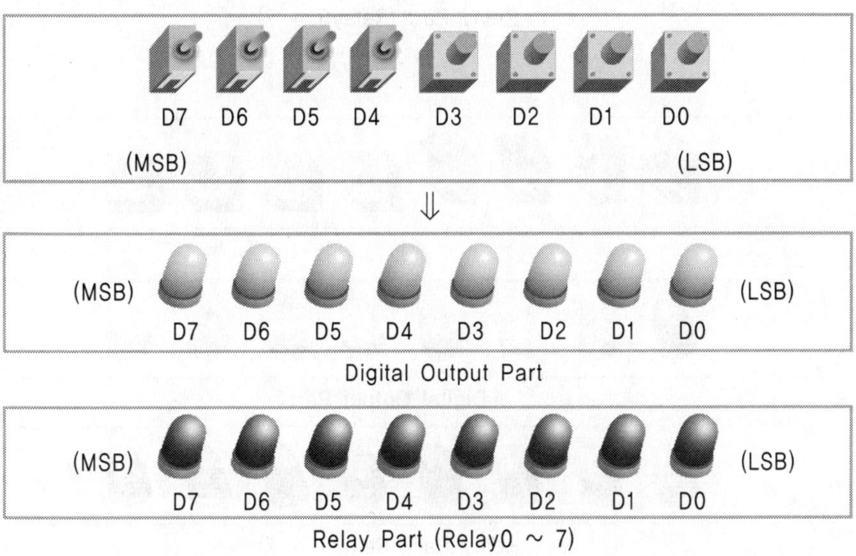

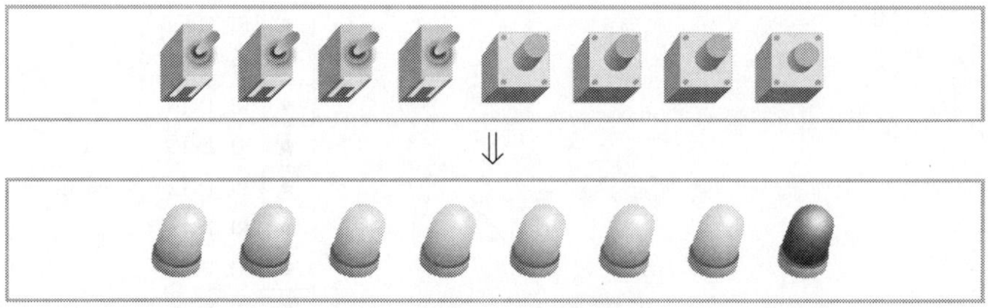

Digital Output Part

Relay Part (Relay0 ~ 7)

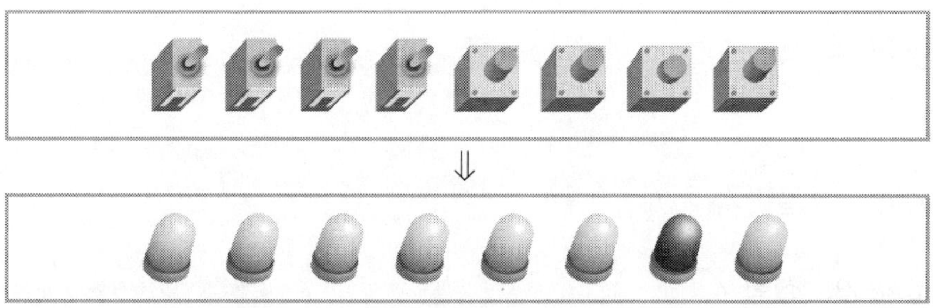

Digital Output Part

Relay Part (Relay0 ~ 7)

:

:

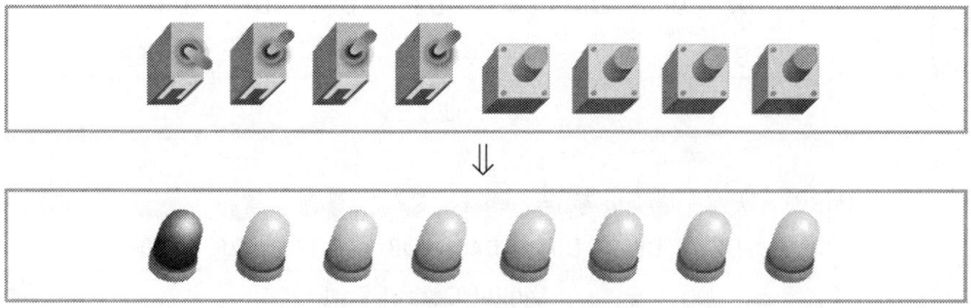

Digital Output Part

Relay Part (Relay0 ~ 7)

STEP BY STEP 실험

1. 교재의 「관련 지식」을 읽어본다.
2. Kit와 컴퓨터를 ISP Cable을 사용하여 연결한다.
3. 예제 프로그램을 작성한다.
4. C Compiler를 사용하여 HEX File을 만든다.
5. ISP 프로그램으로 HEX file을 다운로드, 실행한다.

폴더위치

AnyAVR8535\Source\Exam\CodeVision\Chap04\Chap04_01\

- Source 파일

  Chap04_01.C

- Download 파일

  Chap04_01.HEX

Program Source

```
#include <mega8535.h>          // Atmega 8535 header file
#include <delay.h>  // delay header file

#define  SW_IN          PINC              // PORT 3, 스위치 입력으로 사용
#define  LED_OUT        PORTB             // PORT 0, LED 출력으로 사용
#define  RELAY_OUT      PORTA             // PORT 2, Relay0~7로 출력한다.
#define  RELAY_IN PIND           // PORT 1, 8A~15A의 출력을 입력받는다.

void delay(unsigned int cnt);

void main(void)
{
         unsigned char buff;
         PORTA=0xff;        // Port A 초기값
         DDRA=0xff;         // Port A 설정, 출력ㅇ루 사용

         PORTB=0xff;        // Port B 초기값
         DDRB=0xff;         // Port B 설정, 출력으로 사용

         PORTC=0xff;        // Port C 초기값
         DDRC=0x00;         // Port C 설정, 입력으로 사용

         PORTD=0xff;        // Port D 초기값
         DDRD=0x00;         // Port D 설정, 입력으로 사용
```

```
        buff = 0;  // buff 초기화

        while(1)
        {
                buff = SW_IN;           // Port 3의 값을 buff에 저장한다.
                delay(10);              // 시간지연 함수 호출
                LED_OUT = buff;         // buff Data를 LED로 출력 한다.
                delay(1000);            // 시간지연 함수 호출
                RELAY_OUT = buff;       // buff Data를 Port 2 Relay0~7로 출력한다.
                delay(1000);            // 시간지연 함수 호출
        }
}

void delay(unsigned int cnt)            //user function define
{
        while(cnt--);
}
```

ATmega8535 실험 4.2

문제

+24V를 Relay Control Input (RL_IN8~RL_IN15)에 연결하여 Relay0~7과 LED를 제어한다.

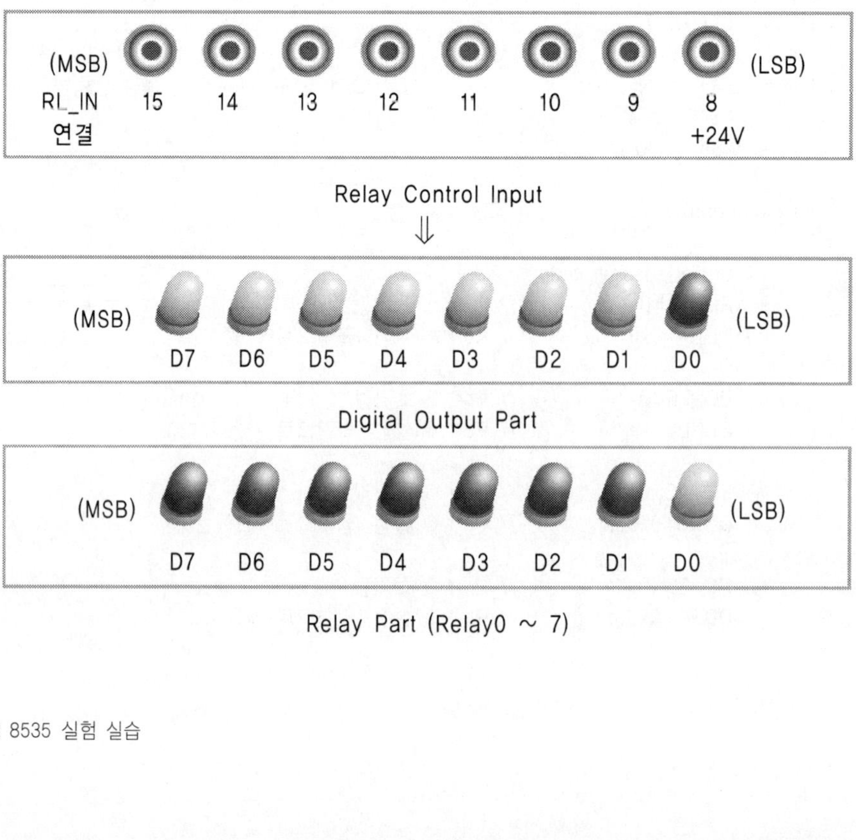

Relay Part (Relay0 ~ 7)

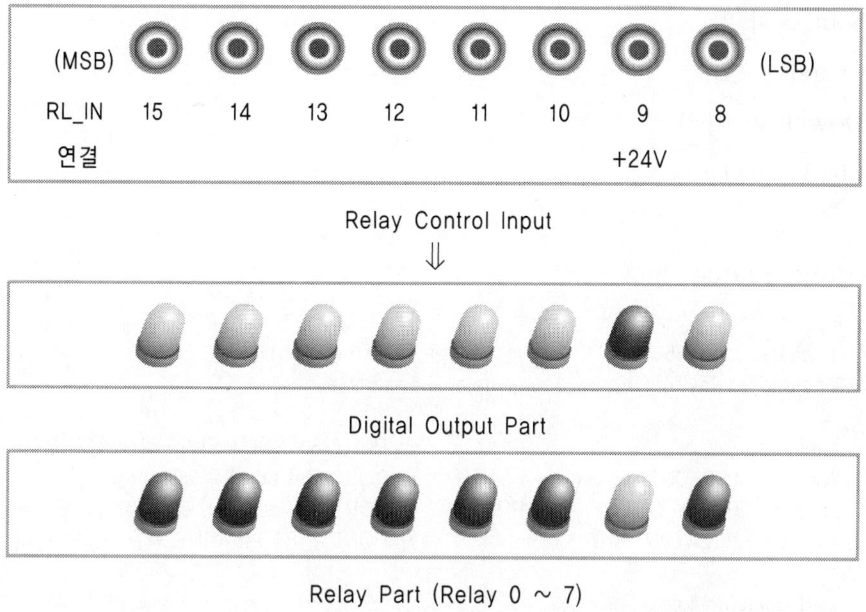

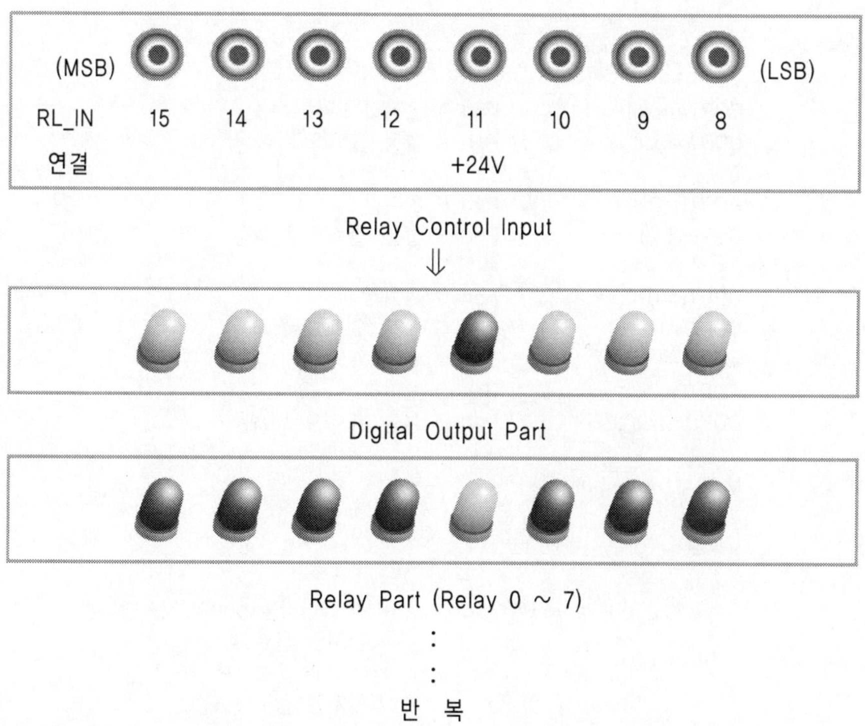

◉ 폴더위치

AnyAVR8535\Source\Exam\CodeVision\Chap04\Chap04_02\

- Source 파일
  Chap04_02.C
- Download 파일
  Chap04_02.HEX

Program Source

```
#include <mega8535.h>          // Atmega 8535 header file
#include <delay.h>             // delay header file

#define  SW_IN                 PINC       // PORT 3, 스위치 입력으로 사용
#define  LED_OUT               PORTB      // PORT 0, LED 출력으로 사용
#define  RELAY_OUT             PORTA      // PORT 2, Relay0~7로 출력한다.
#define  RELAY_IN PIND                    // PORT 1, 8A~15A의 출력을 입력받는다.

void delay(unsigned int cnt);

void main(void)
{
        unsigned char buff;

        PORTA=0xff;            // Port A 초기값
        DDRA=0xff;             // Port A 설정, 출력으로 사용

        PORTB=0xff;            // Port B 초기값
        DDRB=0xff;             // Port B 설정, 출력으로 사용

        PORTC=0xff;            // Port C 초기값
        DDRC=0x00;             // Port C 설정, 입력으로 사용

        PORTD=0xff;            // Port D 초기값
        DDRD=0x00;             // Port D 설정, 출력으로 사용

        buff = 0;  // buff 초기화

        while(1)
        {
                buff = RELAY_IN;      // Port 1의 값을 buff에 저장한다.
                delay(10);            // 시간지연 함수 호출
                LED_OUT = buff;       // buff Data를 LED로 출력 한다.
                delay(1000);          // 시간지연 함수 호출
                RELAY_OUT = buff;     // buff Data를 Port 2 Relay0~7로 출력한다.
                delay(1000);          // 시간지연 함수 호출
        }
}
```

```
void delay(unsigned int cnt)                    //user function define
{
        while(cnt--);
}
```

4.5 실습 과제

■ Digital Input Part의 스위치 입력을 받아 그림과 같이 Relay 0~7을 구동하자.
- SW0를 Push

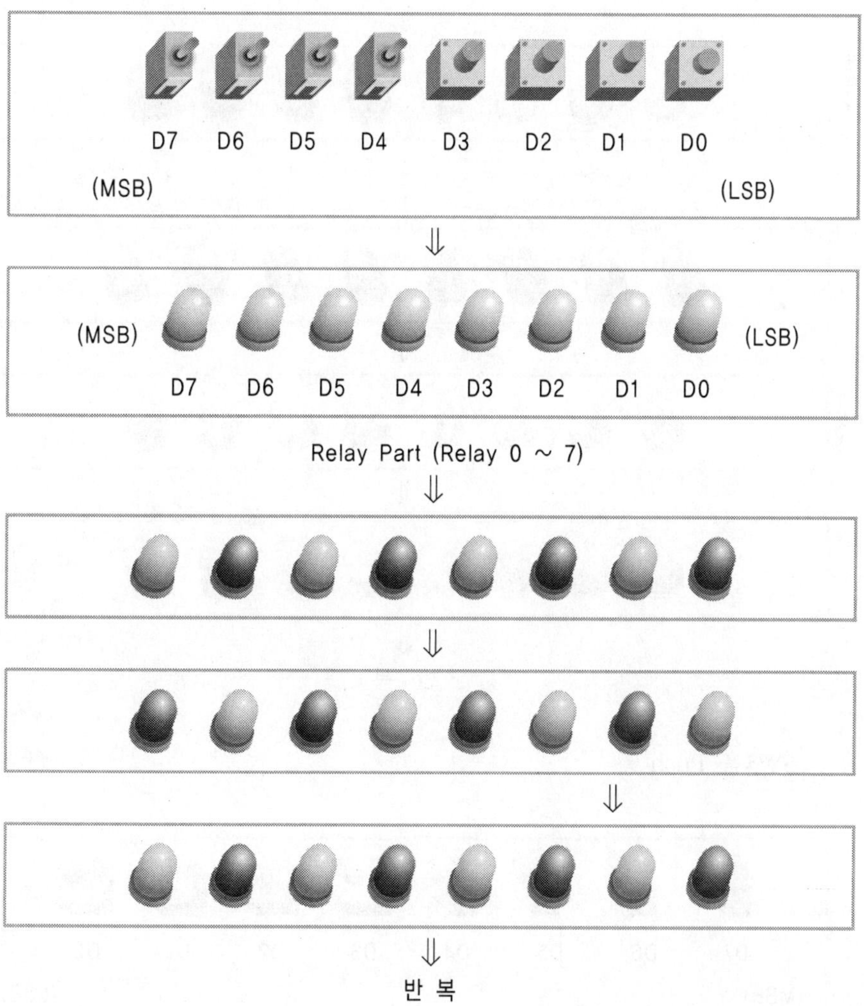

- SW1을 Push

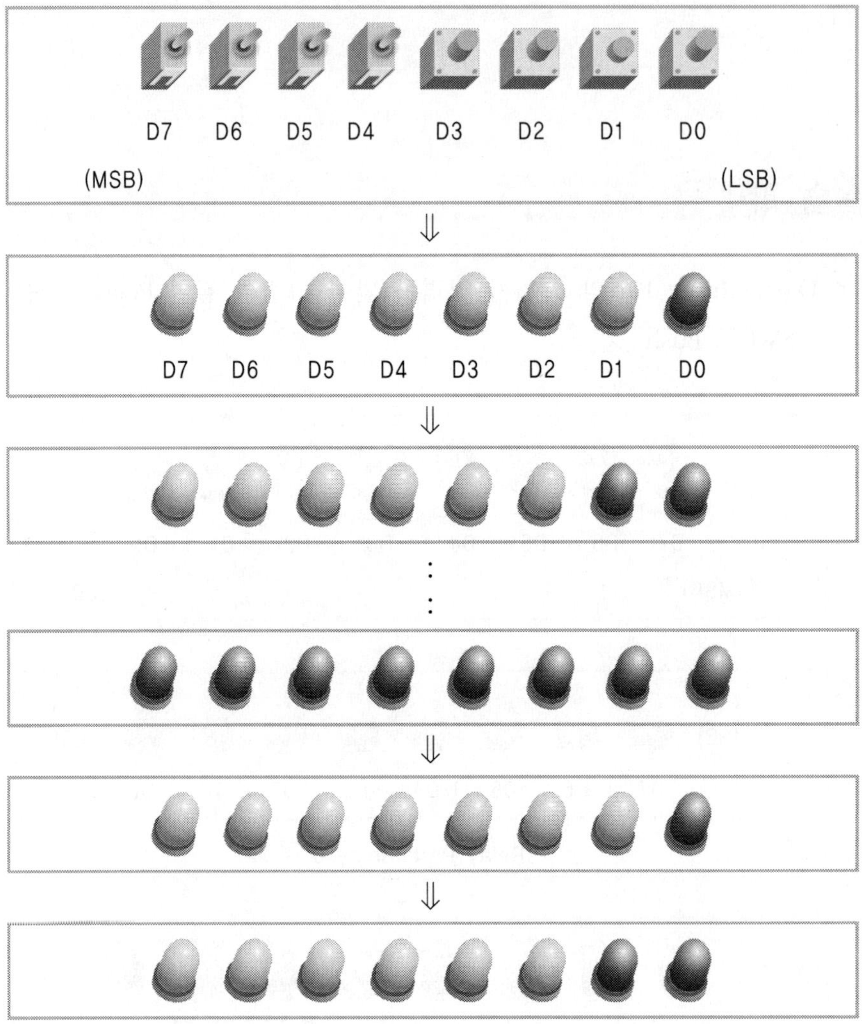

⇓

반 복

- SW3을 Push

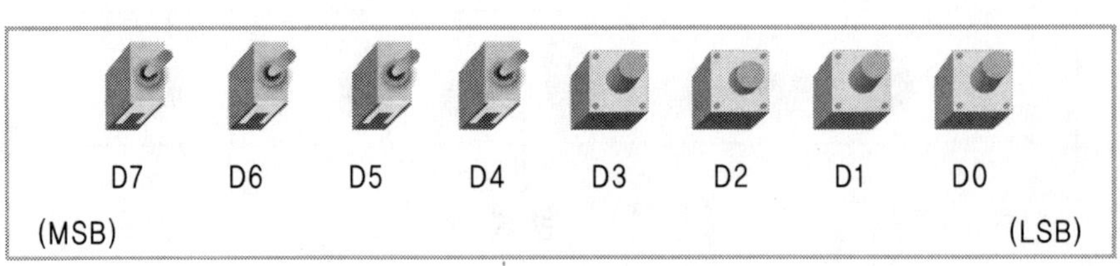

⇓

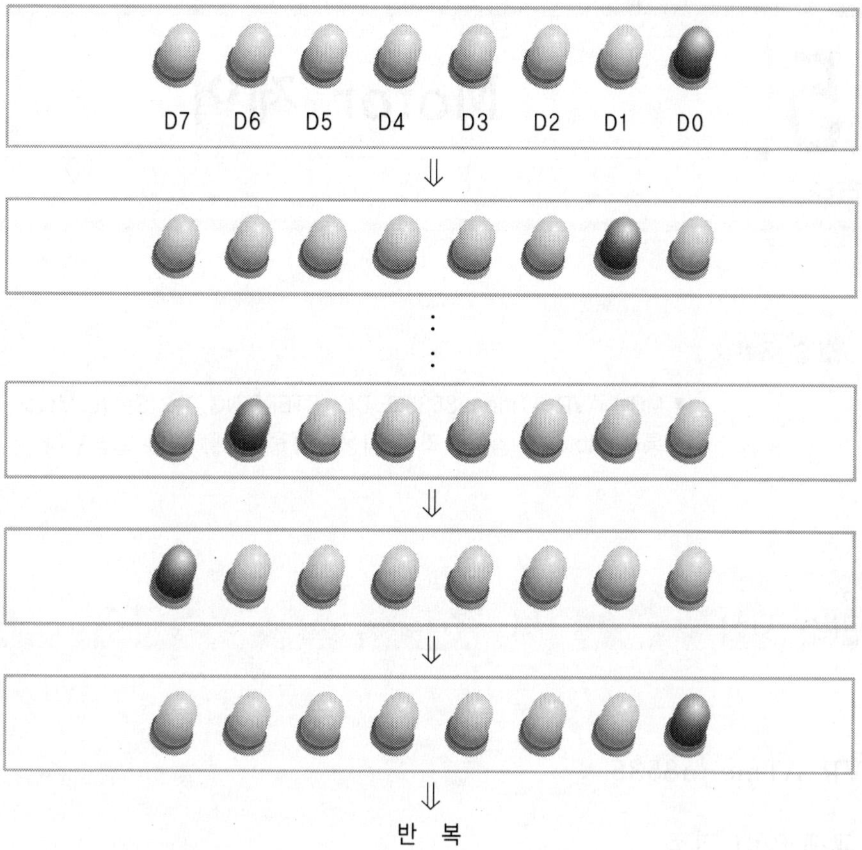

4.6 알아두기

- Relay의 동작 원리를 이해한다.

05 CHAPTER Motor 제어

실습 목표

- MCU AVR ATmega8535과 DC, STEPPING, RC Servo Motor 제어 실험을 통해 Motor의 동작원리와 사용방법을 이해, 실험 실습한다.

5.1 관련 지식

1) AVR ATmega8535

- 교재 Part1 참조.

2) Drive Device

- Digital은 Logic 'L', '0'과 'H', '1' 동작을 한다. 일반적인 TTL, CMOS 계열 IC의 조합으로 회로가 구성되어 있으면 구동에 있어서 크게 문제가 없다.
  그러나, 그 외의 Device (Motor, Lamp 등)를 사용 할 때는 구동하는데 있어서 문제가 많이 있다.
  Motor, Lamp등의 Device들이 정상적인 동작을 하려면 일정량의 전압과 전류가 필요하다. 하지만, Digital Signal은 +5V와 소량의 전류로만 동작을 하므로 위의 Device는 구동을 못 시킨다.
  그래서 구동 드라이브가 필요한 것이다. 이것은 소량의 전압과 전류로서 큰 전압과 전류를 만드는 것이다.

  그림 5.1과 5.2는 구동 Driver의 사용 유무에 대한 설명이다.

그림 5.1은 구동 driver의 미사용 예이다. Digital 출력인 Port에 Logic 'H', '1',+5V를 출력하여도 Lamp는 점등이 안 된다.

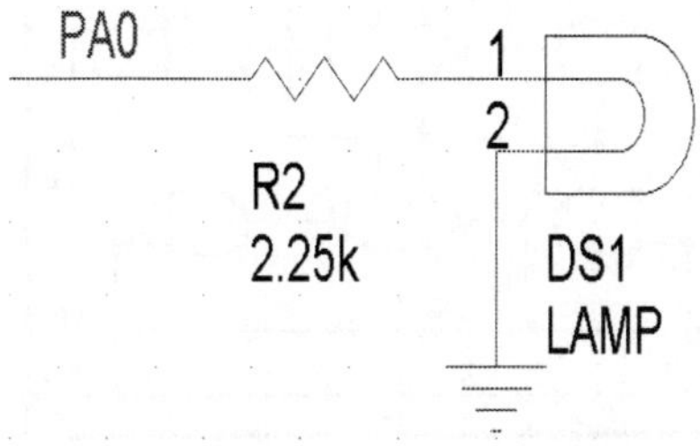

[그림 5-1] 구동 driver 미사용 예

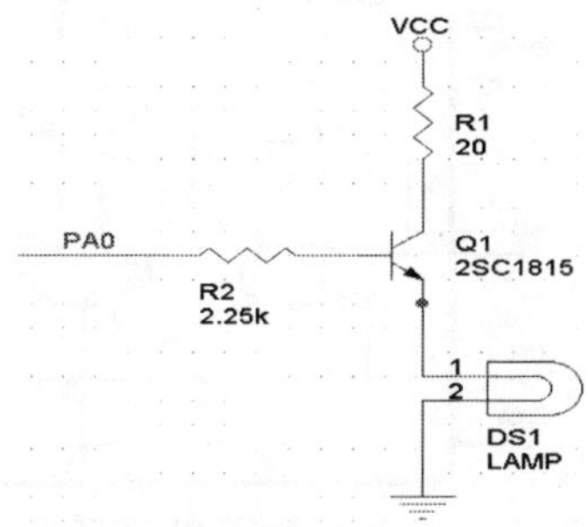

[그림 5-2] driver 사용 예

그 이유는 Lamp가 동작을 하기 위해서는 최소한의 전압과 전류가 있어야 하지만 digital 출력에서는 전류량이 아주 작아서 Lamp를 구동시키지 못한다.
하지만 그림 5.2는 구동 driver TR을 사용하여 위에서 설명한 실험을 수행하면 TR의 On, Off 동작에 의하여 Lamp는 main 전원(VCC)이 인가되어 점등된다.

3) L298N Motor Driver

- L298N Motor Driver는 앞에서 설명한 driver IC이다.
  다시 말해, TTL Level의 5V, 소량의 전류 출력으로 DC Motor를 구동시킬 때 필요한 Device이다.
  동작 사항을 살펴보면 표5.1와 같이 IN1, IN2와 OUT1,2가 1조, IN3, IN4 와 OUT3,4가 2조이다.

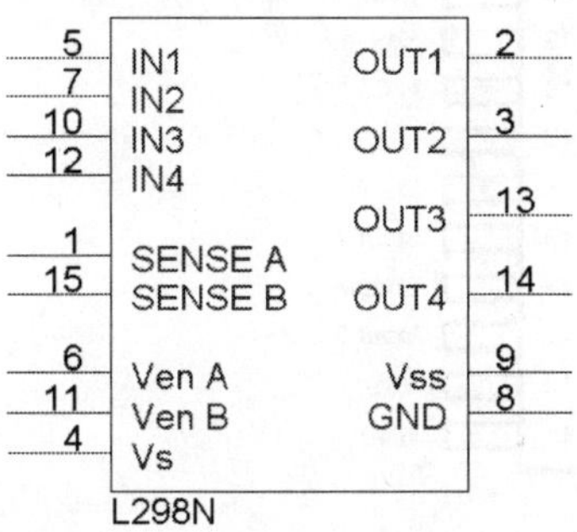

[그림 5-3] L298N

[표 5-1] DC Motor 구동 신호

IN1,3	IN2,4	구동
H	L	Forward
L	H	Reverse
IN1 = IN2		Fast motor stop

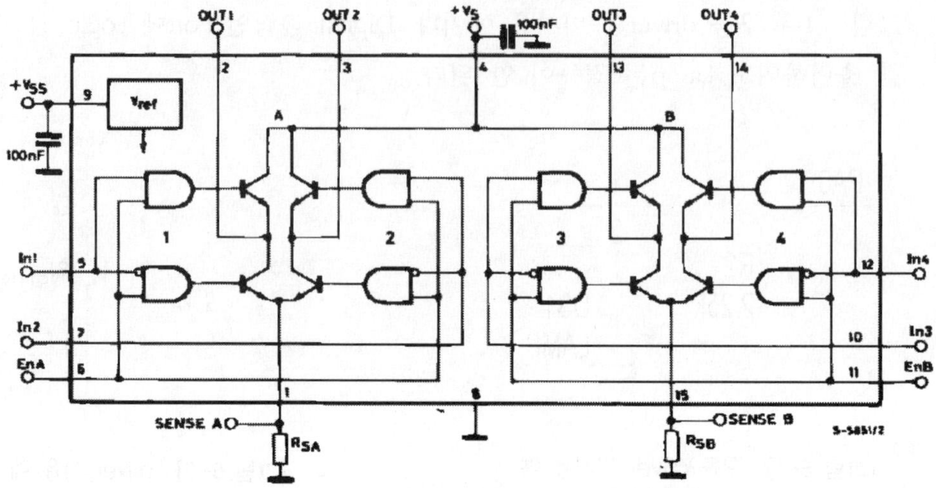

L298N 구조

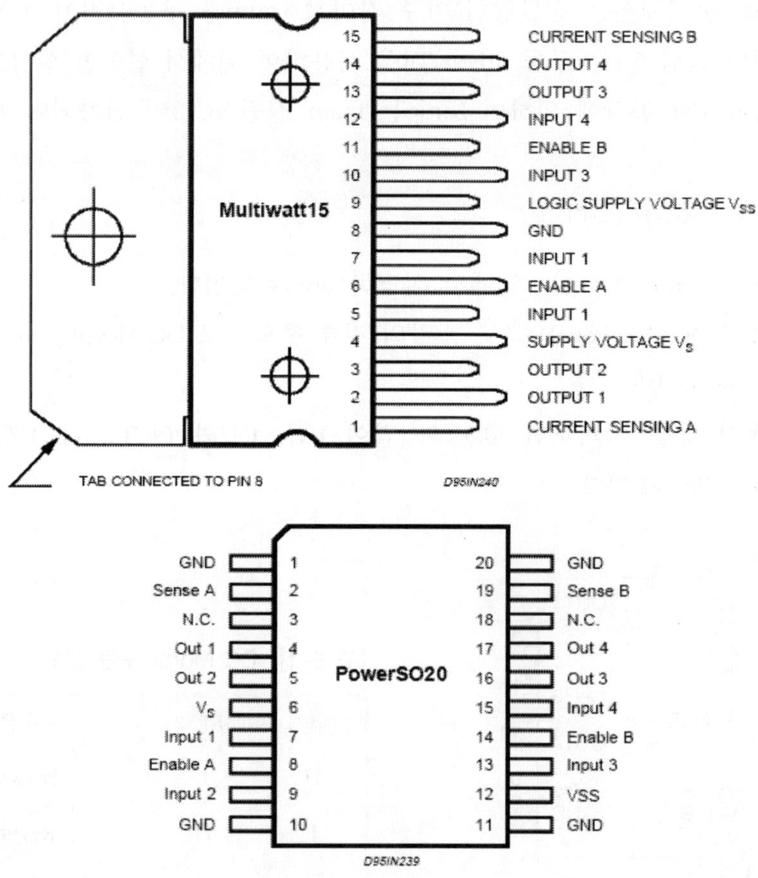

L298N 핀 배치도

4) DC Motor

■ DC Motor는 말 그대로 DC 전압을 사용하여 구동하는 Motor이다. 입력 전류에 비례해서 회전력이 발생한다.

회전력 T = Kt * I , 여기서 Kt는 토크 상수

입력 전류는 입력 전압에 비례하고 모터 권선 저항에 반비례한다.

입력 전류 I = V / R , 여기서 R은 전기자 저항

DC Motor는 입력단자에 정전압을 가하면 시계 방향으로 회전하고, 입력단자에 역 전압을 가하면 반 시계 방향으로 회전한다.

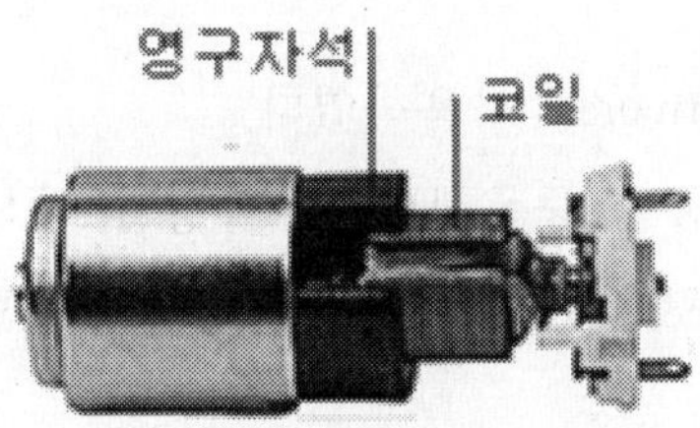

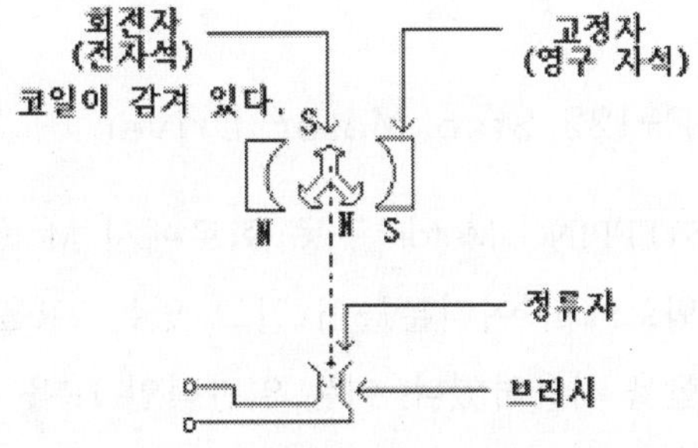

직류자석 모터

일반적인 DC Motor의 속도제어 방식은 펄스 폭 변조(PWM)방식을 많이 사용한다.

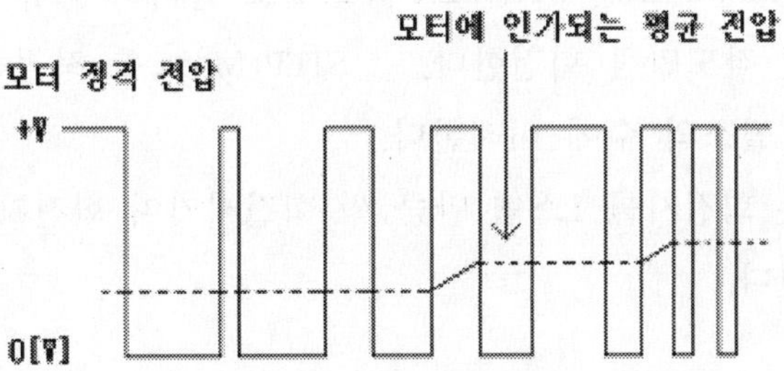

펄스의 폭에 따른 속도 제어

5) Encoder 회로

■ Motor의 회전수를 측정할 수 있는 회로이다. Training Kit에서는 DC Motor의 위에

부착된 원판과 아래의 회로로 구현하였다.

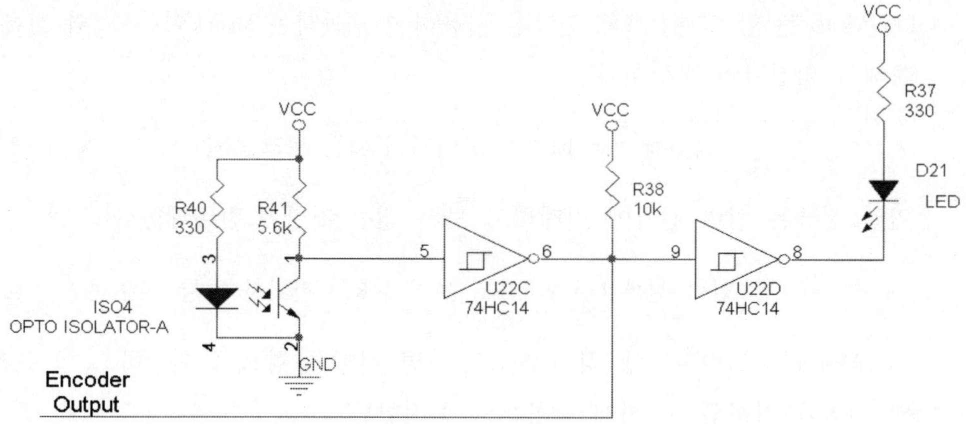

Encoder 회로

6) TIP-122 Step Motor Driver

■ STEPPING Motor 구동 회로에서 Motor Driver로 사용하였다.
회로에서 여러분들이 알고 있는 TR을 응용한 증폭회로 중 달링턴 방식의 TR 결합을 사용하였다. 이는 일반적인 TR을 사용했을 때 보다 더 큰 전류를 흘릴 수 있다.

7) STEPPING Motor

■ STEP Motor는 Digital 펄스를 입력받아 회전 운동을 하는 전동기이다. STEP Motor는 STEPPING Motor 또는 STEPPER 등으로도 불리며 직류 전압이나 전류 입력을 가하면 주어진 각도만큼 회전한다. STEP Motor를 적절히 제어하면 그 회전각은 항상 입력 펄스의 수에 비례한다.
각각의 펄스는 회전자를 1스텝 만큼 씩 회전시키며 회전자는 자기적으로 정확한 위치에 정지한다.

STEP Motor의 장점으로는
- 피드백 없이 오픈 루프만으로 구동할 수 있다.
- 안정도에 문제가 없다.
- 디지털 입력 펄스에 의해 구동되므로 디지털 컴퓨터로 쉽게 제어된다.
- 기계적 구조가 간단하다. 따라서 유지 보수가 거의 필요 없다.

- 브러시가 없으므로 오염으로부터 안전하다.
- 필요시 발열을 쉽게 발산시킬 수 있다.
- 상대적으로 견고하고 튼튼하다.

이와 같은 장점이 있지만 단점 또한 있다.
- 고정된 스텝 각도만큼 이동하므로 분해능에 제약이 따른다.
- 보통의 드라이버로는 효율이 낮다.
- 스텝 응답에 대해 상대적으로 큰 오버슈트와 진동을 나타낸다.
- 관성이 큰 부하를 다루기 어렵다.
- 오픈 루프 제어 시 마찰이 증가할수록 위치 오차가 커진다.
  단 오차가 누적되지는 않는다.
- 출력과 크기에 제약을 받는다.

이상이 스텝모터의 장단점들이다.

다음은 스텝모터의 분류에 대해서 알아보자. 스텝모터는 권선의 상의 갯수에 의해 분류한다.
바이폴라와 유니폴라방식으로 나뉘는데, 바이폴라 방식은 다음과 같다.
양극성 스텝 모터는 2상 브러시 없는 모터로 4개의 단자선이 나와있다. 양극성 스텝 모터는 2상, 즉 2개의 권선을 가지므로 회전하기 위해서는 하나의 권선에 서로 다른 방향으로 전류가 흐를 수 있어야 한다. 즉 양극성 권선이 2개 필요하다.

유니폴라 방식은 4상 브러시 없는 모터로 5~6개의 단자선이 나와있다. 단극성 스텝 모터는 4상, 즉 4개의 권선이 있으므로 한번에 한 권선씩 차례로 전류를 흘려주면 영구자석 회전자가 회전하게 된다.

스텝 모터의 여자 방식
- 1상 여자 : 한번에 1개의 상을 여자하는 방식
  입력이 1 상 뿐이므로 모터의 온도 상승이 낮고, 전원이 낮아도 된다.
  출력토크는 크지만 스텝 했을 때에 감쇠 진동이 큰 난조를 일으키기 쉬우므로 광범위한 스텝 레이트로 회전시킬 때는 주의를 요한다.

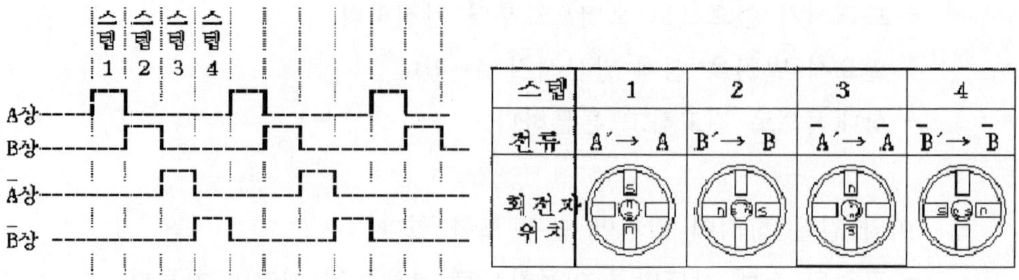

- 2상 여자 : 한번에 2개의 상을 여자하는 방식

  항상 2 상이 여자되어 있으므로 기동 토크가 주어져 난조가 일어나기 어렵다. 상 전환시에도 반드시 1 상은 여자되어 잇으므로 동작시에 제동 효과가 있다. 다만, 모터의 온도 상승이 있고 1 상 여자에 비해 배의 전원 용량을 필요로 한다.

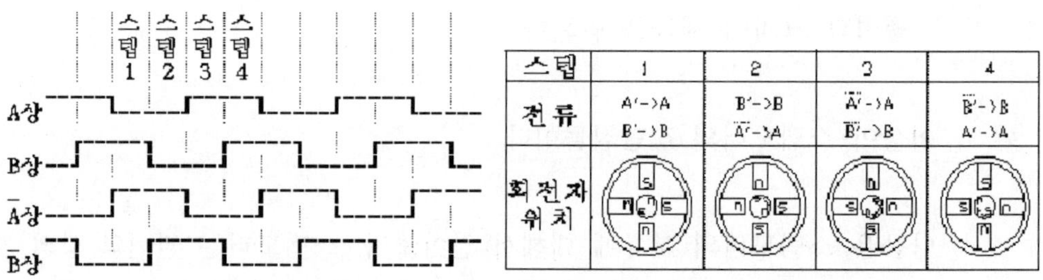

- 1-2상 여자 : 1상 여자와 2상 여자를 조합하여 여자하는 방식

  1 상, 2 상 여자의 용량을 특징을 가지며 스텝각이 1 상, 2 상에 비교해서 1/2이 된다. 응답 스텝 레이트는 1 상, 2 상 여자의 2배가 된다.

스텝 모터의 상 진행 순서

- 전 스텝 : 스텝 모터의 기본 동작
- 반 스텝 : 전 스텝 회전각의 1/2로 회전, 2배의 분해능

- 마이크로스텝 : 전 스텝 회전각을 수십 조각으로 나눠 회전한다.
  수십 배의 분해능으로 부드럽게 회전한다.

8) RC Servo Motor

RC Servo Motor(Remode Comtrol servo Motor)는 서보에 맞는 제어 신호(PWM)를 보내면 모터는 특정 각도를 유지하게 된다.
스텝모터, DC모터 모터와는 달리, 회전각에 있어서 제한이 있다.(보통 180도) 보통 무선 조종 비행기, 자동차 및 장남감, 로봇에 까지 사용된다.
3개의 선이 있으며 각각 Vcc(빨간색), GND(흑색), PWM제어선(백색)이다. 보통 전원이 4~6V사이에서 동작한다.

RC Servo Motor를 구동하기 위해서는 그림과 같이 PWM 신호를 입력하여야 한다.

주기 T는 20ms

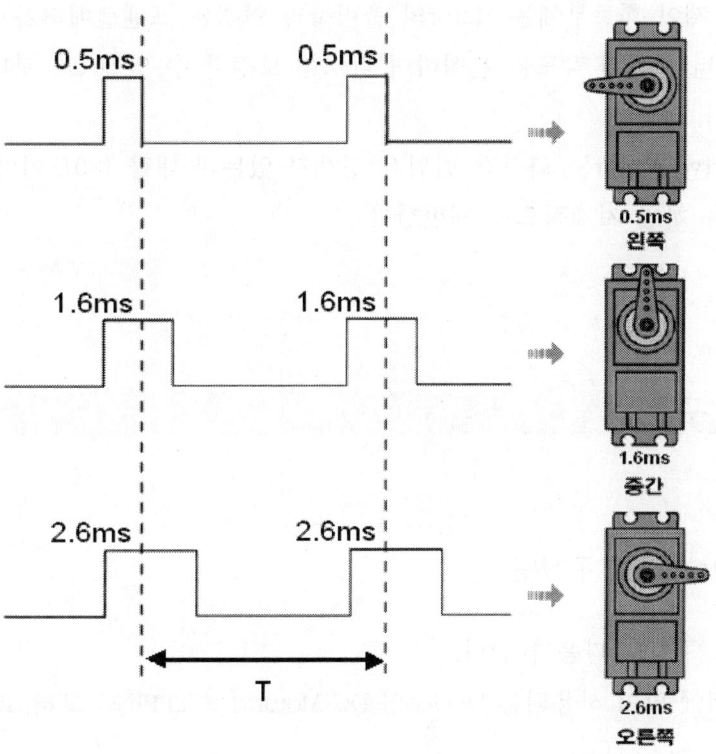

RC Servo Motor의 신호선 연결은 다음과 같다.

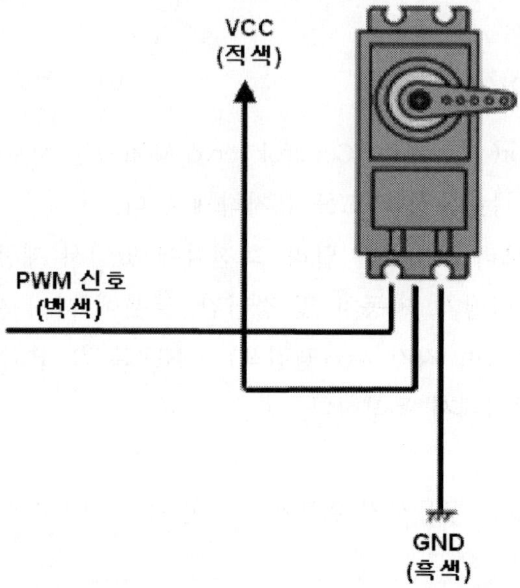

RC Servo Motor의 내부 구조는 제어 회로와 DC 모터, 기어박스등으로 구성되어 있다. 제어 회로부에는 Motor의 출력축과 연결된 포텐셜메터가 내장되어있어 서보 모터의 현재 각도를 분석하여 각도를 보정할 수 있게 DC 모터를 구동하게 되어있다.

RC Servo Motor는 회전각 범위가 정해져 있는데 대략 180도이다. 이를 벗어나게 제어를 하면 기계적으로 제한한다.

5.2 장비 구조

5.2.1 Motor 회로 구성도

Motor 회로 구성은 다음과 같다.

기구물 제어에 많이 사용되는 Device인 DC Motor와 STEPPING 모터, RC Servo Motor를 사용하였다.

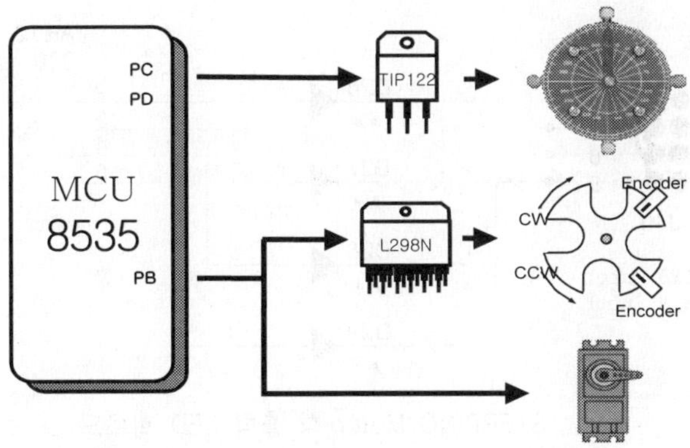

Motor 회로 구성도

Port	내 용
Port B.0	DC Motor L298N IN1번 출력으로 사용한다.
Port B.1	DC Motor L298N IN2번 출력으로 사용한다.
Port B.4	RC Servo Motor 출력으로 사용한다.
Port A	Digital Input Part 스위치 입력 Port로 사용한다.
Port C	STEPPING Motor 출력으로 사용한다.
Port D	STEPPING Motor LED출력으로 사용한다.

5.2.2 Motor 제어 회로도

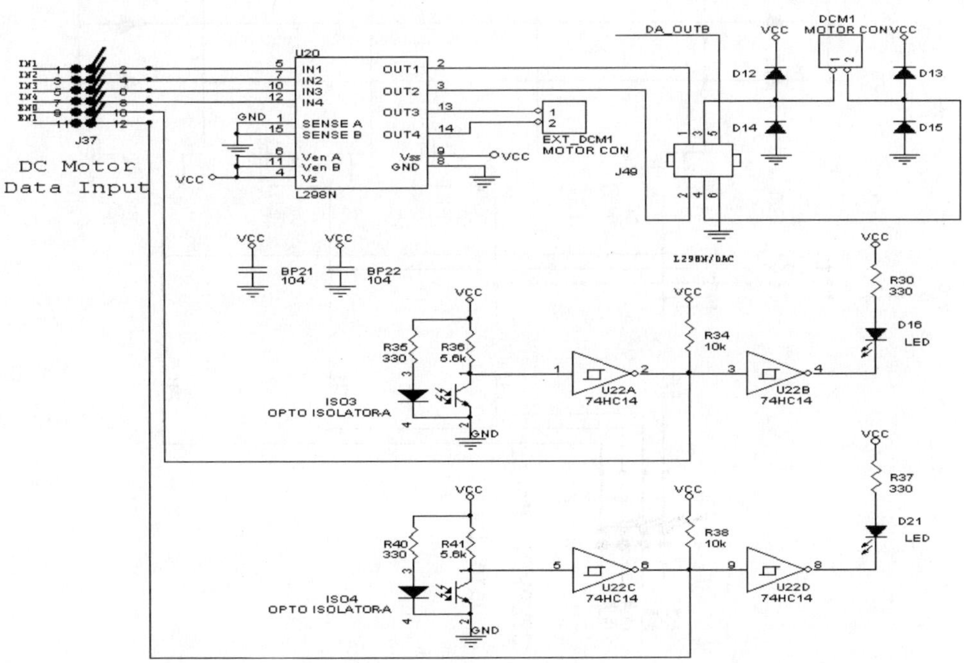

DC Motor 회로도

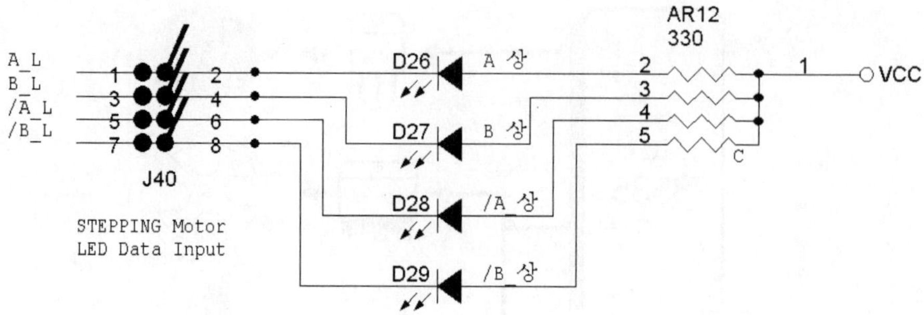

STEPPING Motor 상 출력 LED 회로도

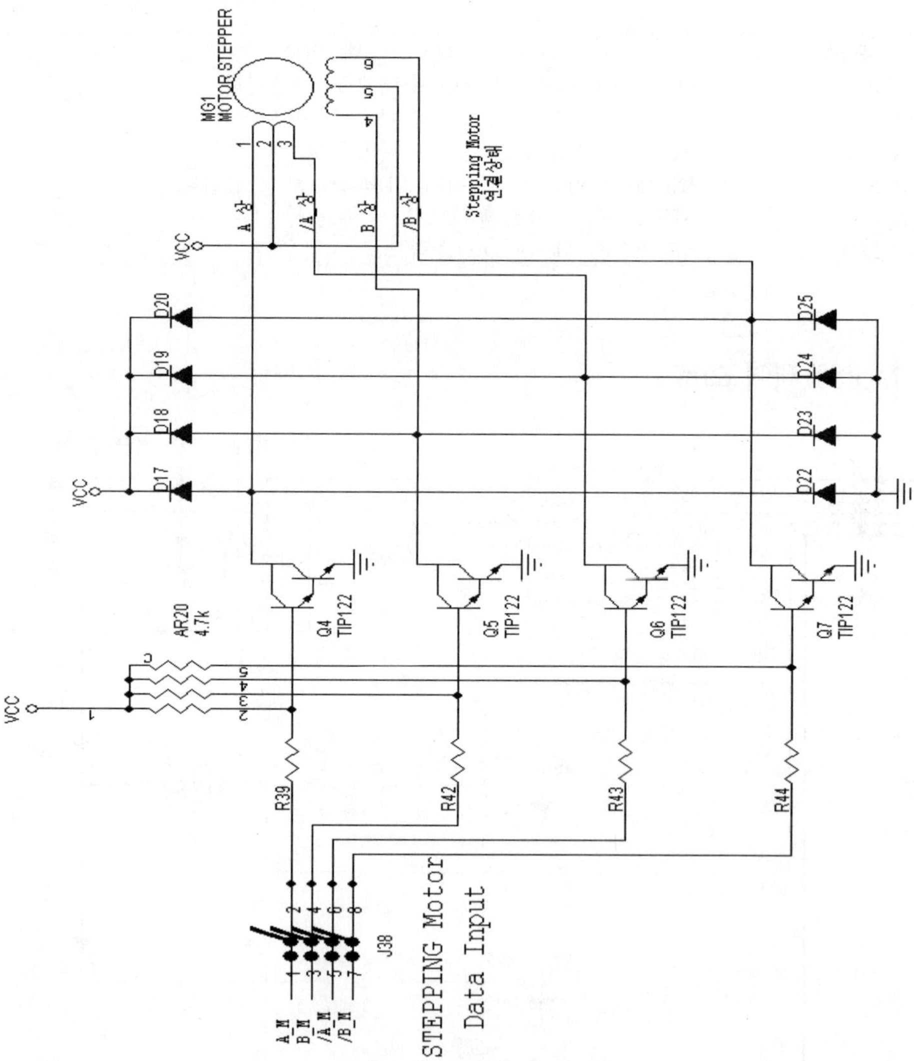

STEPPING Motor 회로도

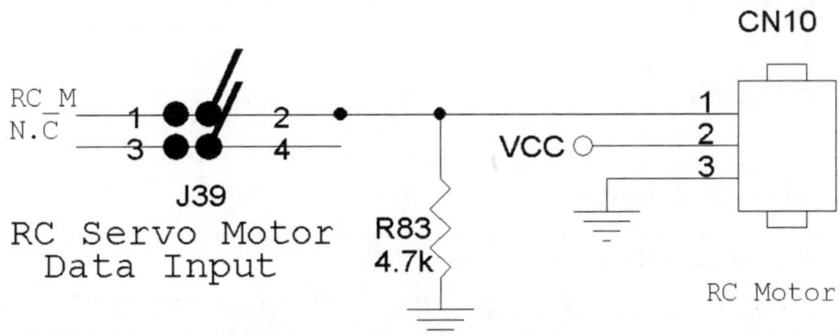

Digital Data의 출력전류는 작다. 그래서 Motor를 직접 구동할 수 없다. 그러므로 DC Motor는 L298N, STEPPING Motor는 TIP122 전류 증폭 회로를 사용하여 Motor에 간접적으로 구동할 수 있게 회로가 구성되어있다.

5.2.3 Motor 부품 배치도

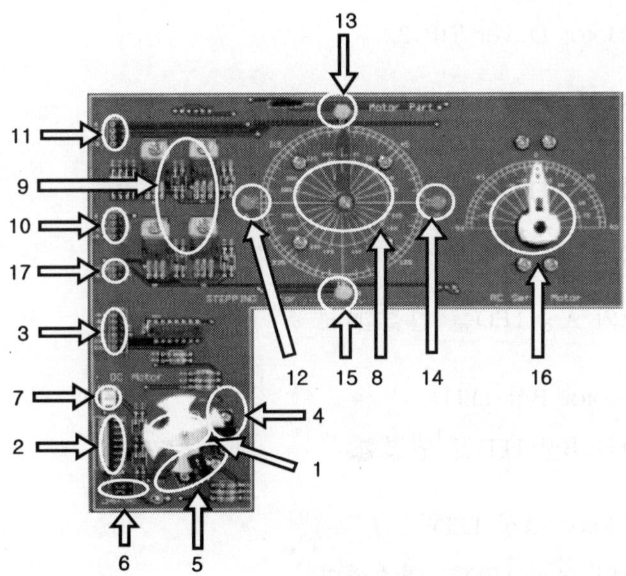

① DC Motor

+5V DC Motor이다.

② DC Motor Driver L298N

③ DC Motor Input Data Connecter

MCU의 Port와 DC Motor Driver L298N을 연결한다.

④ Encoder1 표시 LED

⑤ Encoder2 표시 LED

⑥ DC Motor 입력 결정 Jumper

L298N	L298N의 OUT1,2에 연결되어있다.
DAC	D/A Converter OUT2에 연결되어 있어 DAC 출력으로 모터구동

⑦ 외부 DC Motor 확장 Connecter

L298N의 OUT3,4에 연결되어있다.

IN3, 4에 입력을 가하면 OUT3,4로 출력 외부의 DC Motor를 구동할 수 있다.

⑧ STEPPING Motor

+5V STEPPING Motor이다.

⑨ STEPPING Motor Driver TIP122

⑩ STEPPING Motor Input Data Connecter

⑪ STEPPING Motor LED input Data Connecter

⑫ STEPPING Motor A상 LED

MCU의 Port와 A상 LED를 연결한다.

⑬ STEPPING Motor B상 LED

MCU의 Port와 B상 LED를 연결한다.

⑭ STEPPING Motor /A상 LED

MCU의 Port와 /A상 LED를 연결한다.

⑮ STEPPING Motor /B상 LED

MCU의 Port와 /B상 LED를 연결한다.

⑯ RC Servo Motor

⑰ RC Servo Motor Input Data Connecter

5.3 배선 연결도

실험, 실습을 위해서는 아래와 같이 연결한다.

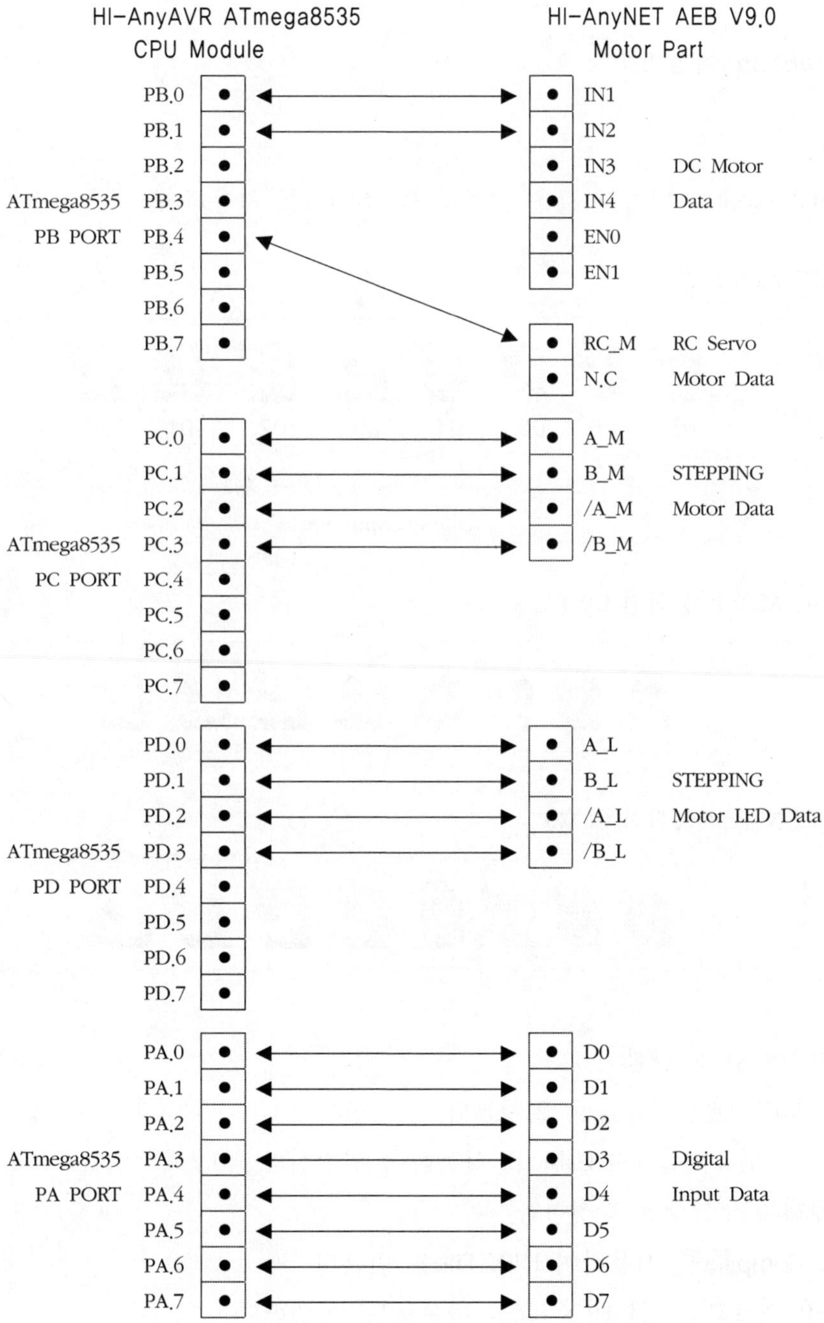

5.4 제어 실험

5.4.1 DC Motor를 구동하기

ATmega8535 실험 5.1

● 문제

Digital Input 스위치의 값을 읽어서 DC Motor를 구동하자.

1. DC Motor 정지

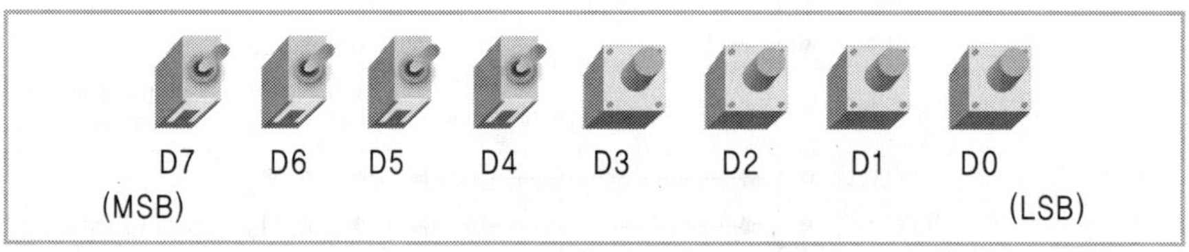

Digital Input Part

2. DC Motor 정회전(CW)

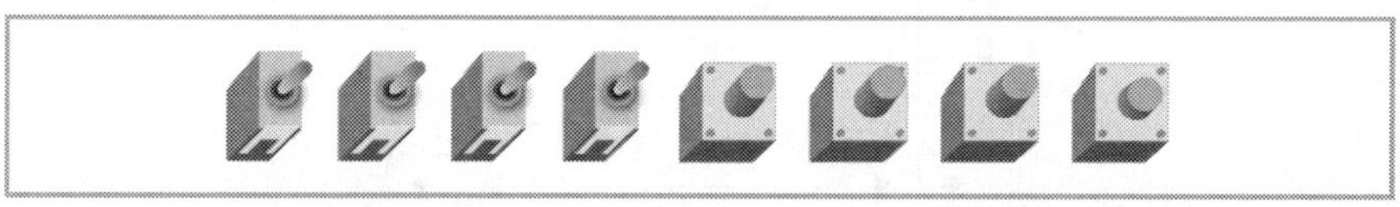

3. DC Motor 역회전(CCW)

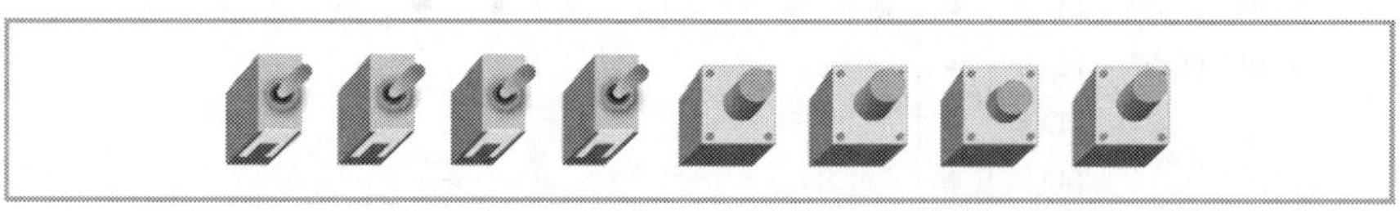

● STEP BY STEP 실험

1. 교재의 「관련 지식」을 읽어본다.
2. Kit와 컴퓨터를 ISP Cable을 사용하여 연결한다.
3. 예제 프로그램을 작성한다.
4. C Compiler를 사용하여 HEX File을 만든다.
5. ISP 프로그램으로 HEX file을 다운로드, 실행한다.

폴더위치

AnyAVR8535\Source\Exam\CodeVision\Chap05\Chap05_01\

- Source 파일

  Chap05_01.C

- Download 파일

  Chap05_01.HEX

Program Source

```
#include <mega8535.h>          // Atmega 8535 header file
#include <delay.h>             // delay header file

#define DCM_IN1     PORTB.0    // DC Motor L298N IN1 Input신호
#define DCM_IN2     PORTB.1    // DC Motor L298N IN2 Input신호

void DC_M_CW();                // DC Motor CW 구동 함수
void DC_M_CCW();               // DC Motor CCW 구동 함수
void DC_M_STOP();              // DC Motor STOP함수
void delay(unsigned int cnt);  // 시간 지연함수

void main(void)
{
        unsigned char buff0;

        PORTA=0xff;            // Port A 초기값
        DDRA=0x00;             // Port A 설정, 입력으로 사용

        PORTB=0xff;            // Port B 초기값
        DDRB=0xff;             // Port B 설정, 출력으로 사용

        PORTC=0xff;            // Port C 초기값
        DDRC=0xff;             // Port C 설정, 출력으로 사용

        PORTD=0xff;            // Port D 초기값
        DDRD=0xff;             // Port D 설정, 출력으로 사용

        while (1)
        {
                buff0 = PINA;                  // buff0에 Port A 값을 저장한다.
                delay(100);                    // 시간 지연함수 호출
                buff0 = buff0 & 0x03;          // buff값에 0x03 AND Mask

                switch(buff0)
                {
                        case 0x02:             // SW0이 눌리면
```

```
                                        DC_M_CW();              // DC Motor CW 구동
                                        break;
                          case 0x01:                            // SW1이 눌리면
                                        DC_M_CCW();             // DC Motor CCW 구동
                                        break;
                          default:                              // degault값이면
                                        DC_M_STOP();            // DC Motor STOP
                                        break;
                   }
           }
}

void DC_M_CW()
{
           DCM_IN1 = 1;                    // DC Motor L298N IN1 '1' Input
           DCM_IN2 = 0;                    // DC Motor L298N IN2 '0' Input
}

void DC_M_CCW()
{
           DCM_IN1 = 0;                    // DC Motor L298N IN1 '0' Input
           DCM_IN2 = 1;                    // DC Motor L298N IN2 '1' Input
}

void DC_M_STOP()
{
           DCM_IN1 = 0;                    // DC Motor L298N IN1 '0' Input
           DCM_IN2 = 0;                    // DC Motor L298N IN2 '0' Input
}

void delay(unsigned int cnt)
{
           while(--cnt);
}
```

ATmega8535 실험 5.2

문제

Digital Input 스위치의 값을 읽어서 DC Motor를 저속으로 구동하자.

1. DC Motor 정지

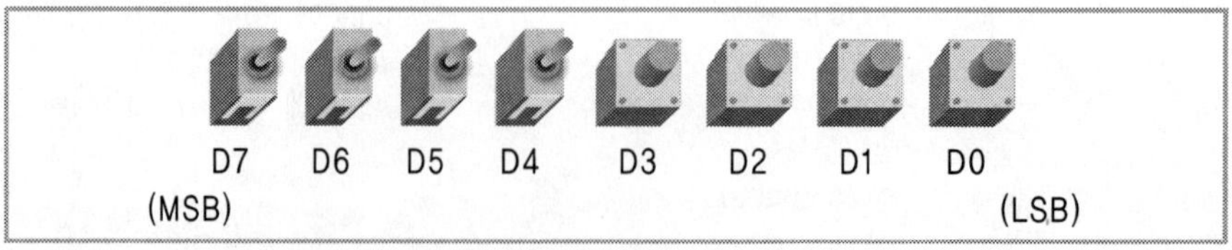

Digital Input Part

2. DC Motor 저속 정회전(CW)

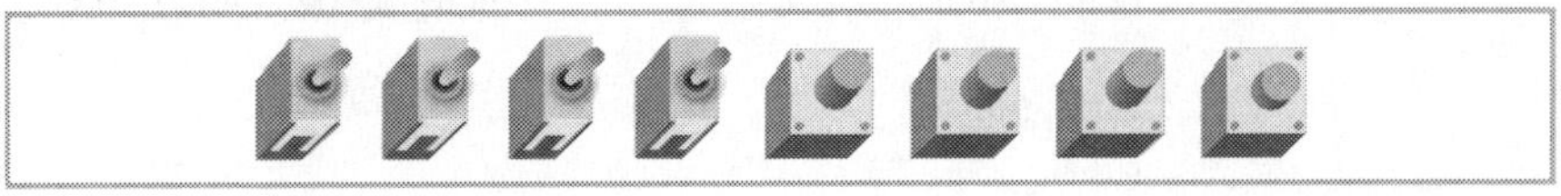

3. DC Motor 저속 역회전(CCW)

폴더위치

AnyAVR8535\Source\Exam\CodeVision\Chap05\Chap05_02\

Program Source

```
#include <mega8535.h>              // Atmega 8535 header file
#include <delay.h>                 // delay header file

#define DCM_IN1      PORTB.0  // DC Motor L298N IN1 Input신호
#define DCM_IN2      PORTB.1  // DC Motor L298N IN2 Input신호

void DC_M_CW();                    // DC Motor CW 구동 함수
void DC_M_CCW();                   // DC Motor CCW 구동 함수
void DC_M_STOP();                  // DC Motor STOP함수
void delay(unsigned int cnt);      // 시간 지연함수

void main(void)
{
        unsigned char buff0;

        PORTA=0xff;                // Port A 초기값
        DDRA=0x00;                 // Port A 설정, 입력으로 사용

        PORTB=0xff;                // Port B 초기값
        DDRB=0xff;                 // Port B 설정, 출력으로 사용

        PORTC=0xff;                // Port C 초기값
        DDRC=0xff;                 // Port C 설정, 출력으로 사용

        PORTD=0xff;                // Port D 초기값
        DDRD=0xff;                 // Port D 설정, 출력으로 사용

        while (1)
        {
                buff0 = PINA;                        // buff0에 Port A 값을 저장한다.
```

```
            delay(100);                    // 시간 지연함수 호출
            buff0 = buff0 & 0x03;          // buff값에 0x03 AND Mask

            switch(buff0)
            {
                  case 0x02:                          // SW0이 눌리면
                              DC_M_CW();              // DC Motor CW 구동
                              break;
                  case 0x01:                          // SW1이 눌리면
                              DC_M_CCW();             // DC Motor CCW 구동
                              break;
                  default:                            // degault값이면
                              DC_M_STOP();            // DC Motor STOP
                              break;
            }
      }
}

void DC_M_CW()
{
      DCM_IN1 = 1;                  // DC Motor L298N IN1 '1' Input
      DCM_IN2 = 0;                  // DC Motor L298N IN2 '0' Input
      delay(100);
      DCM_IN1 = 0;                  // DC Motor L298N IN1 '0' Input
      DCM_IN2 = 0;                  // DC Motor L298N IN2 '0' Input
      delay(100);
}

void DC_M_CCW()
{
      DCM_IN1 = 0;                  // DC Motor L298N IN1 '0' Input
      DCM_IN2 = 1;                  // DC Motor L298N IN2 '1' Input
      delay(100);
      DCM_IN1 = 0;                  // DC Motor L298N IN1 '0' Input
      DCM_IN2 = 0;                  // DC Motor L298N IN2 '0' Input
      delay(100);
}

void DC_M_STOP()
{
      DCM_IN1 = 0;                  // DC Motor L298N IN1 '0' Input
      DCM_IN2 = 0;                  // DC Motor L298N IN2 '0' Input
      delay(100);
}

void delay(unsigned int cnt)
{
      while(--cnt);
}
```

5.4.2 STEPPING Motor를 구동하기

ATmega8535 실험 5.3

◉ 문제

Digital Input 스위치의 값을 읽어서 STEPPING Motor를 구동하자.

1. STEPPING Motor 정지

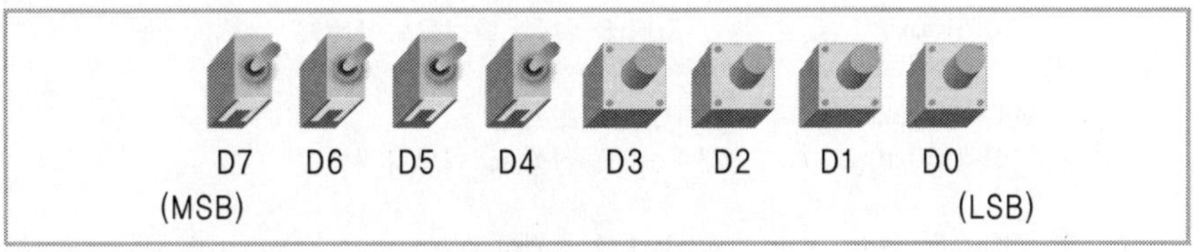

Digital Input Part

2. STEPPING Motor 정회전 (CW)

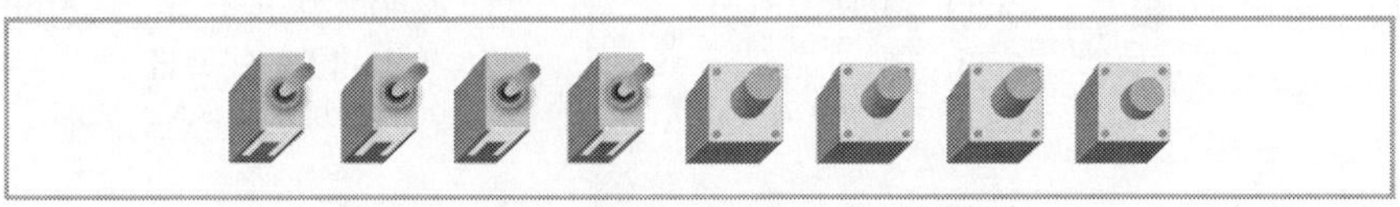

3. STEPPING Motor 역회전 (CCW)

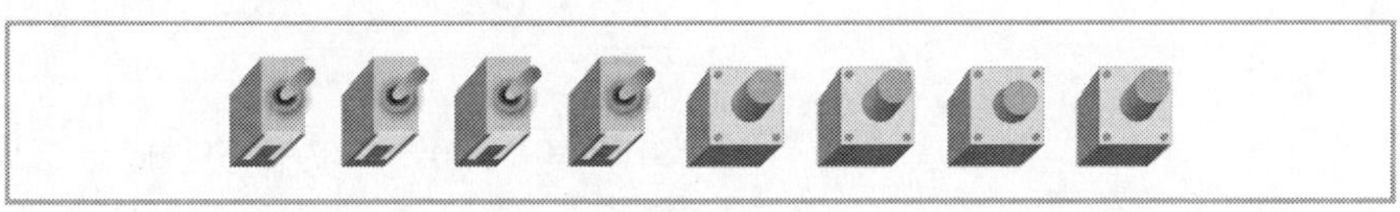

◉ 폴더위치

AnyAVR8535\Source\Exam\CodeVision\Chap05\Chap05_03\

◉ Program Source

```
#include <mega8535.h>          // Atmega 8535 header file
#include <delay.h>             // delay header file

#define STEP_MOTOR  PORTC // STEPPING Motor Data Port
#define STEP_LED   PORTD      // STEPPING Motor LED Data Port

void STEP_M_CW();              // STEP Motor CW 구동 함수
```

```
void STEP_M_CCW();              // STEP Motor CCW 구동 함수
void STEP_M_STOP();             // STEP Motor STOP함수
void delay(unsigned int cnt);   // 시간 지연함수

void main(void)
{
        unsigned char buff0;

        PORTA=0xff;             // Port A 초기값
        DDRA=0x00;              // Port A 설정, 입력으로 사용

        PORTB=0xff;             // Port B 초기값
        DDRB=0xff;              // Port B 설정, 출력으로 사용

        PORTC=0xff;             // Port C 초기값
        DDRC=0xff;              // Port C 설정, 출력으로 사용

        PORTD=0xff;             // Port D 초기값
        DDRD=0xff;              // Port D 설정, 출력으로 사용

        while (1)
        {
                buff0 = PINA;                   // buff0에 Port A 값을 저장한다.
                delay(100);                     // 시간 지연함수 호출
                buff0 = buff0 & 0x03;           // buff값에 0x03 AND Mask

                switch(buff0)
                {
                        case 0x02:                      // SW00이 눌리면
                                STEP_M_CW();            // STEP Motor CW 구동
                                break;
                        case 0x01:                      // SW10이 눌리면
                                STEP_M_CCW();           // STEP Motor CCW 구동
                                break;
                        default:                        // degault값이면
                                STEP_M_STOP();          // STEP Motor STOP
                                break;
                }
        }
}

void STEP_M_CW()
{
        STEP_MOTOR = 0x01;              // STEPPING Motor A상
        STEP_LED = 0x01;                // STEPPING Motor LED A상
        delay(2000);

        STEP_MOTOR = 0x02;              // STEPPING Motor B상
        STEP_LED = 0x02;                // STEPPING Motor LED B상
```

```
        delay(2000);

        STEP_MOTOR = 0x04;              // STEPPING Motor /A상
        STEP_LED = 0x04;                // STEPPING Motor LED /A상
        delay(2000);

        STEP_MOTOR = 0x08;              // STEPPING Motor /B상
        STEP_LED = 0x08;                // STEPPING Motor LED /B상
        delay(2000);
}

void STEP_M_CCW()
{
        STEP_MOTOR = 0x08;              // STEPPING Motor /B상
        STEP_LED = 0x08;                // STEPPING Motor LED /B상
        delay(2000);

        STEP_MOTOR = 0x04;              // STEPPING Motor /A상
        STEP_LED = 0x04;                // STEPPING Motor LED /A상
        delay(2000);

        STEP_MOTOR = 0x02;              // STEPPING Motor B상
        STEP_LED = 0x02;                // STEPPING Motor LED B상
        delay(2000);

        STEP_MOTOR = 0x01;              // STEPPING Motor A상
        STEP_LED = 0x01;                // STEPPING Motor LED A상
        delay(2000);
}

void STEP_M_STOP()
{
        STEP_MOTOR = 0x00;              // STEPPING Motor A상
        STEP_LED = 0x00;                // STEPPING Motor LED
}

void delay(unsigned int cnt)
{
        while(--cnt);
}
```

ATmega8535 실험 5.4

문제

Digital Input 스위치의 값을 읽어서 STEPPING Motor를 저속으로 구동하자.

1. STEPPING Motor 정지

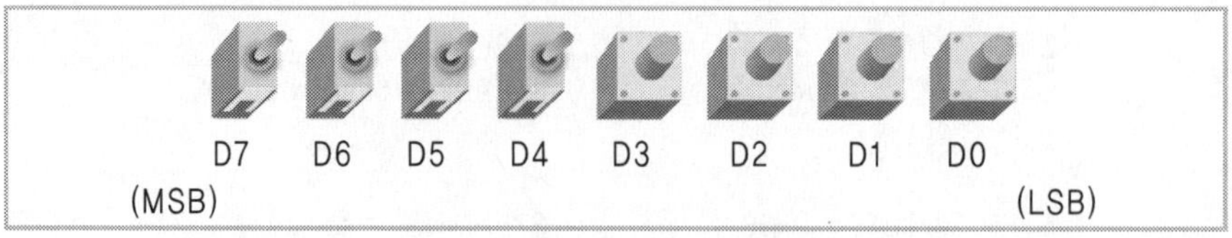

Digital Input Part

2. STEPPING Motor 저속 정회전 (CW)

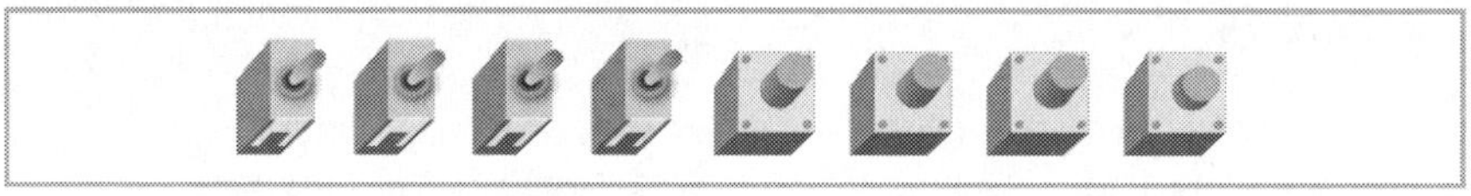

3. STEPPING Motor 저속 역회전 (CCW)

폴더위치

AnyAVR8535\Source\Exam\CodeVision\Chap05\Chap05_04\

Program Source

```
#include <mega8535.h>           // Atmega 8535 header file
#include <delay.h>              // delay header file

#define STEP_MOTOR   PORTC // STEPPING Motor Data Port
#define STEP_LED    PORTD      // STEPPING Motor LED Data Port

void STEP_M_CW();               // STEP Motor CW 구동 함수
void STEP_M_CCW();              // STEP Motor CCW 구동 함수
void STEP_M_STOP();             // STEP Motor STOP함수
void delay(unsigned int cnt);   // 시간 지연함수

void main(void)
{
        unsigned char buff0;

        PORTA=0xff;             // Port A 초기값
        DDRA=0x00;              // Port A 설정, 입력으로 사용

        PORTB=0xff;             // Port B 초기값
```

```
        DDRB=0xff;              // Port B 설정, 출력으로 사용

        PORTC=0xff;             // Port C 초기값
        DDRC=0xff;              // Port C 설정, 출력으로 사용

        PORTD=0xff;             // Port D 초기값
        DDRD=0xff;              // Port D 설정, 출력으로 사용

        while (1)
        {
                buff0 = PINA;                   // buff0에 Port A 값을 저장한다.
                delay(100);                     // 시간 지연함수 호출
                buff0 = buff0 & 0x03;           // buff값에 0x03 AND Mask

                switch(buff0)
                {
                        case 0x02:                      // SW0이 눌리면
                                STEP_M_CW();            // STEP Motor CW 구동
                                break;
                        case 0x01:                      // SW1이 눌리면
                                STEP_M_CCW();           // STEP Motor CCW 구동
                                break;
                        default:                        // degault값이면
                                STEP_M_STOP();          // STEP Motor STOP
                                break;
                }
        }
}

void STEP_M_CW()
{
        STEP_MOTOR = 0x01;              // STEPPING Motor A상
        STEP_LED = 0x01;                // STEPPING Motor LED A상
        delay(10000);

        STEP_MOTOR = 0x02;              // STEPPING Motor B상
        STEP_LED = 0x02;                // STEPPING Motor LED B상
        delay(10000);

        STEP_MOTOR = 0x04;              // STEPPING Motor /A상
        STEP_LED = 0x04;                // STEPPING Motor LED /A상
        delay(10000);

        STEP_MOTOR = 0x08;              // STEPPING Motor /B상
        STEP_LED = 0x08;                // STEPPING Motor LED /B상
        delay(10000);
}

void STEP_M_CCW()
```

```
{
        STEP_MOTOR = 0x08;            // STEPPING Motor /B상
        STEP_LED = 0x08;              // STEPPING Motor LED /B상
        delay(10000);

        STEP_MOTOR = 0x04;            // STEPPING Motor /A상
        STEP_LED = 0x04;              // STEPPING Motor LED /A상
        delay(10000);

        STEP_MOTOR = 0x02;            // STEPPING Motor B상
        STEP_LED = 0x02;              // STEPPING Motor LED B상
        delay(10000);

        STEP_MOTOR = 0x01;            // STEPPING Motor A상
        STEP_LED = 0x01;              // STEPPING Motor LED A상
        delay(10000);
}

void STEP_M_STOP()
{
        STEP_MOTOR = 0x00;            // STEPPING Motor A상
        STEP_LED = 0x00;              // STEPPING Motor LED
}

void delay(unsigned int cnt)
{
        while(--cnt);
}
```

5.4.3 RC Servo Motor를 구동하기

ATmega8535 실험 5.5

문제

Digital Input 스위치의 값을 읽어서 RC Servo Motor를 구동하자.

1. RC Servo Motor 정지

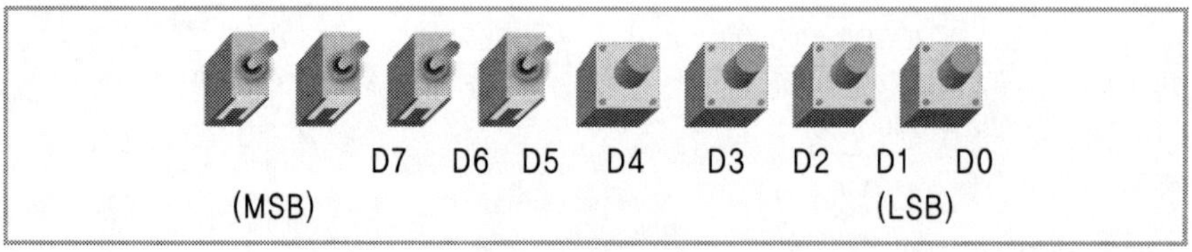

Digital Input Part

2. RC Servo Motor 정회전(+90 방향)

3. RC Servo Motor 역회전(-90 방향)

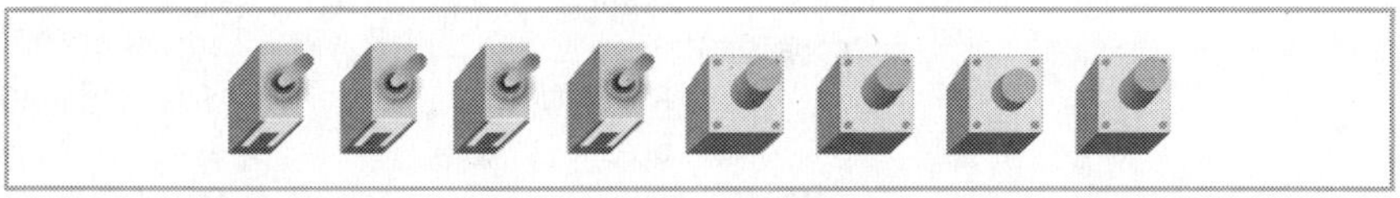

폴더위치

AnyAVR8535\Source\Exam\CodeVision\Chap05\Chap05_05\

Program Source

```
#include <mega8535.h>            // Atmega 8535 header file
#include <delay.h>               // delay header file

#define RC_MOTOR  PORTB.4  // RC Servo Motor Data Port

void RC_M_POS();                 // RC Servo Motor +90도 이동 함수
void RC_M_NEG();                 // RC Servo Motor -90도 이동 함수
void RC_M_STOP();                // RC Servo Motor STOP함수
void delay(unsigned int cnt);    // 시간 지연함수

void main(void)
{
        unsigned char buff0;

        PORTA=0xff;              // Port A 초기값
        DDRA=0x00;               // Port A 설정, 입력으로 사용

        PORTB=0xff;              // Port B 초기값
        DDRB=0xff;               // Port B 설정, 출력으로 사용

        PORTC=0xff;              // Port C 초기값
        DDRC=0xff;               // Port C 설정, 출력으로 사용

        PORTD=0xff;              // Port D 초기값
        DDRD=0xff;               // Port D 설정, 출력으로 사용

        while (1)
        {
```

```
                buff0 = PINA;                    // buff0에 Port A 값을 저장한다.
                delay(100);                      // 시간 지연함수 호출
                buff0 = buff0 & 0x03;            // buff값에 0x03 AND Mask

                switch(buff0)
                {
                        case 0x02:                        // SW0이 눌리면
                                RC_M_POS();               // RC Servo Motor +90도 이동
                                break;
                        case 0x01:                        // SW1이 눌리면
                                RC_M_NEG();               // RC Servo Motor -90도 이동
                                break;
                        default:                          // degault값이면
                                RC_M_STOP();              // RC Servo Motor STOP
                                break;
                }
        }
}

void RC_M_POS()
{
        RC_MOTOR = 1;
        delay_us(2600);
        RC_MOTOR = 0;
        delay_ms(20);
}

void RC_M_NEG()
{
        RC_MOTOR = 1;
        delay_us(500);
        RC_MOTOR = 0;
        delay_ms(20);
}

void RC_M_STOP()
{
        RC_MOTOR = 0;
}

void delay(unsigned int cnt)
{
        while(--cnt);
}
```

5.5 실습 과제

■ DC, Stepping, RC Servo를 구동한다.

1. DC, Stepping, RC Servo Motor 정지

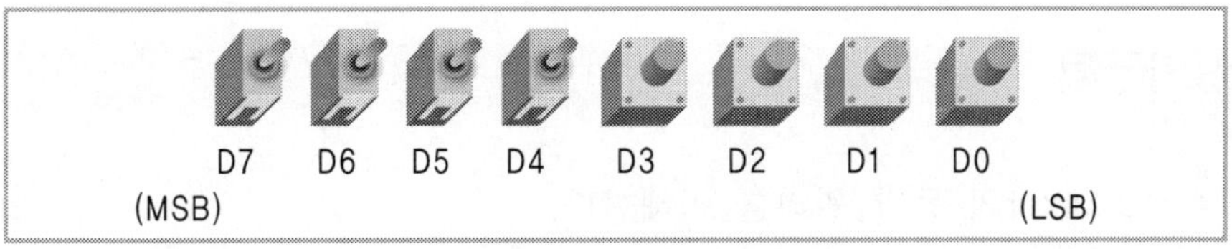

Digital Input Part

2. DC Motor 정회전(CW)

3. DC Motor 역회전(CCW)

4. Stepping Motor 정회전(CW)

5. Stepping Motor 역회전(CCW)

6. RC Servo Motor 정회전(+90 방향)

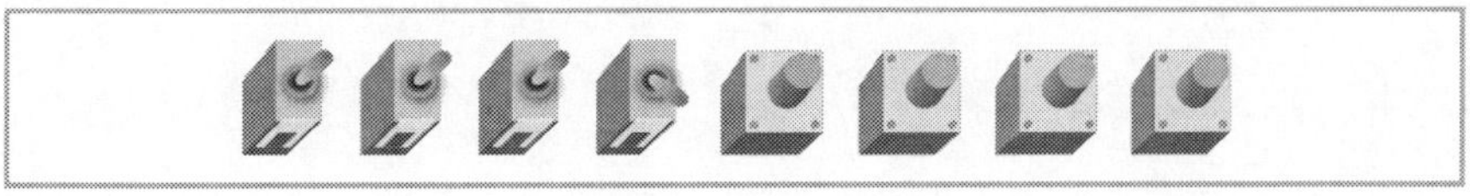

7. RC Servo Motor 역회전(-90 방향)

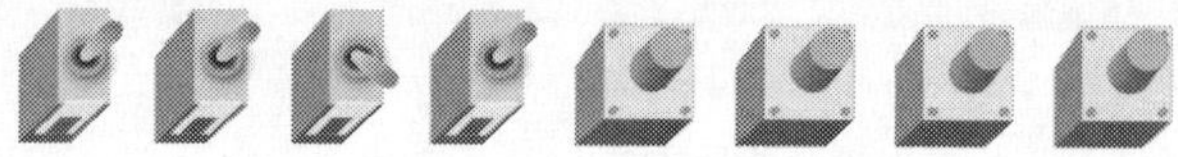

5.6 알아두기

- DC Motor의 동작 원리를 이해한다.
- Stepping Motor의 동작 원리를 이해한다.
- RC Servo Motor의 동작 원리를 이해한다.
- L298N Motor Driver의 동작 원리를 이해한다.
- TIP-122의 동작 원리를 이해한다.

06 CHAPTER A/D Converter 제어

실습 목표

- MCU AVR ATmega8535과 A/D Converter ADC0809 제어 실험을 통해 AD 변환의 동작원리와 ADC0809의 사용방법을 이해, 실험 실습한다.

6.1 관련 지식

1) AVR ATmega8535

- 교재 Part1 참조.

2) ADC0809

- 자연계의 신호들은 Analog 신호로 되어있다.
  MCU가 외부의 Analog 신호를 읽어 처리하려면 이를 Digital신호로 변환을 하여야 하는 데 이러한 작업을 A/D변환이라 한다.
  HI-ANY AEB V9.0 에서 사용한 ADC0809는 8bit 8channel A/D Converter이다. 즉, 8개의 Analog신호를 256단계의 분해능으로 A/D변환 할 수 있다.
  예를 들면 A/D Converter는 유니폴라-바이너리동작, REF 전압 5V, 입력이 5V이면 출력은 11111111, 2.5V이면 01111111, 0V이면 00000000이다.
  Analog입력장치로는 가변저항, 써미스터, CDS, 온도 센서, 인체감지 센서, 마그네틱 센서, 습도 센서, 가스 센서가 내장되어 있다.
  다음은 ADC0809의 핀 배치도, 내부 블록도, 타이밍도이다.

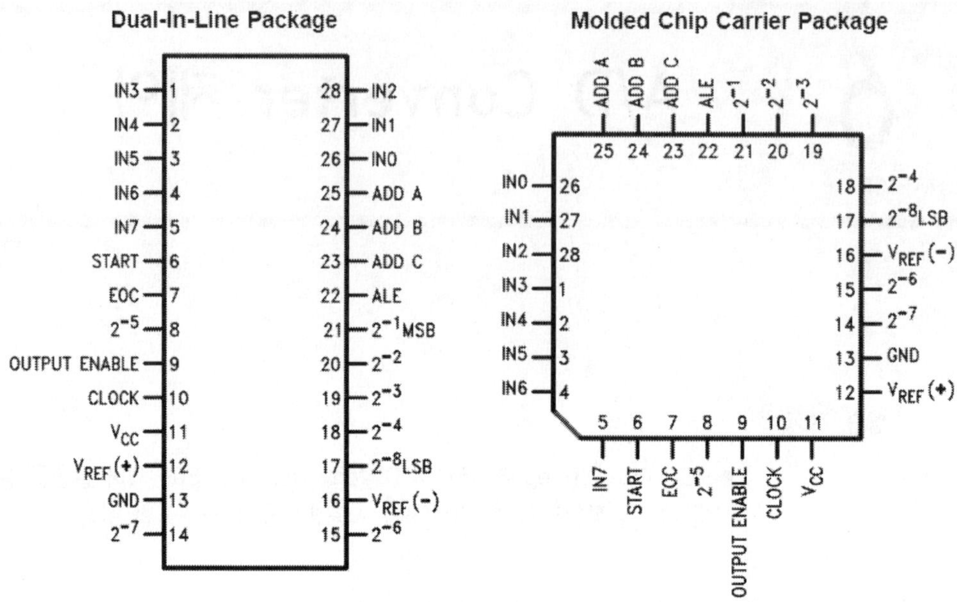

ADC0809 핀 배치도

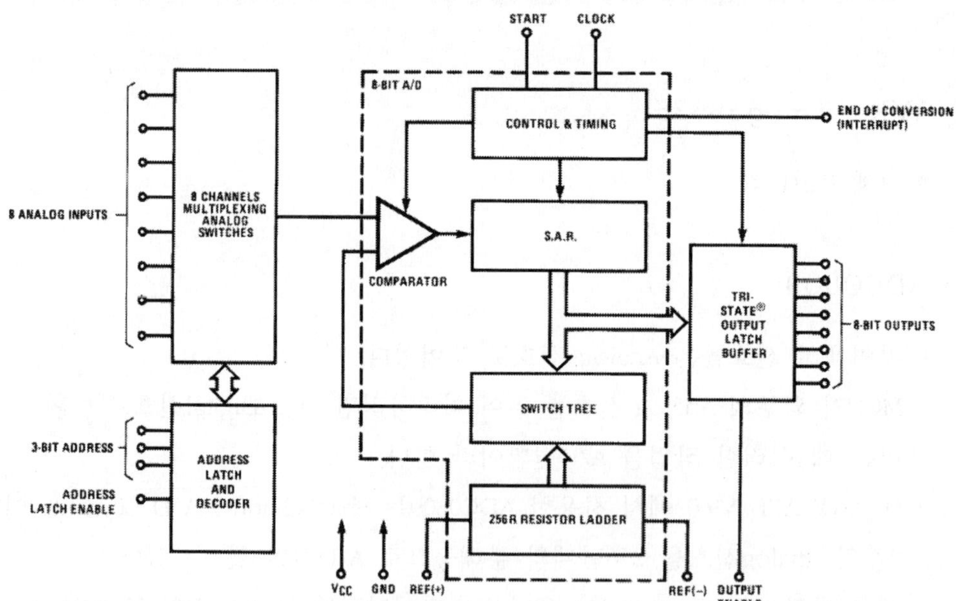

ADC0809 내부 블록도

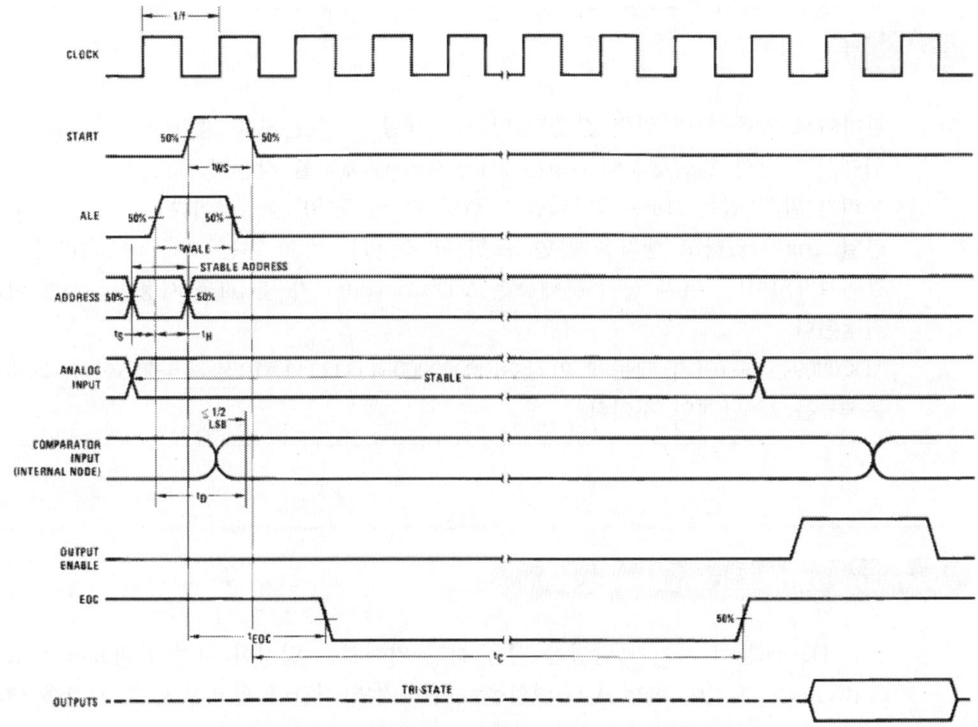

ADC0809 타이밍도

Electrical Characteristics

Timing Specifications $V_{CC}=V_{REF(+)}=5V$, $V_{REF(-)}=GND$, $t_r=t_f=20$ ns and $T_A=25°C$ unless otherwise noted.

Symbol	Parameter	Conditions	Min	Typ	Max	Units
t_{WS}	Minimum Start Pulse Width	(*Figure 5*)		100	200	ns
t_{WALE}	Minimum ALE Pulse Width	(*Figure 5*)		100	200	ns
t_s	Minimum Address Set-Up Time	(*Figure 5*)		25	50	ns
t_H	Minimum Address Hold Time	(*Figure 5*)		25	50	ns
t_D	Analog MUX Delay Time From ALE	$R_S=0\Omega$ (*Figure 5*)		1	2.5	μS
t_{H1}, t_{H0}	OE Control to Q Logic State	$C_L=50$ pF, $R_L=10k$ (*Figure 8*)		125	250	ns
t_{1H}, t_{0H}	OE Control to Hi-Z	$C_L=10$ pF, $R_L=10k$ (*Figure 8*)		125	250	ns
t_c	Conversion Time	$f_c=640$ kHz, (*Figure 5*) (Note 7)	90	100	116	μS
f_c	Clock Frequency		10	640	1280	kHz
t_{EOC}	EOC Delay Time	(*Figure 5*)	0		8+2 μS	Clock Periods
C_{IN}	Input Capacitance	At Control Inputs		10	15	pF
C_{OUT}	TRI-STATE Output Capacitance	At TRI-STATE Outputs		10	15	pF

분해능

한마디로 말을 하면 입력 값을 얼마나 분해할 수 있는지를 말한다.
위에서도 잠깐 언급했듯이 8bit는 256단계의 분해능을 갖는다.
우리가 알고 있는 1bit는 2가지를 표현할 수 있다. '0', 과 '1'이다.
만일, 2bit가 있다고 생각을 하면. 표현 할 수 있는 가지 수는 '00', '01', '10', '11'과 같이 4가지이다. 이와 같이 분해능은 A/D Converter 가 몇 bit를 사용하는지에 따라 결정된다.
ADC0809는 8bit이기 때문에 이진수 00000000~11111111, 10진수 0~255이다. 그래서 분해능은 256단계인 것이다.

sampling rate & conversion time

모든 Device들이 자기가 담당한 일을 하기 위해서는 일정한 시간이 필요하다. A/D Converter도 자신이 한번 A/D 변환을 수행하려면 시간이 필요한데 그 시간을 변환시간(conversion time)이리하며, 이를 초당 샘플링 속도(sampling rate)로 나타낸다.

샘플, 홀드 & 트랙홀드

A/D Converter는 Analog 값을 Digital값으로 바꾸어주는 Device라고 설명을 하였다. 하지만 신호를 변환하는 동안에 입력 값이 바뀌면 출력 값은 불안정한 상태가 발생한다.
이런 현상을 방지하기 위해 A/D Converter의 입력에 샘플, 홀드 & 트랙홀드라는 입력 유지 회로를 사용해야 한다.
이 회로는 A/D Converter에 따라 내장형과 외장형이 있으므로 Device 선정에 유의해야한다.
그림 6.1의 회로는 샘플, 홀드 회로를 표현한 것이다. Analog switch, 콘덴서, buffer 등으로 구성되어 있다. 스위치는 샘플링 시간동안 닫혀 있어서 콘덴서에 입력전압이 충전된다. 이후에는 스위치가 열려서 입력전압이 일정하게 유지, 이 전압이 버퍼를 통하여 비교기로 입력되어 변환이 수행된다.

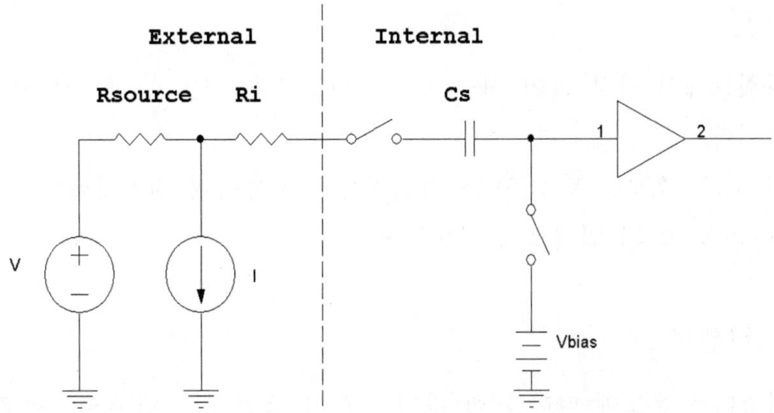

[그림 6-1] 샘플홀드 회로

유니폴라와 바이폴라

A/D Converter와 D/A Converter의 동작을 보면 유니폴라 방식과 바이폴라 방식으로 동작을 하는 것이 있다. 여기서는 그 둘의 차이를 설명하기로 하겠다.

- 유니폴라 방식

  유니폴라는 A/D의 입력 값으로 0V에서 +V까지의 입력을 받아서 동작을 하는 방식을 말한다. 다시 말하면 단극성의 입력에만 정확한 변환 값을 주는 동작이다. 예를 들어 8bit의 A/D Converter가 유니폴라 방식으로 동작을 하고, Ref 전압이 5V이라 할 때, 입력이 5V이면 11111111이, 2.5V이면 0111111, 0V이면 00000000이다.

- 바이폴라 방식

  바이폴라는 A/D의 입력 값으로 -V에서 +V까지의 입력을 받아서 동작을 하는 방식을 말한다. 다시 말하면 양극의 입력에도 정확한 변환 값을 주는 동작이다.
  예를 들어 8bit의 A/D Converter가 바이폴라 방식으로 동작하고, 전압이 -5V에서 +5V까지 받는다고 할 때, 입력 값이 0V이면 출력 값은 10000000이고, +5V이면 11111111, -5V이면 00000000이 출력된다.
  디지털 논리회로에서 배운 기억이 있을 것이다. 바로 부호bit 이다. 최상위비트가 1이면 양의 값을 출력하고 0이면 음의 값을 출력한다.
  컴퓨터에서는 A/D 변환된 값을 읽어서 최상위 비트(MSB)를 먼저 확인하고 그 값에 따라 뒤의 Data부분을 해석해야 할 것이다.

- HI-ANY AEB V9.0에서는 유니폴라 방식으로 사용을 하였다.

5) 가변저항

- 전자회로에서 가장 많이 사용되는 Device이다. 전압과 전류의 양을 변화시키는 소자이다.
  그림 6.2의 회로는 VCC 5V를 가변저항을 이용하여 전압분배를 하여 그 입력을 A/D Converter의 입력으로 이용하였다.

6) 써미스터센서

- 써미스터는 온도에 따라 저항 값의 변화가 생긴다. 그림 6.3의 회로는 회로에서 기준저항과의 전압분배법칙에 의해 전압이 형성되며, 그 입력을 A/D Converter의 입력으로 이용하였다.

7) CDS 센서

- CDS는 빛의 밝기에 따라 저항 값의 변화가 생긴다. 그림 6.4의 회로에서 기준저항과의 전압분배법칙에 의해 전압이 형성되며, 그 입력을 A/D Converter의 입력으로 이용하였다.

8) 온도 센서

- 써미스터와 같이 온도를 측정하는 sensor이다. 하지만 써미스터의 저항변화가 아닌 출력전원의 변화를 증폭하여, 그 입력을 A/D Converter의 입력으로 이용하였다.

9) 마그네틱 센서

- 자력을 감지하는 sensor이다. 그림 6.7의 회로와 같다.

10) 습도 센서

- 대기중의 습도를 감지하여 Analog신호를 출력하는 sensor이다.
  그림 6.8과 같이 회로 구성을 하였다.

11) 인체감지 센서

- 인체의 접근을 감지하는 Sensor이다. 그림 6.6의 회로와 같다.

12) 가스 센서

■ 대기 중의 가스성분을 감지하여 가스의 농도를 전압으로 출력하는 sensor이다. 그림 6.9와 같다.

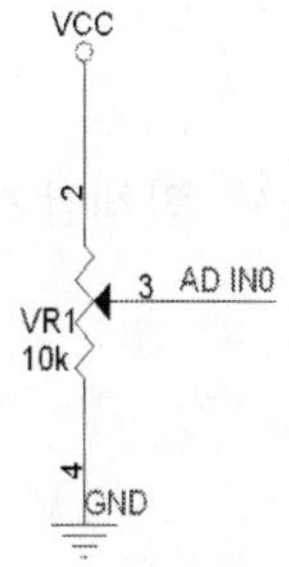

[그림 6-2] VR

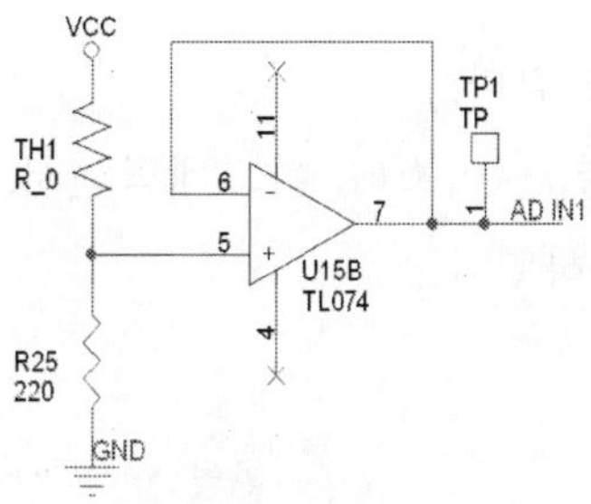

[그림 6-3] 써미스터

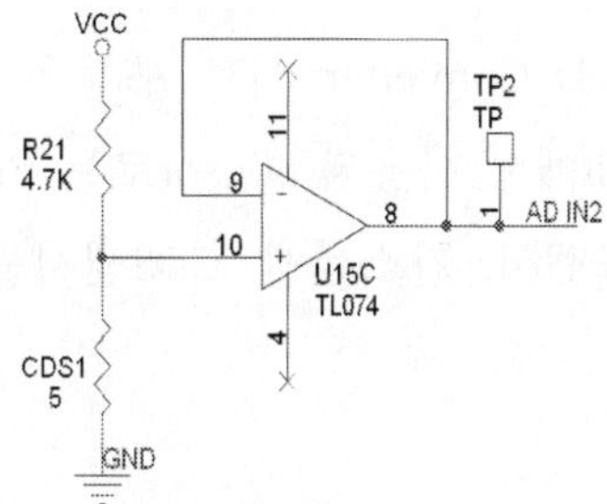

[그림 6-4] CDS

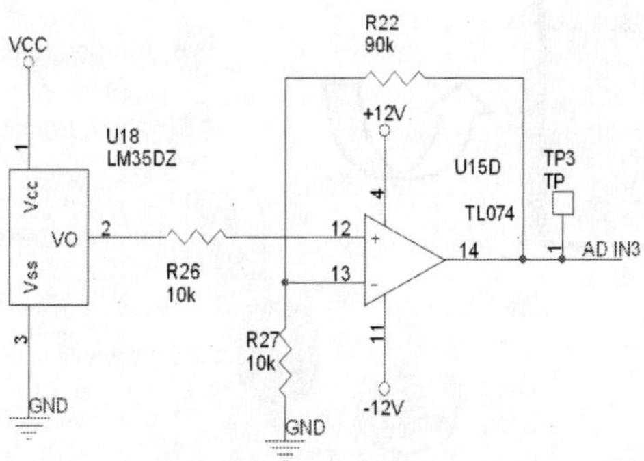

[그림 6-5] 온도

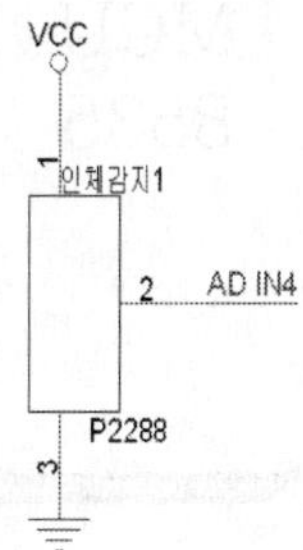

[그림 6-6] 인체감지

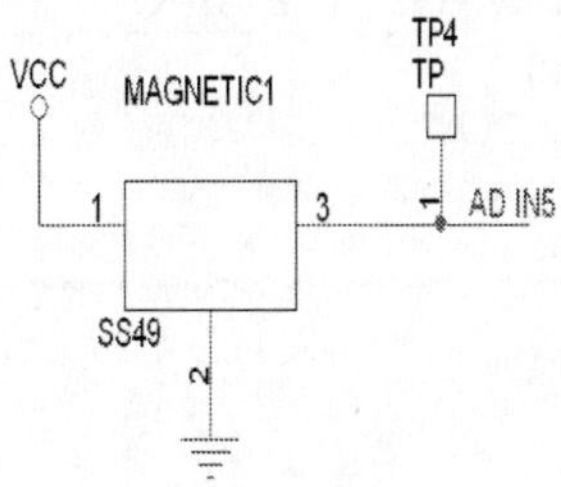

[그림 6-7] 마그네틱

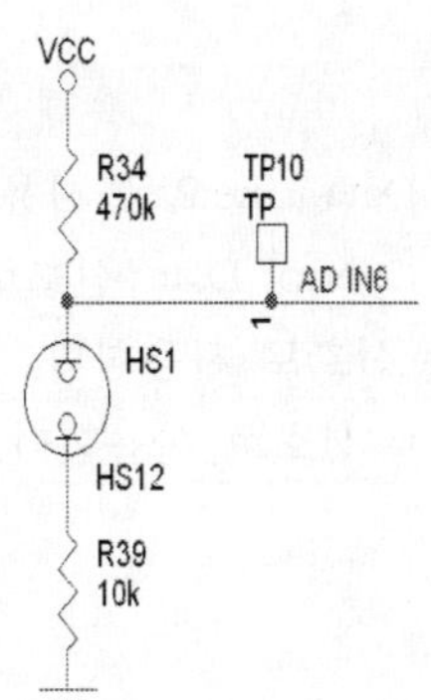

[그림 6-8] 습도

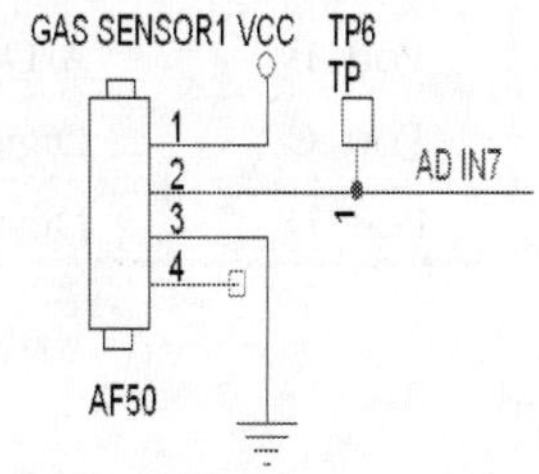

[그림 6-9] 가스

6.2 장비 구조

6.2.1 A/D Converter 회로 구성도

A/D Converter 회로 구성은 다음과 같다.

Kit에서 사용된 Sensor로는 가변저항, 써미스터, 마그네틱센서, 온도센서, 인체감지센서, 습도센서, 가스센서, CDS센서를 사용하였다.

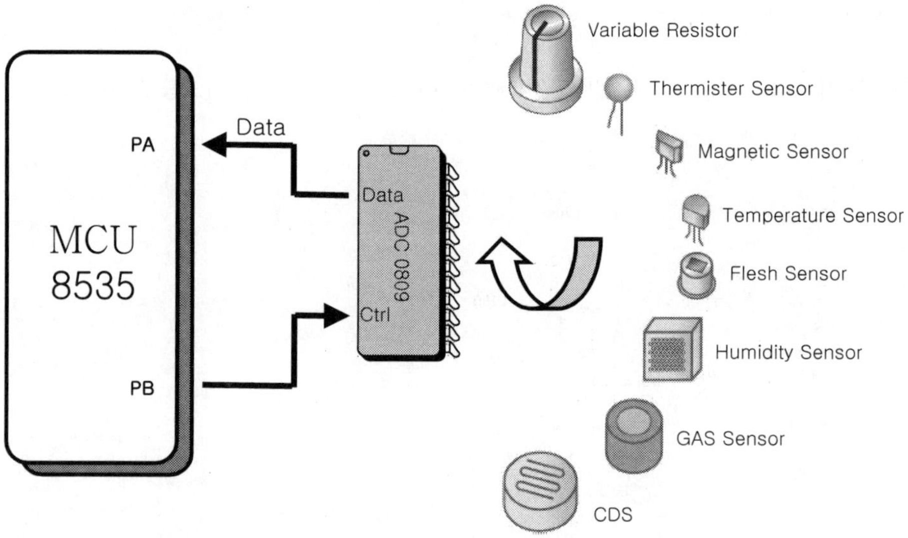

A/D Converter 회로 구성도

Port	내 용
Port A	A/D 변환기 Data Line으로 사용, Data 입/출력을 수행 한다.
Port B	A/D 변환기 Control Data 신호로 사용한다.
Port C	Digital Input 신호로 사용한다.
Port D	Digital Output 신호로 사용한다.

6.2.2 A/D Converter 제어 회로도

6.2.2.1 A/D Converter 제어 회로 Ⅰ

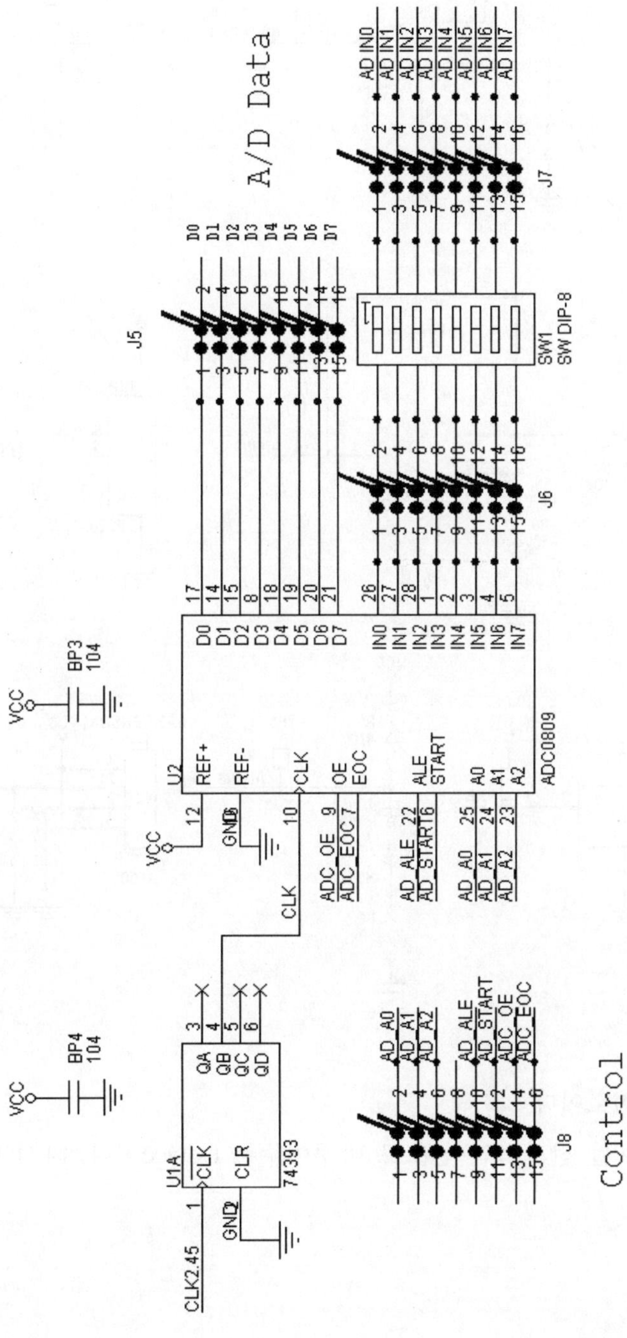

6.2.2.2 A/D Converter 제어 회로 Ⅱ

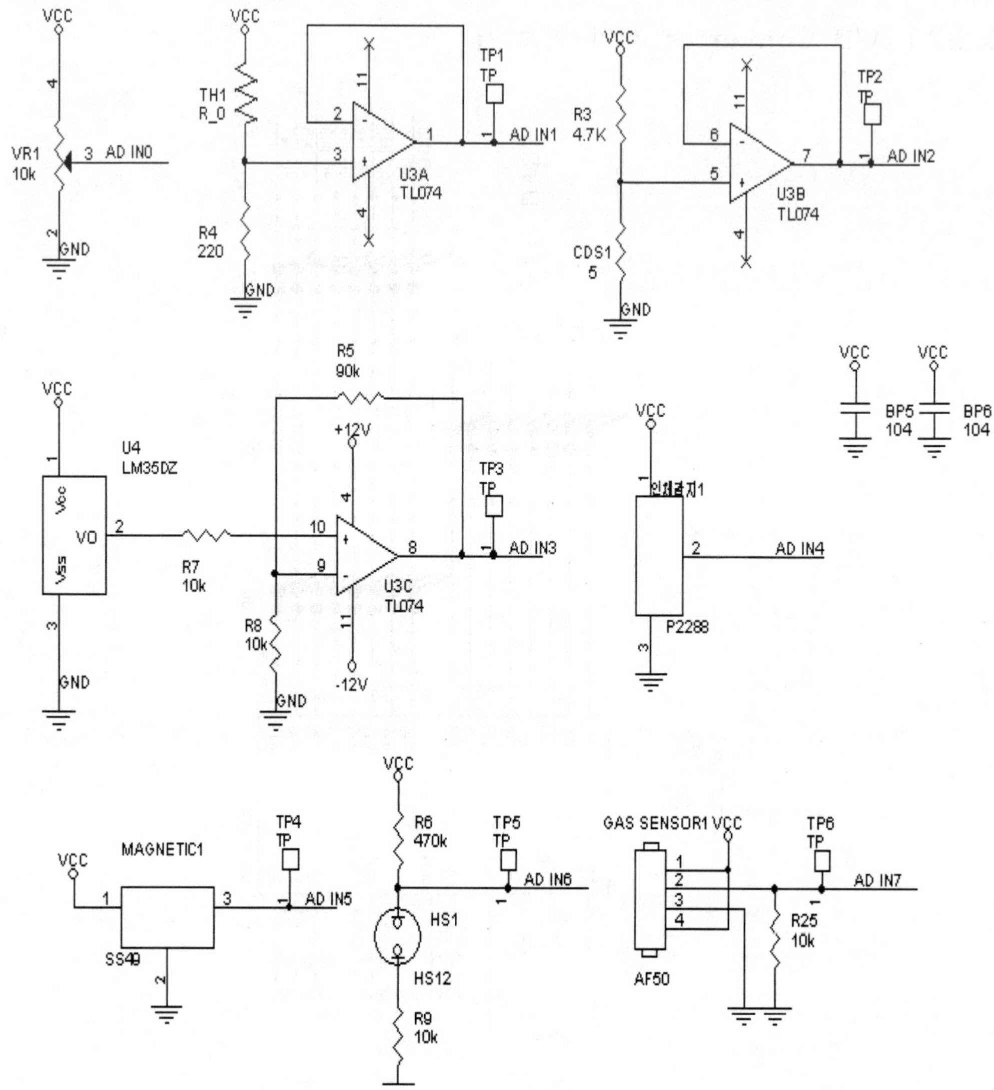

Sensor Part의 회로이다.

센서란 자연신호를 전기적인 신호로 바꾸어주는 Device이다. 다시 말해 Analog 신호로 만들어준다.

6.2.3 A/D Converter 부품 배치도

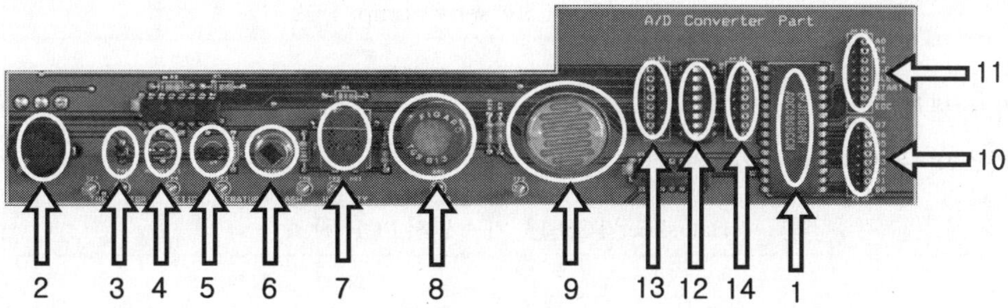

① ADC0809

8채널 8bit A/D Converter이다.

② 가변저항

가변저항값에 따라 출력값이 변화된다.

③ 써미스터

온도변화에 따라 출력값이 변화된다.

④ 마그네틱 센서

자성의 변화에 따라 출력값이 변화된다.

Datasheet\SS49_Magnet.PDF 참조

⑤ 온도TR 센서

온도변화에 따라 출력값이 변화된다.

Datasheet\LM35DZ.PDF 참조

⑥ 인체감지 센서

인체접촉 유,무에 따라 출력값이 변화된다.

⑦ 습도 센서

습도의 변화에 따라 출력값이 변화된다.

Datasheet\humidity sensor.bmp 참조

⑧ 가스 센서

가스의 농도에 따라 출력값이 변화된다.

Datasheet\TGS813_가스센서.PDF 참조

⑨ CDS

광량의 변화에 따라 출력값이 변화된다.

⑩ A/D Converter Data Connecter

A/D 변환된 Data가 출력된다.

⑪ A/D Converter Control Data Connecter

ADC0809 Control 신호이다.

⑫ DIP 스위치

Analog 센서 출력을 ADC0809에 연결시키는 스위치이다.

스위치 상태	내 용
On	센서 출력을 A/D 변환기에 연결한다.
Off	센서 출력을 A/D 변환기에 연결하지 않는다.

⑬ Analog 센서 출력 Connecter

Kit에 내장된 센서들의 출력이 연결되어있다.

⑭ Analog 센서 출력 Connecter

외부의 센서 출력을 Kit의 ADC0809에 연결할 수 있다.

⑫번 DIP 스위치를 "Off" 해야 한다.

6.3 배선 연결도

실험, 실습을 위해서는 아래와 같이 연결한다.

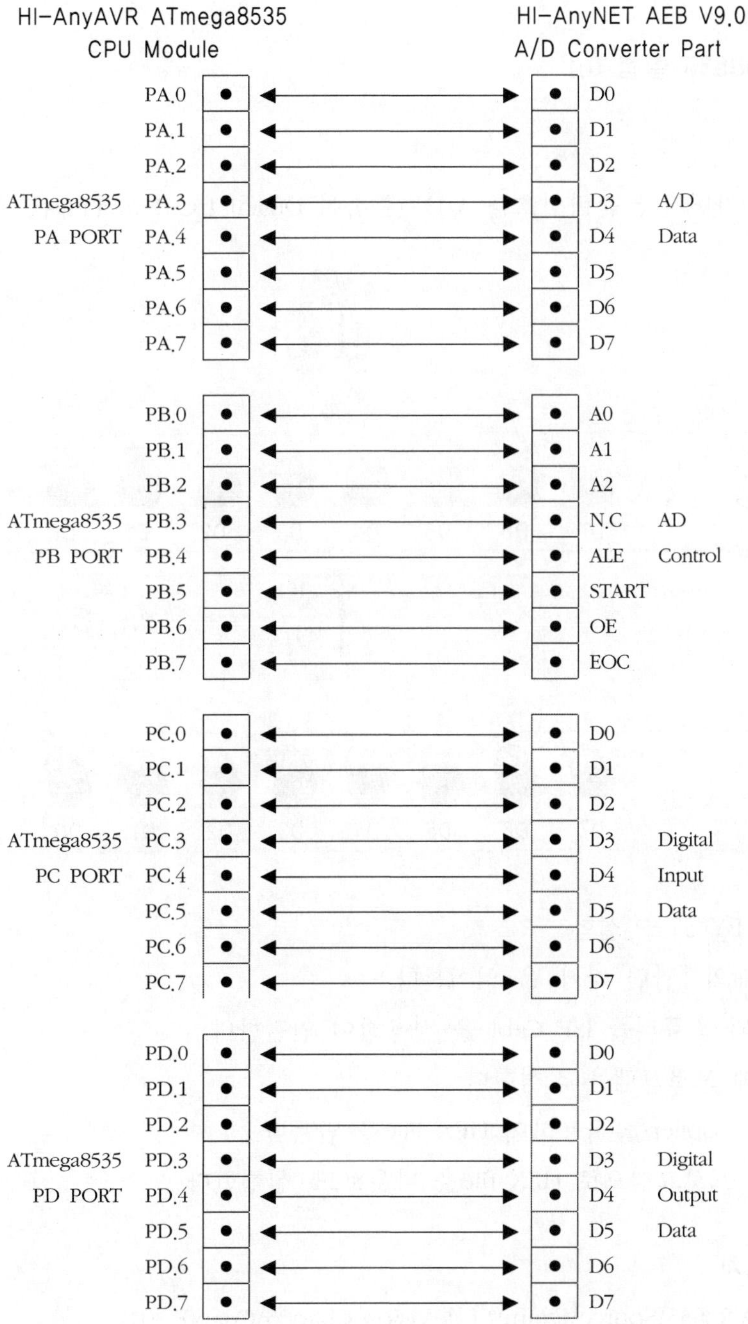

6.4 제어 실험

6.4.1 A/D Converter 구동하기 Ⅰ

ATmega8535 실험 6.1

◉ 문제

Kit의 가변저항 출력신호를 A/D변환하여 Digital I/O Part LED에 출력하자.

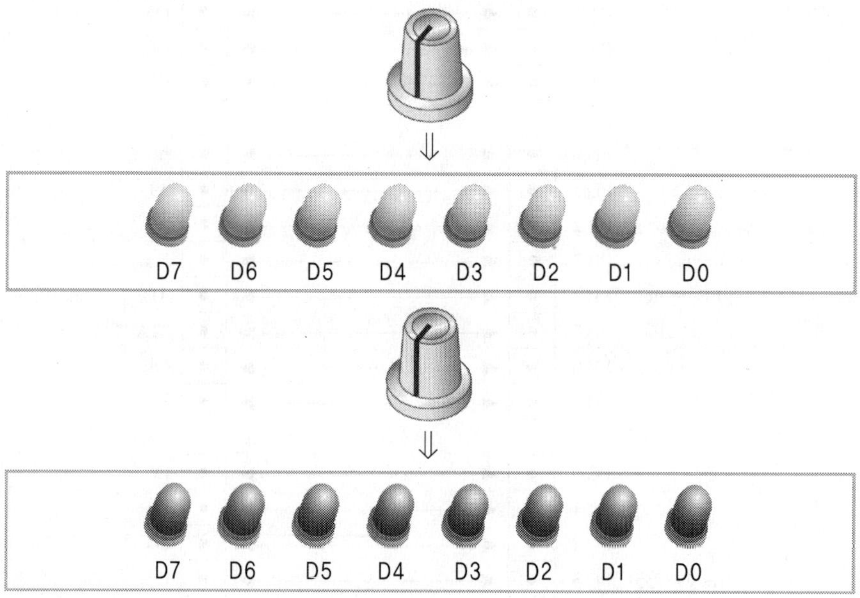

◉ STEP BY STEP 실험

1. 교재의 「관련 지식」을 읽어본다.
2. Kit와 컴퓨터를 ISP Cable을 사용하여 연결한다.
3. 예제 프로그램을 작성한다.
4. C Compiler를 사용하여 HEX File을 만든다.
5. ISP 프로그램으로 HEX file을 다운로드, 실행한다.

◉ 폴더위치

AnyAVR8535\Source\Exam\CodeVision\Chap06\Chap06_01\

- Source 파일

  Chap06_01.C

- Download 파일

  Chap06_01.HEX

Program Source

```
#include <mega8535.h>           // Atmega 8535 header file
#include <delay.h>              // delay header file

#define   AD_DATA  PINA         // Port A A/D Converter Data
#define   AD_CTRL  PORTB        // Port B A/D Converter Control
#define   SW_IN    PINC         // Port C 스위치 입력
#define   LED_OUT  PORTD        // Port D LED 출력

#define ADC_CH0           0x00        // ADC0809 Ch0 선택
#define ADC_CH1           0x01        // ADC0809 Ch1 선택
#define ADC_CH2           0x02        // ADC0809 Ch2 선택
#define ADC_CH3           0x03        // ADC0809 Ch3 선택
#define ADC_CH4           0x04        // ADC0809 Ch4 선택
#define ADC_CH5           0x05        // ADC0809 Ch5 선택
#define ADC_CH6           0x06        // ADC0809 Ch6 선택
#define ADC_CH7           0x07        // ADC0809 Ch7 선택
#define AD_ALE            0x10        // ADC0809 ALE 신호
#define AD_START   0x20               // ADC0809 STERT 신호
#define AD_OE             0x40        // ADC0809 OE 신호

void delay(unsigned int cnt);

void main(void)
{
        unsigned char buff=0,a;

        PORTA=0xff;             // Port A 초기값
        DDRA=0x00;              // Port A 설정, 입력으로 사용

        PORTB=0xff;             // Port B 초기값
        DDRB=0xff;              // Port B 설정, 출력으로 사용

        PORTC=0xff;             // Port C 초기값
        DDRC=0x00;              // Port C 설정, 입력으로 사용

        PORTD=0xff;             // Port D 초기값
        DDRD=0xff;              // Port D 설정, 출력으로 사용

        while(1)
        {
```

```
                AD_CTRL = ADC_CH0 & 0x0f;  // Port B에 0x00 출력, ADC_CH0 선택 신호
                delay(100);                // time delay

                // Port B에 0x10 출력, ADC_CH0 선택, AD ALE, Start 신호 1 출력
                AD_CTRL = ADC_CH0 | AD_ALE | AD_START;
                delay(100);                // time delay

                // Port B에 0x01 출력, ADC_CH0 선택, AD Start 신호 0 출력
                AD_CTRL = ADC_CH0 & 0x0f;
                delay(100);                // time delay

                // Port B에 0x20 출력, ADC_CH0 선택, ADC_OE 신호 1 출력
                AD_CTRL = ADC_CH0 | AD_OE;
                delay(5000);               // time delay

                buff = AD_DATA;            // buff에 Port A 값을 저장한다.
                delay(100);                // time delay

                // Port B에 0x00 출력, ADC_CH0 선택, ADC_OE 신호 0 출력
                AD_CTRL = ADC_CH0 & 0x0f;
                delay(100);                // time delay

                LED_OUT = ~buff;           // Port A에 buff 값을 반전 출력
                delay(10000);              // time delay
        }
}

void delay(unsigned int cnt)               //user function define
{
        while(cnt--);
}
```

6.5 실습 과제

■ Digital Input 스위치의 입력을 받아서 AD 변환한다.

1) VR값 AD변환

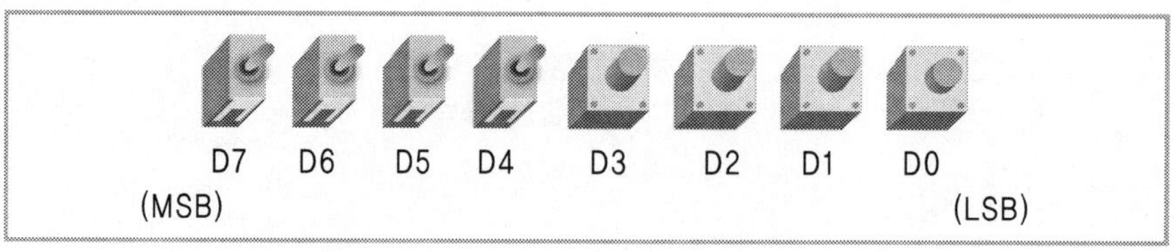

2) 써미스터센서 AD변환

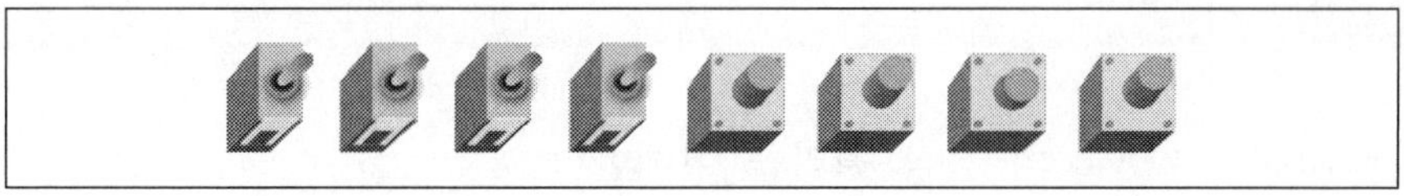

3) CDS센서 AD변환

4) 온도센서 AD변환

5) 인체감지센서 AD변환

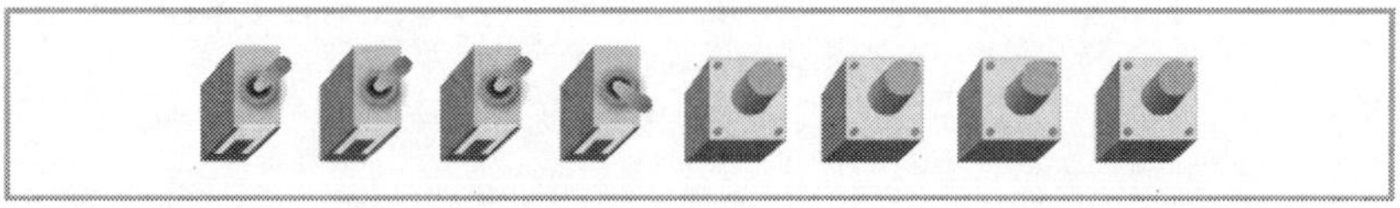

6) 마그네틱센서 AD변환

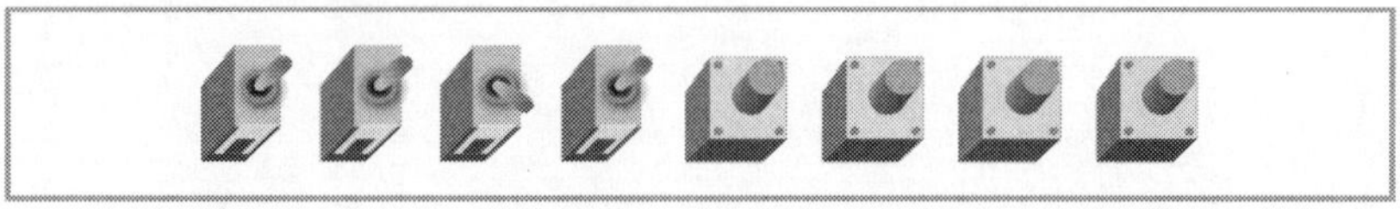

7) 습도센서 AD변환

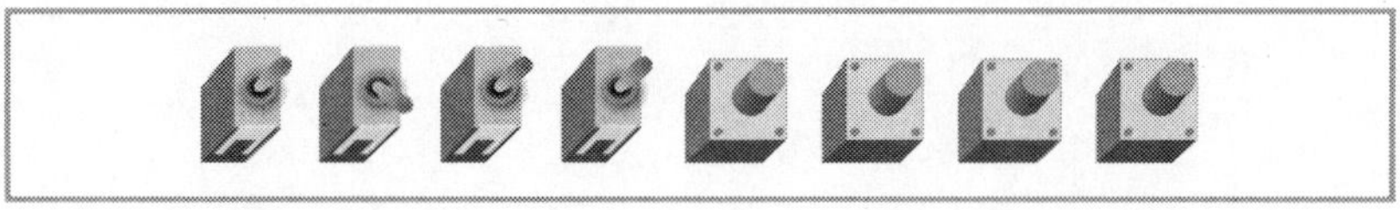

8) 가스센서 AD변환

6.6 알아두기

- Analog Device의 동작 원리를 이해한다.
- A/D Converter의 동작 원리를 이해한다.

07 CHAPTER D/A Converter 제어

실습 목표

- MCU AVR ATmega8535과 D/A Converter AD7302 제어 실험을 통해 DA 변환의 동작원리와 AD7302의 사용방법을 이해, 실험 실습한다.

7.1 관련 지식

1) AVR ATmega8535

- 교재 Part1 참조.

2) AD7302

- Digital System에서 데이터의 처리는 '0', '1' Digital Data를 사용한다. 하지만, Digital System의 외부에는 Analog 값으로 출력을 주어야 하는 경우가 많다. 이 Digital 값을 Analog 값으로 변환하여 주는 Device가 D/A Converter이다.

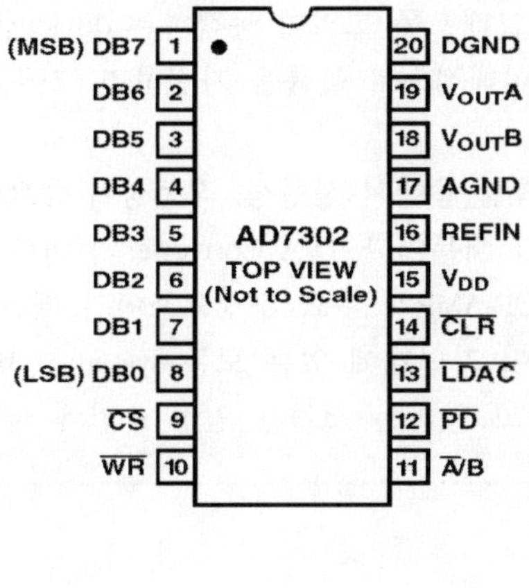

D/A Converter 또한 분해능을 갖는다. REF 전압이5V, 8bit D/A변환기의 분해능은 256단계이다.

예를 들어 입력이 11111111이면 출력은 5V, 01111111이면 출력은 2.5V, 00000000이면 0V이다.

분해능

D/A Converter에서의 분해능은 A/D Converter에서의 분해능과 같은 의미이다. 간단히 A/D Converter에서의 분해능은 Analog 입력을 몇으로 분해하는 것이지만 D/A Converter에서는 Digital 입력값의 최하위비트(LSB)를 변화시켰을 때 Analog 출력의 변화를 의미한다.

분해능은 Analog 출력을 얼마나 미세하게 표시할 수 있는가를 결정하므로 높으면 높을수록 좋다.

settling time & conversion time

위의 분해능과 마찬가지로 A/D Converter에서의 샘플링 속도와 변환시간의 의미와 비슷하다. settling time & conversion time은 한번 D/A 변환을 하는데 필요한 시간을 말한다.

선형성, 직선성(linearity)

선형성이란 1차원 그래프를 그리며 동작하는 device를 말한다. 오디오의 볼륨을 예로 들 수 있는데, 비례적으로 볼륨을 가변하면 그에 비례하는 만큼 출력이 변화하는 것을 말한다.

D/A Converter의 특성 중에서 선형성, 직선성이 중요한 이유는 Digital 입력에 대한 Analog 출력의 변화 때문이다. D/A Converter의 내부에는 온도의 변화에 특성이 변하는 저항소자와 OP-AMP가 주요 구성요소이기 때문이다.

참고삼아 말하면, 이 자연계에 있는 모든 system은 비선형성을 지닌 device들이다. 우리가 선형적이라고 말하는 것들은 일정 구간에 국한된 것을 의미한다.

D/A Converter의 출력

D/A Converter의 출력에는 두 가지 방식이 있다. 하나는 전류형 출력으로 D/A Converter의 출력에 OP-AMP가 있는 것이 그 종류들이다. 다른 하나는 전압형 출력으로 내부에 OP-AMP가 속해있는 종류이다. 회로 설계시 이점을 유의하여야 할 것이다.

■ HI-ANY AEB V9.0에서는 유니폴라 방식과 전류출력방식을 사용하였다.

■ AD7302 내구 구조

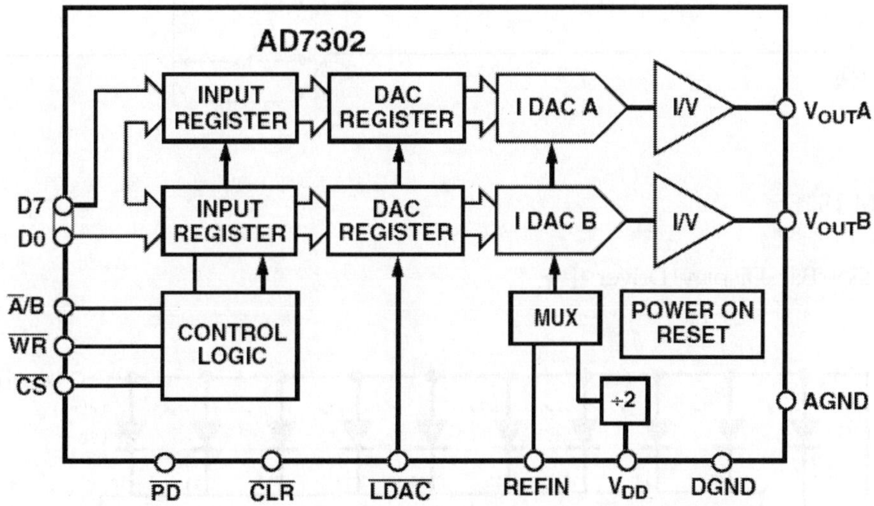

TIMING CHARACTERISTICS[1, 2] (V_{DD} = +2.7 V to +5.5 V; GND = 0 V; Reference = Internal V_{DD}/2 Reference; all specifications T_{MIN} to T_{MAX} unless otherwise noted)

Parameter	Limit at T_{MIN}, T_{MAX} (B Version)	Units	Conditions/Comments
t_1	0	ns min	Address to Write Setup Time
t_2	0	ns min	Address Valid to Write Hold Time
t_3	0	ns min	Chip Select to Write Setup Time
t_4	0	ns min	Chip Select to Write Hold Time
t_5	20	ns min	Write Pulse Width
t_6	15	ns min	Data Setup Time
t_7	4.5	ns min	Data Hold Time
t_8	20	ns min	Write to $\overline{LDAC}$ Setup Time
t_9	20	ns min	$\overline{LDAC}$ Pulse Width
t_{10}	20	ns min	$\overline{CLR}$ Pulse Width

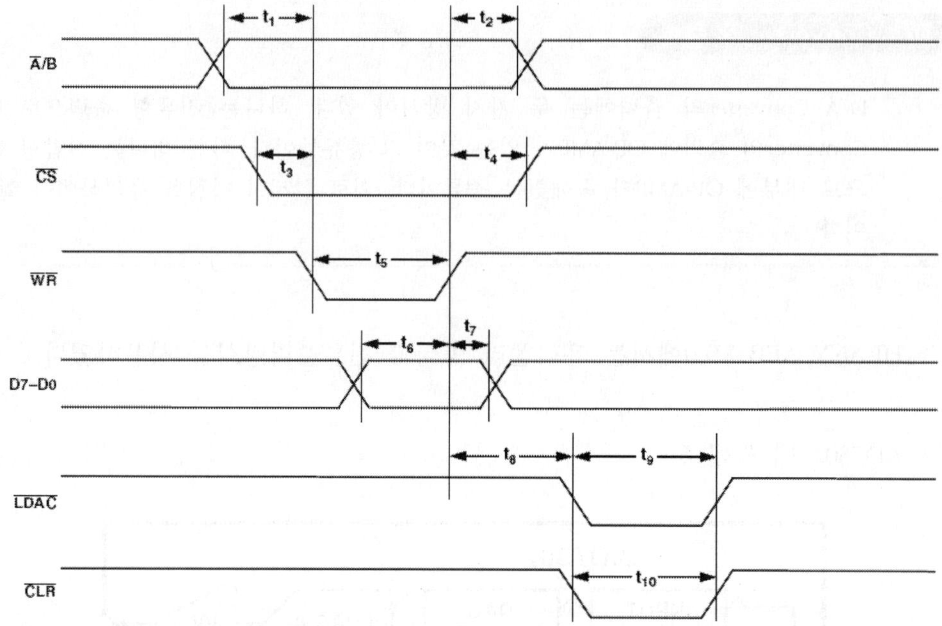

3) LM3915

■ Dot/Bar Display Driver이다.

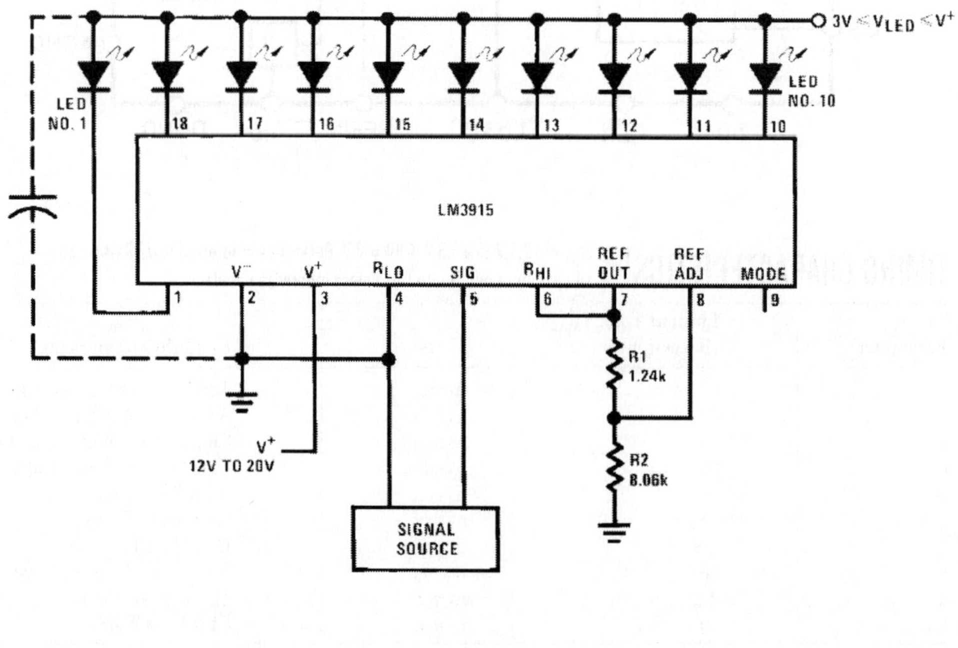

7.2 장비 구조

7.2.1 DA Converter 회로 구성도

D/A Converter Part 회로 구성은 다음과 같다.

앞장에서 A/D Converter를 실험하였듯이 Digital Data를 Analog 신호로 바꾸어 주는 Device이다.

Kit에서는 LM3915 Dot/Bar Display Driver를 이용하여 Digital Data로 LED Level로 출력하였다.

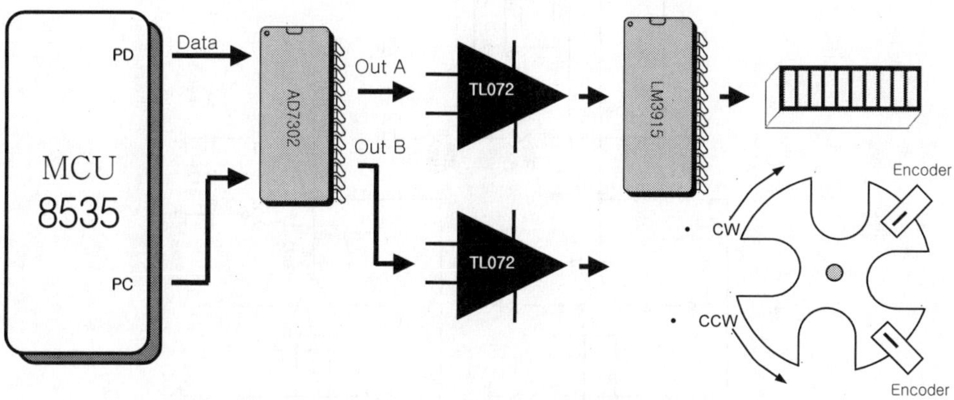

DA Converter 회로 구성도

Port	내 용
Port C	D/A Converter Control 신호이다.
Port D	Port Line Data를 D/A 변환기로 출력한다.

7.2.2 DA Converter 제어 회로도

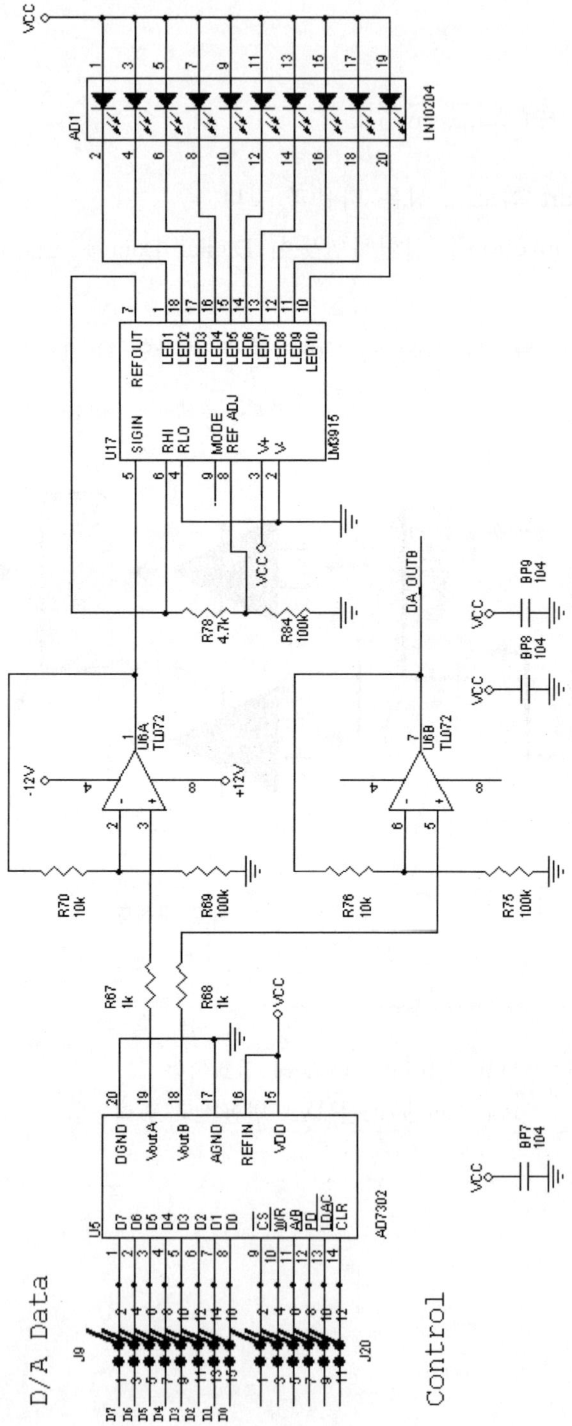

7.2.3 DA Converter 부품 배치도

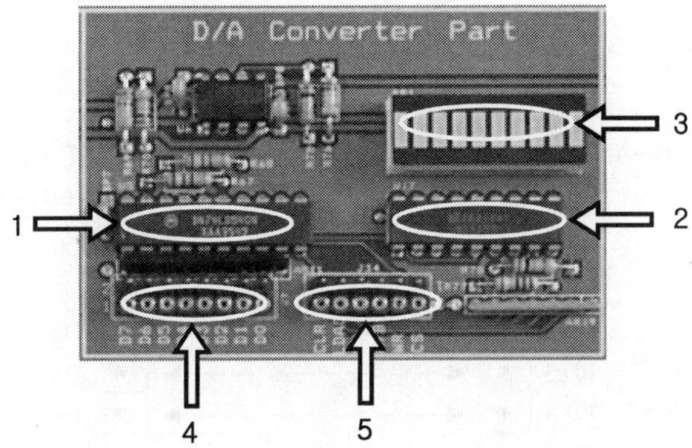

① D/A Converter이다.
AD7302 8bit 2채널 D/A Converter이다.

② Dot/Bar Display Driver이다.
LM3915 Dot/Bar Display Driver이다.

③ 10 Digit LED Array 이다.

④ D/A Converter Input Data Connecter이다.

⑤ D/A Converter Control Data Connecter이다.

7.3 배선 연결도

실험, 실습을 위해서는 아래와 같이 연결한다.

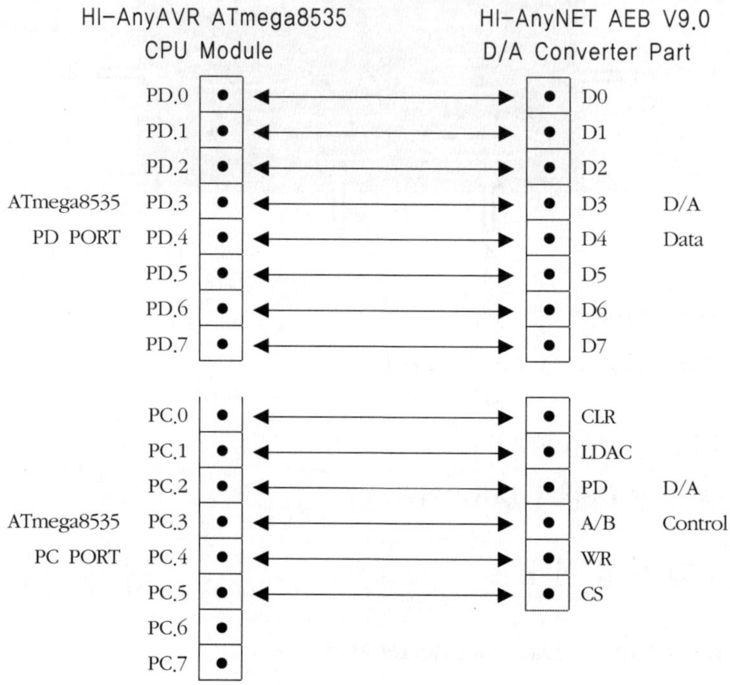

7.4 제어 실험

7.4.1 D/A Converter 구동하기

ATmega8535 실험 7.1

- 문제

그림과 같이 D/A Converter를 출력한다.

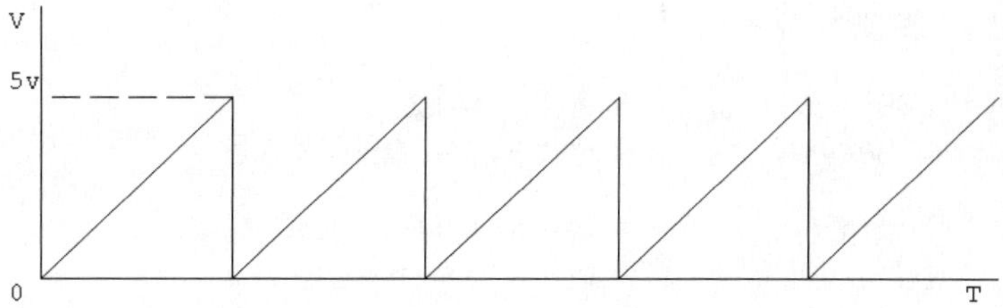

STEP BY STEP 실험

1. 교재의 「관련 지식」을 읽어본다.
2. Kit와 컴퓨터를 ISP Cable을 사용하여 연결한다.
3. 예제 프로그램을 작성한다.
4. C Compiler를 사용하여 HEX File을 만든다.
5. ISP 프로그램으로 HEX file을 다운로드, 실행한다.

폴더위치

AnyAVR8535\Source\Exam\CodeVision\Chap07\Chap07_01\

- Source 파일

  Chap07_01.C

- Download 파일

  Chap07_01.HEX

Program Source

```
#include <mega8535.h>              // Atmega 8535 header file
#include <delay.h>                 // delay header file

#define DA_CLR      PORTC.0
#define DA_LDAC     PORTC.1
#define DA_PD       PORTC.2
#define DA_A_B      PORTC.3
#define DA_WR       PORTC.4
#define DA_CS       PORTC.5

#define DA_DATA     PORTD

void delay(unsigned int cnt);

void main(void)
{
```

```
        unsigned char i;

        PORTA=0xff;          // Port A 초기값
        DDRA=0x00;           // Port A 설정, 출력으로 사용

        PORTB=0xff;          // Port B 초기값
        DDRB=0xff;           // Port B 설정, 출력으로 사용

        PORTC=0xff;          // Port C 초기값
        DDRC=0xff;           // Port C 설정, 출력으로 사용

        PORTD=0xff;          // Port D 초기값
        DDRD=0xff;           // Port D 설정, 입력으로 사용

        DA_WR = 1;
        DA_CS = 1;

        DA_PD = 1;
        DA_CLR = 1;
        DA_LDAC = 0;
        delay(1000);         // 시간 지연 함수

        DA_A_B = 0;

        while (1)
        {

                for(i=0;i<256;i++)
                {
                        DA_CS = 0;
                        delay(100);          // 시간 지연 함수
                        DA_WR = 0;
                        delay(200);          // 시간 지연 함수

                        DA_DATA = i;         // Port 3에 i값 출력
                        delay(2000);         // 시간 지연 함수

                        DA_WR = 1;
                        delay(100);          // 시간 지연 함수
                        DA_CS = 1;

                        delay(3000);         // 시간 지연 함수
                }
        }
}

void delay(unsigned int cnt)                 //user function define
{
        while(cnt--);
}
```

7.5 실습 과제

- 그림과 같이 D/A Converter를 출력한다.

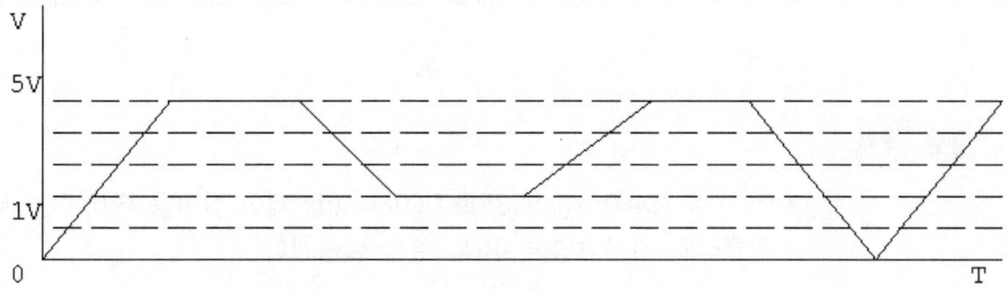

7.6 알아두기

- D/A Converter의 동작 원리를 이해한다.
- OP-AMP의 동작 원리를 이해한다.
- LM3915 Dot/Bar Display Driver이다.

08 CHAPTER

DOT Matrix-1 제어

실습 목표

- MCU AVR ATmega8535과 DOT Matrix 제어 실험을 통해 DOT Matrix의 동작원리와 사용방법을 이해, 실험 실습한다.

8.1 관련 지식

1) AVR ATmega8535

- 교재 Part1 참조.

2) UDN2981

- High Current Transistor Array 이다.
  Dot Matrix의 LED를 구동하기 위해서 전류증폭을 한다.

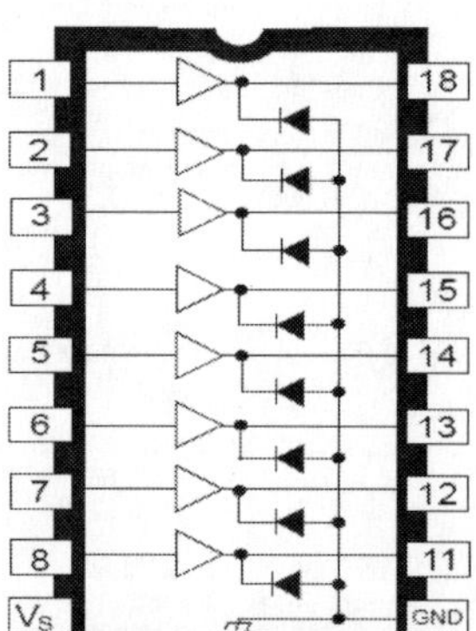

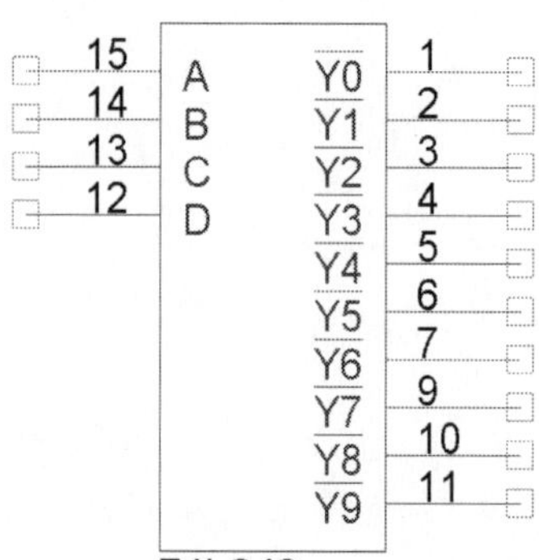

3) 74LS42

- BCD to DECIMAL Decoder 이다.
  입력 A, B, C, D에 대한 출력은 진리표와 같다.

74LS42 진리표

NO	Inputs				Output									
	D	C	B	A	0	1	2	3	4	5	6	7	8	9
0	L	L	L	L	L	H	H	H	H	H	H	H	H	H
1	L	L	L	H	H	L	H	H	H	H	H	H	H	H
2	L	L	H	L	H	H	L	H	H	H	H	H	H	H
3	L	L	H	H	H	H	H	L	H	H	H	H	H	H
4	L	H	L	L	H	H	H	H	L	H	H	H	H	H
5	L	H	L	H	H	H	H	H	H	L	H	H	H	H
6	L	H	H	L	H	H	H	H	H	H	L	H	H	H
7	L	H	H	H	H	H	H	H	H	H	H	L	H	H
8	H	L	L	L	H	H	H	H	H	H	H	H	L	H
9	H	L	L	H	H	H	H	H	H	H	H	H	H	L
Invalid	H	L	H	L	H	H	H	H	H	H	H	H	H	H
	H	L	H	H	H	H	H	H	H	H	H	H	H	H
	H	H	L	L	H	H	H	H	H	H	H	H	H	H
	H	H	L	H	H	H	H	H	H	H	H	H	H	H
	H	H	H	L	H	H	H	H	H	H	H	H	H	H
	H	H	H	H	H	H	H	H	H	H	H	H	H	H

4) 8×8 DOT Matrix

- Digital 회로에서 정보를 Display하는 방법에는 여러 가지가 있다. 그중 가장 보편적인 방법으로는 LED(Light Emitting Diode)와 7-Segment를 사용하는 것이다. 그러나 위의 방법으로는 보다 많은 정보를 표현할 수가 없다. 그래서 만들어진 Device가 DOT Matrix 이다.

- 가로 8행, 세로 8열에 64개의 LED 가 행렬의 형태로 배치되었다. 이 Device는 적색과 녹색의 2색 LED로 구성이 되어있어 적, 등, 녹 3색을 표현할 수 있다.

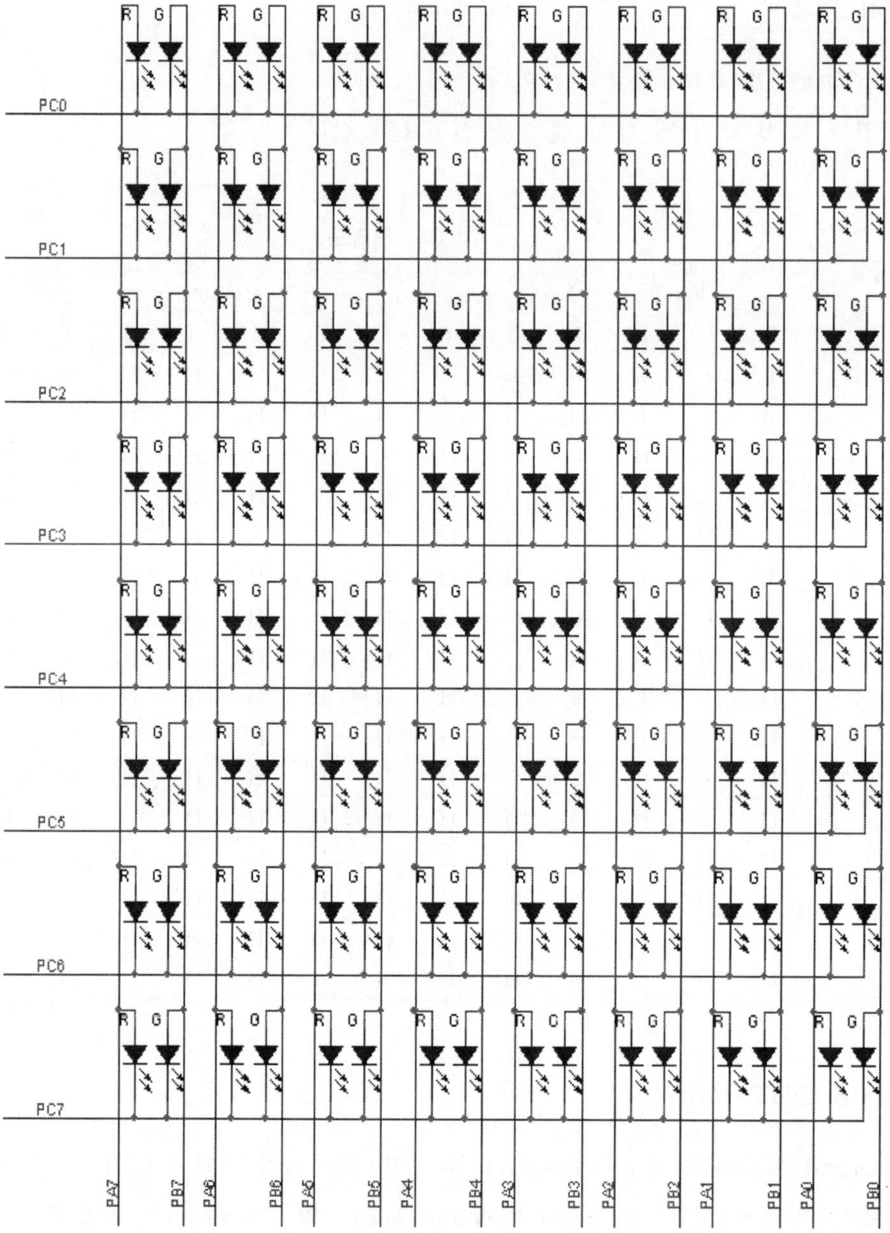

DOT Matrix 내부 구조

그림과 같이 Port A는 Red LED로 가로 Display Data를 출력하고, Port B는 Green LED로 가로 Display Data를 출력한다. Port C는 공통 캐소드 단자에 연결되었다. 공통 핀이 LED의 캐소드이므로 Port C에 0을 출력하고, Port A, B로 표현하고 싶은 DOT Matrix LED와 색을 선택하면 해당하는 위치에 LED가 켜진다.

8.2 장비 구조

8.2.1 DOT Matrix 회로 구성도

DOT Matrix Part 회로 구성은 다음과 같다.

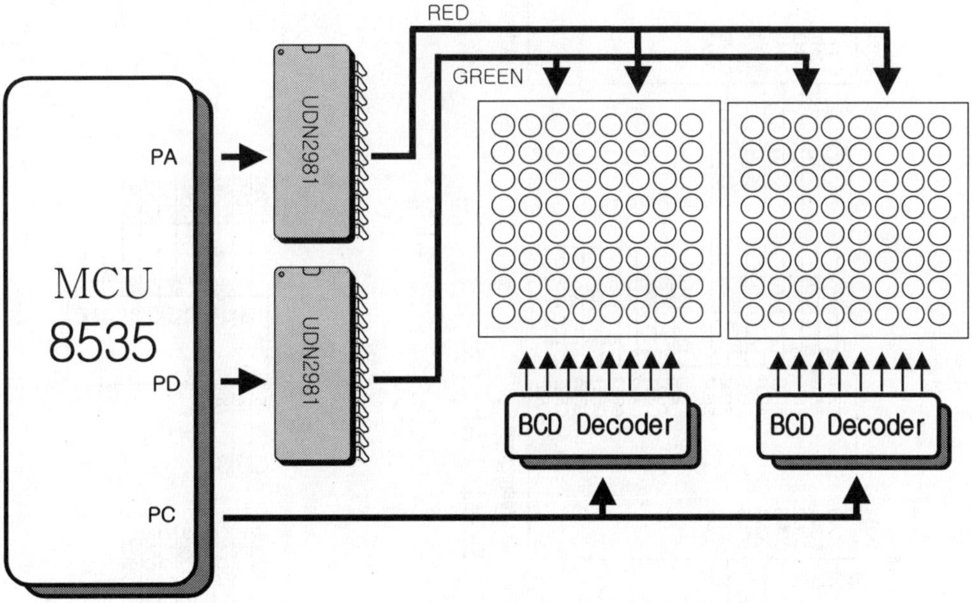

DOT Matrix 회로 구성도

Port	내 용
Port A	RED Data로 사용한다.
Port D	GREEN Data로 사용한다.
Port C	COMMON으로 사용한다.

8.2.2 DOT Matrix 제어 회로도

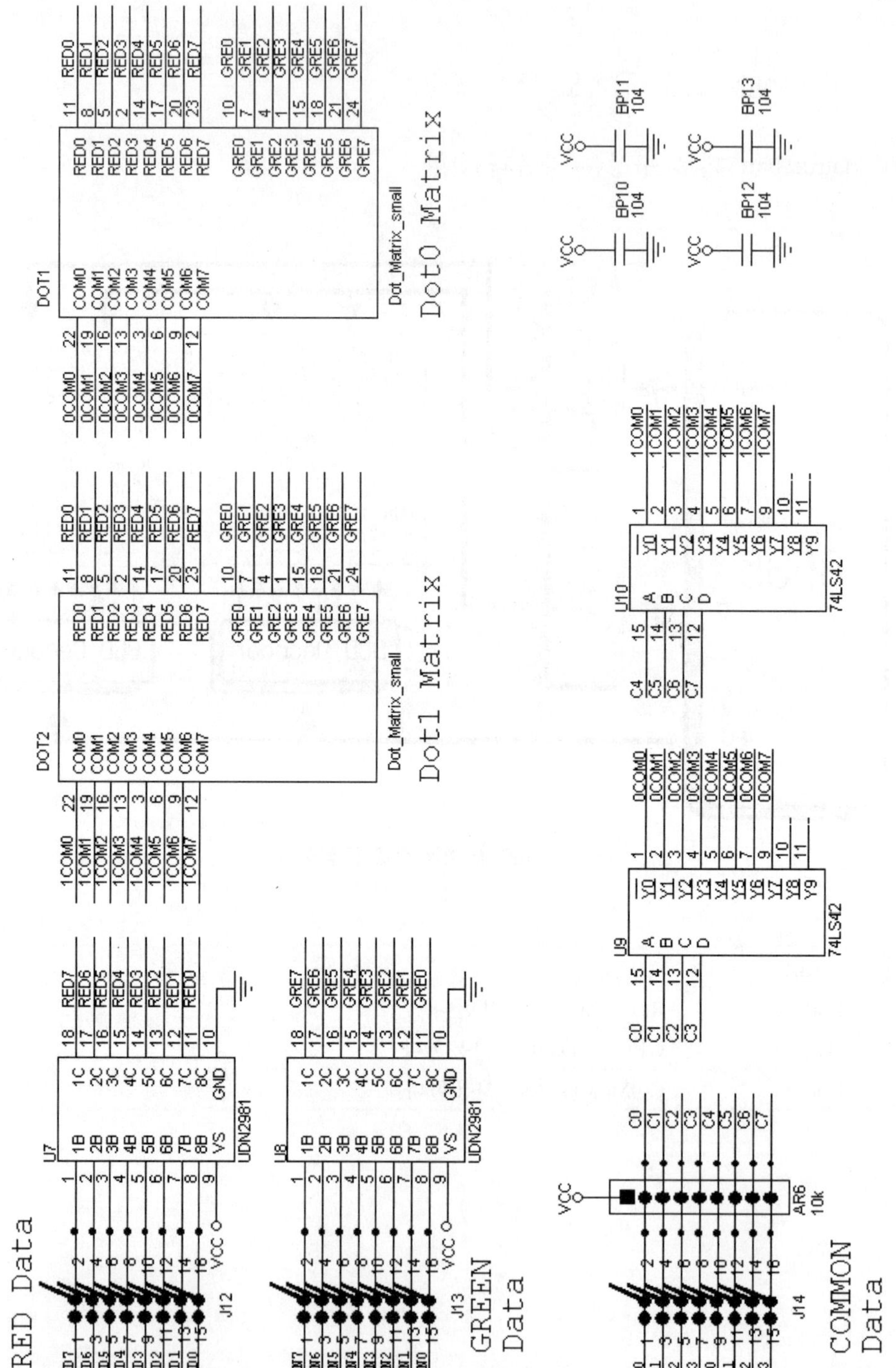

8.2.3 DOT Matrix 부품 배치도

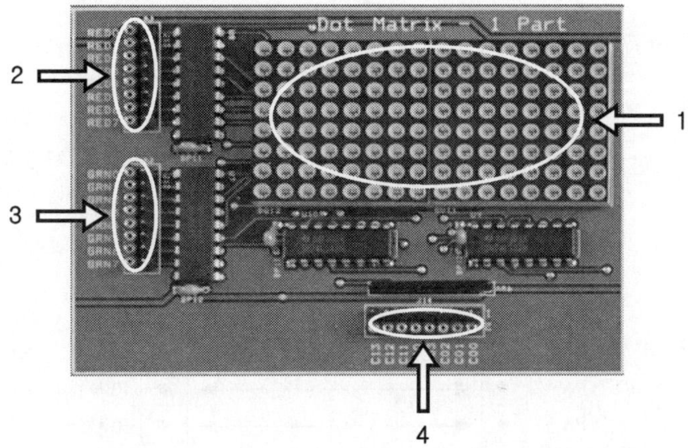

① Dot Matrix Display Device

8 × 8 DOT Matrix, 2색(Red, Green) LED를 이용하였다.

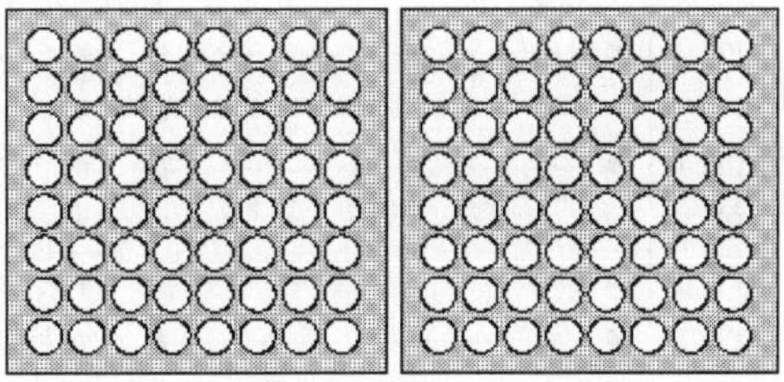

Dot1 Dot0

② GREEN LED Input Data Connecter

③ RED LED Input Data Connecter

④ LED COMMON Input Data Connecter

8.3 배선 연결도

실험, 실습을 위해서는 아래와 같이 연결한다.

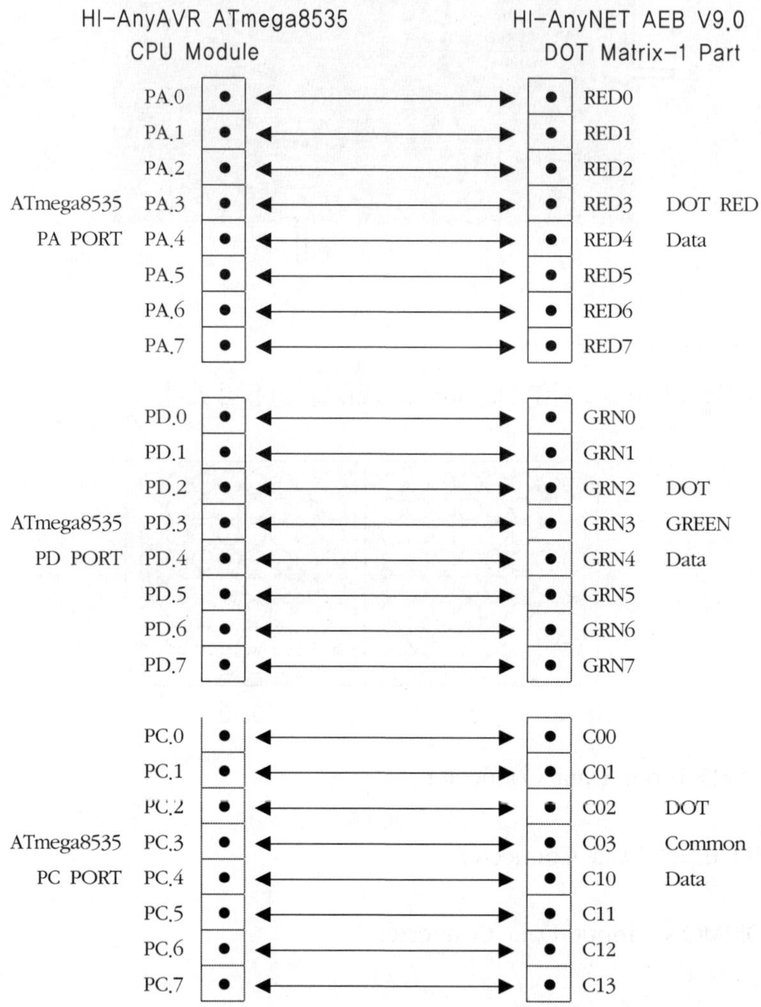

8.4 제어 실험

8.4.1 DOT Matrix를 구동 I

ATmega8535 실험 8.1

문제

Dot Matrix를 그림과 같이 출력한다. 단 적색으로 동작하여야 한다.

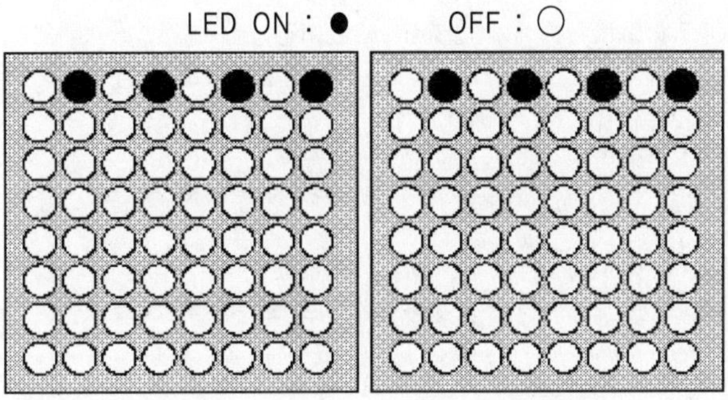

STEP BY STEP 실험

1. 교재의 「관련 지식」을 읽어본다.
2. Kit와 컴퓨터를 ISP Cable을 사용하여 연결한다.
3. 예제 프로그램을 작성한다.
4. C Compiler를 사용하여 HEX File을 만든다.
5. ISP 프로그램으로 HEX file을 다운로드, 실행한다.

폴더위치

AnyAVR8535\Source\Exam\CodeVision\Chap08\Chap08_01\

- Source 파일

  Chap08_01.C

- Download 파일

  Chap08_01.HEX

Program Source

```
#include <mega8535.h>          // Atmega 8535 header file
#include <delay.h>  // delay header file

#define   RED_DATAPORTA    // RED DATA PORT
#define   GREEN_DATA       PORTD    // GREEN DATA PORT
#define   COMMON_DATA      PORTC    // COMMON DATA PORT

void delay(unsigned int cnt);

void main(void)
{
        unsigned char buff0;

        PORTA=0xff;          // Port A 초기값
        DDRA=0xff;           // Port A 설정, 출력으로 사용

        PORTB=0xff;          // Port B 초기값
        DDRB=0xff;           // Port B 설정, 출력으로 사용

        PORTC=0xff;          // Port C 초기값
        DDRC=0xff;           // Port C 설정, 출력으로 사용

        PORTD=0xff;          // Port D 초기값
        DDRD=0xff;           // Port D 설정, 출력으로 사용

        buff0 = 0x55;                    // Dot Matrix 출력 Data

        while(1)
        {
                RED_DATA = buff0;  // RED Data 출력
                GREEN_DATA = buff0;          // GREEN Data 출력
                delay(100);          // 시간지연함수 호출

                COMMON_DATA = 0x00;                   // Common Data 출력
        }
}

void delay(unsigned int cnt)              //user function define
{
        while(cnt--);
}
```

ATmega8535 실험 8.2

문제

Dot Matrix를 그림과 같이 출력한다. 단 주황색 순으로 동작하여야 한다.

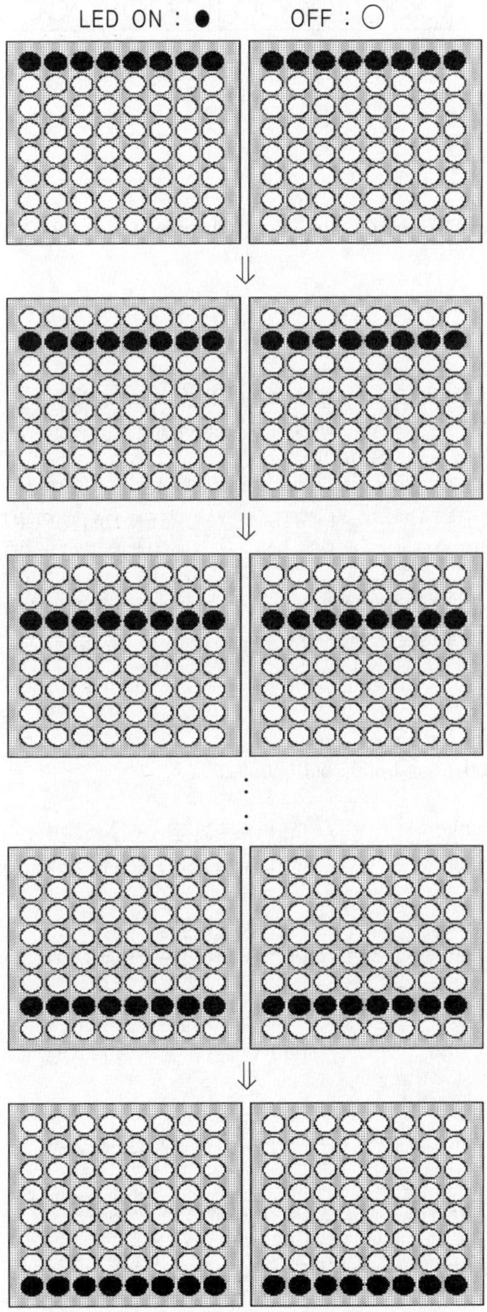

⇓

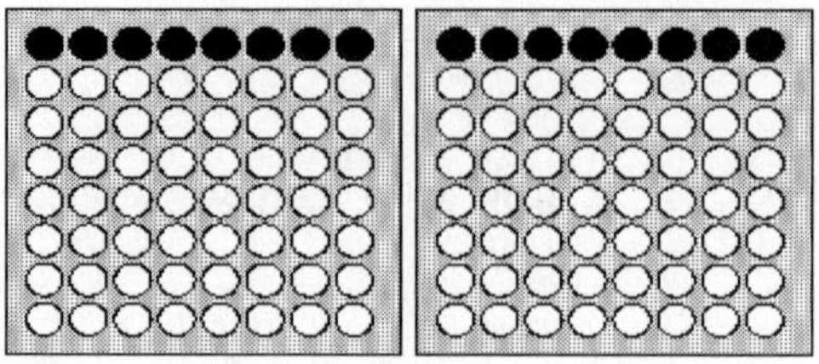

⇓

반 복

◎ 폴더위치

AnyAVR8535\Source\Exam\CodeVision\Chap08\Chap08_02\

◎ Program Source

```
#include <mega8535.h>          // Atmega 8535 header file
#include <delay.h>             // delay header file

#define   RED_DATAPORTA        // RED DATA PORT
#define   GREEN_DATA           PORTD     // GREEN DATA PORT
#define   COMMON_DATA          PORTC     // COMMON DATA PORT

void delay(unsigned int cnt);

void main(void)
{
        unsigned int i;
        unsigned char buff0, buff1, buff2;

        PORTA=0xff;            // Port A 초기값
        DDRA=0xff;             // Port A 설정, 출력으로 사용

        PORTB=0xff;            // Port B 초기값
        DDRB=0xff;             // Port B 설정, 출력으로 사용

        PORTC=0xff;            // Port C 초기값
        DDRC=0xff;             // Port C 설정, 출력으로 사용

        PORTD=0xff;            // Port D 초기값
        DDRD=0xff;             // Port D 설정, 출력으로 사용

        buff0 = 0xff;          // RED, Green Data 초기화
        buff1 = 0;             // Common 값 초기화
        buff2 = 0;             // Common 값 초기화
```

```
        while(1)
        {
                buff1 = 0; // Common 값 초기화
                buff2 = 0; // Common 값 초기화

                for(i=0;i<10;i++)
                {
                        RED_DATA = buff0;                // RED Data 출력
                        GREEN_DATA = buff0;              // Green Data 출력

                        COMMON_DATA = buff1 | buff2; // Common Data 출력

                        buff1++;                         // Dot 1 Common 값 1 증가
                        buff2 = buff2 + 16;              // Dot 2 Common 값 16 증가

                        delay(60000);                    // 시간지연 함수 호출
                }
        }
}

void delay(unsigned int cnt)          //user function define
{
        while(cnt--);
}
```

8.5 실습 과제

- Dot Matrix에 숫자를 출력하자.

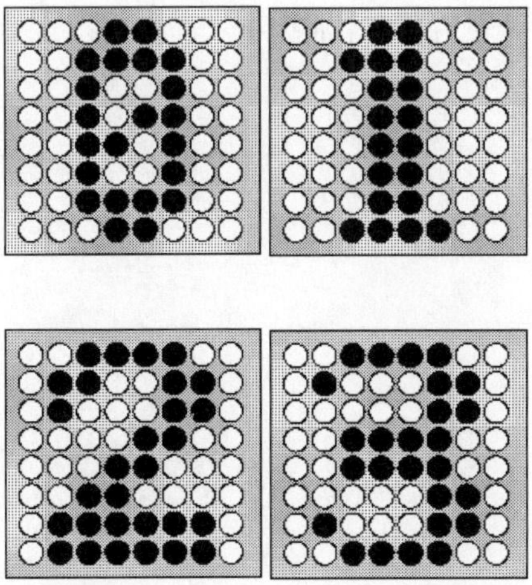

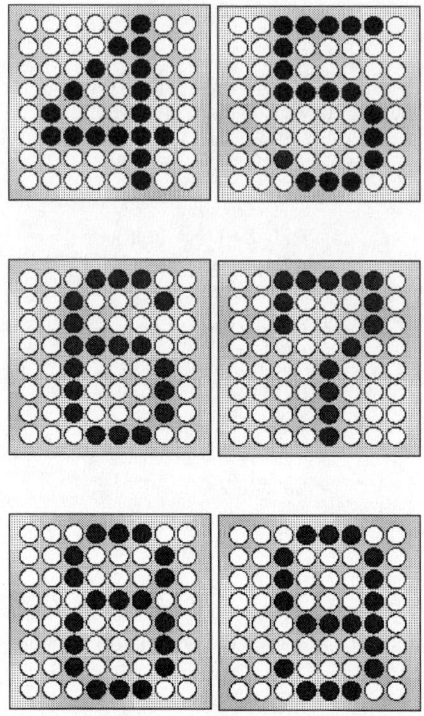

8.6 알아두기

- Dot Matrix의 동작 원리를 이해한다.
- 74LS42 BCD to DECIMAL Decoder의 동자원리를 이해한다.
- UDN2981의 동작원리를 이해한다.

09 DOT Matrix 제어

CHAPTER

실습 목표

- MCU AVR ATmega8535과 DOT Matrix 제어 실험을 통해 DOT Matrix의 동작원리와 사용방법을 이해, 실험 실습한다.

9.1 관련 지식

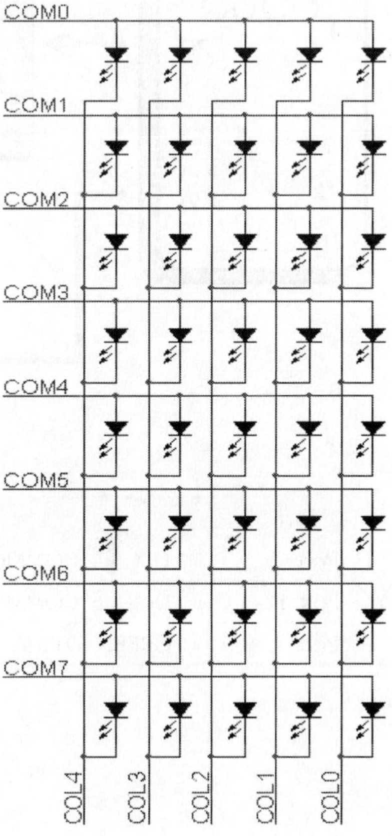

1) AVR ATmega8535

- 교재 Part1 참조.

2) UDN2981

- 교재 Part2 8장 참조.

3) 74LS42

- 교재 Part2 8장 참조.

4) 8×5 DOT Matrix

- 교재 Part2 8장 참조.

9.2 장비 구조

9.2.1 DOT Matrix 회로 구성도

DOT Matrix Part 회로 구성은 다음과 같다.

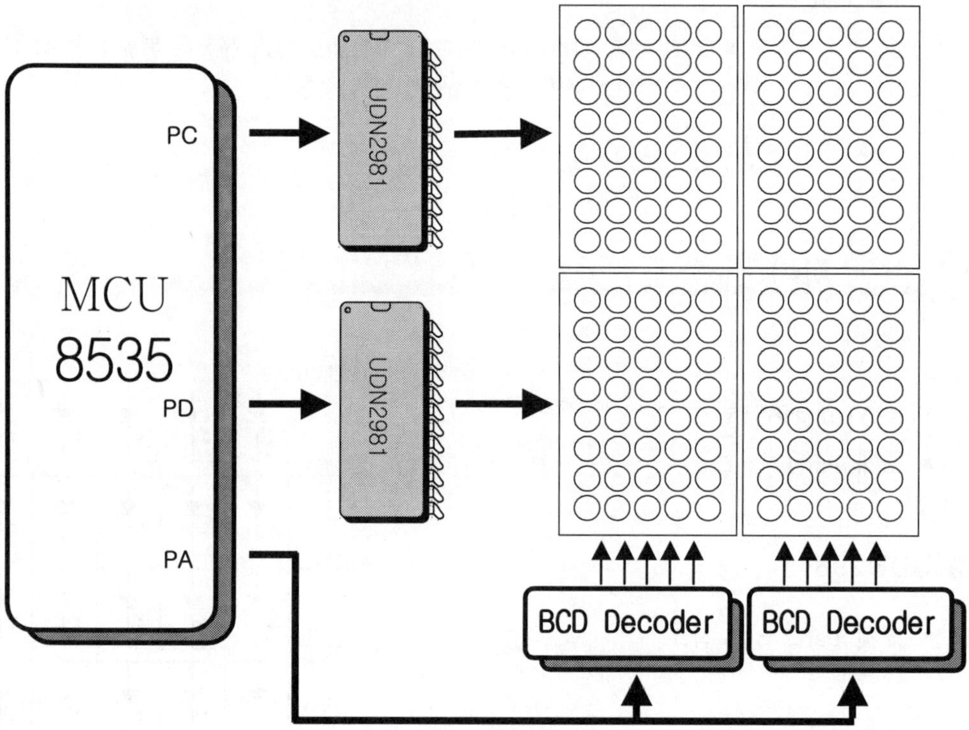

DOT Matrix 회로 구성도

Port	내 용
Port C	Dot 3,4 COMMON으로 사용한다.
Port D	Dot 5,6 COMMON으로 사용한다.
Port A	GREEN Data로 사용한다.

9.2.2 DOT Matrix 제어 회로도

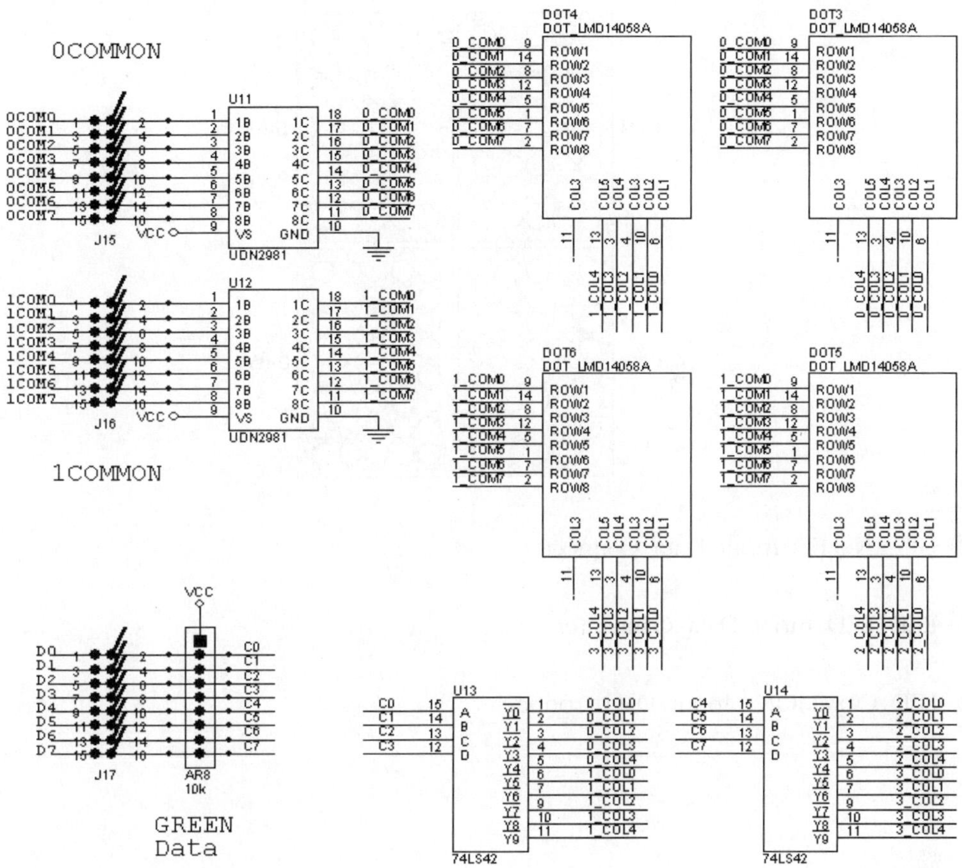

9.2.3 DOT Matrix 부품 배치도

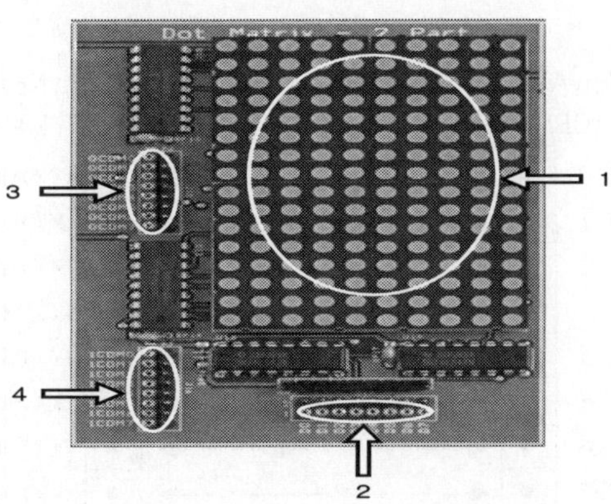

① Dot Matrix Display Device

5×8 DOT Matrix, Green LED를 이용하였다.

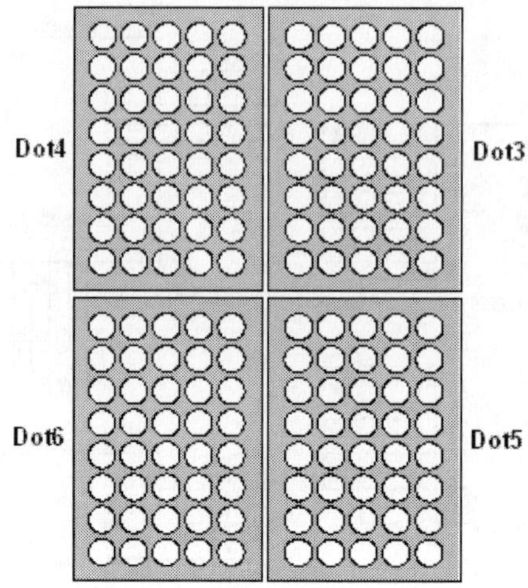

② GREEN LED Input Data Connecter

③ RED LED Input Data Connecter

④ LED COMMON Input Data Connecter

9.3 배선 연결도

실험, 실습을 위해서는 아래와 같이 연결한다.

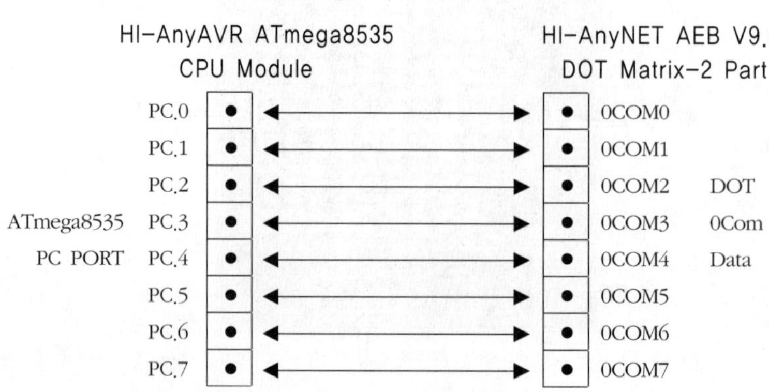

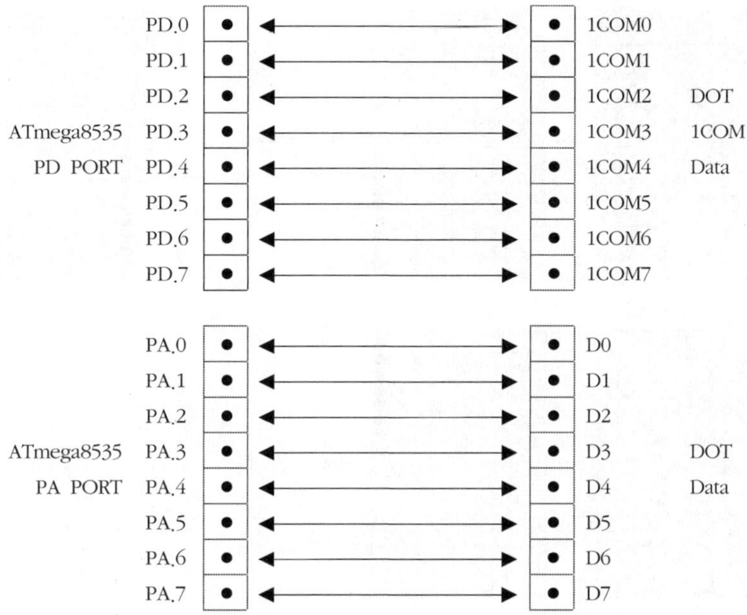

9.4 제어 실험

9.4.1 DOT Matrix를 구동 Ⅰ

ATmega8535 실험 9.1

문제

Dot Matrix를 그림과 같이 출력한다. 단 적색으로 동작하여야 한다.

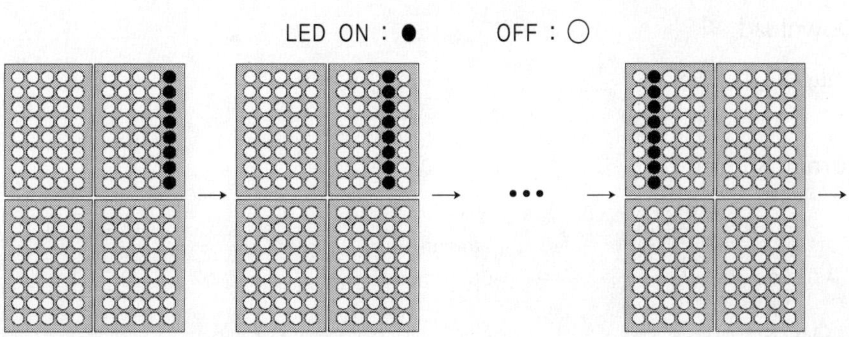

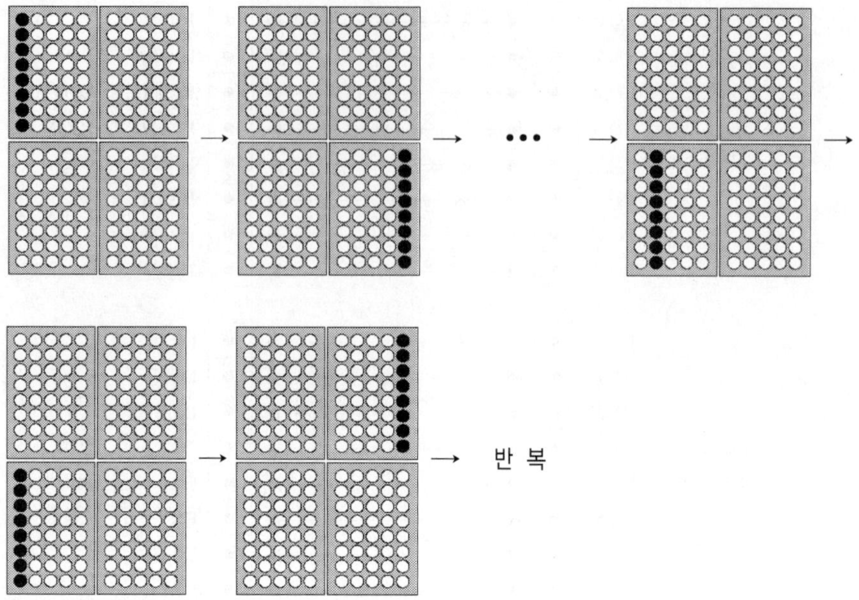

STEP BY STEP 실험

1. 교재의 「관련 지식」을 읽어본다.
2. Kit와 컴퓨터를 ISP Cable을 사용하여 연결한다.
3. 예제 프로그램을 작성한다.
4. C Compiler를 사용하여 HEX File을 만든다.
5. ISP 프로그램으로 HEX file을 다운로드, 실행한다.

폴더위치

AnyAVR8535\Source\Exam\CodeVision\Chap09\Chap09_01\

- Source 파일

  Chap09_01.C

- Download 파일

  Chap09_01.HEX

Program Source

```
#include <mega8535.h>          // Atmega 8535 header file
#include <delay.h>             // delay header file

#define   GREEN_DATA           PORTA     // GREEN DATA PORT
```

```
#define    DOT0_COMMON        PORTC    // DOT0 COMMON DATA PORT
#define    DOT1_COMMON        PORTD    // DOT1 COMMON DATA PORT

void delay(unsigned int cnt);

void main(void)
{
        unsigned int i;
        unsigned char buff0, buff1, buff2;

        PORTA=0xff;          // Port A 초기값
        DDRA=0xff;           // Port A 설정, 출력으로 사용

        PORTB=0xff;          // Port B 초기값
        DDRB=0xff;           // Port B 설정, 출력으로 사용

        PORTC=0xff;          // Port C 초기값
        DDRC=0xff;           // Port C 설정, 출력으로 사용

        PORTD=0xff;          // Port D 초기값
        DDRD=0xff;           // Port D 설정, 출력으로 사용

        buff0 = 0xff;
        buff1 = 0;
        buff2 = 0;

        while(1)
        {
                buff1 = 0;
                buff2 = 0;

                for(i=0;i<10;i++)
                {
                        DOT0_COMMON = buff0;
                        DOT1_COMMON = buff0;

                        GREEN_DATA = 0xf0 | buff1;    // Dot 3,4 출력

                        buff1++;

                        delay(60000);                 // 시간지연 함수 호출
                }

                for(i=0;i<10;i++)
                {
                        DOT0_COMMON = buff0;
                        DOT1_COMMON = buff0;

                        GREEN_DATA = 0x0f | buff2;    // Dot 5,6 출력
```

```
                        buff2 = buff2 + 16;

                        delay(60000);           // 시간지연 함수 호출
                }
        }
}

void delay(unsigned int cnt)                    //user function define
{
        while(cnt--);
}
```

9.5 실습 과제

- Dot Matrix에 'A'를 출력하자.

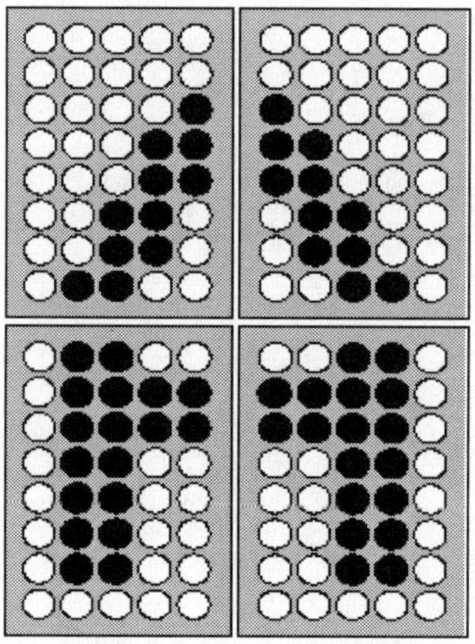

9.6 알아두기

- Dot Matrix의 동작 원리를 이해한다.
- 74LS42 BCD to DECIMAL Decoder의 동작원리를 이해한다.
- UDN2981의 동작원리를 이해한다.

10 CHAPTER PIT 8254 제어

실습 목표

- MCU AVR ATmega8535과 PIT 8254 Timer/Counter 제어 실험을 통해 PIT 8254의 동작원리와 사용방법을 이해, 실험 실습한다.

10.1 관련 지식

1) AVR ATmega8535

- 교재 Part1 참조.

2) PIT 8254

- 개요

타이머(timer)의 주된 기능은 입력된 클록 신호를 사전에 프로그램 한 값으로 나누어서 출력하는 기능을 하는 것이다. 즉 들어오는 입력 주파수가 I라면 이를 X로 나누어 I/X의 주파수를 갖는 출력을 내보내는 역할을 한다. 나누는 값 X를 수시로 프로그램으로 바꿀 수 있기 때문에 타이머는 고정된 주파수의 입력 클록을 여러 가지 주파수를 갖는 클록으로 바꾸고 싶을 때 많이 사용된다. 8254 타이머는 이러한 타이머를 3개 내장한 것으로 이들은 각각 독립적인 모드로 프로그램 가능하고, 동작도 독립적으로 이루어진다.

타이머는 회로적인 측면에서 보면 카운터(count)가 주된 부분을 차지한다.

이 카운터는 프로그램으로 그 초기 값을 설정해 둘 수 있는데 카운터는 클록신호가 들어올 때마다. 이 값을 감소시키다가 그 값이 0이 될 때 어떤 신호를 발생시키는 동작을 한다. 카운터의 값이 0이 되면 다음 클록신호가 들어올 때까지 원래의 값이 자동 복원된다.

원래 8254는 단순한 분주기의 역할 외에도 여러 가지 동작 모드가 있지만 H.I-Any AEB V9.0 Training KIT에서는 8254 타이머의 1개 채널을 이러한 분주기의 모드로 활용하고 있다.

PC에서는 8254를 이용하여 ① 정확한 시간 간격을 계산 ② 리프레시 요구 신호의 정기적 발생 ③ 스피커 주파수 제어를 통한 벨소리, 또는 음악연주에 사용하고 있다. 여기서는 8254 타이머 및 그 인터페이스의 구조분석을 통해 8254를 프로그램하기 위한 방법을 이해해 보자.

■ 내부 구조

8254는 그림 10.1에 보인바와 같이 3개의 카운터(타이머)로 구성되어 있다. 이들은 서로 독립적으로 운영되며, 일반적으로 프로그램만 되면 자체적으로 동작한다. 이들이 하는 가장 중요한 기능은 입력 클록(CLKn)을 내부에서 분주하여 출력단(OUTn)으로 출력하는 것이다. 표 10.1에 각 핀들의 기능에 대하여 정리하였다.

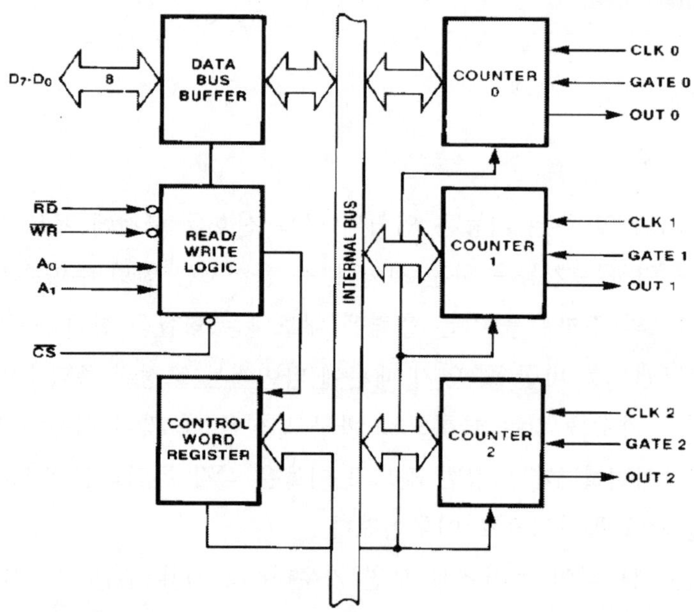

[그림 10-1] 8254의 인터페이스 신호 및 내부 구조

[표 10-1] 8254의 단자 설명 - 타이머 기능 관련

핀 이름	기 능	
CLK0, 1, 2	가공 처리할 클록 입력 단자.	3개 채널에 대한 동작이 독립적으로 이루어진다.
OUT0, 1, 2	처리된 클록이 나가는 단자.	
Gate0, 1, 2	출력을 제어하는 단자. H이면 출력이 발생하고, L면 출력을 금지한다.	

[표 10-2] 8254의 단자 설명 - CPU 인터페이스 기능 관련

핀 이름	기 능
D7~D0	프로그램하기 위한 정보가 들어가거나 현재 8254의 상태를 읽어 들이는 단자
RD#	읽기 동작을 지시하는 신호. L면 8254에 대해 읽기 동작이 실행된다. 보통 이 신호는 CPU가 I/O읽기 동작임을 행하는 IOR# 신호에 연결된다.
WR#	쓰기 동작을 지시하는 신호. LAYS 8254에 대해 쓰기 동작임을 행하는 IOW# 신호에 연결된다.
A0, A1	8254 내의 레지스터를 지시하기 위한 신호. 4가지의 경우에 대해 0, 1, 2는 각각 3개의 채널 번호를 지정하는데 쓰이고, 나머지(3)는 모드지정(쓰기 동작) 및 상태 레지스터(읽기 동작)를 지정하는데 사용된다.
CS#	8254가 외부의 읽기, 쓰기 신호에 대해 응답할 것인가를 결정하는 신호. 이 신호가 활성화되지 않으면 위의 신호에 대해 응답하지 않고 데이터 버스를 3 상태로 돌입하게 한다. 이 신호가 L로 활성화되면 위의 쓰기 및 읽기 동작에 대해 8254가 해당 동작을 수행한다.

■ 프로그래밍

8254에 대한 프로그래밍의 내용은 크게 두 가지로 나눌 수 있다. 하나는 8254의 각 채널에 대한 모드를 설정하는 것과, 다른 하나는 각 채널에 대한 분주 값(X)을 정하는 일이다.

이렇게 프로그램 되는 내용에 대한 구분은 번지 정보 A1, A0에 의한다. 표 10.3에 번지에 따라 액세스되는 레지스터의 내용을 보였다.

이때 정상적인 읽기, 쓰기 동작이 일어나려면 CS#은 L로 활성화되어 있어야 하고, RD#, WR#은 해당 동작에서 함께 활성화되어야 한다.

[표 10-3] PC 8254의 I/O 번지 및 그 기능

<table>
<tr><th rowspan="2">CS#</th><th rowspan="2">RD#</th><th rowspan="2">WR#</th><th rowspan="2">A1</th><th rowspan="2">A0</th><th rowspan="2">동 작</th><th colspan="2">PC인터페이스</th></tr>
<tr><th>번지</th><th>동 작</th></tr>
<tr><td>0</td><td>1</td><td>0</td><td>0</td><td>0</td><td>Write into Counter 0</td><td>40H</td><td>카운터 값 쓰기</td></tr>
<tr><td>0</td><td>1</td><td>0</td><td>0</td><td>1</td><td>Write into Counter 1</td><td>41H</td><td>카운터 값 쓰기</td></tr>
<tr><td>0</td><td>1</td><td>0</td><td>1</td><td>0</td><td>Write into Counter 2</td><td>42H</td><td>카운터 값 쓰기</td></tr>
<tr><td>0</td><td>1</td><td>0</td><td>1</td><td>1</td><td>Write Control Word</td><td>43H</td><td>초기화하기</td></tr>
<tr><td>0</td><td>0</td><td>1</td><td>0</td><td>0</td><td>Read from Counter 0</td><td>40H</td><td>카운터 값 쓰기</td></tr>
<tr><td>0</td><td>0</td><td>1</td><td>0</td><td>1</td><td>Read from Counter 1</td><td>41H</td><td>카운터 값 쓰기</td></tr>
<tr><td>0</td><td>0</td><td>1</td><td>1</td><td>0</td><td>Read from Counter 2</td><td>42H</td><td>카운터 값 쓰기</td></tr>
<tr><td>0</td><td>0</td><td>1</td><td>1</td><td>1</td><td colspan="3" rowspan="3">무응답</td></tr>
<tr><td>1</td><td>X</td><td>X</td><td>X</td><td>X</td></tr>
<tr><td>0</td><td>1</td><td>1</td><td>X</td><td>X</td></tr>
</table>

① 제어워드 레지스터

제어워드 레지스터(CWR : Control Word Register)는 "A1, A0 = 1,1"일 때 선택된다. 이때 CS# 신호는 L이 되어야 하고 쓰기 동작(WR#) 만이 허락된다. 8254를 초기화할 때 주로 사용된다. 전달되는 명령어의 내용은 다음과 같다.

㉠ 제어워드 명령어의 양식

[표 10-3-1] 제어 워드 명령어의 양식

<table>
<tr><th>비트</th><th>D7</th><th>D6</th><th>D5</th><th>D4</th><th>D3</th><th>D2</th><th>D1</th><th>D0</th></tr>
<tr><td rowspan="2">역할</td><td colspan="2">카운터 선택</td><td colspan="2">데이터
인터페이스 형식</td><td colspan="3">선택 모드 번호</td><td>데이
터
형식</td></tr>
<tr><td>SC1</td><td>SC0</td><td>RW1</td><td>RW0</td><td>M2</td><td>M1</td><td>M0</td><td>BCD</td></tr>
</table>

<table>
<tr><th colspan="3">제어워드 명령어 - 비트 7,6</th></tr>
<tr><td>SC1</td><td>SC0</td><td>기능</td></tr>
<tr><td>0</td><td>0</td><td>Counter 0 선택</td></tr>
<tr><td>0</td><td>1</td><td>Counter 1 선택</td></tr>
<tr><td>1</td><td>0</td><td>Counter 2 선택</td></tr>
<tr><td>1</td><td>1</td><td>Read-Back Command
다른 명령어에 대해 우선순위를 갖는다.</td></tr>
</table>

제어워드 명령어 - 비트 5,4		
RW1	RW0	기능
0	0	Counter Latch Command (카운터 값이 래치로 이동)
0	1	높은 바이트만 읽고 쓰기
1	0	낮은 바이트만 읽고 쓰기
1	1	읽고 쓰기 동작에 대해 낮은 바이트를 먼저 액세스 하고, 높은 바이트를 액세스함.

제어워드 명령어 - 비트 3, 2, 1			
M2	M1	M0	기능
0	0	0	Mode 0 - interrupt on terminal count
0	0	1	Mode 1 - Programmable one - shot(Reset)
X	1	0	Mode 2 - Rate Generator(Refresh 펄스)
X	1	1	Mode 3 - Square wave rate generator. 입력을 분주하여 출력한다. PC의 Channel 0, 2에서 사용한다.
1	0	0	Mode 4 - S/W triggered strobe
1	0	1	Mode 5 - H/W triggered strobe

제어워드 명령어 - 비트 0	
0	2진수 카운터 감소
1	BCD 카운터 감소

㉡ Read Back 명령어

제어워드 명령어의 비트 7,6이 1,1이면 나머지 비트들의 상태에 관계없이 그 명령어는 다음과 같은 Read Back 명령어가 된다.

이 명령어는 3개의 카운터에 대해 감소 중에 있는 현재의 카운터 값을 읽어내던가 상태를 읽어볼 수 있는 명령어이다. 이 명령어는 8253에는 적용되지 않는다. 8253은 8254의 전(前) 모델로 주요 기능에서 8254와 호환을 유지하고 있다.

[표 10-3-2] Read Back 명령어의 양식

비트	D7	D6	D5	D4	D3	D2	D1	D0
역할	Read Back command를 의미		읽을 대상을 선정		카운터 번호			0으로 고정
	1	1	count#	status#	CNT2	CNT1	CNT0	0

Read Back 명령을 주고 나면 다음과 같은 정보를 얻는다. 이 값은 읽기 동작으로 이루어지는데 I/O 번지는 해당 채널 카운터 레지스터의 번지이다.

[표 10-3-3] Read Back 명령에 의해 읽힌 상태정보

비트	D7	D6	D5	D4	D3	D2	D1	D0
역할	OUTP UT	NULL OUNT	RW1	RW0	M2	M1	M0	BCD
			제어워드 명령어에서 선정한 값과 같음					

비트 7 - OUTPUT		
0	해당 카운터의 출력 핀의 상태가 0	해당 카운터의 출력 핀의 상태를 반영
1	해당 카운터의 출력 핀의 상태가 1	

비트 6 - NULL COUNT		
0	카운터 값을 읽을 수 있음을 표시	해당 카운터의 출력 핀의 상태를 반영
1	NULL COUNT	

Read Back 명령어는 상태를 읽을 것인지, 카운터 값을 읽을 것인지는 D5, D4를 통해서 결정한다. 또한 어떤 카운터를 정할 것인지는 D3, D2, D1로 결정한다. 이들은 서로 중복하여 사용할 수 있는데 예를 들어 동시에 상태와 카운터 값을 읽고 싶다면 D5, D4를 모두 0으로 하면 된다. 마찬가지로 3개의 채널 모두를 선택하고 싶다면 D3, D2, D1의 값을 모두 1로 하면 된다.

그러나 계속 이 명령어만 주고 실제로 읽어내지 않으면 처음 명령어를 받았을 때의 그 값으로 계속 간직하고, 그 이후의 명령어에 대해서는 무시된다. 표 10.3.4에 연속적인 Read Back 명령어를 주었을 때 8254의 동작에 대해서 살펴보았다.

[표 10-3-4] 연속적인 Read-Back 명령의 사례

순서	D7	D6	D5	D4	D3	D2	D1	D0	명령의 의미	동 작
1	1	1	0	0	0	0	1	0	Read back count and status of Counter 0	Count and status latched for counter
2	1	1	1	0	0	1	0	0	Read back status of Counter 1	Status latched for Counter 1
3	1	1	1	0	1	1	0	0	Read back status of Counter 2, 1	Status latched for Counter 2, but not Counter 1
4	1	1	0	1	1	0	0	0	Read back status of Counter 2	Status latched for Counter 2
5	1	1	0	0	0	1	0	0	Read back count and status of Counter 1	Count latched for Counter 1, but not Status
6	1	1	1	0	0	0	1	0	Read back status of Counter 1	Command ignored, Status already latched for Counter 1

㉢ Counter Latch 명령어

카운터 레지스터의 현재 값을 알고 싶을 때 사용하는 2번째의 방법으로 이 명령어가 있다. 이 명령어는 비트 5, 4를 0, 0으로 하고, 채널의 번호는 비트 7, 6으로 결정한다. 이 명령어를 받으면 8254는 현재의 카운터 값(움직이고 있는 값)을 래치 레지스터에 전송한다. 이 명령어 이후에 카운터 번지를 선택하여 읽기 동작을 하면 된다.

② 카운터 레지스터

카운트 레지스터는 입력 주파수를 세는 역할을 담당한다. 예를 들어 입력 주파수 2.5MHz를 X로 나누어 원하는 주파수 Z로 만들어내는 분지기의 역할(모드 3)을 행할 때 레지스터는 제수(divisor) X를 저장하는 역할을 수행한다. 8254의 핀 A1, A0이 카운터 레지스터의 번호를 지정한다.

[표 10-3-5] 카운터 레지스터의 액세스 조건

CD#	RD#	WR#	A1	A0	
0	1	0	0	0	Write into Counter 0
0	1	0	0	1	Write into Counter 1
0	1	0	1	0	Write into Counter 2
0	0	1	0	0	Read from Counter 0
0	0	1	0	1	Read from Counter 1
0	0	1	1	0	Read from Counter 2

카운터 레지스터의 읽기 동작을 감소하고 있는 카운터 값의 현재 값을 읽어 낼 수 있다. 그러나 감소 동작을 막 진행하고 있을 때 읽기 동작을 하면 정의되지 않은 값을 읽을 수 있다. 이때는 외부의 클록 공급을 중지하던지 GATE 단자를 통하여 카운터의 동작을 중지시켜야 한다.

■ 주파수를 이용한 상수 값 계산

fout = 2.5×106 ÷ 시정수 [Hz]이다.

이것을 이용하여 시정수 값을 구하면 표 10.4와 같이 나온다

5) NE555

■ R-C 시정수를 이용한 Frequency Generator IC이다.

6) 오실레이터

■ 발진회로가 내장되어 있는 모듈이다.

7) Encoder Input

▪ 앞의 DC Motor에서 출력되는 Encoder의 Pulse를 사용한다.

8) Speaker & Buzzer Output

▪ PIT 8254의 출력으로 speaker를 바로 구동을 시키는 것은 무리이다. 그래서 NOT gate를 직렬로 2개를 사용하여 speaker로 출력한다.

[표 10-4] 음계별 표준주파수와 8254 PIT 상수 값

옥타브	음계명	표준주파수	8254 PIT의 시정수
2	A	110.000	22727
	A#	116.541	21452
	B	123.471	20248
3	C	130.813	19111
	C#	138.591	18039
	D	146.832	17026
	D#	155.563	16071
	E	164.814	15169
	F	174.614	14317
	F#	184.997	13514
	G	195.998	12755
	G#	207.652	12039
	A	220.000	11364
	A#	233.082	10726
	B	246.942	10124
4	C	261.626	9556
	C#	277.183	9019
	D	293.665	8513
	D#	311.127	8035
	E	329.628	7584
	F	349.228	7159
	F#	369.994	6757
	G	391.995	6378
	G#	415.305	6020
	A	440.000	5682
	A#	466.164	5363
	B	493.883	5062
5	C	523.251	4778
	C#	554.365	4510
	D	587.330	4257
	D#	622.254	4018
	E	659.255	3792
	F	698.456	3579
	F#	739.989	3378
	G	783.991	3189
	G#	830.609	3010
	A	880.000	2841
	A#	932.328	2681
	B	987.767	2531
6	C	1046.502	2389
	C#	1108.731	2255
	D	1174.659	2128
	D#	1244.508	2009
	E	1318.510	1896

10.2 장비 구조

10.2.1 PIT 8254 회로 구성도

PIT8254 회로 구성은 다음과 같다.

Timer/Counter 전용 IC인 PIT8254를 사용하여 주파수를 발생하는 실험 실습을 하였다.

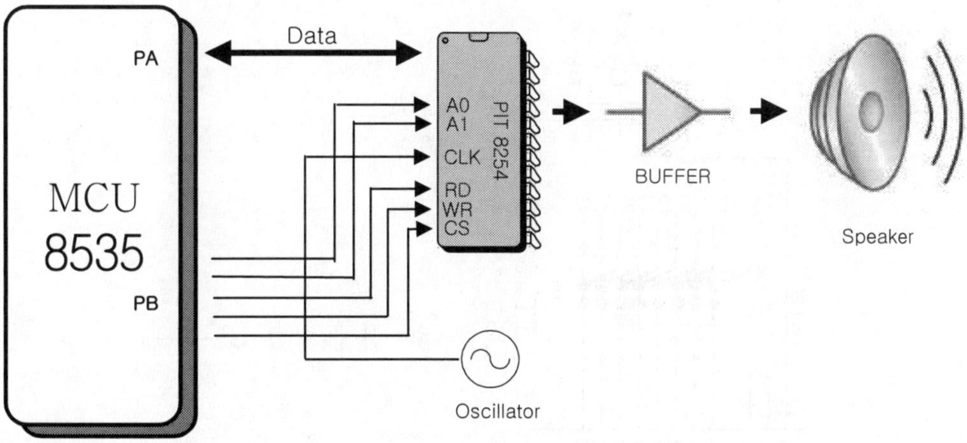

PIT 8254 회로 구성도

Port	내 용
Port A	PIT 8254 Data Line으로 사용, Data 입/출력을 수행 한다.
Port B	PIT 8254 Control 신호로 사용한다.
Port C	스위치 입력신호로 사용한다.

10.2.2 PIT 8254 제어 회로도

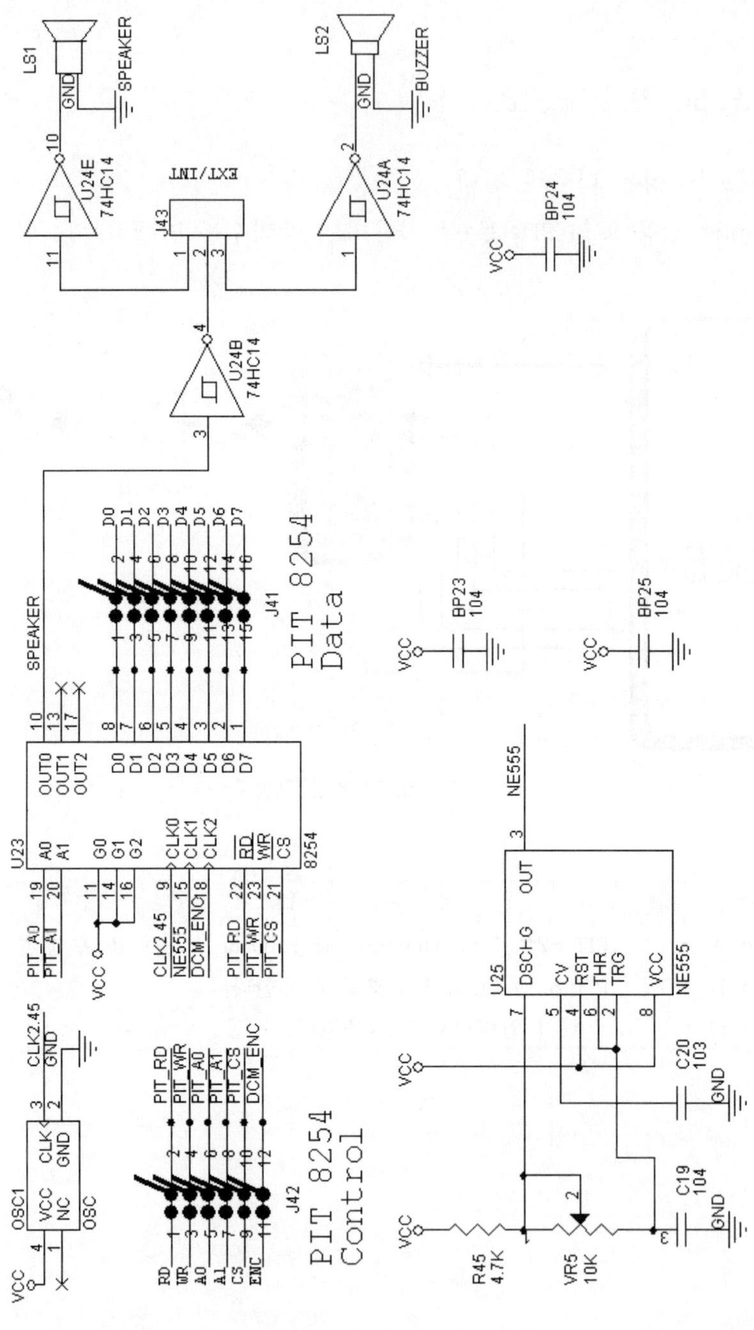

주파수 입력으로는 NE555, Oscillator, Motor Encoder를 사용하였으며, 기본으로 Oscillator의 입력을 클럭신호로 사용하였다.

10.2.3 PIT 8254 부품 배치도

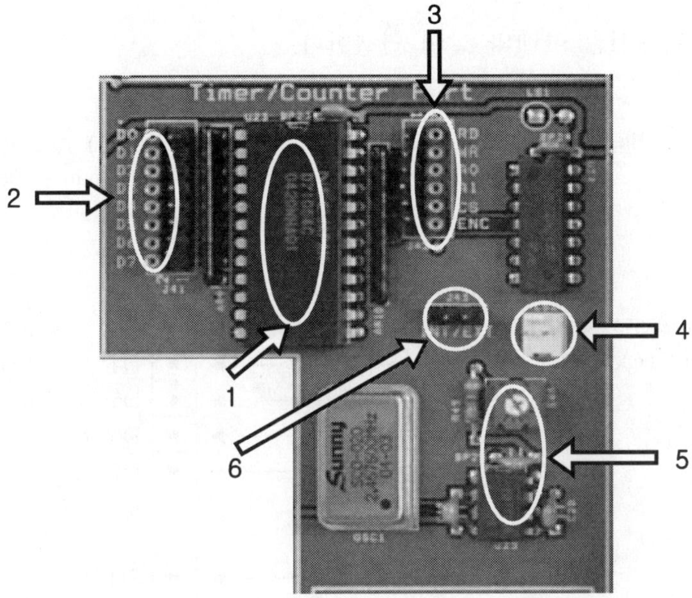

① PIT 8254 Timer/Counter Device

② PIT 8254 Data Bus Connecter이다.

③ PIT 8254 Control Line Connecter이다.

④ 외부 스피커(BUZZER) Output 단자

⑤ NE555 구형파 발생기이다. PIT 8254의 CLK1 CLOCK으로 사용된다.
VR을 가변하여 주파수를 조절할 수 있다.

⑥ 내부/외부 스피커 출력 결정

INT	내부 스피커로 출력한다.
EXT	외부에 스피커를 연결하여 출력한다.

10.3 배선 연결도

실험, 실습을 위해서는 아래와 같이 연결한다.

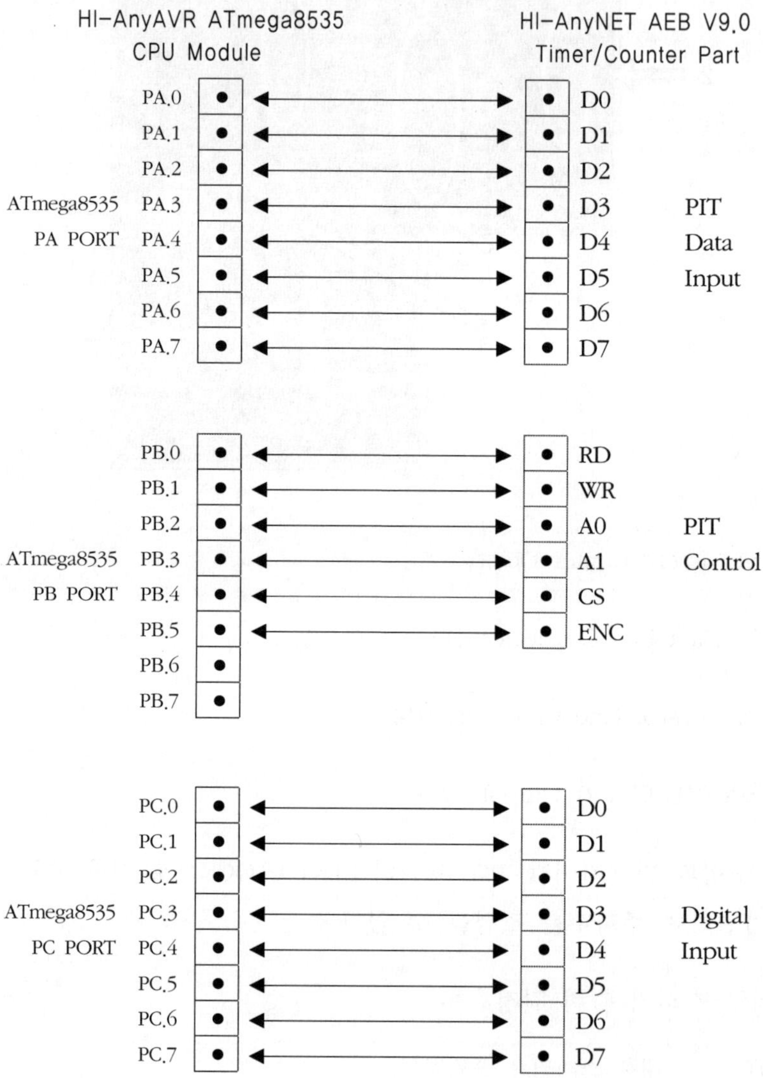

10.4 제어 실험

10.4.1 전자 오르간 프로그램하기

ATmega8535 실험 10.1

스위치의 입력을 받아 1옥타브 전자 오르간을 프로그램 한다.

스피커 출력 : 없음

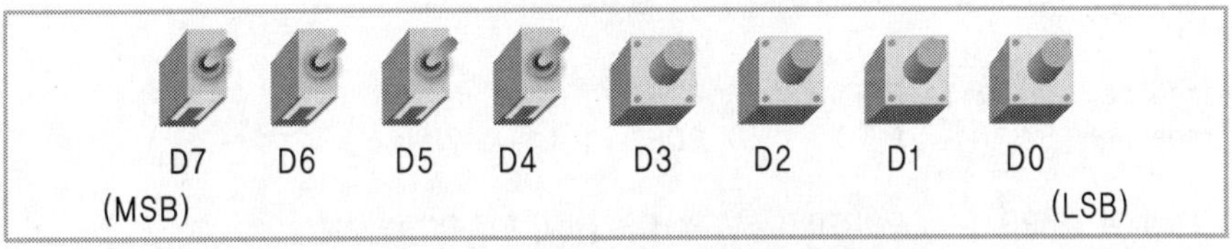

스피커 출력 : 낮은 도

스피커 출력 : 레

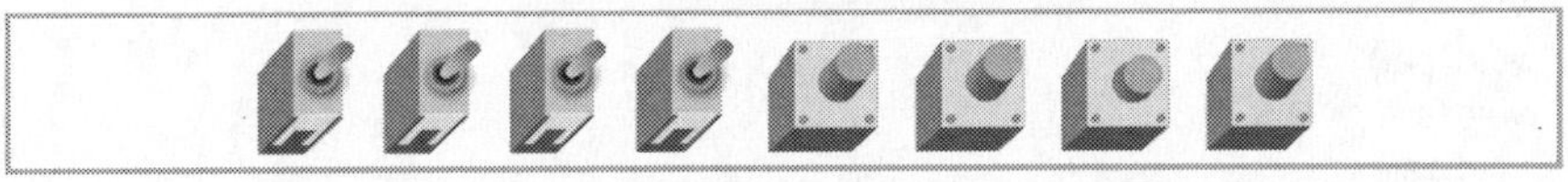

:

:

스피커 출력 : 높은 도

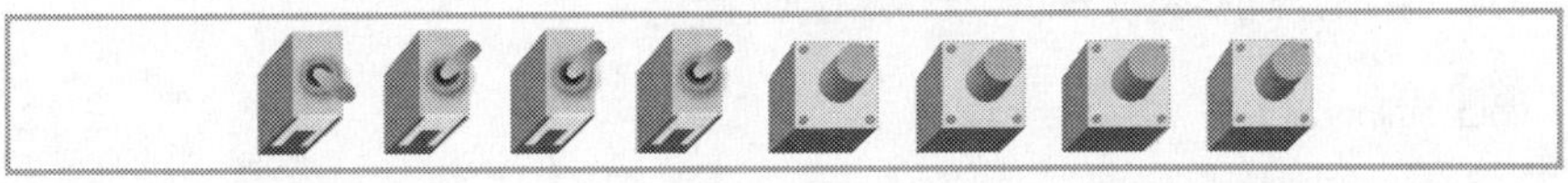

● STEP BY STEP 실험

1. 교재의 「관련 지식」을 읽어본다.
2. Kit와 컴퓨터를 ISP Cable을 사용하여 연결한다.
3. 예제 프로그램을 작성한다.
4. C Compiler를 사용하여 HEX File을 만든다.
5. ISP 프로그램으로 HEX file을 다운로드, 실행한다.

폴더위치

AnyAVR8535\Source\Exam\CodeVision\Chap10\Chap10_01\

- Source 파일

  Chap10_01.C

- Download 파일

  Chap10_01.HEX

Program Source

```
#include <mega8535.h>          // Atmega 8535 header file
#include <delay.h>             // delay header file

#define   PIT_DATA PORTA       // PORT A, PIT Data
#define   SW_IN      PINC      // PORT C, 스위치 입력

#define   nRD        PORTB.0   // Port B.0 bit, PIT RD로 사용
#define   nWR        PORTB.1   // Port B.1 bit, PIT WR로 사용
#define   A0         PORTB.2   // Port B.2 bit, PIT A0로 사용
#define   A1         PORTB.3   // Port B.3 bit, PIT A1로 사용
#define   SPIT       PORTB.4   // Port B.4 bit, PIT Chip Select로 사용

void init(void);               // 초기화 함수
void do_low();
void re();
void mi();
void pa();
void sol();
void ra();
void si();
void do_hi();
void no_sound();
void delay(unsigned int cnt);

void main(void)
{
        unsigned char buff = 0;

        init();                // 초기화 함수 호출
        nRD = 1;

        delay(10);             // 시간지연 함수 호출

        PIT_DATA= 0x36;        //couter0, 16bit, 방형파 반복 발생, Binary Counter 16bit
        delay(10);             // 시간지연 함수 호출
        A0 = 1;
        A1 = 1;
```

```
	delay(10);		// 시간지연 함수 호출
	SPIT = 0;
	delay(10);		// 시간지연 함수 호출
	nWR = 0;
	delay(10);		// 시간지연 함수 호출
	nWR = 1;
	delay(10);		// 시간지연 함수 호출
	SPIT = 1;

	delay(2000);		// 시간지연 함수 호출

	PIT_DATA = 0x03;
	delay(10);		// 시간지연 함수 호출
	A0 = 0;
	A1 = 0;
	delay(10);		// 시간지연 함수 호출
	SPIT = 0;
	delay(10);		// 시간지연 함수 호출
	nWR = 0;
	delay(100);		// 시간지연 함수 호출
	nWR = 1;
	delay(10);		// 시간지연 함수 호출
	SPIT = 1;

	PIT_DATA = 0x00;
	delay(10);		// 시간지연 함수 호출
	A0 = 0;
	A1 = 0;
	delay(10);		// 시간지연 함수 호출
	SPIT = 0;
	delay(10);		// 시간지연 함수 호출
	nWR = 0;
	delay(100);		// 시간지연 함수 호출
	nWR = 1;
	delay(10);		// 시간지연 함수 호출
	SPIT = 1;

	while(1)
	{
		buff = SW_IN;		// 스위치 값을 buff에 저장

		switch(buff)		// buff의 값에 의해 분기
		{
			case 0xfe:
				do_low();
				delay(10000);		// 시간지연 함수 호출
				break;
			case 0xfd:
				re();
				delay(10000);		// 시간지연 함수 호출
				break;
```

```
                    case 0xfb:
                              mi();
                              delay(10000);          // 시간지연 함수 호출
                              break;

                    case 0xf7:
                              pa();
                              delay(10000);          // 시간지연 함수 호출
                              break;

                    case 0xef:
                              sol();
                              delay(10000);          // 시간지연 함수 호출
                              break;

                    case 0xdf:
                              ra();
                              delay(10000);          // 시간지연 함수 호출
                              break;

                    case 0xbf:
                              si();
                              delay(10000);          // 시간지연 함수 호출
                              break;

                    case 0x7f:
                              do_hi();
                              delay(10000);          // 시간지연 함수 호출
                              break;
                    default:
                              no_sound();
                              delay(10000);          // 시간지연 함수 호출
                              break;
          }
     }
}

void init(void)
{
          PORTA=0xff;          // Port A 초기값
          DDRA=0xff;           // Port A 설정, 출력으로 사용

          PORTB=0xff;          // Port B 초기값
          DDRB=0xff;           // Port B 설정, 출력으로 사용

          PORTC=0xff;          // Port C 초기값
          DDRC=0x00;           // Port C 설정, 입력으로 사용

          PORTD=0xff;          // Port D 초기값
          DDRD=0xff;           // Port D 설정, 출력으로 사용
```

```
        nRD = 1;
        nWR = 1;
        SPIT = 1;
        A0 = 0;
        A1 = 0;
}

void delay(unsigned int cnt)     //user function define
{
        while(cnt--);
}

void do_low()
{
        PIT_DATA = 0xe0;
        delay(10);              // 시간지연 함수 호출
        A0 = 0;
        A1 = 0;
        delay(10);              // 시간지연 함수 호출
        SPIT = 0;
        delay(10);              // 시간지연 함수 호출
        nWR = 0;
        delay(100);             // 시간지연 함수 호출
        nWR = 1;
        delay(10);              // 시간지연 함수 호출
        SPIT = 1;

        PIT_DATA = 0x26;
        delay(10);              // 시간지연 함수 호출
        A0 = 0;
        A1 = 0;
        delay(10);              // 시간지연 함수 호출
        SPIT = 0;
        delay(10);              // 시간지연 함수 호출
        nWR = 0;
        delay(100);             // 시간지연 함수 호출
        nWR = 1;
        delay(10);              // 시간지연 함수 호출
        SPIT = 1;
}

void re()
{
        PIT_DATA = 0xa2;
        delay(10);              // 시간지연 함수 호출
        A0 = 0;
        A1 = 0;
        delay(10);              // 시간지연 함수 호출
        SPIT = 0;
        delay(10);              // 시간지연 함수 호출
        nWR = 0;
```

```
        delay(100);             // 시간지연 함수 호출
        nWR = 1;
        delay(10);              // 시간지연 함수 호출
        SPIT = 1;

        PIT_DATA = 0x22;
        delay(10);              // 시간지연 함수 호출
        A0 = 0;
        A1 = 0;
        delay(10);              // 시간지연 함수 호출
        SPIT = 0;
        delay(10);              // 시간지연 함수 호출
        nWR = 0;
        delay(100);             // 시간지연 함수 호출
        nWR = 1;
        delay(10);              // 시간지연 함수 호출
        SPIT = 1;
}

void mi()
{
        PIT_DATA = 0xdb;
        delay(10);              // 시간지연 함수 호출
        A0 = 0;
        A1 = 0;
        delay(10);              // 시간지연 함수 호출
        SPIT = 0;
        delay(10);              // 시간지연 함수 호출
        nWR = 0;
        delay(100);             // 시간지연 함수 호출
        nWR = 1;
        delay(10);              // 시간지연 함수 호출
        SPIT = 1;

        PIT_DATA = 0x1c;
        delay(10);              // 시간지연 함수 호출
        A0 = 0;
        A1 = 0;
        delay(10);              // 시간지연 함수 호출
        SPIT = 0;
        delay(10);              // 시간지연 함수 호출
        nWR = 0;
        delay(100);             // 시간지연 함수 호출
        nWR = 1;
        delay(10);              // 시간지연 함수 호출
        SPIT = 1;
}

void pa()
{
        PIT_DATA = 0x20;
```

```
        delay(10);              // 시간지연 함수 호출
        A0 = 0;
        A1 = 0;
        delay(10);              // 시간지연 함수 호출
        SPIT = 0;
        delay(10);              // 시간지연 함수 호출
        nWR = 0;
        delay(100);             // 시간지연 함수 호출
        nWR = 1;
        delay(10);              // 시간지연 함수 호출
        SPIT = 1;

        PIT_DATA = 0x1d;
        delay(10);              // 시간지연 함수 호출
        A0 = 0;
        A1 = 0;
        delay(10);              // 시간지연 함수 호출
        SPIT = 0;
        delay(10);              // 시간지연 함수 호출
        nWR = 0;
        delay(100);             // 시간지연 함수 호출
        nWR = 1;
        delay(10);              // 시간지연 함수 호출
        SPIT = 1;
}

void sol()
{
        PIT_DATA = 0xf2;
        delay(10);              // 시간지연 함수 호출
        A0 = 0;
        A1 = 0;
        delay(10);              // 시간지연 함수 호출
        SPIT = 0;
        delay(10);              // 시간지연 함수 호출
        nWR = 0;
        delay(100);             // 시간지연 함수 호출
        nWR = 1;
        delay(10);              // 시간지연 함수 호출
        SPIT = 1;

        PIT_DATA = 0x19;
        delay(10);              // 시간지연 함수 호출
        A0 = 0;
        A1 = 0;
        delay(10);              // 시간지연 함수 호출
        SPIT = 0;
        delay(10);              // 시간지연 함수 호출
        nWR = 0;
        delay(100);             // 시간지연 함수 호출
        nWR = 1;
```

```
        delay(10);              // 시간지연 함수 호출
        SPIT = 1;
}

void ra()
{
        PIT_DATA = 0xd1;
        delay(10);              // 시간지연 함수 호출
        A0 = 0;
        A1 = 0;
        delay(10);              // 시간지연 함수 호출
        SPIT = 0;
        delay(10);              // 시간지연 함수 호출
        nWR = 0;
        delay(100);             // 시간지연 함수 호출
        nWR = 1;
        delay(10);              // 시간지연 함수 호출
        SPIT = 1;

        PIT_DATA = 0x15;
        delay(10);              // 시간지연 함수 호출
        A0 = 0;
        A1 = 0;
        delay(10);              // 시간지연 함수 호출
        SPIT = 0;
        delay(10);              // 시간지연 함수 호출
        nWR = 0;
        delay(100);             // 시간지연 함수 호출
        nWR = 1;
        delay(10);              // 시간지연 함수 호출
        SPIT = 1;
}

void si()
{
        PIT_DATA = 0x70;
        delay(10);              // 시간지연 함수 호출
        A0 = 0;
        A1 = 0;
        delay(10);              // 시간지연 함수 호출
        SPIT = 0;
        delay(10);              // 시간지연 함수 호출
        nWR = 0;
        delay(100);             // 시간지연 함수 호출
        nWR = 1;
        delay(10);              // 시간지연 함수 호출
        SPIT = 1;

        PIT_DATA = 0x13;
        delay(10);              // 시간지연 함수 호출
        A0 = 0;
```

```
        A1 = 0;
        delay(10);              // 시간지연 함수 호출
        SPIT = 0;
        delay(10);              // 시간지연 함수 호출
        nWR = 0;
        delay(100);             // 시간지연 함수 호출
        nWR = 1;
        delay(10);              // 시간지연 함수 호출
        SPIT = 1;
}

void do_hi()
{
        PIT_DATA = 0x59;
        delay(10);              // 시간지연 함수 호출
        A0 = 0;
        A1 = 0;
        delay(10);              // 시간지연 함수 호출
        SPIT = 0;
        delay(10);              // 시간지연 함수 호출
        nWR = 0;
        delay(100);             // 시간지연 함수 호출
        nWR = 1;
        delay(10);              // 시간지연 함수 호출
        SPIT = 1;

        PIT_DATA = 0x12;
        delay(10);              // 시간지연 함수 호출
        A0 = 0;
        A1 = 0;
        delay(10);              // 시간지연 함수 호출
        SPIT = 0;
        delay(10);              // 시간지연 함수 호출
        nWR = 0;
        delay(100);             // 시간지연 함수 호출
        nWR = 1;
        delay(10);              // 시간지연 함수 호출
        SPIT = 1;
}

void no_sound()
{
        PIT_DATA = 0x03;
        delay(10);              // 시간지연 함수 호출
        A0 = 0;
        A1 = 0;
        delay(10);              // 시간지연 함수 호출
        SPIT = 0;
        delay(10);              // 시간지연 함수 호출
        nWR = 0;
        delay(100);             // 시간지연 함수 호출
```

```
        nWR = 1;
        delay(10);              // 시간지연 함수 호출
        SPIT = 1;

        PIT_DATA = 0x00;
        delay(10);              // 시간지연 함수 호출
        A0 = 0;
        A1 = 0;
        delay(10);              // 시간지연 함수 호출
        SPIT = 0;
        delay(10);              // 시간지연 함수 호출
        nWR = 0;
        delay(100);             // 시간지연 함수 호출
        nWR = 1;
        delay(10);              // 시간지연 함수 호출
        SPIT = 1;
}
```

10.5 실습 과제

- PIT 8254를 활용하여 임의의 음악을 만들어보자.

솔라솔미레미레도미솔(높은도)라솔 미솔(높은도)솔라솔미도레파미레도

스피커 출력

10.6 알아두기

- PIT 8254의 동작 원리를 이해한다.

11 CHAPTER Character LCD 제어

실습 목표

- MCU AVR ATmega8535과 Character LCD 제어 실험을 통해 LCD의 동작 원리와 사용방법을 이해, 실험 실습한다.

11.1 관련 지식

1) AVR ATmega8535

- 교재 Part1 참조.

2) 16 × 2 Character LCD

- Digital 회로에서 어떠한 정보를 Display하는 방법에는 여러 가지가 있다. 그중 가장 보편적인 방법으로는 LED(Light Emitting Diode)와 7-Segment, DOT Matrix를 사용하는 것이다.
  그러나 위의 방법으로는 보다 많은 정보를 표현할 수가 없다. 그래서 만들어진 Device가 LCD 이다. 하지만 LCD는 LED처럼 스스로 발광하는 능력을 가지고 있지 않아서 주위의 밝기가 낮은 곳에서는 사용하기
  어렵고, LCD를 보는 각도에 따라서 상태가 다르다. 그래서 백라이트가 내장된 제품들이 개발, 생산되고 있다.
  그림 11.1은 LCD 내부 구조를 나타냈다.

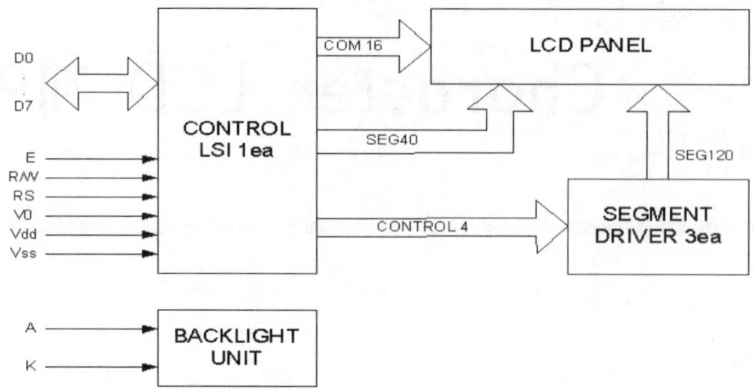

[그림 11-1] LCD 내부 구조

16 × 2 Character Type LCD

가로 16행, 세로 2열에 32개의 문자판으로 구성되어있으며, 백라이트가 내장된 제품이다. LCD 패널과 LCD controller 및 driver가 일치형으로 내장된 제품으로서, 문자를 이루는 DOT는 5×7로서 ASCII 문자를 출력한다.
LCD controller의 내부에는 DISPLAY 데이터를 저장하는 DD RAM과 , DISPLAY 데이터 코드를 표시할 문자 폰트로 변환하는 CG ROM, 사용자 정의 문자를 저장하는 CG RAM등이 내장되어있다. 그 외에도 LCD를 초기화하거나 제어하는데 사용되는 명령을 DECODER할 수 있는 DECODER가 있으며, 각 문자의 폰트를 시프트 할 수 있는 시프트 레지스터가 있어서 좌, 우로 움직일 수 있다. 또한 BUSY FLAG를 출력하여 LCD 모듈의 사용여부를 확인할 수 있다.

[표 11-1] 인터페이스 콘넥터 핀의 기능

핀 번호	기호	기능	
1	Vss	0V	전 원
2	VDD	5V	
3	VL	3-13V	CONTRAST CONTROL
4	RS	H: 데이터 입력, L: 인스트럭션 입력	
5	R/W	H: 데이터 리드, L: 데이터 라이트	
6	E1	H: D;SD;D[Q,F T;SGJ	
7	D0	데이터 버스 4비트 인터페이스 모드에서는 DB4 - DB7을 사용한다.	
8	D1		
9	D2		
10	D3		
11	D4		
12	D5		
13	D6		
14	D7		
15	A	LCD 백 라이트 전원	
16	K		

11.1.1 LCD 모듈의 프로그래밍

1) 제어 명령

LCD 모듈을 사용하기 위해서는 표 11.2의 제어 명령(Instruction)을 알아야 한다. 이들 명령은 MCU가 LCD 모듈을 초기화하거나 제어하는 프로그램에서 사용되며 데이터 버스 D0~D7을 통하여 전송된다.

① 표시 클리어

표 11.2에서와 같이 Instruction Register에 [00000001]을 입력하여야 한다. LCD의 화면을 지우고 어드레스 카운터를 DD RAM 어드레스 0번지로 set한 후, 커서를 home위치(0 번지)로 옮긴다.

② 커서 home

Instruction Register에 [00000010]을 입력하여야 한다.

DD RAM의 내용은 변경하지 않고 커서만 home 위치로 옮긴다.

[표 11-2] LCD INSTRUCTION CODE

인스트럭션	데이터										실행 시간	기능
	RS	$R/\overline{W}$	D7	D6	D5	D4	D3	D2	D1	D0		
표시 클리어	0	0	0	0	0	0	0	0	0	1	1.64mS	LCD 클리어후, 커서는 홈 위치
커서 홈	0	0	0	0	0	0	0	0	1	*	1.64mS	커서를 홈 위치로(LCD는 클리어 되지 않는다)
엔트리 모드	0	0	0	0	0	0	0	1	I/D	S	40 μS	데이터 리드/라이트때 커서 진행 방향 결정
표시 온/오프	0	0	0	0	0	0	1	D	C	B	40 μS	LCD(D), 커서(C) 시프트 라이트/레이프 결정
커서/표시 시프트	0	0	0	0	0	1	S/C	R/L	*	*	40 μS	표시(S)/커서(C)시프트 라이트/레프트 결정
펑션 셋	0	0	0	0	1	DL	N	F	*	*	40 μS	데이터 길이(DL),표시행수(N),문자폰트(F) 결정
CG RAM 어드레스 셋	0	0	0	1	CG RAM 어드레스 셋						40 μS	CG RAM어드레스 셋, 이후 전송되는 데이터는 CG RAM데이터로 취급된다.
DD RAM 어드레스 셋	0	0	1	DD RAM 어드레스 셋							40 μS	DD RAM 어드레스 셋, 이후 전송되는 데이터는 DD RAM데이터로 취급된다.
비지플래그/어드레스 리드	0	1	BF	어드레스							40 μS	비지 플래그 체크 및 어드레스를 리드한다. CG/DD RAM에서 다 사용할 수 있다.
CG/DD RAM 데이터 라이트	1	0	써넣을 데이터								40 μS	CG/DD RAM 데이터를 써넣는다.
CG/DD RAM 데이터 리드	1	1	리드한 데이터								40 μS	CG/DD RAM에서 데이터를 읽는다.

③ 엔트리 모드

Instruction Register에 [000001(I/D)S]로 입력하여야 한다.

데이터를 리드/ 라이트 할 때 커서의 위치를 오른쪽으로 이동시킬 것인가, 왼쪽으로 이동시킬 것인가를 결정하며, 또 이때 화면을 시프트 동작의 유,무를 결정한다.

■ I/D : DD RAM, CG RAM에 문자코드를 리드, 라이트 할 때 DD RAM, CG RAM의

어드레스를 +1, -1한다.

I/D = 1 : 어드레스 +1, 커서의 위치를 오른쪽 이동

I/D = 0 : 어드레스 -1, 커서의 위치를 왼쪽 이동

- S : S=1일 때, DD RAM의 전체 데이터를 좌, 우 방향으로 이동시킨다.

S = 1 : 화면을 시프트 시킨다.

S = 0 : 화면을 시프트 시키지 않는다.

위에서 설명한 I/D, S를 조합하여 LCD에 Display 하는 데이터를 이동시킬 수 있다.

S = 1, I/D = 1 : LCD의 Display Data 전체가 좌로 이동한다.

S = 1, I/D = 0 : LCD의 Display Data 전체가 우로 이동한다.

④ 표시 ON/OFF

Instruction Register에 [00001DCB]을 입력하여야 한다.

화면상의 DISPLAY를 ON/OFF 한다.

D = 1 : 화면 표시 ON.

D = 0 : 화면 표시 OFF.

C = 1 : 커서 표시 ON.

C = 0 : 커서 표시 OFF.

B = 1 : 커서를 깜박이게 한다.

B = 0 : 커서를 깜박이지 않는다.

⑤ 커서/표시 시프트

Instruction Register에 [0001(S/C)(R/L)**]을 입력하여야 한다.

Display data, 커서를 오른쪽, 왼쪽으로 시프트 하도록 한다.

[표 11-3] 커서 표시

S/C	R/L	동 작
0	0	커서 위치를 좌로 이동한다. (어드레스 카운터 -1)
0	1	커서 위치를 우로 이동한다. (어드레스 카운터 +1)
1	0	표시 전체를 좌로 이동, 표시는 커서에 따라 이동한다.
1	1	표시 전체를 우로 이동, 커서는 표시에 따라 이동하지 않음

⑥ 펑션 셋

Instruction Register에 [001(DL)NF**]을 입력하여야 한다.

MCU와의 인터페이스에서 데이터의 길이를 8비트, 4비트로 설정하고, 화면 표시 행수를 2행, 1행으로 지정하며, 문자의 폰트를 5×10 DOT, 5×7 DOT로 설정한다.

DL = 1 : 데이터를 8BIT 사용

DL = 0 : 데이터를 4BIT 사용. 정확한 데이터를 보내기 위해서는 8BIT를 전송해야 한다. 그래서 상위 4BIT를 먼저 전송하고, 하위 4BIT를 나중에 전송한다.

N : 표시행 수를 설정한다.

F : 문자 폰트를 설정한다.

[표 11-4] LCD Function Set

N	F	표시행 수	문자 폰트	듀티비
0	0	1	5 * 7	1/8
0	1	1	5 * 10	1/11
1	*	2	5 * 7	1/18

⑦ CG RAM 어드레스 셋

Instruction Register에 [01000000]을 입력하여야 한다.

CG RAM의 어드레스를 지정한다. 이후에 송수신하는 데이터는 CG RAM의 데이터이다.

⑧ DD RAM 어드레스 셋

Instruction Register에 [10000000]을 입력하여야 한다.

DD RAM의 어드레스를 지정한다. 이후에 송수신하는 데이터는 DD RAM의 데이터이다.

⑨ 비지플래그/어드레스 리드

Instruction Register에 [(BF)0000000]을 입력하여야 한다.

LCD 모듈이 현재 동작하고 있음을 나타내는 Busy Flag 및 어드레스 카운터의 내용을 리드한다.

LCD 모듈이 각 제어 코드를 실행하는데는 지정된 시간이 필요하므로 CPU는 다음 제어 코드를 보내기 전에 충분히 대가하여야 한다.(표 11.2 인스트럭션의 실행시간 참조) 하지만, Busy Flag를 읽어 1이면 LCD 모듈이 활동 중이므로 기다리다가, 0이 되면 활동을 멈춘 상태여서 다음 명령을 보내면 빠르게 DISPLAY할 수 있다.

11.2 장비 구조

11.2.1 Character LCD 회로 구성도

Character LCD Part 회로 구성은 다음과 같다.

Digital Data를 시각적으로 표현하는 방법에는 여러 가지가 있다. 그중 범용적으로 사용되는 Character LCD를 사용하였다.

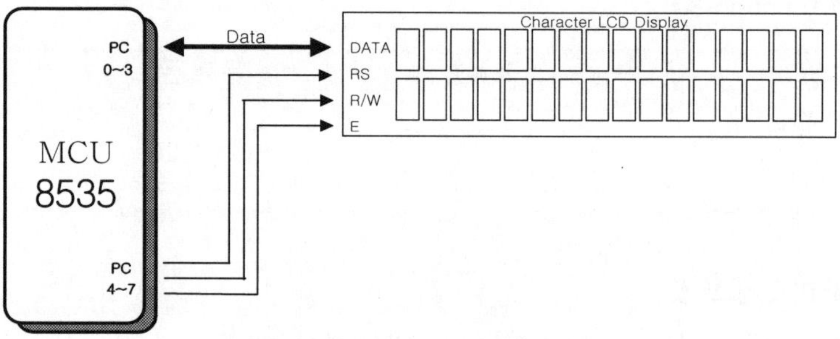

Character LCD 회로 구성도

Port	내 용
Port C 0~3	LCD Data Line으로 사용, Data 입/출력을 수행 한다.
Port C 4~7	LCD Control 신호로 사용한다.

11.2.2 Character LCD 제어 회로도

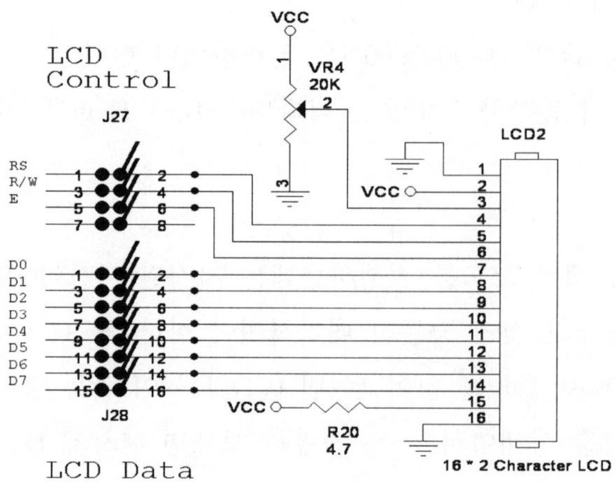

11.2.3 Character LCD 부품 배치도

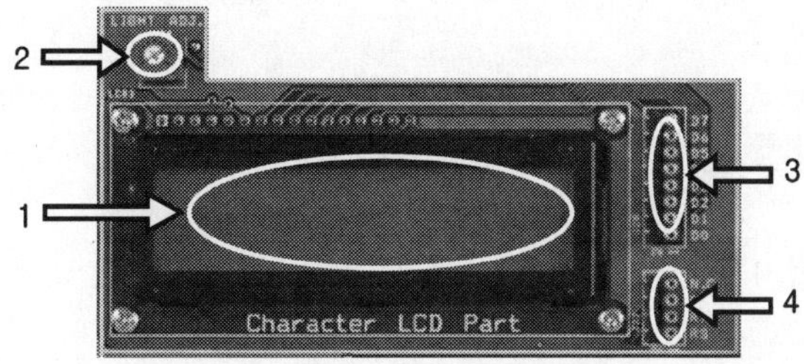

① 16*2 Character LCD이다.

② LCD Light Adjust 가변저항이다.

③ LCD Data Port이다.

④ LCD Control Port이다.

11.3 배선 연결도

실험, 실습을 위해서는 아래와 같이 연결한다.

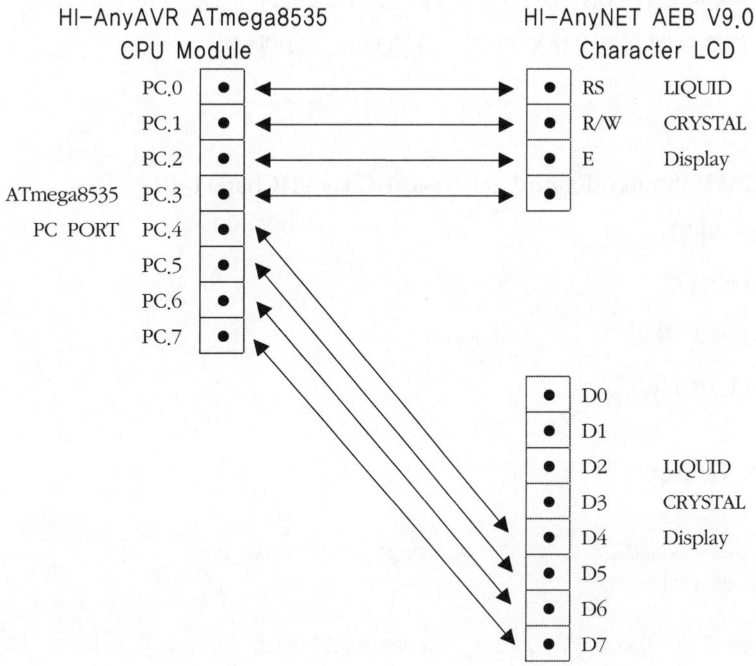

11.4 제어 실험

11.4.1 LCD에 문자를 출력한다.

ATmega8535 실험 11.1

문제

LCD에 다음과 같이 출력한다.

	A	V	R		A	T	m	e	g	a	8	5	3	5	
H	I	-	S	y	s	t	e	m		C	o	,	L	t	d

16 × 2 Character LCD

STEP BY STEP 실험

1. 교재의 「관련 지식」을 읽어본다.
2. Kit와 컴퓨터를 ISP Cable을 사용하여 연결한다.
3. 예제 프로그램을 작성한다.
4. C Compiler를 사용하여 HEX File을 만든다.
5. ISP 프로그램으로 HEX file을 다운로드, 실행한다.

폴더위치

AnyAVR8535\Source\Exam\CodeVision\Chap11\Chap11_01\

- Source 파일

  Chap11_01.C

- Download 파일

  Chap11_01.HEX

Program Source

```
#include <mega8535.h>          // Atmega 8535 header file
#include <delay.h>             // delay header file

// Port C 0,1,2,3,4,5,6,7 -> RS,RD,EN,free,D4,D5,D6,D7
```

```
// Alphanumeric LCD Module functions
#asm
   .equ __lcd_port=0x15
#endasm
#include <lcd.h>

void init(void);
void delay(unsigned int cnt);
void main(void)
{
        char      buff[17]=" AVR ATmega8535 ";  // LCD 출력 Data 저장 변수 설정

        init();     // Port 초기화 함수 호출

        lcd_init(16);            // Character LCD 16 * 2 사용 선언
       lcd_gotoxy(0,0);          // LCD 1 line 선택 함수, x=0, y=0
       delay(100);               // 시간 지연 함수
       lcd_puts(buff);           // buff변수 Data를 LCD로 출력
        lcd_gotoxy(0,1);         // LCD 2 line 선택 함수, x=0, y=1
        lcd_putsf("HI-SYSTEM Co,Ltd");  // Data를 LCD로 출력

        while(1)
        {
        }
}

void init(void)
{
        PORTA=0xff;              // Port A 초기값
        DDRA=0xff;               // Port A 설정, 출력으로 사용

        PORTB=0xff;              // Port B 초기값
        DDRB=0xff;               // Port B 설정, 출력으로 사용

        PORTC=0xff;              // Port C 초기값
        DDRC=0xff;               // Port C 설정, 출력으로 사용

        PORTD=0xff;              // Port D 초기값
        DDRD=0xff;               // Port D 설정, 출력으로 사용
}

void delay(unsigned int cnt)
{
        while(cnt--);
}
```

11.5 실습 과제

■ Character LCD의 글자를 1칸씩 우측 쉬프트한다.

		W	e	l	c	o	m	e		8	5	3	5		

16 × 2 Character LCD

⇓

			W	e	l	c	o	m	e		8	5	3	5	

⇓

				W	e	l	c	o	m	e		8	5	3	5

:

:

															W

⇓

		W	e	l	c	o	m	e		8	5	3	5		

⇓

반 복

11.6 알아두기

■ Character LCD의 동작 원리를 이해한다.

12. Serial 통신 제어

CHAPTER

실습 목표

- MCU AVR ATmega8535의 Serial 통신 제어 실험을 통하여 Serial Port 동작원리와 사용방법을 이해, 실험 실습한다.

12.1 관련 지식

1) AVR ATmega8535

- 교재 Part1 참조.

2) 시리얼 통신

- AVR의 비동기 데이터 통신의 특징
  ① Baud Rate 발생기
  ② 낮은 Clock에서 높은 Baud Rate
  ③ 8 or 9bit Data
  ④ Noise Filtering
  ⑤ Overrun 검출
  ⑥ 플레밍 에러 검출
  ⑦ 비정상인 스타트 비트 검출
  ⑧ 3개의 인터럽트 송신 완료, 송신데이터 레지스터 비어 있음, 수신 완료

■ 데이터 송신

데이터를 송신하기 위해서는 UDR, UCR, USR 레지스터들을 사용한다. AVR의 UART 송신기는 그림과 같은 구조로 되어있다.

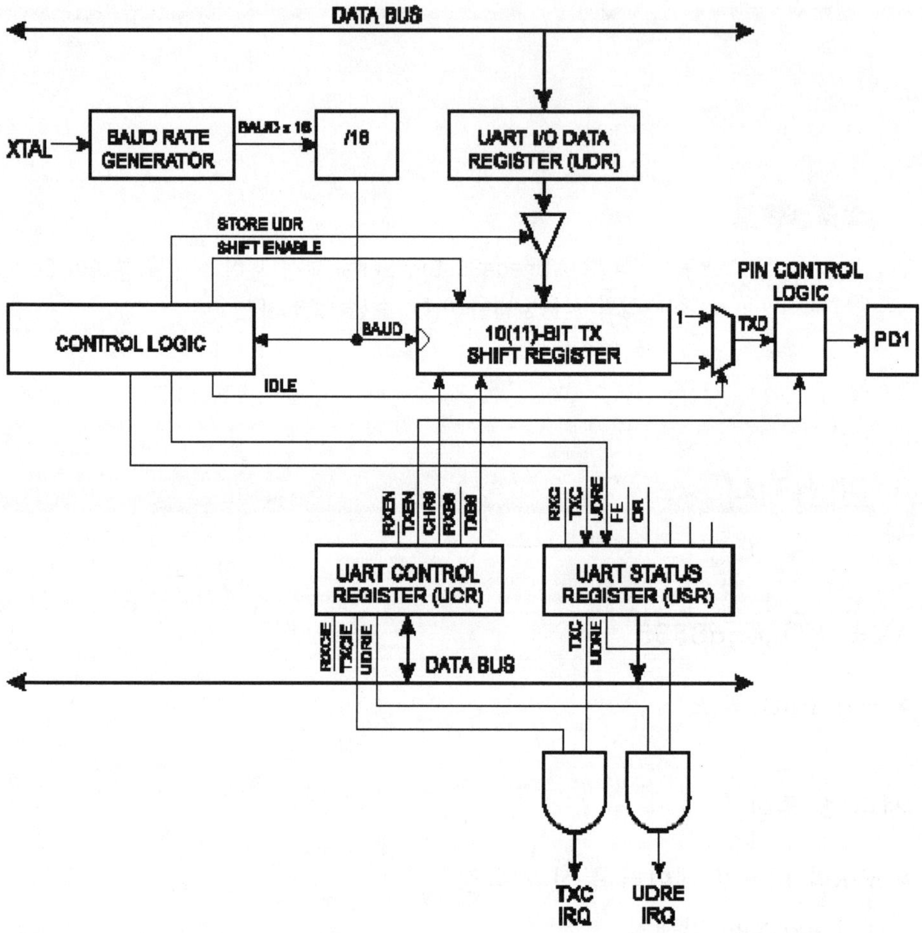

UART 송신기 구조

■ 데이터 수신

데이터를 수신하기 위해서는 UDR, UCR, USR 레지스터들을 사용한다. AVR의 UART 수신기는 그림과 같은 구조로 되어있다.

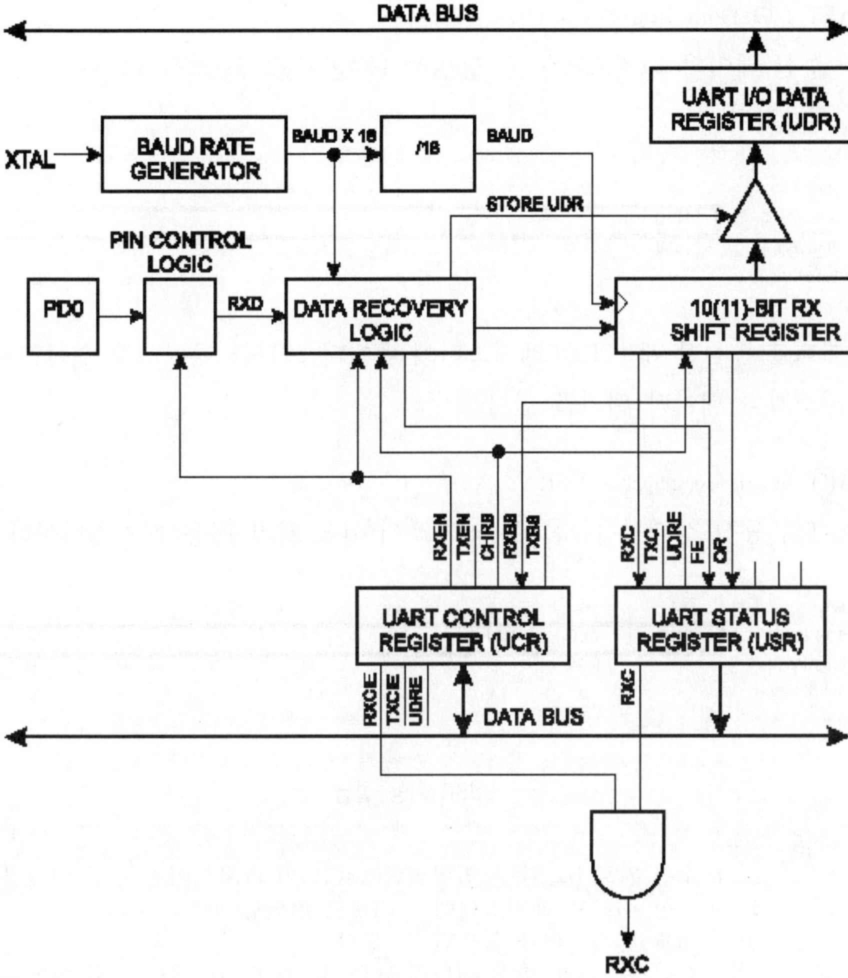

UART 수신기 구조

■ 수신 데이터 샘플링

RXD 핀으로 수신되는 Data를 그림과 같이 비트의 중심에서 3회 샘플링하여 2회 이상인 Data를 선택한다.

수신되는 데이터의 샘플링 처리

시작 비트 : 1

정지 비트 : 0

■ UART I/O Data Register - UDR

송·수신 데이터 레지스터이다. 동일한 I/O번지를 송•수신 레지스터가 공유하면서 사용한다.

Bit	7	6	5	4	3	2	1	0	
$0C ($2C)	MSB							LSB	UDR
Read/Write	R/W	R/W	R/W	R/W	R/W	R/W	R/W	R/W	
Initial Value	0	0	0	0	0	0	0	0	

데이터를 송신할 때는 UDR레지스터에 데이터 쓰기를 데이터를 수신할 때는 UDR 레지스터의 데이터 읽기를 한다.

■ UART Status Register - USR

UART의 통신 상태를 나타내는 레지스터이다. 읽기 전용 레지스터이다.

Bit	7	6	5	4	3	2	1	0	
$0B ($2B)	RXC	TXC	UDRE	FE	OR	–	–	–	USR
Read/Write	R	R/W	R	R	R	R	R	R	
Initial Value	0	0	1	0	0	0	0	0	

USR 기능 설명

bit	bit명	Data	기 능
7bit	RXC		수신 완료 bit. 수신 인터럽트(RXCIE)가 Enable이면 수신 인터럽트 발생
		1	수신 쉬프트 레지스터에서 UDR로 전달할 때 '1' 된다
		0	UDR 레지스터를 읽으면 '0' 된다.
6bit	TXC		송신 완료 bit. 송신 인터럽트(TXCIE)가 Enable이면 송신 인터럽트 발생
		1	송신 쉬프트 레지스터의 모든 bit가(스톱비트 포함) 전송완료, UDR에 데이터가 없을 때 '1' 된다.
		0	송신 인터럽트가 처리될 때, TXC에 1을 쓸때
5bit	UDRE		데이터 레지스터가 Empty 상태 bit, TXCIE가 Enable이면 송신 Empty 인터럽트 발생
		1	UDR에서 데이터를 송신기 쉬프트 레지스터로 전달할 때 '1' 된다.
		0	UDR에 데이터를 쓰면 '0' 된다.
4bit	FE		프레밍 에러 상태 bit
		1	스톱비트가 '0'로 수신되면 '1' 된다.
		0	스톱비트가 '1'로 수신되면 '0' 된다.
3bit	OR		오버런 에러 상태 bit
		1	UDR의 데이터를 읽기 전에 새로운 데이터가 수신되면 '1' 된다.
		0	UDR로 데이터를 쓰거나 읽으면 '0' 된다.
2bit	-		
1bit	-		
0bit	-		

■ UART Control Register - UCR

송·수신 제어 레지스터이다.

Bit	7	6	5	4	3	2	1	0	
\$0A (\$2A)	RXCIE	TXCIE	UDRIE	RXEN	TXEN	CHR9	RXB8	TXB8	UCR
Read/Write	R/W	R/W	R/W	R/W	R/W	R/W	R	W	
Initial Value	0	0	0	0	0	0	1	0	

bit	bit명	Data	기 능
7bit	RXCIE		수신 완료 인터럽트 설정 bit. SREG의 I가 '1', RXCIE가 '1', RXC가 '1'되면 인터럽트 발생
		1	인터럽트 Enable
		0	인터럽트 Disable
6bit	TXCIE		송신 완료 인터럽트 설정 bit. SREG의 I가 '1', TXCIE가 '1', TXC가 '1'되면 인터럽트 발생
		1	인터럽트 Enable
		0	인터럽트 Disable
5bit	UDRIE		데이터 레지스터 Empty 인터럽트 설정 bit. SREG의 I가 '1', UDRIE가 '1', UDRE가 '1'되면 인터럽트 발생
		1	인터럽트 Enable
		0	인터럽트 Disable
4bit	RXEN		수신기 동작 설정 bit.
		1	수신기 동작 Enable
		0	수신기 동작 Disable
3bit	TXEN		송신기 동작 설정 bit.
		1	송신기 동작 Enable
		0	송신기 동작 Disable
2bit	CHR9		송·수신 문자 데이터를 9bit로 설정 bit
		1	시작 비트 + 데이터 9비트 + 정지 비트
		0	시작 비트 + 데이터 8비트 + 정지 비트
1bit	RXB8		수신 데이터 bit. CHR9가 '1'일 때, 9번째 bit가 된다.
0bit	TXB8		송신 데이터 bit. CHR9가 '1'일 때, 9번째 bit가 된다.

■ UART Baud Rate Register - UBPR

통신 속도를 결정하는 레지스터이다.

Bit	7	6	5	4	3	2	1	0	
\$09 (\$29)	MSB							LSB	UBRR
Read/Write	R/W	R/W	R/W	R/W	R/W	R/W	R/W	R/W	
Initial Value	0	0	0	0	0	0	0	0	

$$BAUD = \frac{f_{CK}}{16(UBRR + 1)}$$

- BAUD = Baud rate
- f_{CK} = Crystal clock frequency
- UBRR = Contents of the UART Baud Rate register, UBRR (0 - 255)

Baud Rate		1 MHz	%Error		1.8432 MHz	%Error		2 MHz	%Error		2.4576 MHz	%Error
2400	UBRR=	25	0.2	UBRR=	47	0.0	UBRR=	51	0.2	UBRR=	63	0.0
4800	UBRR=	12	0.2	UBRR=	23	0.0	UBRR=	25	0.2	UBRR=	31	0.0
9600	UBRR=	6	7.5	UBRR=	11	0.0	UBRR=	12	0.2	UBRR=	15	0.0
14400	UBRR=	3	7.8	UBRR=	7	0.0	UBRR=	8	3.7	UBRR=	10	3.1
19200	UBRR=	2	7.8	UBRR=	5	0.0	UBRR=	6	7.5	UBRR=	7	0.0
28800	UBRR=	1	7.8	UBRR=	3	0.0	UBRR=	3	7.8	UBRR=	4	6.3
38400	UBRR=	1	22.9	UBRR=	2	0.0	UBRR=	2	7.8	UBRR=	3	0.0
57600	UBRR=	0	7.8	UBRR=	1	0.0	UBRR=	1	7.8	UBRR=	2	12.5
76800	UBRR=	0	22.9	UBRR=	1	33.3	UBRR=	1	22.9	UBRR=	1	0.0
115200	UBRR=	0	84.3	UBRR=	0	0.0	UBRR=	0	7.8	UBRR=	0	25.0

Baud Rate		3.2768 MHz	%Error		3.6864 MHz	%Error		4 MHz	%Error		4.608 MHz	%Error
2400	UBRR=	84	0.4	UBRR=	95	0.0	UBRR=	103	0.2	UBRR=	119	0.0
4800	UBRR=	42	0.8	UBRR=	47	0.0	UBRR=	51	0.2	UBRR=	59	0.0
9600	UBRR=	20	1.6	UBRR=	23	0.0	UBRR=	25	0.2	UBRR=	29	0.0
14400	UBRR=	13	1.6	UBRR=	15	0.0	UBRR=	16	2.1	UBRR=	19	0.0
19200	UBRR=	10	3.1	UBRR=	11	0.0	UBRR=	12	0.2	UBRR=	14	0.0
28800	UBRR=	6	1.6	UBRR=	7	0.0	UBRR=	8	3.7	UBRR=	9	0.0
38400	UBRR=	4	6.3	UBRR=	5	0.0	UBRR=	6	7.5	UBRR=	7	6.7
57600	UBRR=	3	12.5	UBRR=	3	0.0	UBRR=	3	7.8	UBRR=	4	0.0
76800	UBRR=	2	12.5	UBRR=	2	0.0	UBRR=	2	7.8	UBRR=	3	6.7
115200	UBRR=	1	12.5	UBRR=	1	0.0	UBRR=	1	7.8	UBRR=	2	20.0

Baud Rate		7.3728 MHz	%Error		8 MHz	%Error		9.216 MHz	%Error		11.059 MHz	%Error
2400	UBRR=	191	0.0	UBRR=	207	0.2	UBRR=	239	0.0	UBRR=	287	-
4800	UBRR=	95	0.0	UBRR=	103	0.2	UBRR=	119	0.0	UBRR=	143	0.0
9600	UBRR=	47	0.0	UBRR=	51	0.2	UBRR=	59	0.0	UBRR=	71	0.0
14400	UBRR=	31	0.0	UBRR=	34	0.8	UBRR=	39	0.0	UBRR=	47	0.0
19200	UBRR=	23	0.0	UBRR=	25	0.2	UBRR=	29	0.0	UBRR=	35	0.0
28800	UBRR=	15	0.0	UBRR=	16	2.1	UBRR=	19	0.0	UBRR=	23	0.0
38400	UBRR=	11	0.0	UBRR=	12	0.2	UBRR=	14	0.0	UBRR=	17	0.0
57600	UBRR=	7	0.0	UBRR=	8	3.7	UBRR=	9	0.0	UBRR=	11	0.0
76800	UBRR=	5	0.0	UBRR=	6	7.5	UBRR=	7	6.7	UBRR=	8	0.0
115200	UBRR=	3	0.0	UBRR=	3	7.8	UBRR=	4	0.0	UBRR=	5	0.0

3) MAX232

- RS232C 통신을 하기 위해서는 통신 전압 레벨을 10V로 만들어 주어야 한다. 하지만 MCU의 UART에서 지원하는 통신 전압 레벨은 5V이다. MAX232는 5V전압 레벨을 10V로 만들어주는 Driver이다.

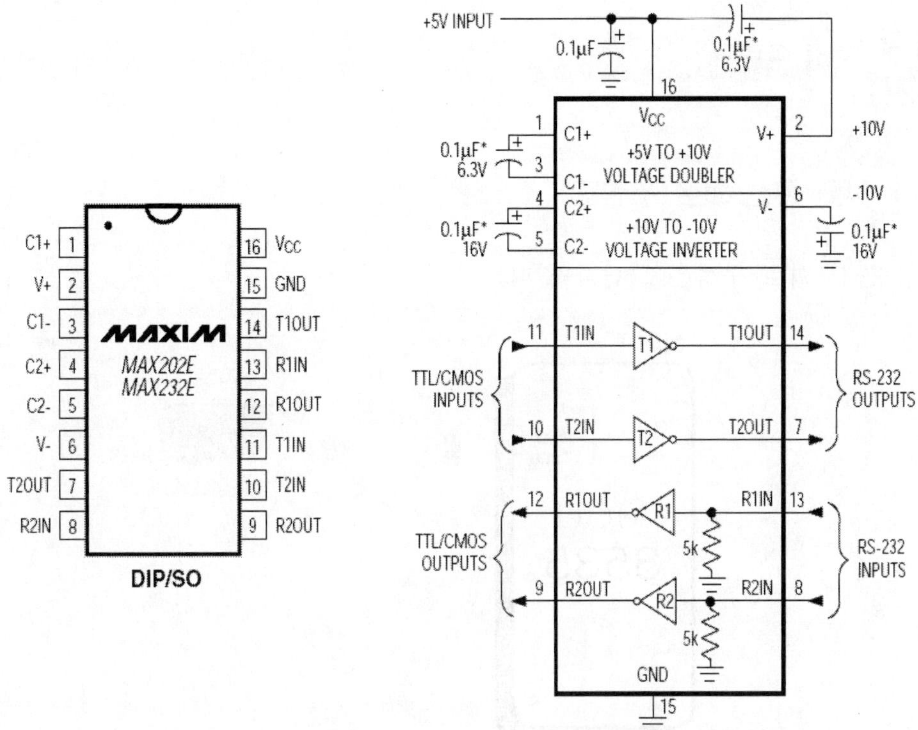

MAX232 핀 배열 및 내부 구조

MAX232 핀 기능 설명

PIN	CONNECTION	
1	Received Line Signal Detector (sometimes called Carrier Detect, DCD)	Handshake from DCE
2	Receive Data (RD)	Data from DCE
3	Transmit Data (TD)	Data from DTE
4	Data Terminal Ready	Handshake from DTE
5	Signal Ground	Reference point for signals
6	Data Set Ready (DSR)	Handshake from DCE
7	Request to Send (RTS)	Handshake from DTE
8	Clear to Send (CTS)	Handshake from DCE
9	Ring Indicator	Handshake from DCE

12.2 장비 구조

12.2.1 직렬 통신 회로 구성도

직렬 통신 회로 구성은 그림과 같다.

시리얼 통신 제어 회로 구성도

12.2.2 직렬 통신 제어 회로도

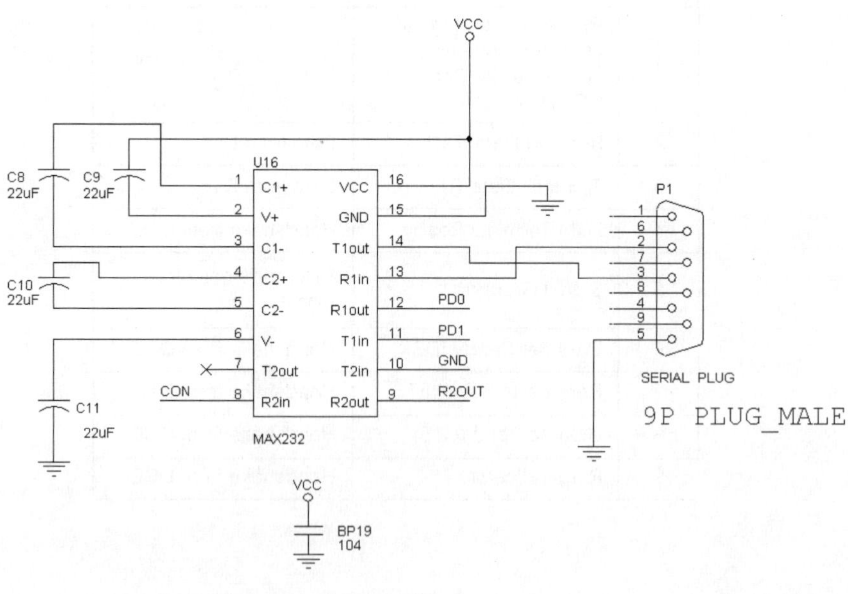

12.2.3 직렬 통신 부품 배치도

① MAX232C Device

② DSUB-9 Connecter

12.3 배선 연결도

실험, 실습을 위해서는 아래와 같이 연결한다.

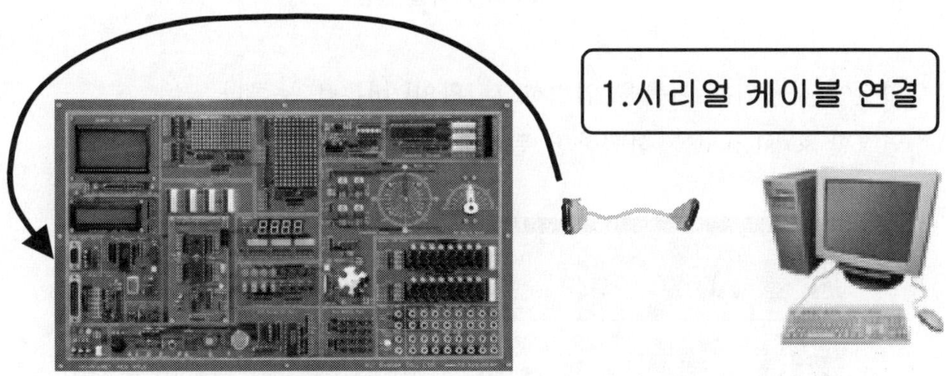

12.4 제어 실험

12.4.1 직렬 통신 제어

ATmega8535 실험 12.1

● 문제

컴퓨터의 「하이퍼 터미널」을 실행하여 컴퓨터 키보드 자판을 클릭하면 ATmega8535에서 반환하는 프로그램을 작성한다.

1) 하이퍼터미널을 실행한다.

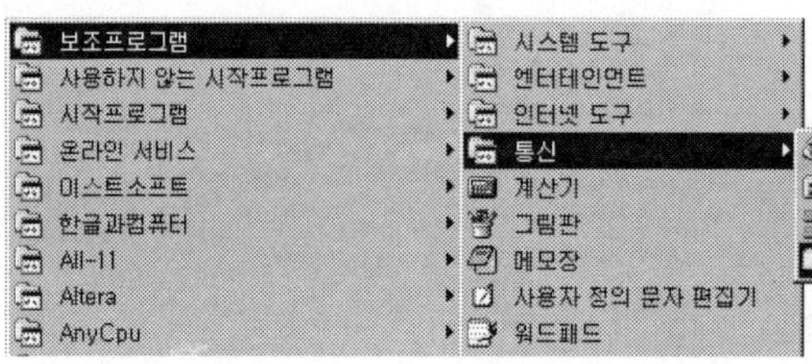

하이퍼 터미널 실행

연결에 사용되는 이름을 입력하고, [확인] 버튼을 누른다.
연결할 serial port를 선택하면 된다

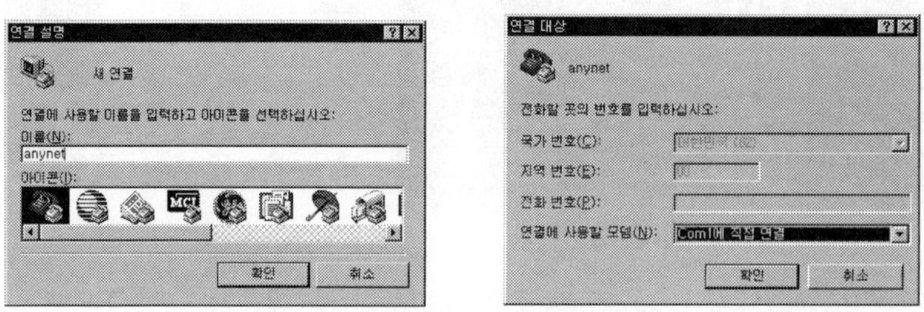

연결 설정

Port의 등록정보를 다음과 같이 변경한다.

내 용	설 정 값
초당 비트 수	9600
데이터 비트	8
패리티	없음
정지 비트	1
흐름 컨트롤	없음

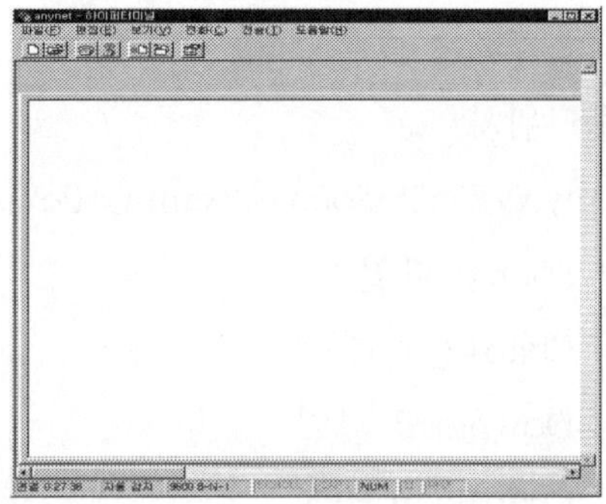

보레이트 설정

Port의 등록정보를 마치면 그림과 같이 「하이퍼 터미널」이 실행된다.

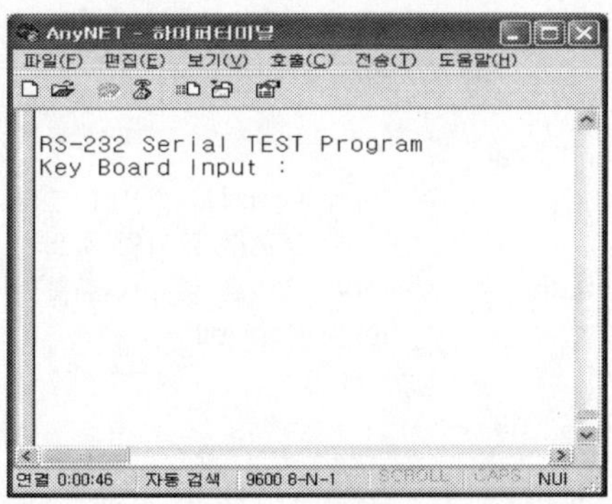

⇓(컴퓨터 키보드를 누른다.)

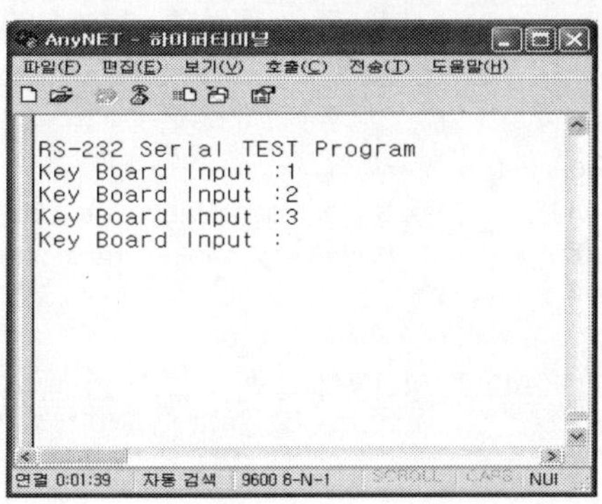

STEP BY STEP 실험

1. 교재의 「관련 지식」을 읽어본다.
2. Kit와 컴퓨터를 ISP Cable을 사용하여 연결한다.
3. 예제 프로그램을 작성한다.
4. C Compiler를 사용하여 HEX File을 만든다.
5. ISP 프로그램으로 HEX file을 다운로드, 실행한다.

폴더위치

AnyAVR8535\Source\Exam\CodeVision\Chap12\Chap12_01\

- Source 파일

  Chap12_01.C

- Download 파일

  Chap12_01.HEX

Program Source

```
#include <mega8535.h>          // Atmega 8535 header file
#include <delay.h>             // delay header file

#define byte  unsigned char
byte GetByte(void);            // Serial Port에서 한 바이트를 읽어 온다.
void PutStr(char *str);        // Serial Port로 문자열 출력
void PutByte(byte byData);     // Serial Port로 한 바이트를 쓴다.
void Init_UART(void);          // Serial Port init...

void delay(unsigned int cnt)
{
        while(cnt--);
}

void Init_UART(void)
{
        // Serial Port init..
        UBRRL = 0x17;          // Serial Port.. Baud rate 9600 bps
        UCSRB = 0x18;          // Receiver Enable, Transmitter Enable
}

// Serial Port 에서 한 바이트를 읽어온다.
byte GetByte(void)
{
```

```
        byte byData;            // Serial Port에서 읽어온 데이터를 저장할 변수 선언

        while(!(UCSRA&0x20));// UDR Register 가 비었는지 확인한다.

        //USR(UART Status Register) TXC bit.
        while(!UCSRA.6);        // data를 받을때까지 기다린다.
        UCSRA.6 = 0;

        byData = UDR;           // data를 읽는다.

        return byData;

}

void PutByte(byte byData)       // Serial Port 로 한 바이트를 쓴다.
{
        while(!(UCSRA&0x20));// UDR Register 가 비었는지 확인한다.

        UDR = byData;           // data를 버퍼에 쓴다.

        //USR(UART Status Register) RXC bit.
        while(!UCSRA.7);
        UCSRA.7 = 0;
}

void PutStr(char *str)          // Serial Port 로 문자열 출력
{
        char ch;
        unsigned int i=0;

        while(ch = str[i++]) PutByte(ch);

}

void main(void)
{
        unsigned char Com_Key;

        //static struct {
        //        char *P_String;         // RS-232 Serial Test Program
        //        char *P_String1;        // KeyBoard Input
        //}put_str;

        unsigned char put_String[]="RS-232 Serial Test Program";
        unsigned char put_String1[]="KeyBoard Input ==> ";

        Init_UART();                    // Serial Port unit...function call

        PutByte(0x0a);                  // enter
```

```
        PutByte(0x0d);                  // Home

        PutStr(put_String);
        PutByte(0x0a);                  // enter
        PutByte(0x0d);                  // Home

        while(1)
        {
                PutStr(put_String1);    // Serial Port로 문자열 출력
                Com_Key = GetByte();// PC에서 보내는 문자 입력
                delay(10000);           // delay time
                PutByte(Com_Key);       // Serial Port로 문자 출력
                PutByte(0x0a);
                PutByte(0x0d);
        }
}
```

12.5 실습 과제

■ 직렬 통신을 이용하여 'A' ~ 'Z'까지 문자를 PC로 전송하자.

12.6 알아두기

■ 직렬 통신의 동작 원리를 이해한다.

13 CHAPTER Graphic LCD 제어

실습 목표

- MCU AVR ATmega8535과 Graphic LCD 제어 실험을 통해 LCD의 동작원리와 사용방법을 이해, 실험 실습한다.

13.1 관련 지식

1) AVR ATmega8535

- 교재 Part1 참조.

2) 128 × 64 Graphic LCD

- 그래픽 LCD 컨트롤러 KS0108B 의 내부 레지스터
  1) I/O BUFFER : I/O BUFFER는 칩이 인에이블/디스에이블 상태에서 칩을 제어한다.
  2) 입력 레지스터(Input Register) : 입력레지스터는 다른 레지스터 혹은 디스플레이 데이터 RAM 에 라이트하기 전에 저장하는 임시저장 BUFFER
  3) 출력 레지스터(Output Register) : 디스플레이 RAM 에 출력된 데이터가 잠시 저장되는 레지스터
  4) 리셋 : 전원이 처음 들어오거나 $\overline{RES}$핀이 "L"이 되면 시스템을 초기 설정한다.
     ① 디스플레이 OFF
     ② 디스플레이 START LINE 레지스터는 "0"
     ③ 리셋이 해제되면 단지 명령만 받을 수 있다.

5) BUSY 플래그 : BUSY 플래그는 컨트롤러가 동작중인지 아닌지를 나타낸다.

1 : 컨트롤러가 내부 동작중

0 : 데이터나 명령을 받을 수 있다.

6) 디스플레이 ON / OFF : 단지 디스플레이 ON / OFF 시키는데 사용한다. 디스플레이의 ON /OFF 에 관없이 디스플레이 RAM의 데이터는 변하지 않는다.

7) X 페이지 레지스터 : 디스플레이 데이터 RAM의 페이지를 가리키는데 사용한다. 단. 카운터기능은 없다.

8) Y 어드레스 카운터 : 디스플레이 데이터 RAM의 어드레스를 가리키는데 사용한다. 이 카운터는 디스플레이 데이터 RAM을 READ / WRITE 하면 자동으로 +1 증가한다.

9) 디스플레이 데이터 RAM : LCD 에 디스플레이할 데이터를 저장한다.

10) 디스플레이 스타트 라인 레지스터 ; LCD 첫줄에 디스플레이할 디스플레이 데이터 RAM 의 어드레스를 가리킨다. 이것을 이용하면 LCD를 스크롤 하는데 이용할 수 있다.

※ 디스플레이 데이터 RAM 구조

	←8bit→							
↑ 8bit ↓	Y0~Y7 X0	Y8~Y15 X0	Y16~Y23 X0	Y24~31 X0	Y32~39 X0	Y40~Y47 X0	Y48~Y55 X0	Y56~Y63 X0
	Y0~Y7 X1	...	...	...	...	...	...	...
	Y0~Y7 X2	...	...	...	...	...	...	...
	Y0~Y7 X3	...	...	...	...	...	...	...
	Y0~Y7 X4	...	...	...	...	...	...	...
	Y0~Y7 X5	...	...	...	...	...	...	...
	Y0~Y7 X6	...	...	...	...	...	...	...
	Y0~Y7 X7	...	...	...	...	...	...	Y56~Y63 X7

※ LCD 모듈의 제어 명령

LCD의 원하는 위치에 원하는 폰트를 디스플레이하려면 LCD를 제어하는 명령을 잘 이해해야 한다. ANY LCD/KEY BOARD에서 사용하는 LCD 제어 명령과 명령 어드레스를 표.XX 에 정리하여 놓았다.

LCD제어 명령							LCD 제어 명령 DATA									설명
	ADDRESS	SLCD	C2	C1	D/I	R/W	HEX	D7	D6	D5	D4	D3	D2	D1	D0	
LCD_DW0	0F08CH	1	0	1	1	0		WRITE DATA								
LCD_DR0	0F08EH	1	0	1	1	1		READ DATA								
LCD_IW0	0F088H	1	0	1	0	0	3E/3F	0	0	1	1	1	1	1	1/0	DISPLAY ON/OFF(D0=1-〉ON)
	0F088H	1	0	1	0	0	C0+x	1	1	X축 시작주소						
	0F088H	1	0	1	0	0	B8+x	1	0	1	1	1	줄(0~7)			
	0F088H	1	0	1	0	0	40+x	0	1	X축 주소(0~63)						
LCD_IR0	0F08AH	1	0	1	0	1		B	0	ON/ OFF	R	0	0	0	0	B=BUSY,ON/OFF=DISPLAY ON/OFF 상태,R=1 리셋
LCD_DW1	0F094H	1	1	0	1	0		WRITE DATA								
LCD_DR1	0F096H	1	1	0	1	1		READ DATA								
LCD_IW1	0F090H	1	1	0	0	0	3E/3F	0	0	1	1	1	1	1	1/0	
	0F090H	1	1	0	0	0	C0+x	1	1	X축 시작주소						
	0F090H	1	1	0	0	0	B8+x	1	0	1	1	1	줄(0~7)			
	0F090H	1	1	0	0	0	40+x	0	1	X축 주소(0~63)						
LCD_IR1	0F092H	1	1	0	0	1		B	0	ON/ OFF	R	0	0	0	0	

※ 그래픽 LCD 핀 기능설명

Pin No.	Symbol	Level	Description
1	VSS (GND)	0 V	접지
2	VDD (VCC)	5 V	전원 5V
3	VO	-	LCD 구동 전원
4	D/I	H/L	H:LCD DATA , L:LCD 명령
5	R/W	H/L	H:LCD 읽기 , L:LCD 쓰기
6	E	L,L→H	H:LCD 동작 허용
7	DB0	H/L	DATA0
8	DB1	H/L	DATA1
9	DB2	H/L	DATA2
10	DB3	H/L	DATA3
11	DB4	H/L	DATA4
12	DB5	H/L	DATA5
13	DB6	H/L	DATA6
14	DB7	H/L	DATA7
15	CS1	H/L	IC1 칩설정
16	CS2	H/L	IC2 칩설정
17	/RES	H,H→L	L:LCD reset
18	VOUT	-10V	LCD 구동 전압출력 10V
19	A	+4.1V	LED 백라이트 전원 +4.1V
20	K	0V	LED 백라이트 전원 접지

13.2 장비 구조

13.2.1 Graphic LCD 회로 구성도

Graphic LCD Part 회로 구성은 다음과 같다.

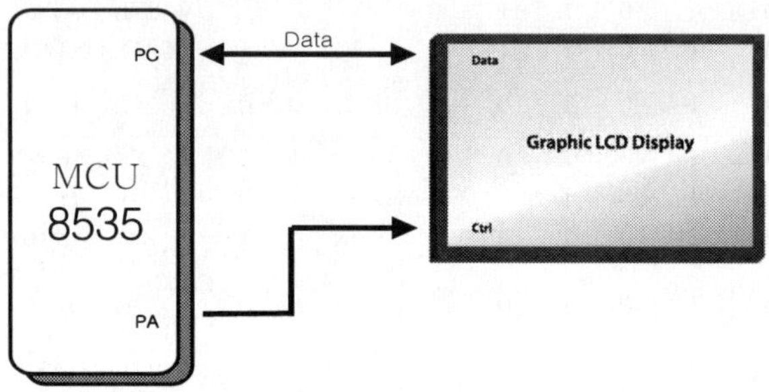

Graphic LCD 회로 구성도

Port	내 용
Port C	LCD Data Line으로 사용, Data 입/출력을 수행 한다.
Port A	Graphic LCD Control 신호로 사용된다.

13.2.2 Graphic LCD 제어 회로도

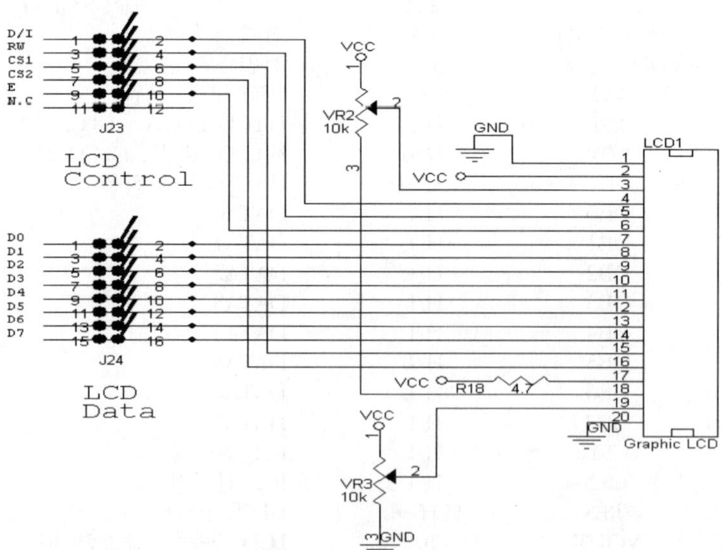

Graphic LCD 회로도

13.2.3 Graphic LCD 부품 배치도

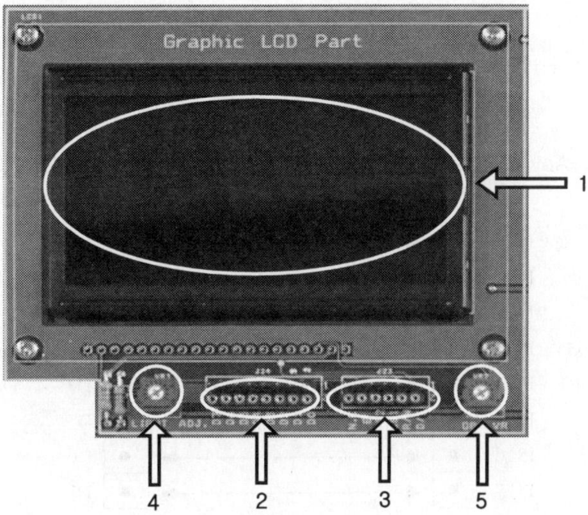

① 128 * 64 Graphic LCD이다.

② LCD Data Port이다.

③ LCD Control Port이다.

④ Graphic LCD Light Adjust
Graphic LCD의 백라이트의 밝기를 조절한다.

⑤ Graphic LCD OP. VR
Graphic LCD의 출력 화면의 선명도를 조절한다.

13.3 배선 연결도

실험, 실습을 위해서는 아래와 같이 연결한다.

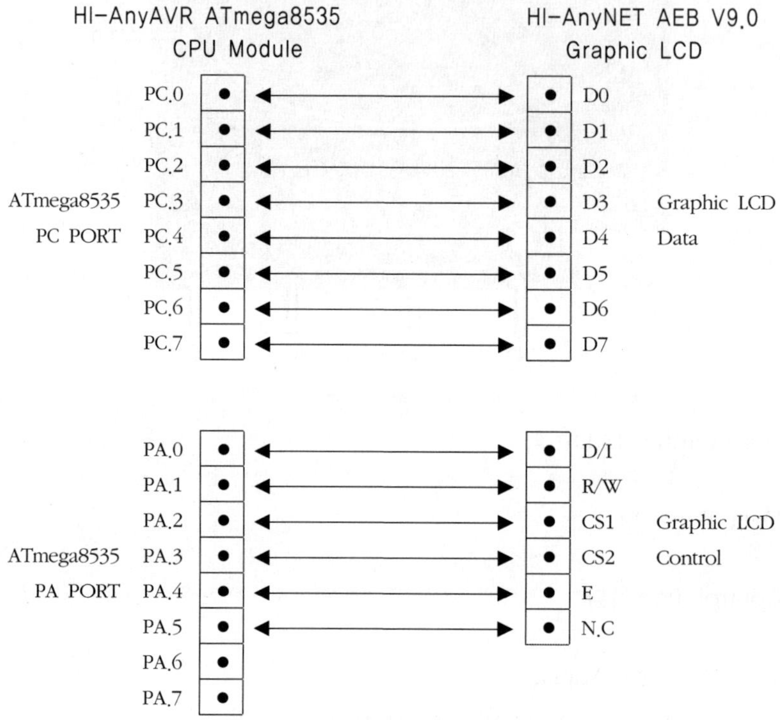

13.4 제어 실험

13.4.1 Graphic LCD를 구동한다.

ATmega8535 실험 13.1

● 문제

Graphic LCD에 아래와 같이 문자를 출력한다.

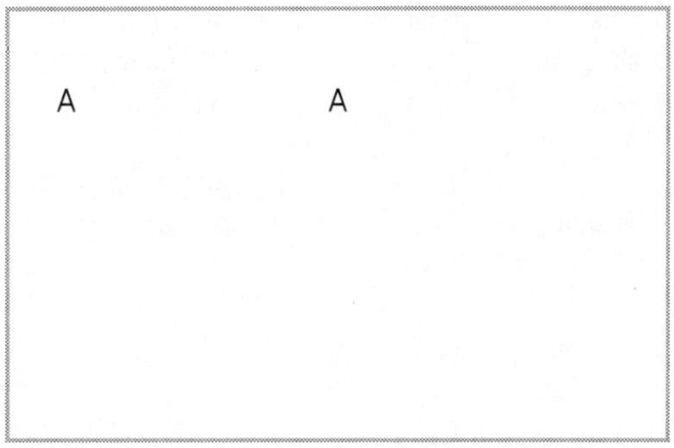

STEP BY STEP 실험

1. 교재의 「관련 지식」을 읽어본다.
2. Kit와 컴퓨터를 ISP Cable을 사용하여 연결한다.
3. 예제 프로그램을 작성한다.
4. C Compiler를 사용하여 HEX File을 만든다.
5. ISP 프로그램으로 HEX file을 다운로드, 실행한다.

폴더위치

AnyAVR8535\Source\Exam\CodeVision\Chap13\Chap13_01\

- Source 파일
  Chap13_01.C
- Download 파일
  Chap13_01.HEX

Program Source

```
#include <mega8535.h>            // Atmega 8535 header file
#include <delay.h>               // delay header file

typedef   unsigned char          BYTE;                 // 8-bit value
typedef   unsigned char          UCHAR;                // 8-bit value
typedef   unsigned int           INT;                  // 16-bit value
typedef   unsigned int           UINT;                 // 16-bit value
typedef   unsigned short         USHORT;               // 16-bit value
typedef   unsigned short         WORD;                 // 16-bit value
typedef   unsigned long          ULONG;                // 32-bit value
typedef   unsigned long          DWORD;                // 32-bit value

typedef unsigned char            u_char;               // 8-bit value
```

```
typedef unsigned short        u_short;   // 16-bit value
typedef unsigned int u_int;               // 16-bit value
typedef unsigned long         u_long;    // 32-bit value

#define   LCDD       PORTD.0  // Port D.0 bit, SPIT A0로 사용
#define   LCDC       PORTD.1  // Port D.1 bit, SPIT A1로 사용

#define   SLCDC      PORTA    // Port A
#define   SLCDD      PORTC    // Port C

#define   PAGE1               0x04
#define   PAGE2               0x08
#define   PAGE_OFF            0xf3
#define   LCD_ON              0x3f
#define   LCD_OFF             0x3e
#define DISPLAY_LINE          0xc0

#define   WRITE_DATA          0x01
#define   READ_DATA           0x03
#define   G_LCD_ENABLE        0x10

void init(void);
void Delay(unsigned int i);

void LCD_Command(UCHAR page,UCHAR command);
void Display_On(UCHAR page);
void Display_Off(UCHAR page);
void Display_Start(UCHAR page,UCHAR line);
void Set_X_Y(UCHAR page,UCHAR X,UCHAR Y);
void Set_X(UCHAR page,UCHAR X);
void Set_Y(UCHAR page,UCHAR Y);
void G_LCD_Ready();
void G_LCD_Init();
void Screen_clr();
void LCD_Write_Data(UCHAR page,UCHAR Data);
void Write_Char(UCHAR page,UCHAR Data);
void Write_Char_X_Y(UCHAR page,UCHAR X,UCHAR Y,UCHAR Data);
void Write_String(UCHAR page,UCHAR *String);
void Write_String_X_Y(UCHAR page,UCHAR X,UCHAR Y,UCHAR *String);

flash unsigned char g_lcd_font[85][7]={{0x00,0x00,0x00,0x00,0x00,0x00,0x00},//SPACE
          {0x00,0x00,0x00,0x4F,0x00,0x00,0x00},//!
          {0x00,0x00,0x07,0x00,0x07,0x00,0x00},//"
          {0x00,0x14,0x7F,0x14,0x7F,0x14,0x00},//#
          {0x00,0x24,0x2A,0x7F,0x2A,0x12,0x00},//$
          {0x00,0x22,0x15,0x2A,0x54,0x22,0x00},//%
          {0x00,0x36,0x49,0x55,0x22,0x50,0x00},//&
          {0x00,0x00,0x05,0x03,0x00,0x00,0x00},//'
          {0x00,0x00,0x1C,0x22,0x41,0x00,0x00},//(
```

```
{0x00,0x00,0x41,0x22,0x1C,0x00,0x00},//)
{0x00,0x2A,0x1C,0x3E,0x1C,0x2A,0x00},//*
{0x00,0x08,0x08,0x3E,0x08,0x08,0x00},//+
{0x00,0x00,0x80,0x40,0x00,0x00,0x00},//,0x
{0x00,0x08,0x08,0x08,0x08,0x08,0x00},//-
{0x00,0x00,0x00,0x40,0x00,0x00,0x00},//.
{0x00,0x20,0x10,0x08,0x04,0x02,0x00},///
{0x00,0x3E,0x51,0x49,0x45,0x3E,0x00},//0
{0x00,0x00,0x42,0x7F,0x40,0x00,0x00},//1
{0x00,0x42,0x61,0x51,0x49,0x46,0x00},//2
{0x00,0x21,0x41,0x45,0x4B,0x31,0x00},//3
{0x00,0x18,0x14,0x12,0x7F,0x10,0x00},//4
{0x00,0x27,0x45,0x45,0x45,0x39,0x00},//5
{0x00,0x3C,0x4A,0x49,0x49,0x30,0x00},//6
{0x00,0x01,0x01,0x79,0x05,0x03,0x00},//7
{0x00,0x36,0x49,0x49,0x49,0x36,0x00},//8
{0x00,0x06,0x49,0x49,0x29,0x1E,0x00},//9
{0x00,0x00,0x00,0x36,0x00,0x00,0x00},//:
{0x00,0x00,0x20,0x16,0x00,0x00,0x00},//;
{0x00,0x08,0x14,0x22,0x41,0x00,0x00},//<
{0x00,0x14,0x14,0x14,0x14,0x14,0x00},//=
{0x00,0x00,0x41,0x22,0x14,0x08,0x00},//>
{0x00,0x02,0x01,0x51,0x09,0x06,0x00},//?
{0x00,0x32,0x49,0x79,0x41,0x3E,0x00},//@
{0x00,0x7E,0x11,0x11,0x11,0x7E,0x00},//A
{0x00,0x41,0x7F,0x49,0x49,0x36,0x00},//B
{0x00,0x3E,0x41,0x41,0x41,0x22,0x00},//C
{0x00,0x41,0x7F,0x41,0x41,0x3E,0x00},//D
{0x00,0x7F,0x49,0x49,0x49,0x49,0x00},//E
{0x00,0x00,0x7F,0x09,0x09,0x09,0x00},//F
{0x00,0x3E,0x41,0x41,0x49,0x7A,0x00},//G
{0x00,0x7F,0x08,0x08,0x08,0x7F,0x00},//H
{0x00,0x00,0x41,0x7F,0x41,0x00,0x00},//I
{0x00,0x20,0x40,0x41,0x3F,0x01,0x00},//J
{0x00,0x7F,0x08,0x14,0x22,0x41,0x00},//K
{0x00,0x7F,0x40,0x40,0x40,0x40,0x00},//L
{0x00,0x7F,0x02,0x0C,0x02,0x7F,0x00},//M
{0x00,0x7F,0x06,0x08,0x30,0x7F,0x00},//N
{0x00,0x3E,0x41,0x41,0x41,0x3E,0x00},//O
{0x00,0x7F,0x09,0x09,0x09,0x06,0x00},//P
{0x00,0x3E,0x41,0x51,0x21,0x5E,0x00},//Q
{0x00,0x7F,0x09,0x19,0x29,0x46,0x00},//R
{0x00,0x26,0x49,0x49,0x49,0x32,0x00},//S
{0x00,0x01,0x01,0x7F,0x01,0x01,0x00},//T
{0x00,0x3F,0x40,0x40,0x40,0x3F,0x00},//U
{0x00,0x1F,0x20,0x40,0x20,0x1F,0x00},//V
{0x00,0x7F,0x20,0x18,0x20,0x7F,0x00},//W
{0x00,0x63,0x14,0x08,0x14,0x63,0x00},//X
{0x00,0x07,0x08,0x70,0x08,0x07,0x00},//Y
```

```
        {0x00,0x61,0x51,0x49,0x45,0x43,0x00},//Z
        {0x00,0x20,0x54,0x54,0x3C,0x40,0x00},//a
        {0x00,0x7F,0x48,0x48,0x48,0x30,0x00},//b
        {0x00,0x38,0x44,0x44,0x44,0x00,0x00},//c
        {0x00,0x30,0x48,0x48,0x48,0x3F,0x00},//d
        {0x00,0x78,0xA4,0xA4,0xA4,0x18,0x00},//e
        {0x00,0x08,0x7E,0x09,0x09,0x00,0x00},//f
        {0x00,0x18,0xA4,0xA4,0xA4,0x78,0x00},//g
        {0x00,0x7F,0x10,0x08,0x08,0x70,0x00},//h
        {0x00,0x00,0x00,0x7D,0x00,0x00,0x00},//i
        {0x00,0x00,0x80,0x84,0x7D,0x00,0x00},//j
        {0x00,0x7F,0x10,0x28,0x44,0x00,0x00},//k
        {0x00,0x00,0x41,0x7F,0x40,0x00,0x00},//l
        {0x00,0x7C,0x04,0x78,0x04,0x78,0x00},//m
        {0x00,0x7C,0x08,0x04,0x04,0x78,0x00},//n
        {0x00,0x38,0x44,0x44,0x44,0x38,0x00},//o
        {0x00,0xFC,0x24,0x24,0x24,0x18,0x00},//p
        {0x00,0x18,0x24,0x24,0x24,0xFC,0x00},//q
        {0x00,0xFC,0x08,0x04,0x04,0x08,0x00},//r
        {0x00,0x48,0x54,0x54,0x54,0x24,0x00},//s
        {0x00,0x04,0x7E,0x44,0x44,0x20,0x00},//t
        {0x00,0x3C,0x40,0x40,0x20,0x7C,0x00},//u
        {0x00,0x0C,0x30,0x40,0x30,0x0C,0x00},//v
        {0x00,0x3C,0x40,0x30,0x40,0x3C,0x00},//w
        {0x00,0x44,0x28,0x10,0x28,0x44,0x00},//x
        {0x00,0x1C,0xA0,0xA0,0x90,0x7C,0x00},//y
        {0x00,0x44,0x64,0x54,0x4C,0x44,0x00}//z
        };

void main(void)
{
        UCHAR i,j;

        init();

        G_LCD_Init();
        Screen_clr();
/*
        Write_Char_X_Y(PAGE1,3,3,'A'); // PAGE, Y, X , data

        Write_Char_X_Y(PAGE1,1,1,'B'); // PAGE, Y, X , data
        Write_Char_X_Y(PAGE1,2,2,'C'); // PAGE, Y, X , data
        Write_Char_X_Y(PAGE1,3,3,'D'); // PAGE, Y, X , data
        Write_Char_X_Y(PAGE1,4,4,'E'); // PAGE, Y, X , data
        Write_Char_X_Y(PAGE1,5,5,'F'); // PAGE, Y, X , data
        Write_Char_X_Y(PAGE1,6,6,'E'); // PAGE, Y, X , data
        Write_Char_X_Y(PAGE1,7,7,'F'); // PAGE, Y, X , data

        Write_Char_X_Y(PAGE2,3,3,'A');
```

```
        Write_Char_X_Y(PAGE2,1,1,'B');
        Write_Char_X_Y(PAGE2,2,2,'C');
        Write_Char_X_Y(PAGE2,3,3,'D');
        Write_Char_X_Y(PAGE2,4,4,'E');
        Write_Char_X_Y(PAGE2,5,5,'F');
        Write_Char_X_Y(PAGE2,6,6,'E');
        Write_Char_X_Y(PAGE2,7,7,'F');
*/
        Write_Char_X_Y(PAGE1,1,0,'A');              // PAGE, Y, X , data
        Write_Char_X_Y(PAGE2,1,0,'B');              // PAGE, Y, X , data

        while(1)
        {
                PORTD = 0xaa;
        }
}

void init(void)
{
        PORTA=0xFF;         // Port A 초기값
        DDRA=0xFF;          // Port A 설정, 출력으로 사용

        PORTB=0xFF;         // Port B 초기값
        DDRB=0xFF;          // Port B 설정, 출력으로 사용

        PORTC=0xFF;         // Port C 초기값
        DDRC=0xFF;          // Port C 설정, 출력으로 사용

        PORTD=0xFF;         // Port D 초기값
        DDRD=0xFF;          // Port D 설정, 출력으로 사용

        LCDD = 1;
        LCDC = 1;

        LCDD = 0;
        LCDC = 0;

}

void Delay(unsigned int i)
{
        while(i--);
}

void G_LCD_Ready()
{
        delay_us(1000);
}
```

```
void G_LCD_Init()
{
        Display_On(PAGE1);
        Display_On(PAGE2);
        Display_Start(PAGE1,0);
        Display_Start(PAGE2,0);
}

void Screen_clr()
{
        UCHAR i,j;
        Display_Off(PAGE1);
        Display_Off(PAGE2);
        for(i=0;i<8;i++)
        {
                Set_X_Y(PAGE1,i,0);
                for(j=0;j<64;j++)
                        LCD_Write_Data(PAGE1,0x00);
        }

        for(i=0;i<8;i++)
        {
                Set_X_Y(PAGE2,i,0);
                for(j=0;j<64;j++)
                        LCD_Write_Data(PAGE2,0x00);
        }
        Display_On(PAGE1);
        Display_On(PAGE2);
}

void Write_Char(UCHAR page,UCHAR Data)
{
        UCHAR i;

        if(Data >= 0x20 && Data <= 'z')
        {
                for(i=0;i < 7;i++)      LCD_Write_Data(page,g_lcd_font[(Data-0x20)][i]);
        }
}

void Write_Char_X_Y(UCHAR page,UCHAR X,UCHAR Y,UCHAR Data)
{
        Set_X_Y(page,X,Y);
        Write_Char(page,Data);
}

void Write_String(UCHAR page,UCHAR *String)
{
        UCHAR i;
```

```
        while(*(String+i) != '₩0')
        {
                Write_Char(page,*(String+i));
                i++;
        }
}

void Write_String_X_Y(UCHAR page,UCHAR X,UCHAR Y,UCHAR *String)
{
        Set_X_Y(page,X,Y);
        Write_String(page,String);
}

void LCD_Command(UCHAR page,UCHAR command)
{
        UCHAR lcd_cmd = 0;

        G_LCD_Ready();
        lcd_cmd |= page;

        SLCDD = command;

        LCDD = 1;
        LCDD = 0;

        SLCDC = lcd_cmd;

        LCDC = 1;
        LCDC = 0;

        delay_us(1000);

        SLCDC = lcd_cmd | G_LCD_ENABLE;

        LCDC = 1;
        LCDC = 0;

        delay_us(1000);

        SLCDC = lcd_cmd;
        LCDC = 1;
        LCDC = 0;

        G_LCD_Ready();
        lcd_cmd &= 0xef;
        lcd_cmd &= PAGE_OFF;

        SLCDC = lcd_cmd;
        LCDC = 1;
```

```
        LCDC = 0;

        delay_us(1000);
}

void Display_On(UCHAR page)
{
        LCD_Command(page,LCD_ON);
}

void Display_Off(UCHAR page)
{
        LCD_Command(page,LCD_OFF);
}

void Display_Start(UCHAR page,UCHAR line)
{
        LCD_Command(page,(DISPLAY_LINE | line));
}

void Set_X_Y(UCHAR page,UCHAR X,UCHAR Y)
{
        Set_X(page,X);
        Set_Y(page,Y);
}

void Set_X(UCHAR page,UCHAR X)
{
        LCD_Command(page,(0xb8 | X));
}

void Set_Y(UCHAR page,UCHAR Y)
{
        LCD_Command(page,(0x40 | Y));
}

void LCD_Write_Data(UCHAR page,UCHAR Data)
{
        UCHAR lcd_cmd = 0;
        G_LCD_Ready();

        lcd_cmd = WRITE_DATA | page;

        SLCDD = Data;

        LCDD = 1;
        LCDD = 0;

        SLCDC = lcd_cmd;
```

```
        LCDC = 1;
        LCDC = 0;

        delay_us(1000);

        SLCDC = lcd_cmd | G_LCD_ENABLE;
        LCDC = 1;
        LCDC = 0;

        delay_us(1000);

        SLCDC = lcd_cmd;
        LCDC = 1;
        LCDC = 0;

        lcd_cmd &= PAGE_OFF;

        SLCDC = lcd_cmd;

        LCDC = 1;
        LCDC = 0;
}
```

13.5 실습 과제

■ 아래의 그림과 같이 Graphic LCD에 출력한다.

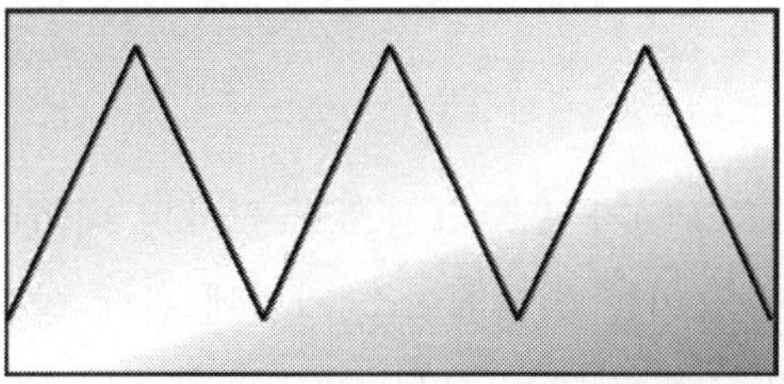

13.6 알아두기

■ Graphic LCD의 동작 원리를 이해한다.

14. PPI 8255 제어

CHAPTER

실습 목표

- MCU AVR ATmega8535과 PPI 8255 제어 실험을 통해 PPI 8255의 동작원리와 사용방법을 이해, 실험 실습한다.

14.1 관련 지식

1) AVR ATmega8535

- 교재 Part1 참조.

2) 8254 PIT

- 개요

이 장에서는 MCU(CPU)가 프로그램으로 원하는 데이터를 출력하거나 외부의 디지털 상태를 읽어 들이는 인터페이스 기법에 관해 살펴보고자 한다. 이러한 디지털 데이터의 입출력 기법은 모든 I/O 장치 인터페이스의 기본을 이루고 있기 때문에 매우 중요하다고 할 수 있다.

Digital system의 가장 기본이 되는 동작은 메모리 동작으로 볼 수 있다. 이것은 MCU의 명령어를 읽어 오거나, 처리 데이터를 읽거나, 처리한 데이터를 저장하는 동작으로서 이러한 동작만으로도 Digital system의 기본 동작은 완성되었다고 말할 수 있다. 여기에 System의 활용도를 높이기 위해 입출력 동작이 추가된다. 즉, System에 필요한 명령을 내리고 처리된 결과를 받아 보기 위한 창구로 입출력 동작이 필요한 것이다.

메모리 동작이 MCU가 활동하기 위한 가장 기본적인 동작이라면 입출력 동작은 Digital system의 존재 가치를 인정받기 위한 사용자와의 인터페이스의 수단이다.

표 14.1에 이러한 입출력 동작의 구체적인 예를 들어 보았다.

[표 14-1] Digital System의 입출력 동작의 사례

장치	사 례	구분	비 고
스위치	스위치의 상태를 읽는다	입력	스위치의 상태를 읽어서 MCU에 전송한다.
LED & 7Segment	Digital Data를 외부 Device를 사용하여 출력한	출력	Digital Data를 출력한다.

■ 8255A PPI - Programmable Peripheral Interface

앞에서 설명한 Digital Data 입출력을 위한 대표적인 IC가 8255이다. 8255 칩은 3개의 8-Bit I/O 포트를 갖고 있으므로 산술적으로는 24-Bit의 디지털 데이터를 인터페이스 할 수 있다.

■ 8255A의 특징

8255A PPI(Programmable Peripheral Interface)는 인텔 계열 마이크로프로세서에서 제공하는 범용 병렬 입출력 인터페이스 소자로서 다른 회사의 마이크로프로세서를 사용한 시스템에서도 널리 쓰이고 있다.

8255A는 24-Bit의 I/O 핀을 가지고 있는데 이들은 각각 12핀씩의 두 그룹으로 나누어지며, 각 그룹은 다시 8핀과 4핀의 포트로 구분되어 전체적으로 4개의 입출력 포트로 구성된다. 8255A에는 3개의 동작 모드가 있어서 단순한 병렬 입출력은 물론 핸드셰이킹(Handshaking)이나 인터럽트를 사용하는 병렬 데이터 입출력 기능을 수행할 수 있다.

8255A의 특징을 요약하면 다음과 같다.

① 24 비트의 I/O 핀(Port A, B, C)을 가지고 있으며, 이것들은 8핀 짜리 2개(Port A, B)와 4핀 짜리 2개(Port C - Low&High Order) 등 모두 4개의 입출력 포트로 구성된다.

② 모드 0, 1, 2 등 3 가지의 동작 모드가 있다. 이 중에서 모드 0은 단순한 입/출력 동작에 사용되고, 모드 1과 2는 Handshaking 제어 입/출력에 사용된다.

③ 제어 신호가 단순하여 어떤 마이크로프로세서와도 쉽게 접속될 수 있다.

④ 모드 1과 2에서는 Port C의 데이터 선들이 Handshaking이나 인터럽트 등을 수행하는 여러 가지의 제어 신호로 기능이 바뀐다.

⑤ 동작 속도에 따라 8255A와 8255A-5의 2가지 버전이 있다.

⑥ 모든 입출력 신호는 TTL과 직접 접속이 가능(TTL Compatible)

⑦ 40핀 DIP형 패키지로 되어 있다.

■ 8255A의 외부 구조

8255A의 외부 구조는 그림 14.1과 같이 40 핀 DIP형 패키지로 되어 있다. 외부 신호는 CPU(system bus) 측으로 연결되는 데이터 버스, CPU가 8255A를 제어하는데 사용되는 제어 신호등이 있다. 또한 입출력 장치 측에 연결되는 신호에는 Port A, B, C의 24-Bit 데이터 신 호선이 있다.

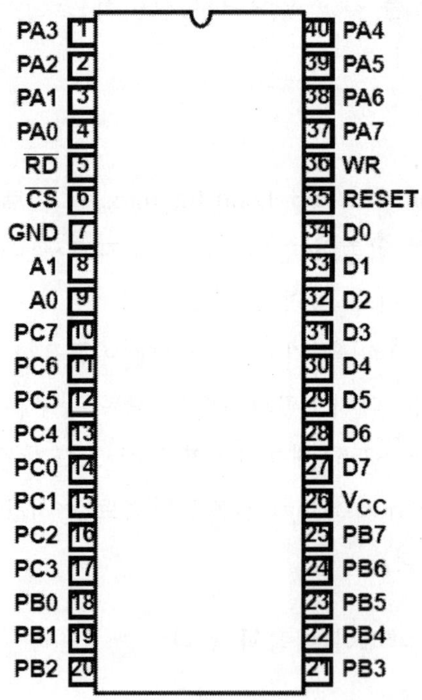

[그림 14-1] 8255 외형

각 신호들의 기능을 요약하면 표 14.2과 같다.8255A의 외부 구조 중에서 특이한 것은 모드 1과 2에서 Port C의 데이터 선들이 핸드셰이킹이나 인터럽트 등을 수행하는 여러 가지의 제어 신호로 기능이 바뀐다는 점이다.

[표 14-2] 8255A의 외부 핀의 기능

신호 이름	I/O	기 능
D0-D7	I/O (3-state)	Data Bus: CPU와 8255A 사이에 코맨드, 상태 워드 또는 데이터를 전송한다
CS#	I	Chip Select: 이 신호가 L 상태일 때는 현재 CPU가 8255A를 액세스하는 것을 의미하며, RD# 및 WR# 신호를 enable 한다.
A0 - A1	I	ADDR Line: 이 신호는 CPU가 8255A를 액세스할 때 3 개의 포트 및 제어 워드를 초기화하기 위한 번지 중에서 1개를 선택하는데 사용된다. 일반적으로 이 신호에는 각각 ADDR Bus의 A0과 A1을 연결한다.
RD#	I	Read: CS#=0인 상태에서 이 신호가 L로 입력되면 현재 CPU가 8255A로부터 데이터 또는 상태워드를 읽어 들이고 있음을 나타낸다.
WR#	I	Write: CS#=0인 상태에서 이 신호가 L로 입력되면 현재 CPU가 8255A로부터 데이터 또는 제어워드를 쓰고 있음을 나타낸다.
RESET	I	Reset: 이 신호는 8255A를 리셋 시킨다. 8255A가 리셋 되면 모든 제어 레지스터가 클리어 되고, Port A, B, C는 모두 입력 모드로 설정된다.
PA0-PA7	I/O	Port A: 주변 장치와의 데이터 입출력 포트이다. 출력 모드에서는 8-Bit 출력 latch/buffer로 동작하고, 입력 모드에서는 8비트 입력 latch로 동작한다.
PB0-PB7	I/O	Port B: 주변 장치와의 데이터 입출력 포트이다. 출력 모드에서는 8-Bit 출력 latch/buffer로 동작하고, 입력 모드에서는 8비트 입력 buffer로 동작한다.
PC0-PC7	I/O	Port C: 주변 장치와의 데이터 입출력 포트이다. 2 개의 독립된 4 비트 포트로 동작하여 출력 모드에서는 4비트 출력 latch/buffer로 동작하고, 입력 모드에서는 4비트 입력 buffer로 동작한다. 모드 1, 2에서는 PortA와 B의 입출력 제어를 위한 제어신호 또는 상태 신호선으로 동작한다.

8255A의 외부 단자 중에서 A0과 A1은 각각 해당 어드레스 버스에 연결되어 8255A의 내부를 선택하는데 사용되고 표 14.3과 같은 기능을 수행한다.

[표 14-3] 8255A의 A0~A1에 의한 내부 주소 지정

CS#	RD#	WR#	A1	A0	동 작
0	0	1	0	0	Read Port A
0	0	1	0	1	Read Port B
0	0	1	1	0	Read Port C or Status
0	0	1	1	1	Not Used
0	1	0	0	0	Write Port A
0	1	0	0	1	Write Port B
0	1	0	1	0	Write Port C
0	1	0	1	1	Write Control Word

■ 8255A의 내부 구조

8255A의 내부구조는 그림 14.2와 같이 크게 CPU측(System Bus)의 인터페이스에 관련된 부분과 병렬 데이터 입출력 제어에 관련된 부분으로 나누어진다.

이 중에서 병렬 입출력 제어 부분은 Group A와 Group B로 구성되는데, Group A는 Port A의 8비트와 Port C의 상위 4비트(upper)를 포함하고, Group B는 Port B의 8비트와 Port C의 하위 4비트(lower)를 포함한다.

> ☞ 리셋 후에는 8255A의 Group A, B(Port A - C)가 모두 모드 0으로 되어 각 포트가 입력 모드 상태 즉, 모두 High Impedance 상태에 있게 된다. 따라서, 이때 출력 장치에는 일반적으로 모든 데이터가 H로 전송되므로 Pull-up 저항 또는 Pull-down 저항에 의하여 안전한 초기 값을 확보하여 주지 않으면 치명적인 결과를 초래할 경우가 있으니 주의해야 한다.

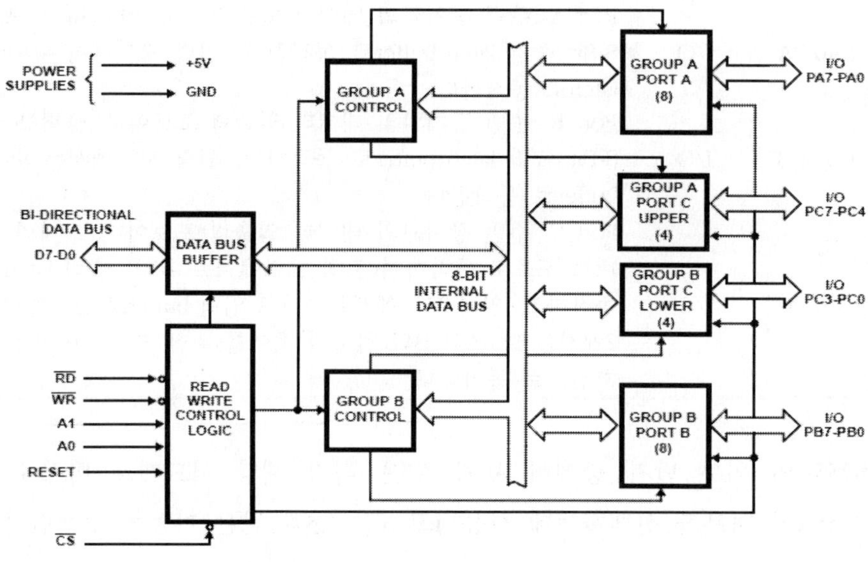

[그림 14-2] 8255A의 내부 구조

■ 8255A의 동작

8255A의 제어 워드(controlword 또는 command)에는 "모드 제어 워드(Mode Control Word)"와 "비트 셋/리셋 제어 워드(Bit Set/Reset Control Word)"의 두 개가 있으나 본 서에서는 "모드 제어 워드(Mode Control Word)"만 다루기로 한다.

8255A의 동작 모드 설정은 다음과 같이 Group A, B의 동작 모드를 결정하고, 각 핀의 입/출력을 지정한다.

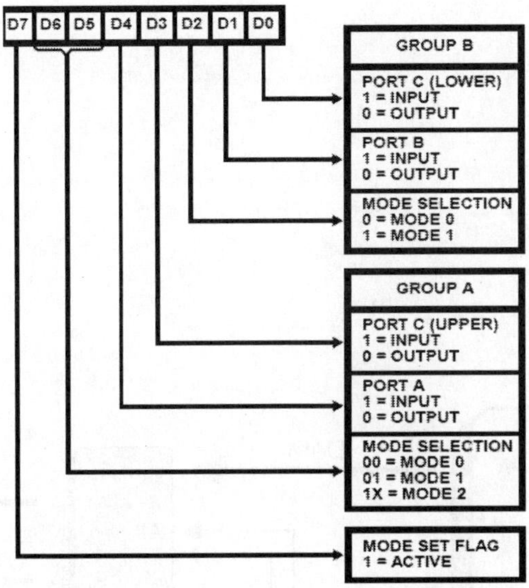

[그림 14-3] Control Work Register

1	0	0	D4	D3	0	D1	D0

Control Word

표 14.4에 모드 0의 포트 정의표를 작성하였다.

[표 14-4] 모드 0의 포트 정의표

	포 트 A 8bit	포 트 B 8bit	포 트 C 상위 4bit	포 트 C 하위 4bit
80H(1000 0000)	출 력	출 력	출 력	출 력
81H(1000 0001)	출 력	출 력	출 력	입 력
82H(1000 0010)	출 력	입 력	출 력	출 력
83H(1000 0011)	출 력	입 력	출 력	입 력
88H(1000 1000)	출 력	출 력	입 력	출 력
89H(1000 1001)	출 력	출 력	입 력	입 력
8AH(1000 1010)	출 력	입 력	입 력	출 력
8BH(1000 1011)	출 력	입 력	입 력	입 력
90H(1001 0000)	입 력	출 력	출 력	출 력
91H(1001 0001)	입 력	출 력	출 력	입 력
92H(1001 0010)	입 력	입 력	출 력	출 력
93H(1001 0011)	입 력	입 력	출 력	입 력
98H(1001 1000)	입 력	출 력	입 력	출 력
99H(1001 1001)	입 력	출 력	입 력	입 력
9AH(1001 1010)	입 력	입 력	입 력	출 력
9BH(1001 1011)	입 력	입 력	입 력	입 력

14.2 장비 구조

14.2.1 PPI 8255 회로 구성도

PPI 8255 회로 구성은 다음과 같다.

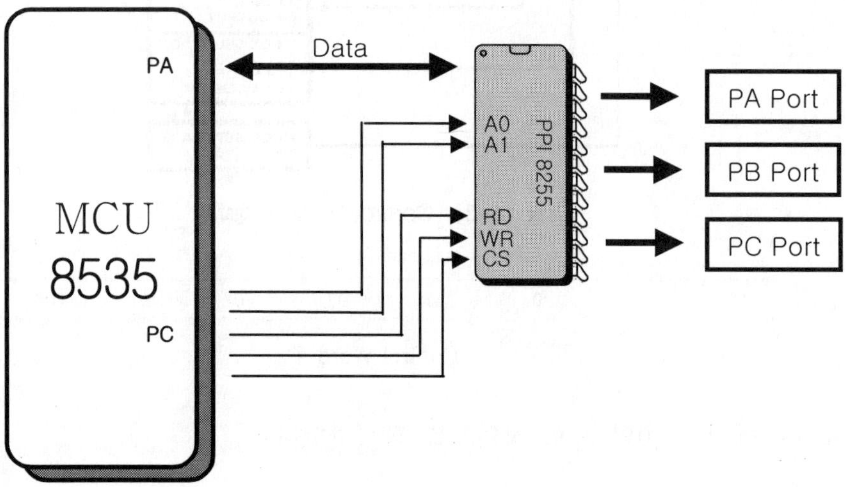

PPI 8255 회로 구성도

Port	내 용
Port A	시스템 Data Line으로 사용, Data 입/출력을 수행 한다.
Port C	PPI 8255 Control 신호로 사용한다.

14.2.2 PPI 8255 제어 회로도

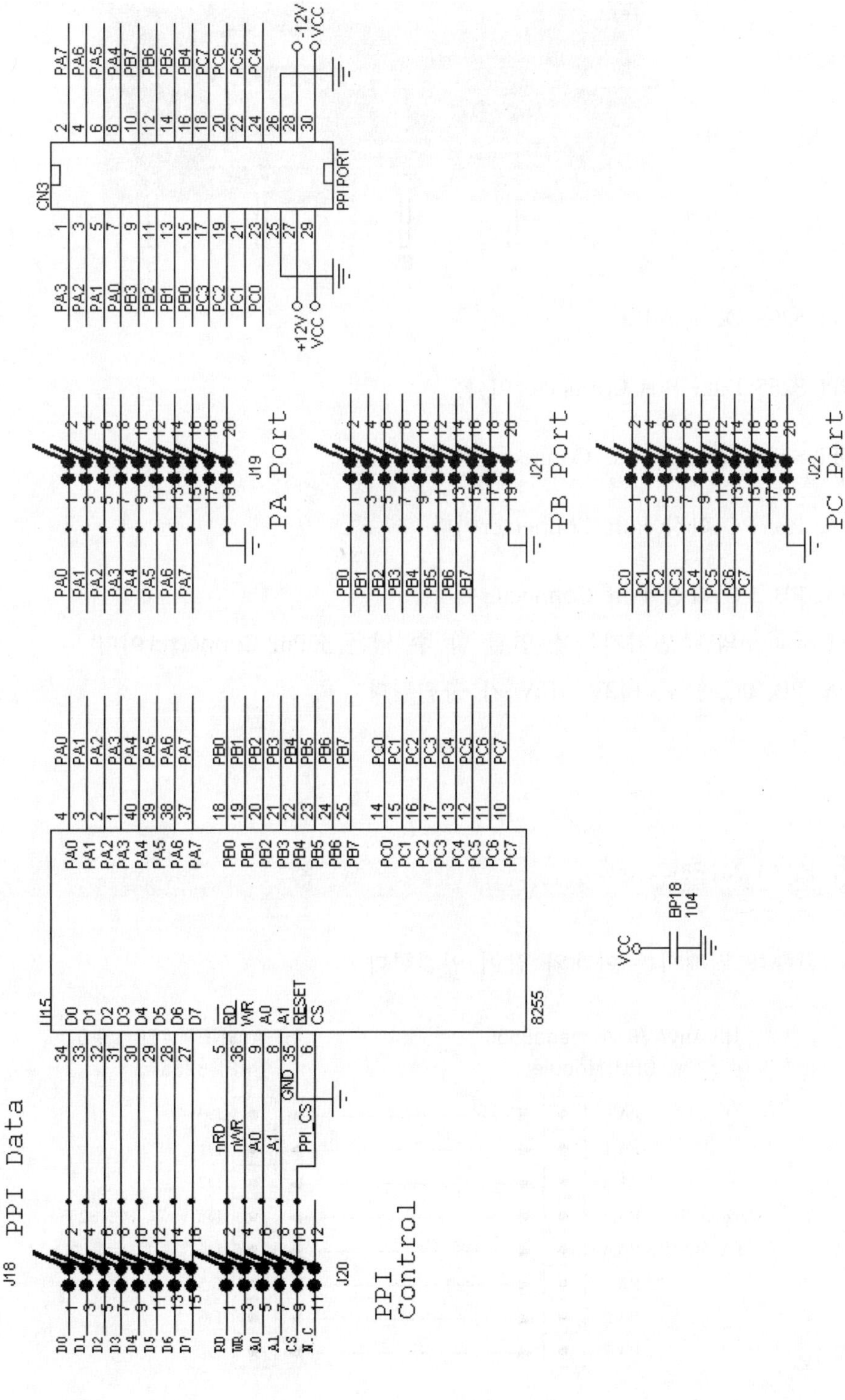

14.2.3 PPI 8255 부품 배치도

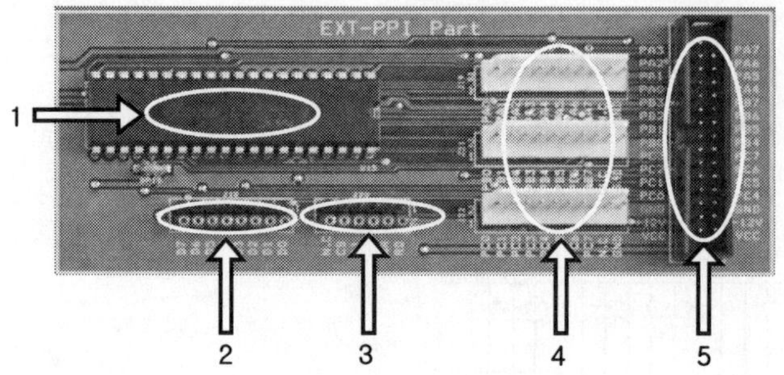

① PPI 8255 Device이다.

② PPI 8255 Data Bus Connecter이다.

③ PPI 8255 Control Line Connecter이다.

④ PA, PB, PC 확장 Port Connecter이다.

⑤ PA, PB, PC 확장 Port Connecter이다.
HI System의 주변기기들을 연결 할 수 있는 30Pin Connecter이다.
PA, PB, PC, +5V, +12V, -12V 가 출력된다.

14.3 배선 연결도

실험, 실습을 위해서는 아래와 같이 연결한다.

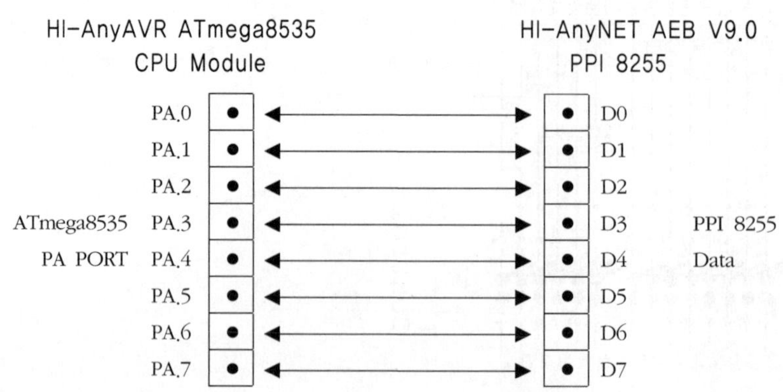

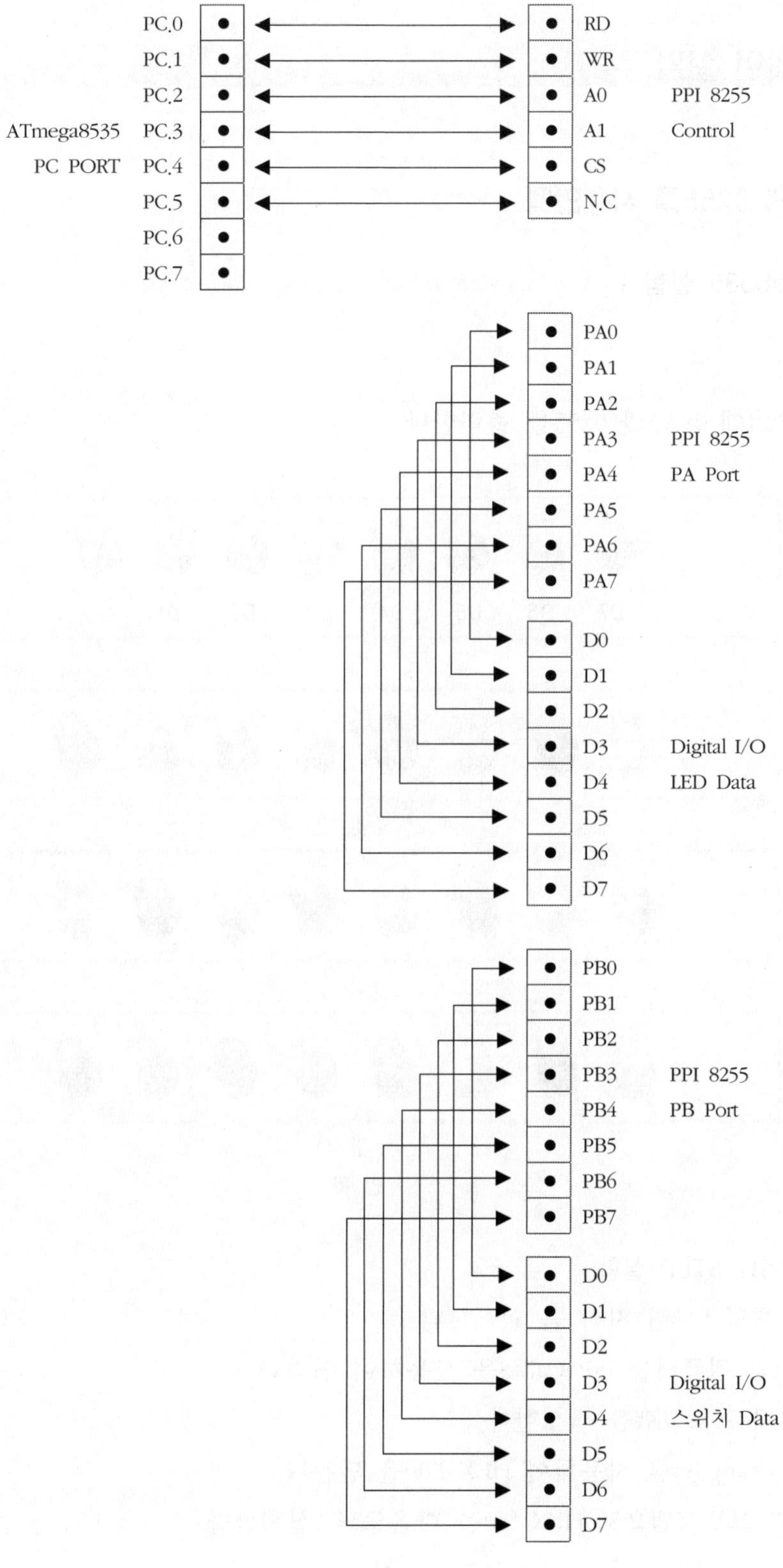

PC.0
PC.1
PC.2
ATmega8535
PC.3
PC PORT
PC.4
PC.5
PC.6
PC.7
RD
WR
A0
A1
CS
N.C
PPI 8255
Control
PA0
PA1
PA2
PA3
PA4
PA5
PA6
PA7
PPI 8255
PA Port
D0
D1
D2
D3
D4
D5
D6
D7
Digital I/O
LED Data
PB0
PB1
PB2
PB3
PB4
PB5
PB6
PB7
PPI 8255
PB Port
D0
D1
D2
D3
D4
D5
D6
D7
Digital I/O
스위치 Data

14.4 제어 실험

14.4.1 PPI 8255를 사용한다.

ATmega8535 실험 14.1

문제

PA Port에 0xAA와 0x55를 출력한다.

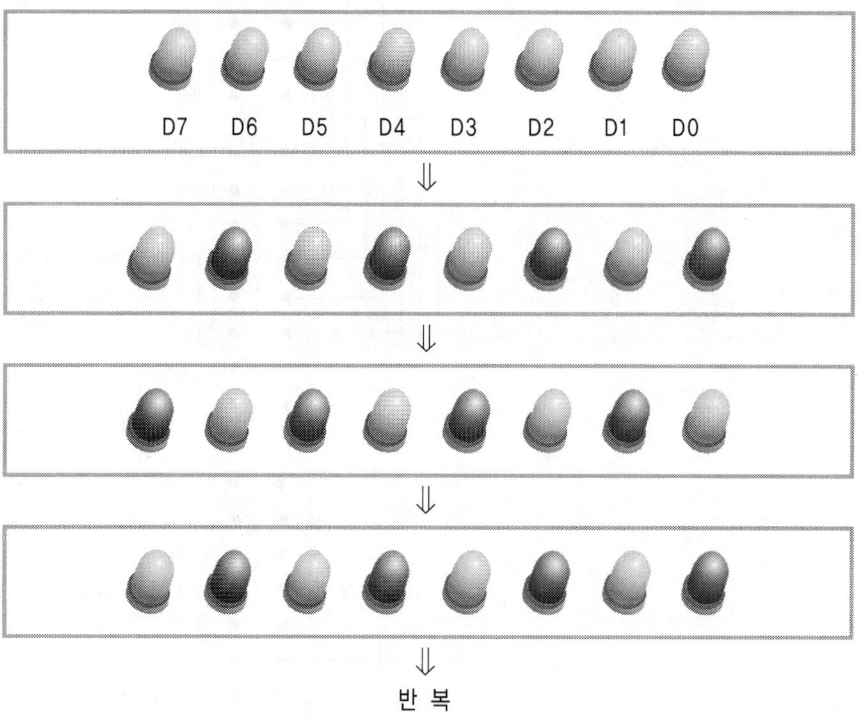

STEP BY STEP 실험

1. 교재의 「관련 지식」을 읽어본다.
2. Kit와 컴퓨터를 ISP Cable을 사용하여 연결한다.
3. 예제 프로그램을 작성한다.
4. C Compiler를 사용하여 HEX File을 만든다.
5. ISP 프로그램으로 HEX file을 다운로드, 실행한다.

폴더위치

AnyAVR8535\Source\Exam\CodeVision\Chap14\Chap14_01\

- Source 파일

  Chap14_01.C

- Download 파일

  Chap14_01.HEX

Program Source

```
#include <mega8535.h>              // Atmega 8535 header file
#include <delay.h>                 // delay header file

#define   nRD        PORTC.0   // PortC.0 bit, PPI RD로 사용
#define   nWR        PORTC.1   // PortC.1 bit, PPI WR로 사용
#define   A0         PORTC.2   // PortC.2 bit, PPI A0로 사용
#define   A1         PORTC.3   // PortC.3 bit, PPI A1로 사용
#define   CS         PORTC.4   // PortC.4 bit, PPI Chip Select로 사용

void delay(unsigned int cnt);

void main(void)
{
          unsigned char buff;

          PORTA=0xff;              // Port A 초기값
          DDRA=0xff;               // Port A 설정, 출력으로 사용
          PORTB=0xff;              // Port B 초기값
          DDRB=0xff;               // Port B 설정, 출력으로 사용
          PORTC=0xff;              // Port C 초기값
          DDRC=0xff;               // Port C 설정, 출력으로 사용
          PORTD=0xff;              // Port D 초기값
          DDRD=0xff;               // Port D 설정, 출력으로 사용

          buff = 0x00;             // buff 값 0x00 설정
          PORTA = 0x80;            // PPI 8255 a, b, c 출력
          delay(1000);             // 시간지연 함수 호출
          A0 = 1;
          A1 = 1;
          delay(1000);             // 시간지연 함수 호출
          CS = 0;
          delay(1000);             // 시간지연 함수 호출
          nWR = 0;
          delay(1000);             // 시간지연 함수 호출
          nWR = 1;
```

```
        delay(1000);            // 시간지연 함수 호출
        CS = 1;
        delay(1000);            // 시간지연 함수 호출

        while (1)               // 무한 반복
        {
                PORTA = 0xaa;           // PA Port 0xaa 출력
                delay(1000);            // 시간지연 함수 호출
                A0 = 0;
                A1 = 0;
                delay(1000);            // 시간지연 함수 호출
                CS = 0;
                delay(1000);            // 시간지연 함수 호출
                nWR = 0;
                delay(1000);            // 시간지연 함수 호출
                nWR = 1;
                delay(1000);            // 시간지연 함수 호출
                CS = 1;
                delay(1000);            // 시간지연 함수 호출

                delay(60000);           // 시간지연 함수 호출

                PORTA = 0x55;           // PA Port 0x55 출력
                delay(1000);            // 시간지연 함수 호출
                A0 = 0;
                A1 = 0;
                delay(1000);            // 시간지연 함수 호출
                CS = 0;
                delay(1000);            // 시간지연 함수 호출
                nWR = 0;
                delay(1000);            // 시간지연 함수 호출
                nWR = 1;
                delay(1000);            // 시간지연 함수 호출
                CS = 1;
                delay(1000);            // 시간지연 함수 호출

                delay(60000);           // 시간지연 함수 호출
        }
}

void delay(unsigned int cnt)                    //user function define
{
        while(cnt--);
}
```

문제

PB Port로 Digital Input 스위치값을 받아서 PA Port Digital Output LED에 출력한다.

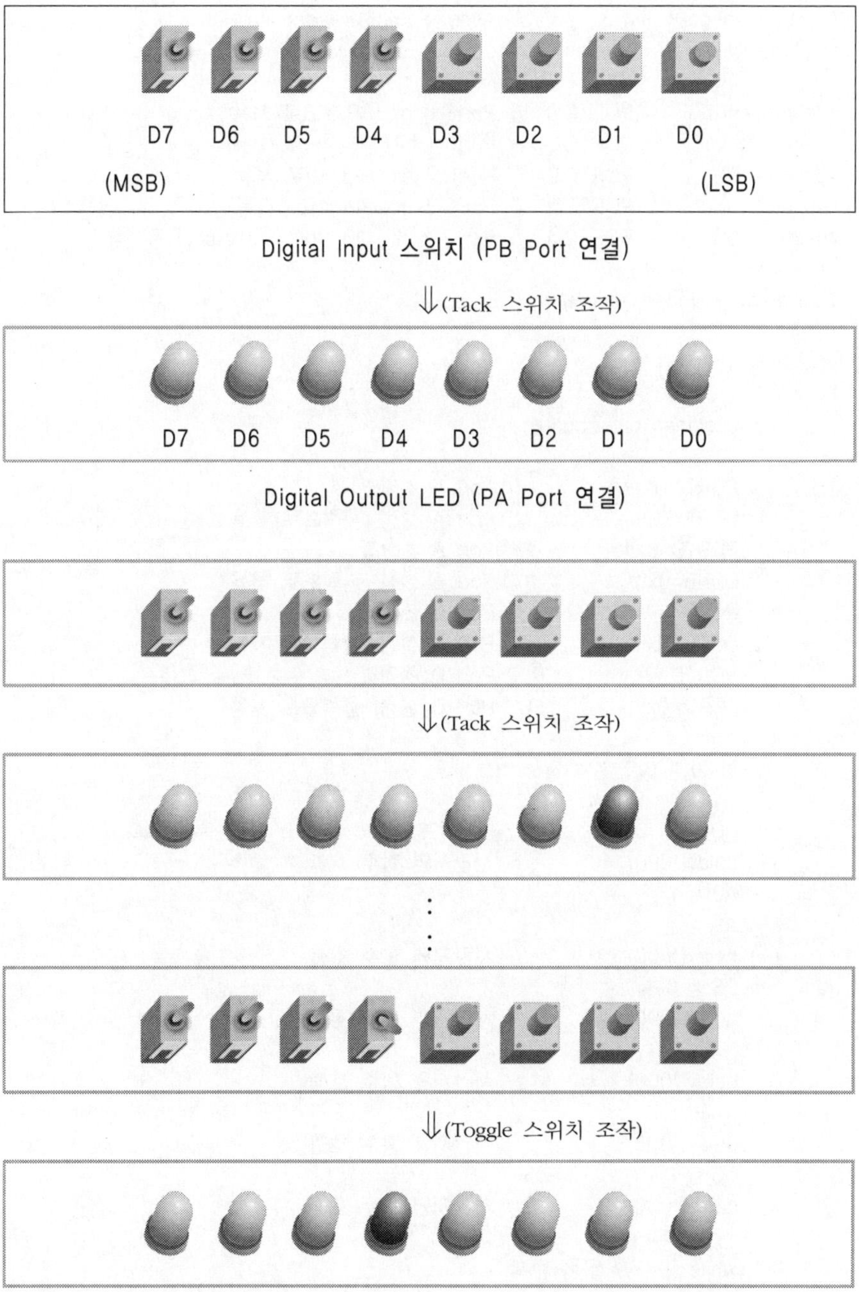

폴더위치

AnyAVR8535\Source\Exam\CodeVision\Chap14\Chap14_02\

Program Source

```
#include <mega8535.h>          // Atmega 8535 header file
#include <delay.h>             // delay header file

#define   nRD      PORTC.0   // PortC.0 bit, PPI RD로 사용
#define   nWR      PORTC.1   // PortC.1 bit, PPI WR로 사용
#define   A0       PORTC.2   // PortC.2 bit, PPI A0로 사용
#define   A1       PORTC.3   // PortC.3 bit, PPI A1로 사용
#define   CS       PORTC.4   // PortC.4 bit, PPI Chip Select로 사용

void delay(unsigned int cnt);

void main(void)
{
          unsigned char buff0;

          PORTA=0xff;          // Port A 초기값
          DDRA=0xff;           // Port A 설정, 출력으로 사용
          PORTB=0xff;          // Port B 초기값
          DDRB=0xff;           // Port B 설정, 출력으로 사용
          PORTC=0xff;          // Port C 초기값
          DDRC=0xff;           // Port C 설정, 출력으로 사용
          PORTD=0xff;          // Port D 초기값
          DDRD=0xff;           // Port D 설정, 출력으로 사용

          buff0 = 0;

          PORTA= 0x82;         // PPI 8255 a, c 출력 b 입력
          delay(1000);         // 시간지연 함수 호출
          A0 = 1;
          A1 = 1;
          delay(1000);         // 시간지연 함수 호출
          CS = 0;
          delay(1000);         // 시간지연 함수 호출
          nWR = 0;
          delay(1000);         // 시간지연 함수 호출
          nWR = 1;
          delay(1000);         // 시간지연 함수 호출
          CS = 1;
          delay(1000);         // 시간지연 함수 호출

          while (1)  // 무한 반복
          {
```

```
            A0 = 1;
            A1 = 0;
            delay(1000);            // 시간지연 함수 호출
            CS = 0;
            delay(1000);            // 시간지연 함수 호출
            nRD = 0;
            delay(1000);            // 시간지연 함수 호출

            DDRA=0x00;              // Port A 설정, 입력으로 사용
            delay(1);               // 시간지연 함수 호출
            buff0 = PINA;           // PB Port 스위치값을 buff0에 저장한다.

            delay(1000);            // 시간지연 함수 호출
            nRD = 1;
            delay(1000);            // 시간지연 함수 호출
            CS = 1;
            delay(1000);            // 시간지연 함수 호출

            delay(5000);

            DDRA=0xff;              // Port A 설정, 출력으로 사용
            PORTA= buff0;
            delay(1000);            // 시간지연 함수 호출
            A0 = 0;
            A1 = 0;
            delay(1000);            // 시간지연 함수 호출
            CS = 0;
            delay(1000);            // 시간지연 함수 호출
            nWR = 0;
            delay(1000);            // 시간지연 함수 호출
            nWR = 1;
            delay(1000);            // 시간지연 함수 호출
            CS = 1;
            delay(1000);            // 시간지연 함수 호출

            delay(5000);
        }
}

void delay(unsigned int cnt)                //user function define
{
        while(cnt--);
}
```

14.5 실습 과제

■ PPI 8255를 PB Port로 스위치 입력을 받아서 PA Port LED를 제어한다.

– SW0를 Push

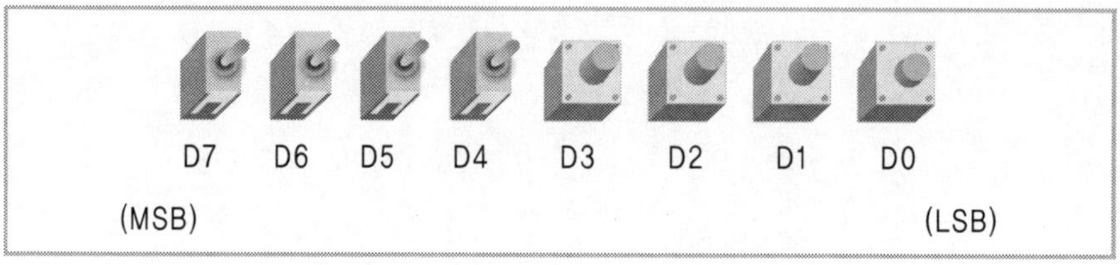

⇓

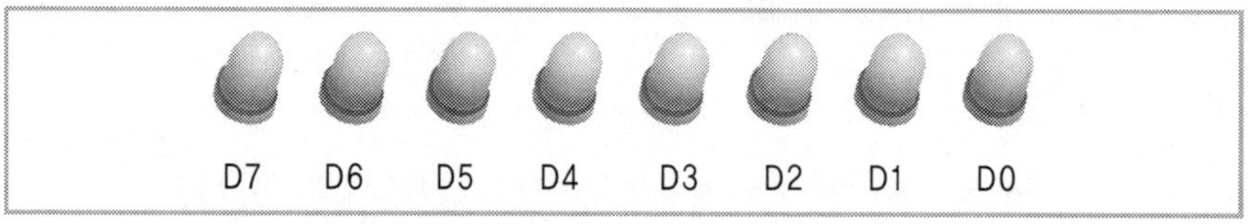

⇓

⇓

⇓

⇓

반 복

– SW1을 Push

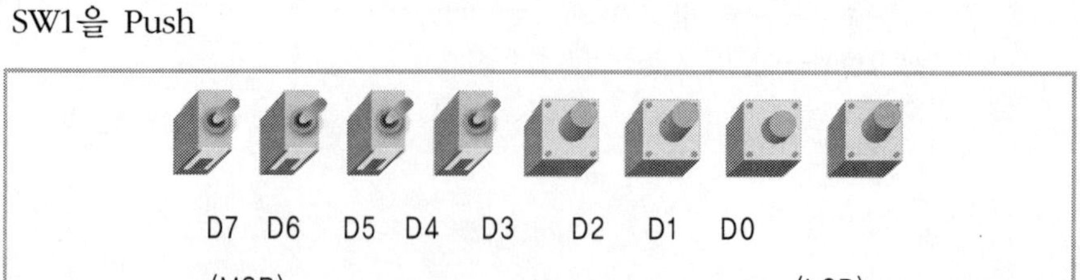

⇓

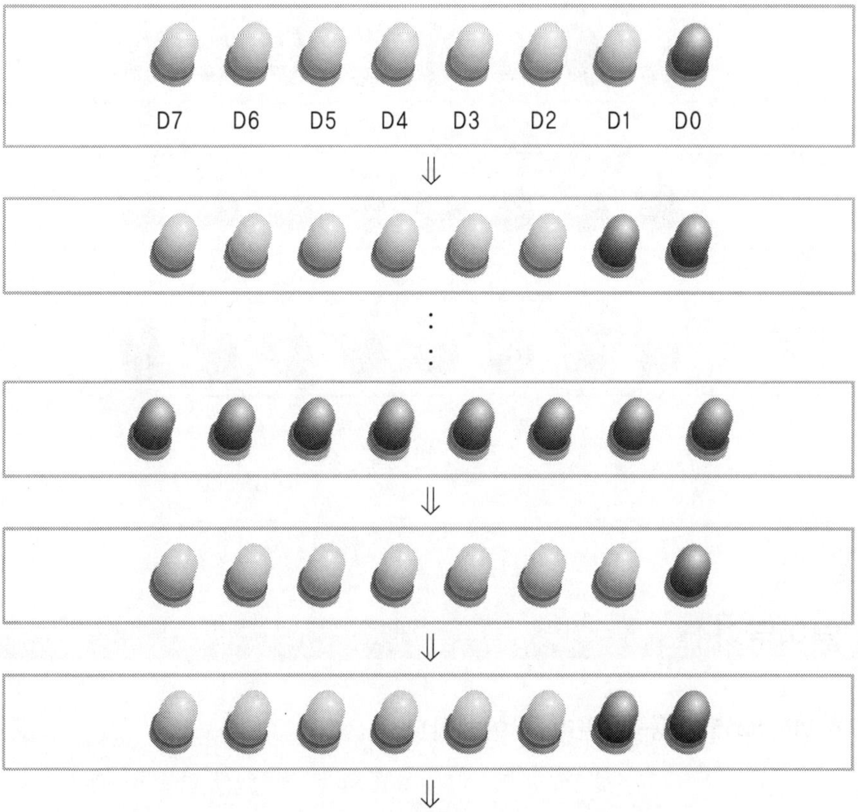
D7 D6 D5 D4 D3 D2 D1 D0

반 복

- SW2를 올리면

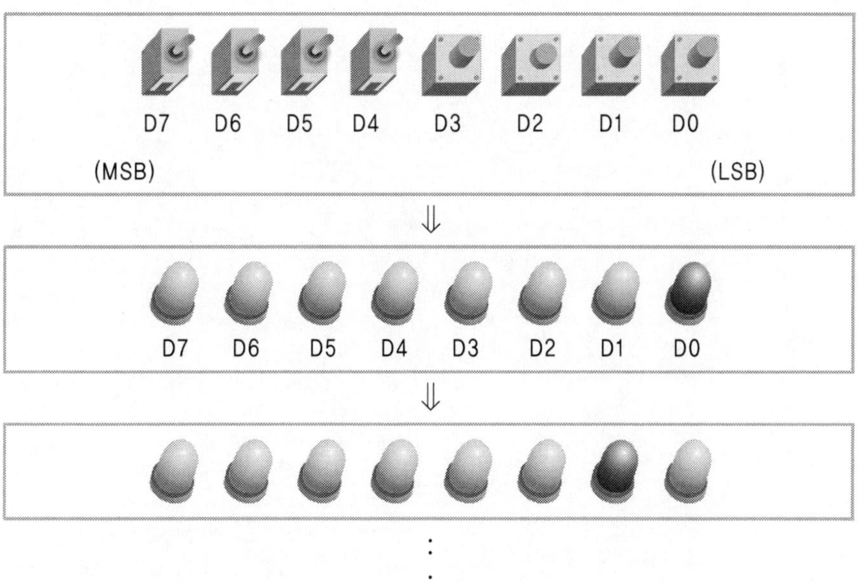
D7 D6 D5 D4 D3 D2 D1 D0
(MSB)
(LSB)
D7 D6 D5 D4 D3 D2 D1 D0

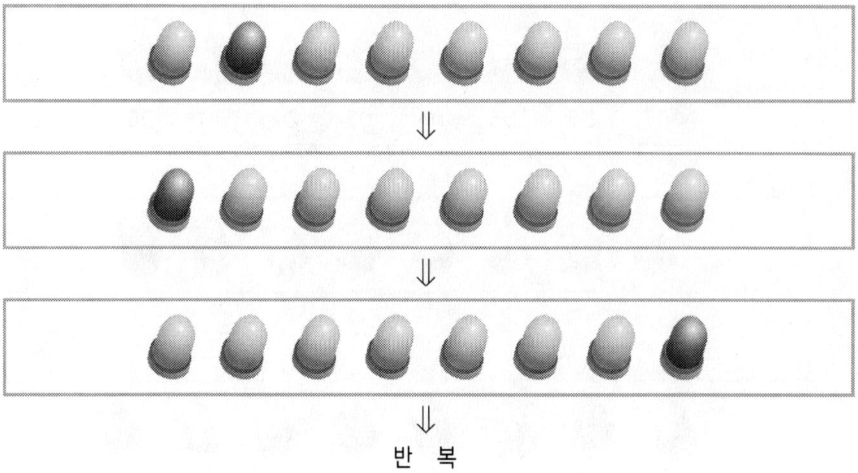

14.6 알아두기

- PPI 8255의 동작 원리를 이해한다.

15. 외부 인터럽트 제어

CHAPTER

실습 목표

- MCU AVR ATmega8535의 외부 인터럽트 제어 실험을 통하여 인터럽트의 동작원리와 사용방법을 이해, 실험 실습한다.

15.1 관련 지식

1) AVR ATmega8535

- 교재 Part1 참조.

2) 인터럽트

- MCU의 외부와 내부로부터 긴급한 사용 요청에 의하여 MCU가 현재 실행하던 프로그램을 중단하고 그 요청에 대해 프로그램을 실행하는 것을 인터럽트라 한다.

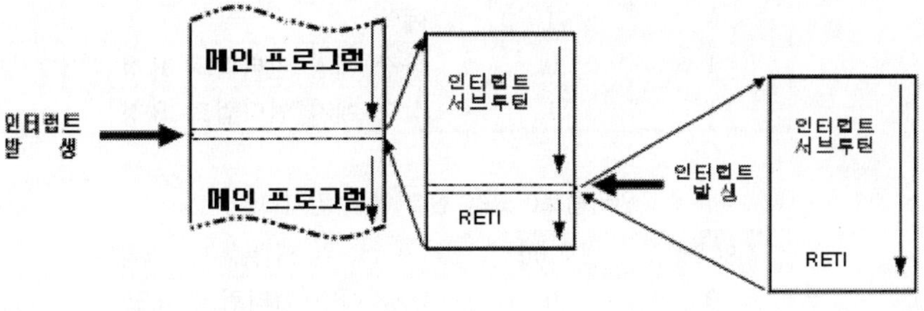

- MCU Control Register - MCUCR

외부 인터럽트, 슬립 모드 제어 레지스터이다.

Bit	7	6	5	4	3	2	1	0	
$35 ($55)	–	SE	SM1	SM0	ISC11	ISC10	ISC01	ISC00	MCUCR
Read/Write	R	R/W	R/W	R/W	R/W	R/W	R/W	R/W	
Initial Value	0	0	0	0	0	0	0	0	

MCUCR 기능 설명

bit	bit명	Data	기 능
7bit	-		예약 bit
6bit	SE		슬립 Enable bit. 슬립 명령을 실행하려면 '1'되어야 한다. 이는 사용자가 원하지 않은 상태에서 슬립모드로 들어가는 것을 방지하기 위한 것이다.
		1	슬립 모드 Enable
		0	슬립 모드 Disable
5bit	SM1		슬립 모드 선택 bit
4bit	SM0		
3bit	ISC11		인터럽트1 요청 신호 레벨 감지 제어
2bit	ISC10		
1bit	ISC01		인터럽트0 요청 신호 레벨 감지 제어
0bit	ISC00		

슬립 모드 선택

SM1	SM0	슬립 모드
0	0	Idle Mode
0	1	예약
1	0	Power Down
1	1	Power Save

인터럽트1 요청 신호 레벨 감지 제어

ISC11	ISC10	기 능
0	0	Low 레벨 인터럽트 요청
0	1	예약
1	0	하강 에지 인터럽트 요청
1	1	상승 에지 인터럽트 요청

인터럽트0 요청 신호 레벨 감지 제어

ISC01	ISC00	기 능
0	0	Low 레벨 인터럽트 요청
0	1	예약
1	0	하강 에지 인터럽트 요청
1	1	상승 에지 인터럽트 요청

■ General Interrupt Mask Register - GIMSK

외부 인터럽트 Enable 설정 레지스터이다.

Bit	7	6	5	4	3	2	1	0	
$3B ($5B)	INT1	INT0	-	-	-	-	-	-	GIMSK
Read/Write	R/W	R/W	R	R	R	R	R	R	
Initial Value	0	0	0	0	0	0	0	0	

GIMSK 기능 설명

bit	bit명	Data	기 능
7bit	INT1		외부 인터럽트1 설정 bit. INT1이 '1', SREG의 'I'가 '1'이면 인터럽트를 허용한다. MCUCR레지스터의 ISC11과 ISC10 bit를 설정하여 상승·하강 에지, 레벨 동작을 결정한다.
		1	외부 인터럽트1 Enable
		0	외부 인터럽트1 Disable
6bit	INT0		외부 인터럽트0 설정 bit. INT0이 '1', SREG의 'I'가 '1'이면 인터럽트를 허용한다. MCUCR레지스터의 ISC01과 ISC00 bit를 설정하여 상승·하강 에지, 레벨 동작을 결정한다.
		1	외부 인터럽트0 Enable
		0	외부 인터럽트0 Disable
5bit	-		예약 bit
4bit	-		예약 bit
3bit	-		예약 bit
2bit	-		예약 bit
1bit	-		예약 bit
0bit	-		예약 bit

■ General Interrupt Flag Register - GIFR

외부 인터럽트 요청 확인 레지스터이다.

Bit	7	6	5	4	3	2	1	0	
$3A ($5A)	INTF1	INTF0	-	-	-	-	-	-	GIFR
Read/Write	R/W	R/W	R	R	R	R	R	R	
Initial Value	0	0	0	0	0	0	0	0	

GIFR 기능 설명

bit	bit명	Data	기 능
7bit	INT1		외부 인터럽트1 발생 플래그 bit. GIMSK의 INT1이 '1', SREG의 'I'가 '1'이면 인터럽트 벡터 $002로 점프한다.
		1	외부 인터럽트1 요청
		0	인터럽트 루틴이 실행되면 자동으로 클리어된다.
6bit	INT0		외부 인터럽트0 발생 플래그 bit. GIMSK의 INT0이 '1', SREG의 'I'가 '1'이면 인터럽트 벡터 $001로 점프한다. 인터럽트 루틴이 실행되면 자동으로 플래그는 클리어됨
		1	외부 인터럽트0 요청
		0	인터럽트 루틴이 실행되면 자동으로 클리어된다.
5bit	-		예약 bit
4bit	-		예약 bit
3bit	-		예약 bit
2bit	-		예약 bit
1bit	-		예약 bit
0bit	-		예약 bit

■ 채터링 현상

외부 인터럽트 스위치를 1회 누르면 MCU는 인터럽트 서브루틴을 1회 수행한다. 하지만 실제로 인터럽크 스위치를 클릭하게 되면 인터럽트 서브루틴을 여러번 수행한다. 이러한 동작을 하는 이유는 채터링 현상 때문이다.

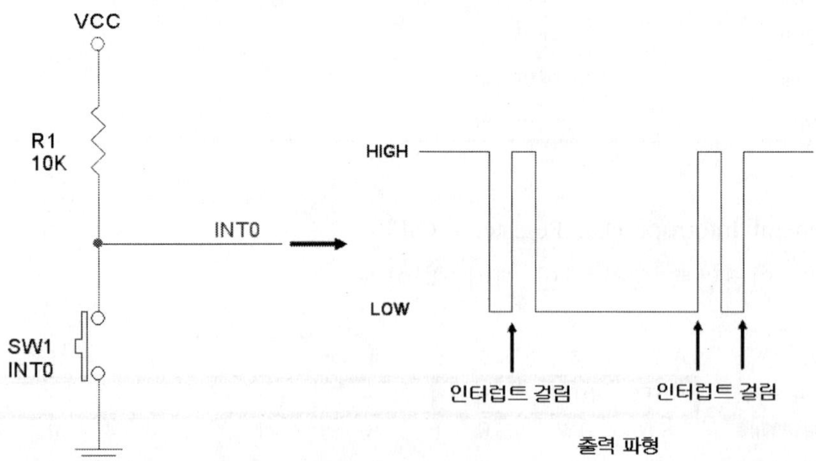

채터링 현상

그림은 채터링 현상을 표현한 것이다. 이러한 현상을 방지하기 위하여 H/W적으로 쉬미트 트리거 회로를 연결하는 방법과 S/W에서 이러한 부분을 마스크 시켜주어야 한다.

15.2 장비 구조

15.2.1 외부 인터럽트 회로 구성도

Port Input/Output 회로 구성은 다음과 같다.

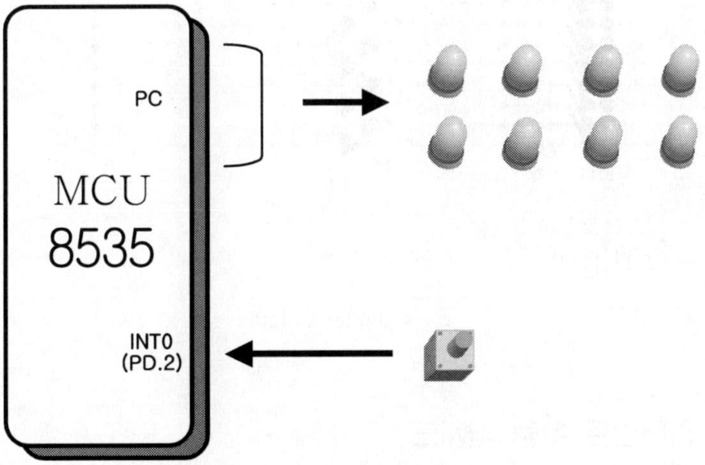

외부 인터럽트0 제어 회로 구성도

Port	내 용
Port C	LED가 연결되어있어 Port 출력 실험을 할 수 있다.
INT0 Port D.2	tick tack 스위치를 연결하여 외부 인터럽트 신호를 인가할 수 있다.

15.2.2 외부 인터럽트 제어 회로도

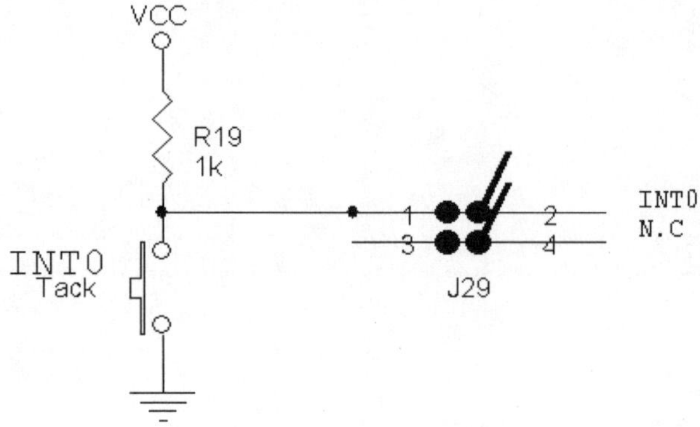

Interrupt 스위치

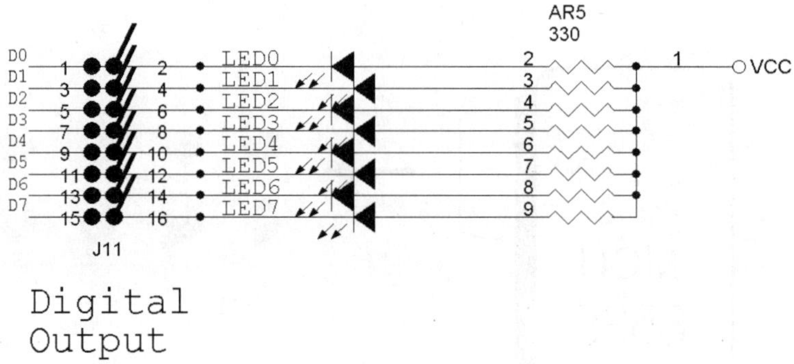

Digital Output

15.2.3 외부 인터럽트 부품 배치도

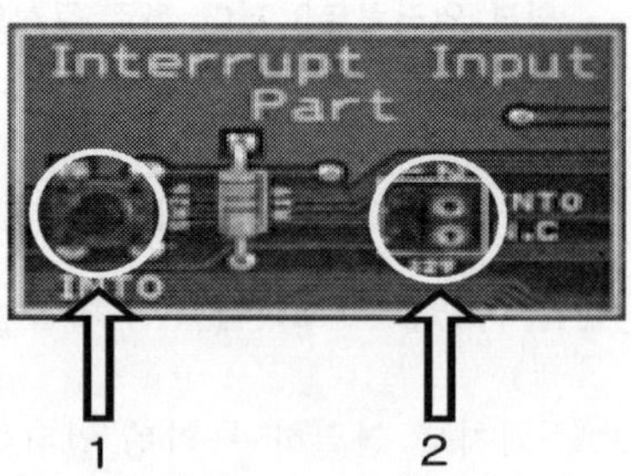

① Interrupt 스위치

② Interrupt Connecter

15.3 배선 연결도

실험, 실습을 위해서는 아래와 같이 연결한다.

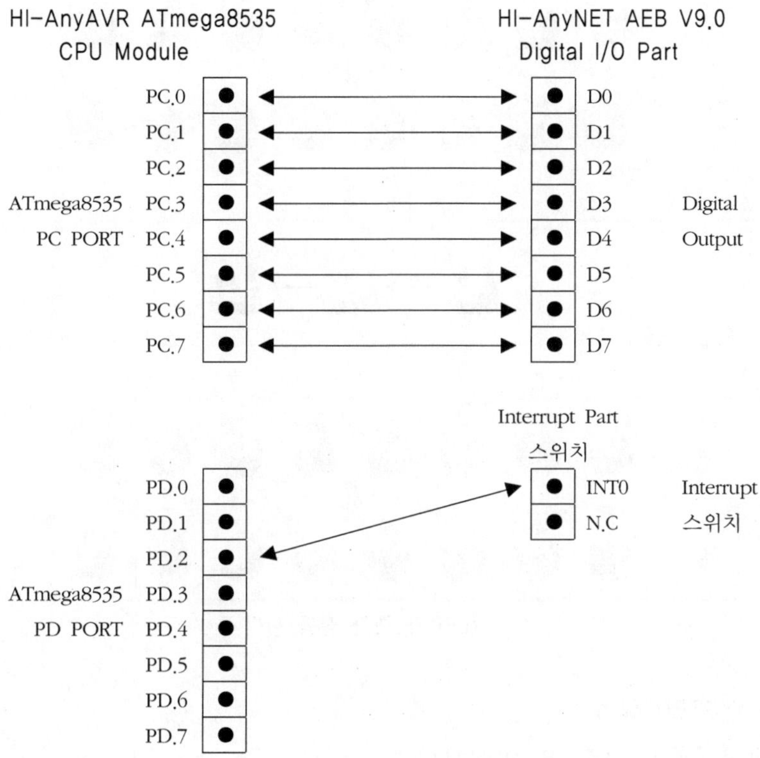

15.4 제어 실험

15.4.1 MCU 외부 인터럽트0 입력으로 LED 점등하기

89S51 실험 15.1

● 문제

Interrupt Input Part 스위치를 조작하여 INT0 인터럽트를 발생, Port LED 증가 점등 한다.(채터링 방지 프로그램 미 사용 예)

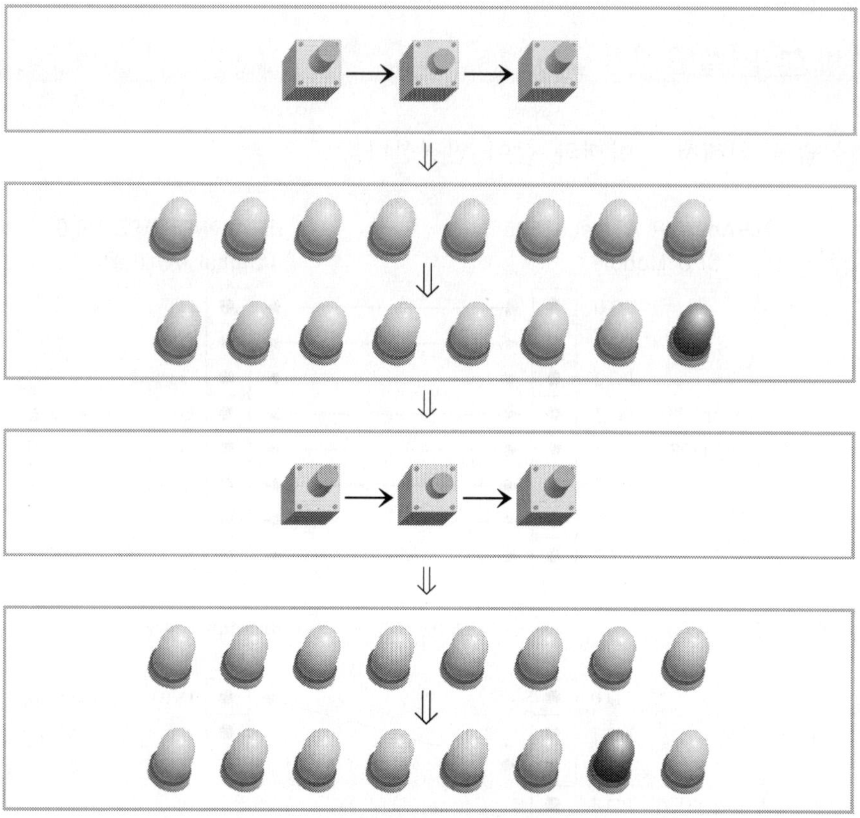

(LED가 증가 점등 한다.)

STEP BY STEP 실험

1. 교재의 「관련 지식」을 읽어본다.
2. Kit와 컴퓨터를 ISP Cable을 사용하여 연결한다.
3. 예제 프로그램을 작성한다.
4. C Compiler를 사용하여 HEX File을 만든다.
5. ISP 프로그램으로 HEX file을 다운로드, 실행한다.

폴더위치

AnyAVR8535\Source\Exam\CodeVision\Chap15\Chap15_01\

- Source 파일

  Chap15_01.C

- Download 파일

  Chap15_01.HEX

Program Source

```
#include <mega8535.h>          // Atmega 8535 header file
#include <delay.h>             // delay header file
void init_port(void);          // PORT init..

unsigned char Int0_test=0;

interrupt [EXT_INT0] void ext_int0_isr(void)
{

        //PORTC = ~Int0_test;  // Inverting
        GICR = 0x00;           // 90S8535 GIMSK, Interrupt Disable
        Int0_test++;
        delay_ms(500);
        GICR = 0x40;           // Interrupt Enable
}

void main(void)
{

        init_port();
        // External Interrupt(s) initialization
        // INT0: On
        // INT0 Mode:
        // INT1: Off
        GICR=0x40;
        MCUCR=0x02;
        GIFR=0x40;

        // Global enable interrupts
        #asm("sei")

        while(1)
        {
        PORTC = Int0_test;
        }
}

void init_port(void)
{
        // Port C init... Output Port
        PORTC=0x00;
        DDRC=0xff;

        PORTD=0xff;
        DDRD=0xf0;
}
```

15.5 실습 과제

■ 외부 인터럽트 입력을 카운트 하여 Character LCD에 값을 출력하자.

	A	V	R		A	T	m	e	g	a	8	5	3	5	
	I	n	t	e	r	r	u	p	t		=		0	0	

16 × 2 Character LCD

15.6 알아두기

■ 외부 인터럽트의 동작 원리를 이해한다.

16. 타이머/카운터 제어

CHAPTER

실습 목표

- MCU AVR ATmega8535의 타이머/카운터 제어 실험을 통하여 타이머/카운터의 동작원리와 사용방법을 이해, 실험 실습한다.

16.1 관련 지식

1) AVR ATmega8535

- 교재 Part1 참조.

2) 타이머/카운터

- 기준 시간을 나타내는 클럭 소스를 입력 신호로 받아 그 개수를 세는 카운터를 타이머라 한다. 그림은 타이머의 개념을 나타내었다. 예를 들어 기준 시간(주기)이 1 usec인 펄스를 입력 신호로 넣을 경우 37개의 클럭 펄스가 들어가면 카운터, 즉 타이머의 현재 값은 37이 되고 이것은 현재 시간이 37usec임을 나타낸다. 타이머는 시간을 측정하는데 사용한다.

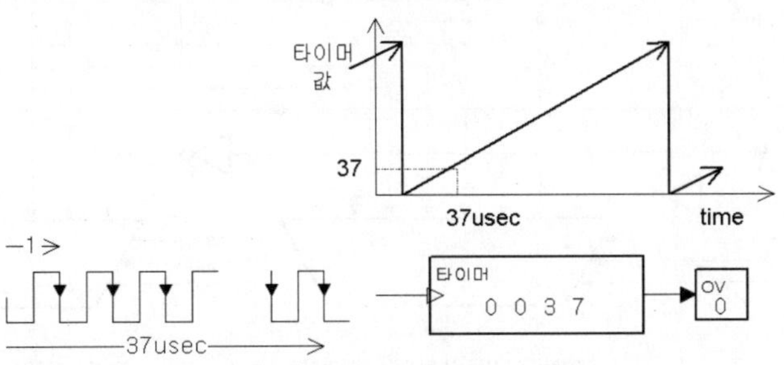

타이머 개념

타이머가 입력 신호로 클럭 소스가 아니라 어떤 사건을 입력받을 때 이를 카운터라 한다. 카운터로 사용될 때 카운터의 값은 사건의 횟수를 나타낸다.

16비트 타이머는 0x0000에서 0xFFFF 까지 셀 수 있다. 만약 최대치인 0xFFFF에서 사건 하나가 더 발생해 타이머가 넘치면 타이머는 0x0000이 되고 타이머 넘침 표시기 OV가 1로 설정되어 타이머가 넘쳤음을 알린다.

타이머는 제어 분야 전반에 걸쳐 필연적으로 사용된다. 주기적 반복이 필요한 응용 분야에서는 정해진 간격마다 넘쳐 타이머 넘침 표시기가 설정되도록 프로그램한다. 또 다른 응용 분야로는 타이머의 정규 시간을 이용하는 것으로 두 사건 사이의 경과 시간을 측정하는데 사용한다.

사건 횟수 세기 기능(카운터)은 사건 사이의 경과된 시간을 측정하는 것이 아니라 사건의 발생 횟수를 측정하는데 사용된다.

타이머/카운터 용도

1) 시간 측정

2) 사건 횟수 세기

3) 직렬 포트의 보 레이트 생성 등에 사용된다.

AT90S85351에는 3개 (8비트 2개, 16비트 1개)의 타이머/카운터가 내장되어 있다.

■ 타이머/카운터 프리스케일러

AVR 8535 타이머/카운터에는 10비트 프리스케일러가 내장되어 있어 입력 클럭을 분주한다.

타이머/카운터 0,1의 프리스케일러 구조는 다음과 같다.

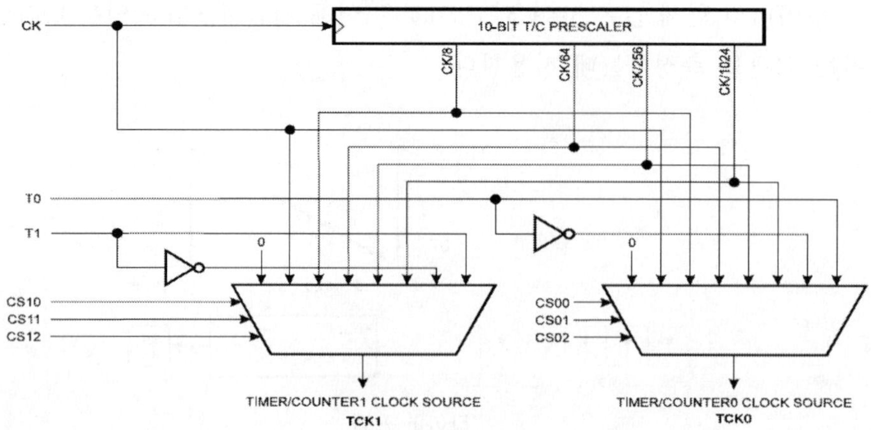

타이머/카운터 0,1은 CPU 클럭 (CK)을 분주한 4개의 CK/8, CK/64, CK/256, CK/1024분주를 갖는다.

3) 8비트 타이머/카운커 O

8비트 업카운터이다.

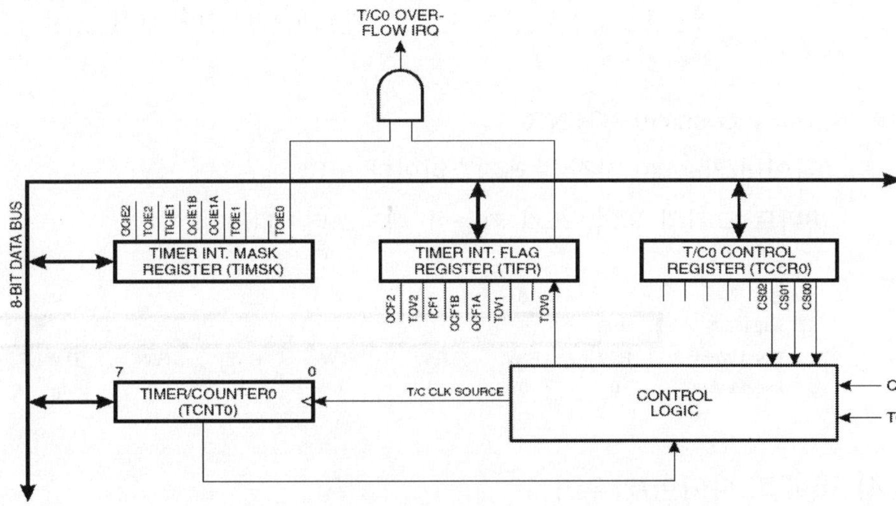

타이머/카운터 0의 구조

■ Timer/Counter0 Control Register - TCCR0

타이머/카운터0 제어 레지스터이다.

Bit	7	6	5	4	3	2	1	0	
$33 ($53)	–	–	–	–	–	CS02	CS01	CS00	TCCR0
Read/Write	R	R	R	R	R	R/W	R/W	R/W	
Initial Value	0	0	0	0	0	0	0	0	

TCCR0 기능 설명

bit	bit명	Data	기 능
7bit	-		예약 bit
6bit	-		예약 bit
5bit	-		예약 bit
4bit	-		예약 bit
3bit	-		예약 bit
2bit	CS02		클럭 선택 bit.
1bit	CS01		
0bit	CS00		

CS02	CS01	CS00	설 명
0	0	0	정지, 타이머/카운터 정지
0	0	1	CK
0	1	0	CK/8
0	1	1	CK/64
1	0	0	CK/256
1	0	1	CK/1024
1	1	0	외부의 T0핀 하강 에지
1	1	1	외부의 T0핀 상승 에지

- Timer Counter0 - TCNT0

  타이머/카운터0 시정수 레지스터이다.

  8비트 크기의 읽기, 쓰기 가능한 레지스터이다.

Bit	7	6	5	4	3	2	1	0	
$32 ($52)	MSB							LSB	TCNT0
Read/Write	R/W	R/W	R/W	R/W	R/W	R/W	R/W	R/W	
Initial Value	0	0	0	0	0	0	0	0	

4) 16비트 타이머/카운커 1

16비트 업카운터이다.

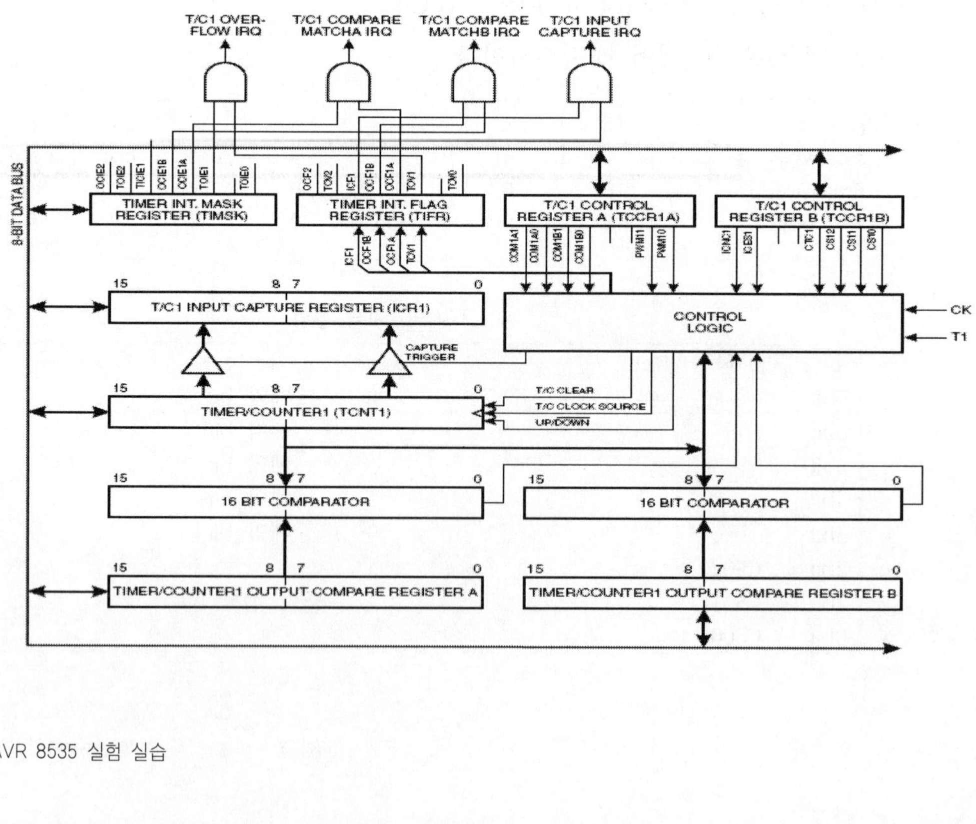

■ Timer/Counter1 Control Register A - TCCR1A

타이머/카운터1 제어 레지스터 A이다.

Bit	7	6	5	4	3	2	1	0	
$2F ($4F)	COM1A1	COM1A0	COM1B1	COM1B0	–	–	PWM11	PWM10	TCCR1A
Read/Write	R/W	R/W	R/W	R/W	R	R	R/W	R/W	
Initial Value	0	0	0	0	0	0	0	0	

TCCR1A 기능 설명

bit	bit명	Data	기 능
7bit	COM1A1		비교 출력 모드 1A
6bit	COM1A0		
5bit	COM1B1		비교 출력 모드 1B
4bit	COM1B0		
3bit	-		예약 bit
2bit	-		예약 bit
1bit	PWM11		PWM 동작 모드 선택
0bit	PWM10		

COM1X1	COM1X0	설 명
0	0	출력핀 OC1과 분리된 타이머/카운터1
0	1	OC1 출력 토글
1	0	OC1 출력 '0' 으로 클리어
1	1	OC1 출력 '1' 로 셋

PWM11	PWM10	설 명
0	0	타이머/카운터1의 PWM Operation Disable
0	1	타이머/카운터1은 8 bit PWM
1	0	타이머/카운터1은 9 bit PWM
1	1	타이머/카운터1은 10 bit PWM

■ Timer/Counter1 Control Register B - TCCR1B

타이머/카운터1 제어 레지스터 B이다. 입력 캡처 노이즈 제거, 에지 설정과 비교 매치 설정, 타이머/카운터1의 프리스케일러 선택을 한다.

Bit	7	6	5	4	3	2	1	0	
$2E ($4E)	ICNC1	ICES1	–	–	CTC1	CS12	CS11	CS10	TCCR1B
Read/Write	R/W	R/W	R	R	R/W	R/W	R/W	R/W	
Initial Value	0	0	0	0	0	0	0	0	

TCCR1B 기능 설명

bit	bit명	Data	기 능
7bit	ICNC1		입력 캡처1 노이즈 제어 설정 bit
		0	노이즈 제거 기능 Disable. 첫 번째 상승·하강 에지에서 캡처 동작
		1	입력 캡처1을 4회 연속으로 검출
6bit	ICES1		입력 캡처1 에지 결정 bit
		0	하강 에지
		1	상승 에지
5bit	-		예약 bit
4bit	-		예약 bit
3bit	CTC1		타이머/카운터1의 비교 매치시 카운터 값 클리어 여부 결정
		0	클리어 안 함
		1	비교 매치시 타이머/카운터값을 0으로 클리어 함
2bit	CS12		Clock 선택 비트
1bit	CS11		
0bit	CS10		

CS12	CS11	CS10	기 능
0	0	0	타이머/카운터1 정지
0	0	1	CK
0	1	0	CK/8
0	1	1	CK/64
1	0	0	CK/256
1	0	1	CK/1024
1	1	0	외부의 T0핀 하강 에지
1	1	1	외부의 T0핀 하강 에지

■ Timer/Counter1 - TCNT1H & TCNT1L

타이머/카운터1 시정수 레지스터이다.

16비트 크기의 읽기, 쓰기 가능한 레지스터이다.

Bit	15	14	13	12	11	10	9	8	
$2D ($4D)	MSB								TCNT1H
$2C ($4C)								LSB	TCNT1L
	7	6	5	4	3	2	1	0	
Read/Write	R/W	R/W	R/W	R/W	R/W	R/W	R/W	R/W	
	R/W	R/W	R/W	R/W	R/W	R/W	R/W	R/W	
Initial Value	0	0	0	0	0	0	0	0	
	0	0	0	0	0	0	0	0	

- TCNT1 타이머/카운터1 쓰기

  16bit Data를 쓰기 위해서는 상위 바이트를 쓰고 하위 바이트를 써 넣어야 한다.

- TCNT1 타이머/카운터1 읽기

  16bit Data를 읽기 위해서는 하위 바이트를 읽고 상위 바이트를 써 넣어야 한다.

■ Timer/Counter1 - OCR1AH & OCR1AL

타이머/카운터1의 값과 비교되는 값을 가지며 두 값이 일치되면 매치가 일어난다. 16비트 크기의 읽기, 쓰기 가능한 레지스터이다.

Bit	15	14	13	12	11	10	9	8	
$2B ($4B)	MSB								OCR1AH
$2A ($4A)								LSB	OCR1AL
	7	6	5	4	3	2	1	0	
Read/Write	R/W	R/W	R/W	R/W	R/W	R/W	R/W	R/W	
	R/W	R/W	R/W	R/W	R/W	R/W	R/W	R/W	
Initial Value	0	0	0	0	0	0	0	0	
	0	0	0	0	0	0	0	0	

Bit	15	14	13	12	11	10	9	8	
$29 ($49)	MSB								OCR1BH
$28 ($48)								LSB	OCR1BL
	7	6	5	4	3	2	1	0	
Read/Write	R/W	R/W	R/W	R/W	R/W	R/W	R/W	R/W	
	R/W	R/W	R/W	R/W	R/W	R/W	R/W	R/W	
Initial Value	0	0	0	0	0	0	0	0	
	0	0	0	0	0	0	0	0	

- 쓰기/읽기

  TCNT1 레지스터와 동일하다.

■ Timer/Counter1 Input Capture Register - ICR1H & ICR1L

입력 캡처 레지스터이다. 입력 캡처 신호(ICP)의 상승·하강 에지가 검출되면 타이머/카운터1의 값이 입력 캡처 레지스터에 저장되며 입력 캡처 플래그(ICF1)가 SET된다.

16비트 크기의 읽기 전용 레지스터이다.

Bit	15	14	13	12	11	10	9	8	
$29 ($49)	MSB								OCR1BH
$28 ($48)								LSB	OCR1BL
	7	6	5	4	3	2	1	0	
Read/Write	R/W	R/W	R/W	R/W	R/W	R/W	R/W	R/W	
	R/W	R/W	R/W	R/W	R/W	R/W	R/W	R/W	
Initial Value	0	0	0	0	0	0	0	0	
	0	0	0	0	0	0	0	0	

- 쓰기/읽기

  TCNT1 레지스터와 동일하다.

■ PWM 모드에서 Timer/Counter1

PWM 모드가 선택될 때, 타이머/카운터1과 출력 비교 레지스터 1A(OCR1A), 1B(OCR1B)는 PD5(OC1A), PD4(OC1B)에 8,9,10 bit의 PWM을 발생한다.

타이머 최고값과 PWM 주파수

PWM Resolution	Timer TOP value	Frequency
8-bit	$00FF (255)	f_{TCK1}/510
9-bit	$01FF (511)	f_{TCK1}/1022
10-bit	$03FF(1023)	f_{TCK1}/2046

COM1X1	COM1X0	OCX1 효과
0	0	연결 안됨
0	1	연결 안됨
1	0	비교 매치 클리어되면 업 카운팅, 셋 되면 다운 카운팅 (비반전 PWM)
1	1	비교 매치 클리어되면 다운 카운팅, 셋 되면 업 카운팅 (반전 PWM)

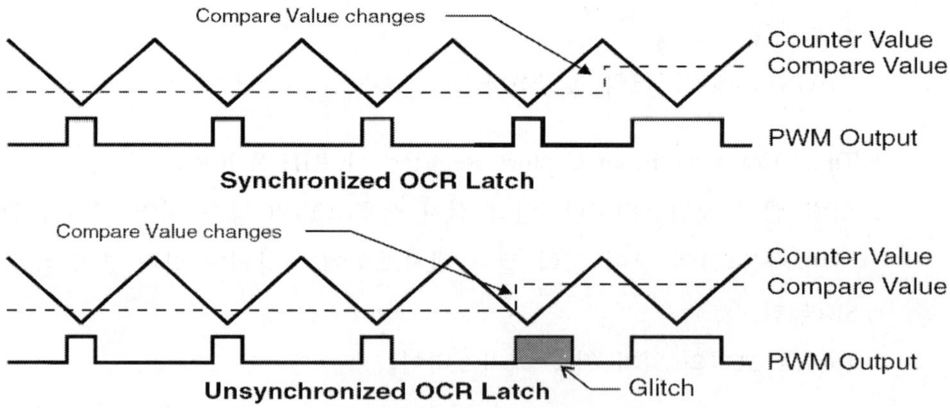

COM1X1	COM1X0	OCR1X	OC1X 출력
1	0	$0000	L
1	0	TOP	H
1	1	$0000	H
1	1	TOP	L

16.2 장비 구조

16.2.1 타이머/카운터 회로 구성도

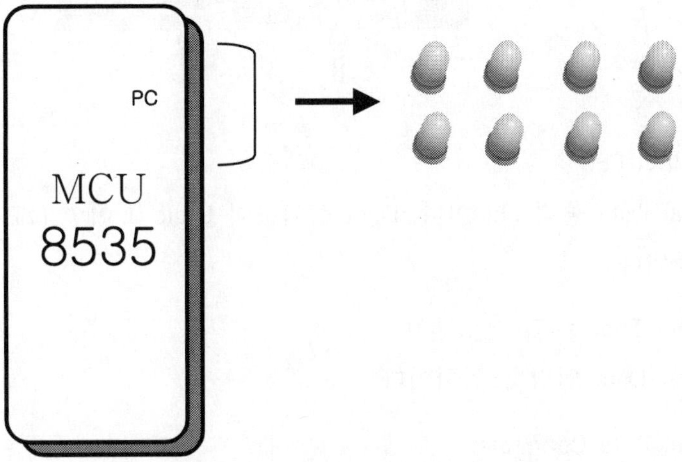

타이머/카운터 회로 구성도

Port	내 용
Port C	LED가 연결되어있어 Port 출력 실험을 할 수 있다.

16.2.2 Port I/O 제어 회로도

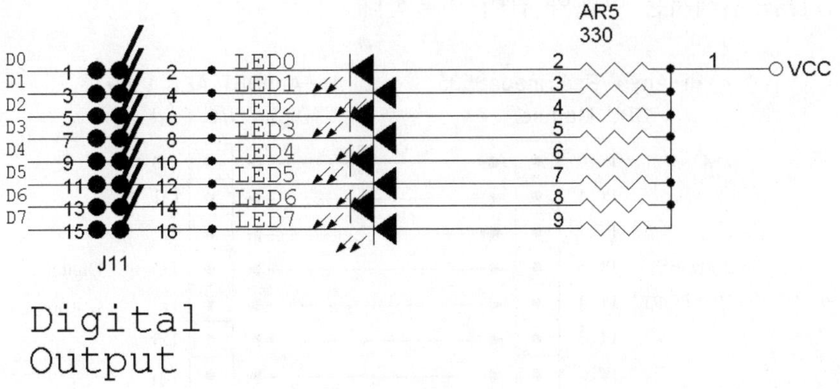

Digital Output

16.2.3 Port I/O 부품 배치도

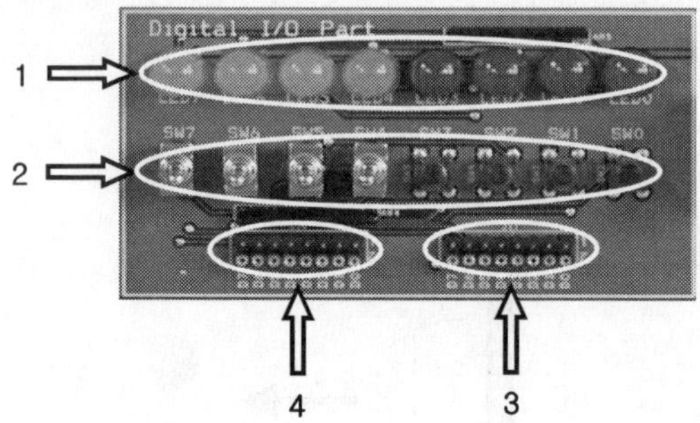

① Digital Output LED

8bit Digital Data 출력 LED이다. Data 출력값이 Logic 'L'이면 LED는 점등, Logic 'H' 이면 소등된다.

② Digital Input Toggle, Tack 스위치

8bit Digital Data 입력 스위치이다.

③ LED Output Data Connecter

MCU의 Port와 LED를 연결한다.

④ 스위치 Input Data Connecter

MCU의 Port와 스위치를 연결한다.

16.3 배선 연결도

실험, 실습을 위해서는 아래와 같이 연결한다.

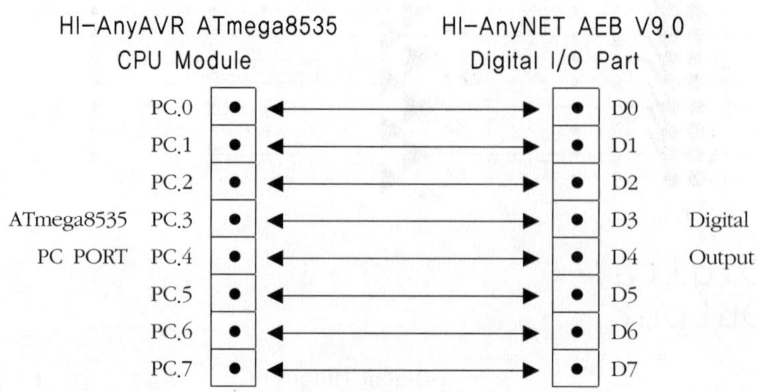

16.4 제어 실험

16.4.1 타이머/카운터 제어

ATmega8535 실험 16.1

- 문제

타이머/카운터1을 이용하여 LED를 1bit씩 왼쪽 쉬프트하며 점등한다.

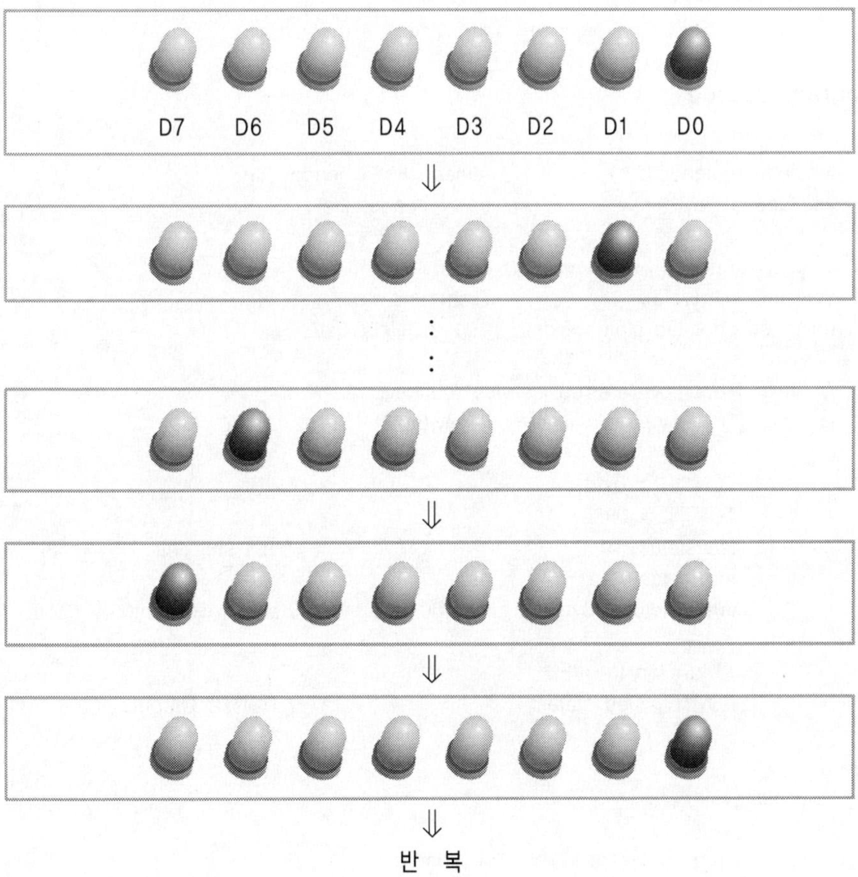

- STEP BY STEP 실험

1. 교재의 「관련 지식」을 읽어본다.
2. Kit와 컴퓨터를 ISP Cable을 사용하여 연결한다.

3. 예제 프로그램을 작성한다.

4. C Compiler를 사용하여 HEX File을 만든다.

5. ISP 프로그램으로 HEX file을 다운로드, 실행한다.

폴더위치

AnyAVR8535\Source\Exam\CodeVision\Chap16\Chap16_01\

- Source 파일

  Chap16_01.C

- Download 파일

  Chap16_01.HEX

Program Source

```
#include <mega8535.h>            // Atmega 8535 header file
#include <delay.h>               // delay header file

void init_port(void);            // PORT init..
void init_timer(void);           // Timer1 init..
unsigned char led_status=0xfe; // LED 초기상태 0xfe

// Timer 1 overflow interrupt service routine
interrupt [TIM1_OVF] void timer1_overflow(void)
{
        TCNT1H = 0xfd;
        TCNT1L = 0x30;
        led_status<<=1;                          // 1bit shift left
        led_status|=1;
        if(led_status==0xff) led_status=0xfe;    //0xff 가 되면 bit0 를 0으로

        // turn on the LED
        PORTC = led_status;                      // PORTC Output
}

void main(void)
{
        init_port(); // port init.. function call
       init_timer();  // timer function call
        DDRC=0xff;
        PORTC = led_status;

        // Global enable interrupts
#asm("sei")
```

```
while (1);
}

void init_timer(void)
{
        TIMSK = 0x04;          //TOIET bit '1'
        TCCR1A = 0;
        TCCR1B=0x05;           //CK(3.6864MHz)/1024 = .3.6KHz : 277.7 sec
        TCNT1H = 0xfd;
        TCNT1L = 0x30;         // 720 /3.6 = 200.0 msec period
        TIFR = 0;
        GICR = 0;              // 90S8535 GIMSK, Interrupt Disable
}

void init_port(void)
{
        PORTA=0xff;            // Port A 초기값
        DDRA=0xff;             // Port A 설정, 출력으로 사용
        PORTB=0xff;            // Port B 초기값
        DDRB=0xff;             // Port B 설정, 출력으로 사용
        PORTC=0xff;            // Port C 초기값
        DDRC=0xff;             // Port C 설정, 출력으로 사용
        PORTD=0xff;            // Port D 초기값
        DDRD=0xff;             // Port D 설정, 출력으로 사용

}
```

16.5 실습 과제

- 타이머/카운터의 시정수를 변환하여 속도를 느리게 하자.

16.6 알아두기

- 타이머/카운터의 동작 원리를 이해한다.

부록

1 부 록 AnyNET AVR 8535 V9.0 장비설명

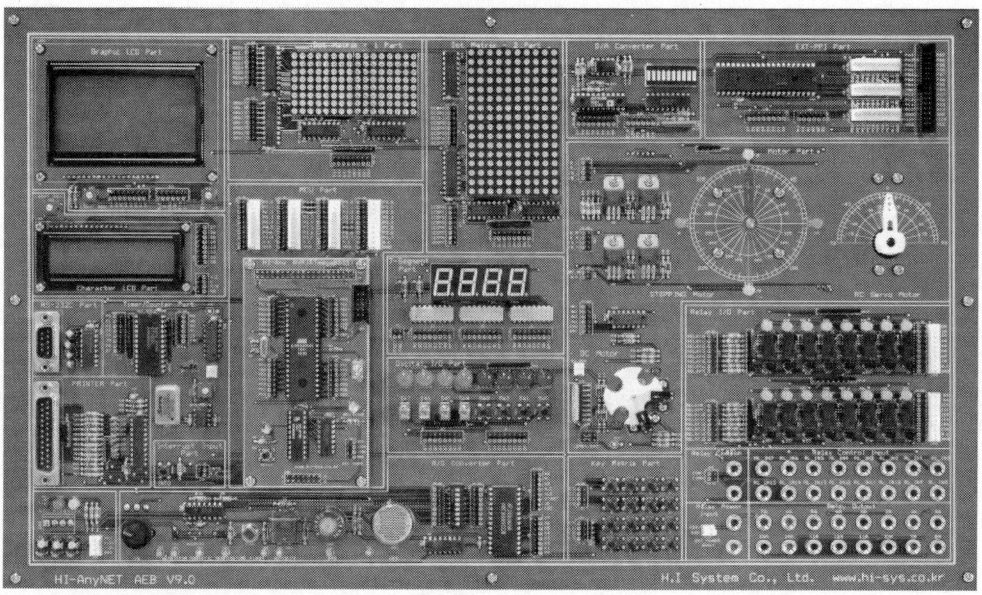

HI-AnyNET AVR 8535 V9.0의 구조와 기능, 사용법을 설명한다.

1.1 장비의 특징

- HI-AnyNET AVR 8535 V9.0 Kit는 멀티형 마이크로프로세서 실험장치로 여러 종류의 CPU Board를 플러그인 모듈로 구성 PIC 16F874/877, AVR 8535, MCS-51 89S51 등 One-Chip MCU 실험, 실습이 가능한 멀티형 Kit이다.

■ 별도의 ISP Adapter를 제공하여 ISP 방식으로 MCU에 프로그램 할 수 있어 쉽고 빠르게 MCU를 실험, 실습 할 수 있다.

■ 산업인력관리공단에서 제공하는 MICOM-PROGRAMMER 프로그램을 이용하여 프린터 케이블을 이용, ISP 방식으로 MCU에 프로그램 할 수 있어 쉽고 빠르게 MCU를 실험, 실습 할 수 있다.

1.2 장비의 구성

1.2.1 장비의 전체 구성

HI-AnyNET AVR 8535 V9.0 Kit의 전체 외형은 다음과 같다.

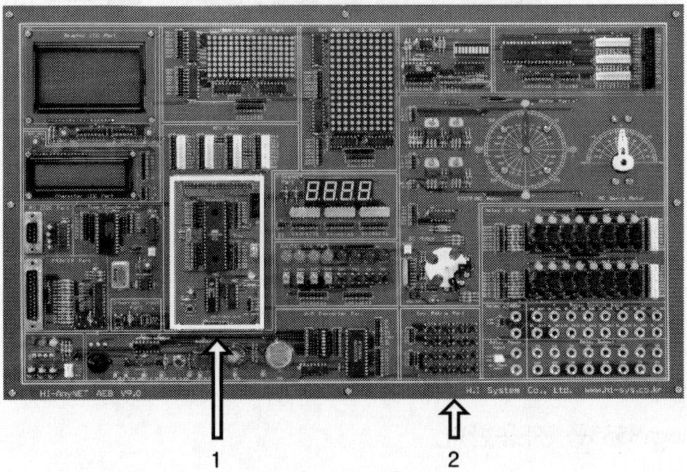

① AVR 8535 MCU Module

- ATmega8535 MCU를 실험, 실습할 수 있다.

② AnyNET AEB V9.0 Peripheral Board

- Digital I/O, 7-Segment, Key Matrix, Character LCD, DC, Stepping, RC Servo Motor, Relay, A/D, D/A Converter Dot Matrix, PIT 8254, Graphic LCD, Extend PPI등 주변 장치들을 실험, 실습 할 수 있다.

1.2.2 HI-AnyAVR ATmega8535 (MCU Module Board)

MCU ATmega8535 Module은 다음과 같이 구성되어 있다.

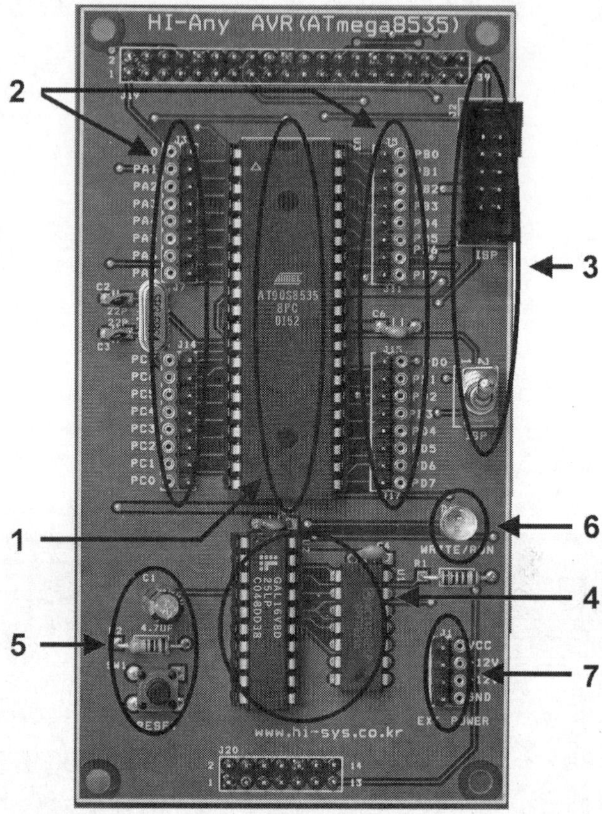

① MCU ATmega8535

AVR ATmega8535를 사용한다.

시스템 클록은 3.6864MHz를 사용한다.

② MCU 인터페이스 부분

사용자가 임의로 LCD, 7-Segment, 4×4 키보드 등으로 연결할 수 있도록 MCU를 중심으로 왼쪽 및 오른쪽에 연결되어 있다.

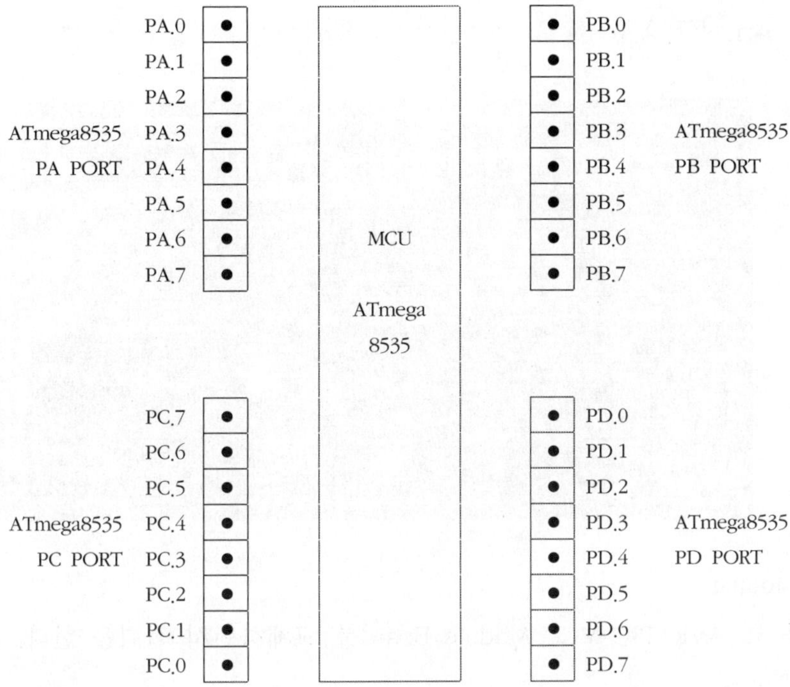

③ ISP Connect

제공된 ISP Adapter를 연결하여 PC에서 ATmega8535 칩에 프로그램 할 수 있다.

스위치 상태	내 용
ON	HI-AnyNET AEB V9.0의 프린터 Port로 ISP 프로그램
OFF	제공된 ISP Adapter를 사용하여 직접 ISP 프로그램

④ PLD Part

PLD 16V8을 사용하여 HI-AnyNET AEB V9.0의 프린트 Port로 ISP 프로그램 할 수 있게 한다.

⑤ RESET 스위치

MCU를 RESET하는데 사용된다.

⑥ MCU State LED

ATmega8535의 동작 상태를 나타내는 LED이다.

⑦ 전원 Connect

MCU Module에 전원을 인가하는 Connect이다.
+5V, +12V, -12V, GND를 인가한다.

1.2.3 HI-AnyNET AEB V9.0 (Peripheral System)

① MCU Module

- MCS-51, AVR, PIC MCU Module Board를 교체하면서 실험을 한다.

② Digital I/O

- Digital Data를 출력하여 LED 점멸 실험을 한다.
- 스위치의 입력을 받아 Digital Input 실험을 한다.

③ 7-Segment Display

- Digital Data를 출력하여 7-Segment 제어 실험을 한다.

④ Key Matrix

- 4×4 Key Matrix를 이용하여 16진수, 0부터 F까지의 값을 입력 받는 실험을 한다.

⑤ Relay

- 24V Relay를 사용하여 외부 장치 입.출력 실험을 한다.

Kit에서는 +24V Relay를 사용하므로 외부에서 +24V를 공급하여야 한다.

⑥ DC Motor

- +5V DC Motor의 정·역회전, 속도 제어 실험을 한다.

⑦ Stepping Motor

- Stepping Motor의 1, 2, 1-2상 제어 및 속도 제어 실험을 한다.

⑧ RC Servo Motor

- RC Servo Motor 제어 실험을 한다.

⑨ A/D Converter

- Analog 신호를 Digital 신호로 변환하는 실험을 한다.
- A/D Converter에 입력되는 아날로그 센서이다.

AnyNET AEB V9.0 센서

센서 종류	센서 기능
VR	0~5V의 전압을 가변한다.
CDS	빛의 밝기를 감지한다.
Thermistor	온도를 감지한다. (저항성분 사용)
온도 센서	온도를 감지한다. (반도체 사용)
인체감지 센서	사람의 인체를 감지한다.
습도 센서	주위 환경의 습도를 감지한다.
가스 센서	주위 환경의 가스 농도를 감지한다.
마그네틱 센서	주위 환경의 자성을 감지한다.

⑩ D/A Converter

- Digital 신호를 Analog 신호로 변환하는 실험을 한다.

⑪ DOT Matrix-1

- 8×8 DOT Matrix 2개를 이용하여 문자출력 실습을 한다.

⑫ DOT Matrix-2

- 8×5 DOT Matrix 4개를 이용하여 문자출력 실습을 한다.

⑬ Timer/Counter

- PIT 8254 Device를 이용하여 주파수 변환 실험을 한다.
- 내부 스피커/ 외부 단자로 출력된다.

⑭ Character LCD

- 16×2 Character LCD 제어 실험을 한다.

⑮ Graphic LCD

- 128×64 Graphic LCD 제어 실험을 한다.

⑯ Extend PPI

- PPI 8255 Device를 이용하여 Digital Data 입·출력 실험을 한다.

⑰ Serial 통신 Port

- RS232C 통신규약을 사용하여 PC의 COM Port와 Serial 통신을 할 수 있다.

⑱ 외부 Interrupt 스위치

- MCU의 외부 Interrupt 핀에 입력으로 사용하여 인터럽트 실험을 할 수 있다.

⑲ ISP Port

- PC의 Printer Port와 연결하여 MCU에 ISP Programming 할 수 있다.

⑳ POWER

- Kit에 전원을 공급하는 Connecter이다.
- +5, +12, -12, GND가 입력된다.

1.3 CD의 구성

제공된 CD는 다음과 같이 구성되어 있다.

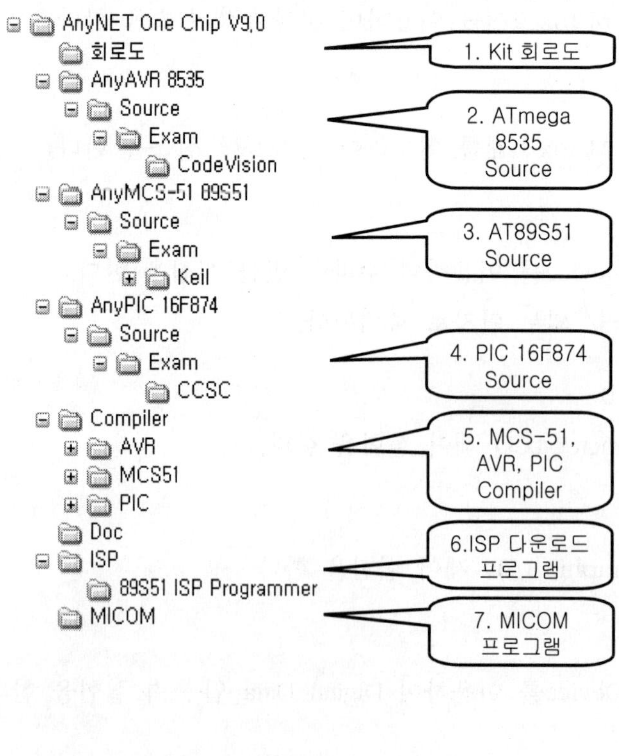

1. Kit 회로도

   AnyNET One Chip V9.0 회로도이다.

2. ATmega 8535 Source

   AVR ATmega 8535 실험 예제이다.

3. AT89S51 Source

   MSC-51 AT89S51 실험 예제이다.

4. 16F874 Source

   PIC 16F874 실험 예제이다.

5. Compiler

   MCS-51, AVR, PIC 용 DEMO Compiler이다.

6. ISP 다운로드 프로그램

   MCS-51, AVR 용 HEX File 다운로드 프로그램이다.

7. MICOM 프로그램

   한국산업인력관리공단에서 제공하는 디지털 제어 산업기사용 HEX file 다운로드 프로그램이다.

2 CodeVision Compiler 사용하기

부 록

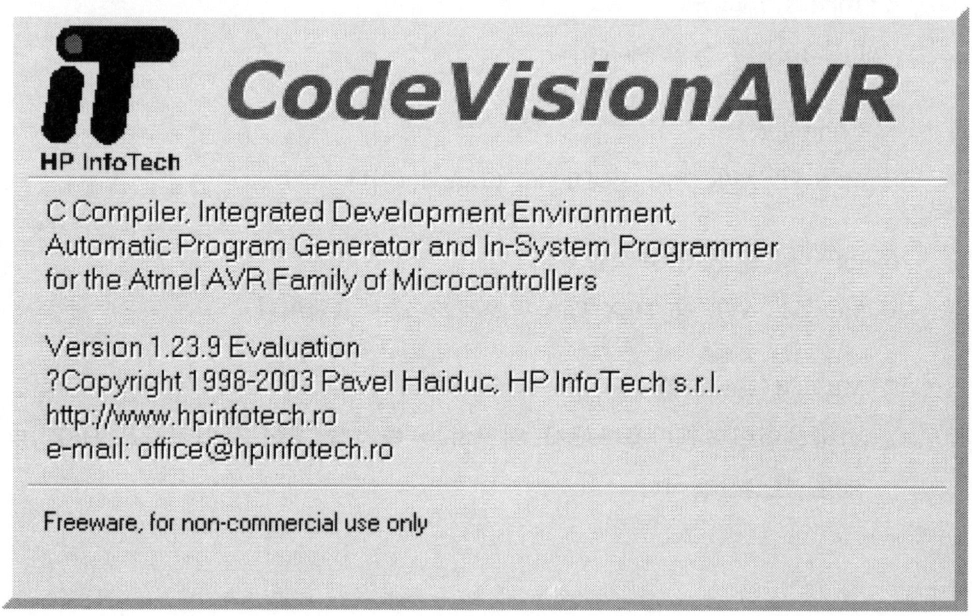

CodeVision Compiler 사용방법을 설명한다.

2.1 Code Vision Compiler 설치 및 실행

CodeVision AVR(무료배포버전)을 다운로드한 후 설치하여 다음의 순서에 따라 컴파일 한다.

2.1.1 CodeVisionAVR의 설치

- CodeVisionAVR을 사용하여 컴파일 할 것이다. 프로그램 용량이 크지 않다면 무료배포버전의 사용도 무난하다.

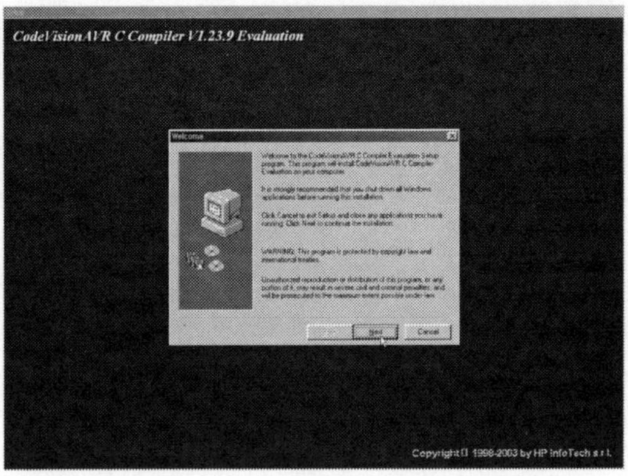

2.1.2 CodeVision AVR의 실행

1) CodeVision AVR을 실행한다.

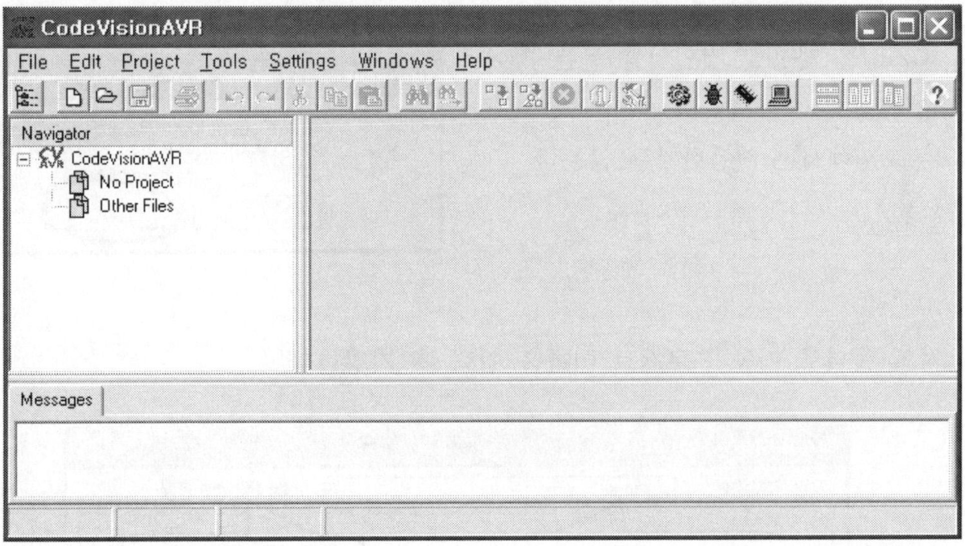

2) Creat New File을 실행하여 새 프로젝트를 생성한다.

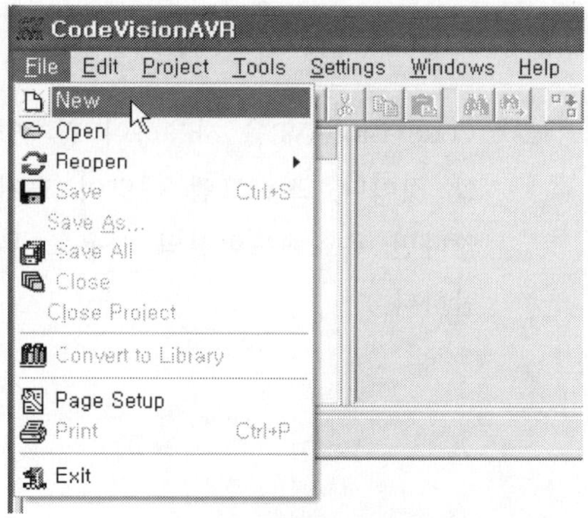

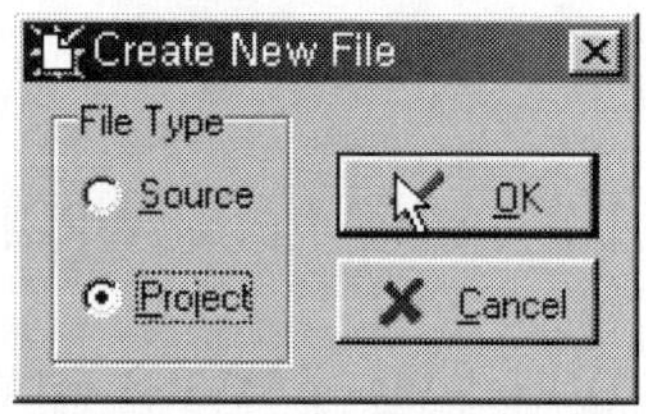

3) Wizard를 사용할 것인지를 묻는 창이 출력된다.
본 교재에서는 사용한다는 않는다.

4) 작업 폴더로 이동 프로젝트 이름을 입력 후 저장한다.

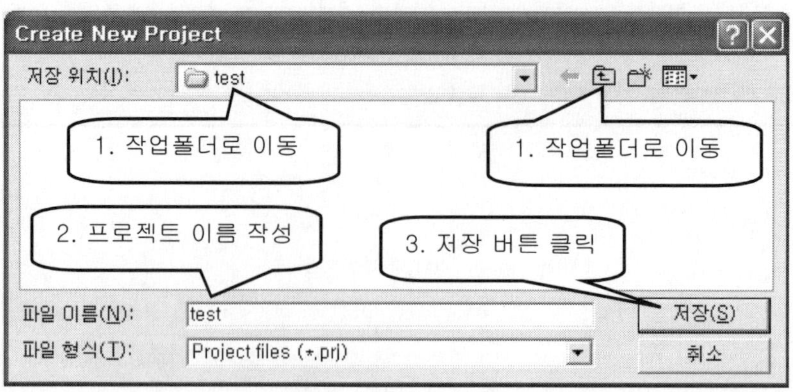

5) 「C Compiler」를 클릭하면 Chip, Clock등 Compiler 환경설정 창이 출력된다.

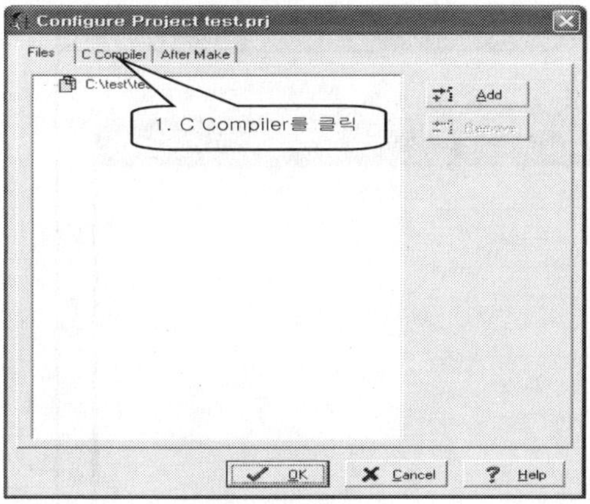

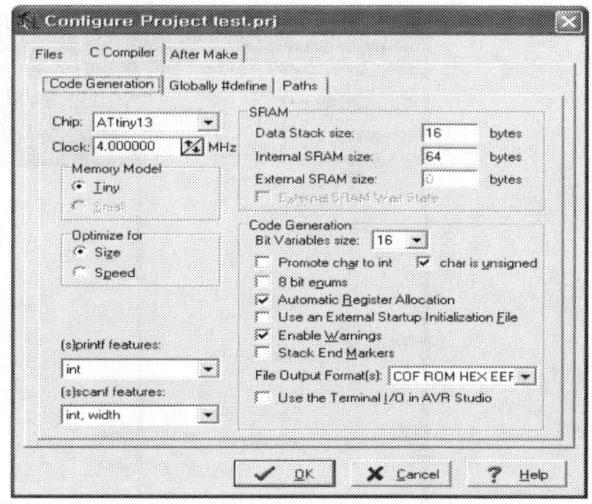

6) Chip, Clock을 설정하고 「After Make」를 클릭한다.

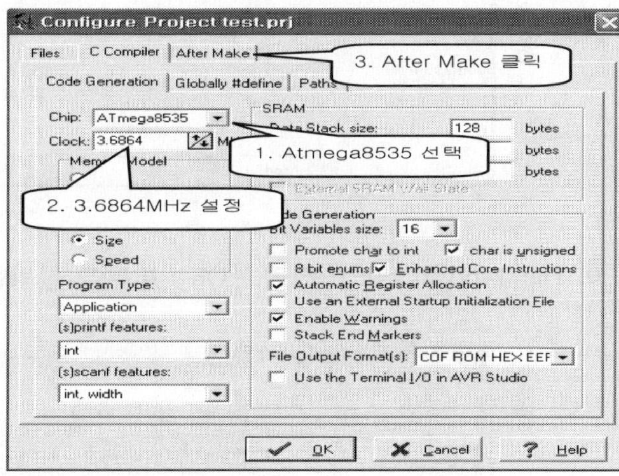

7) Program Chip을 체크하면 Chip Programming Option창이 출력된다.

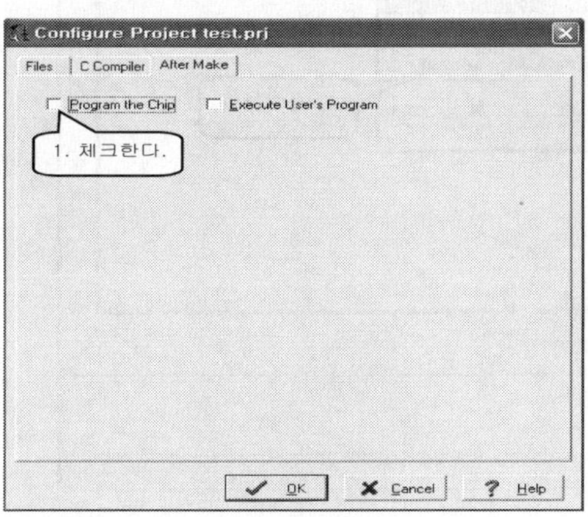

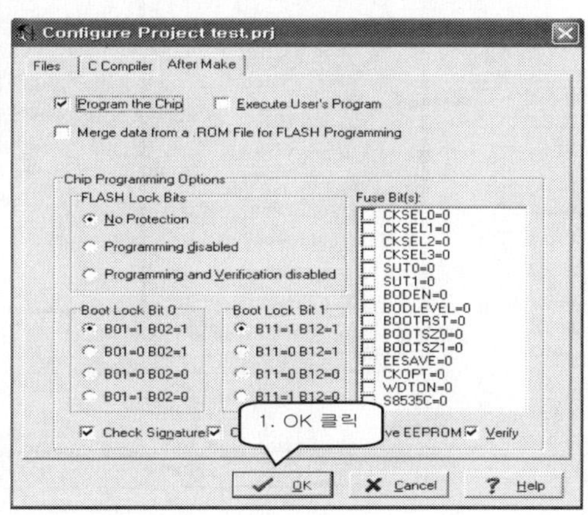

8) 소스 파일을 만들기 위하여 「NEW file」을 클릭한다.

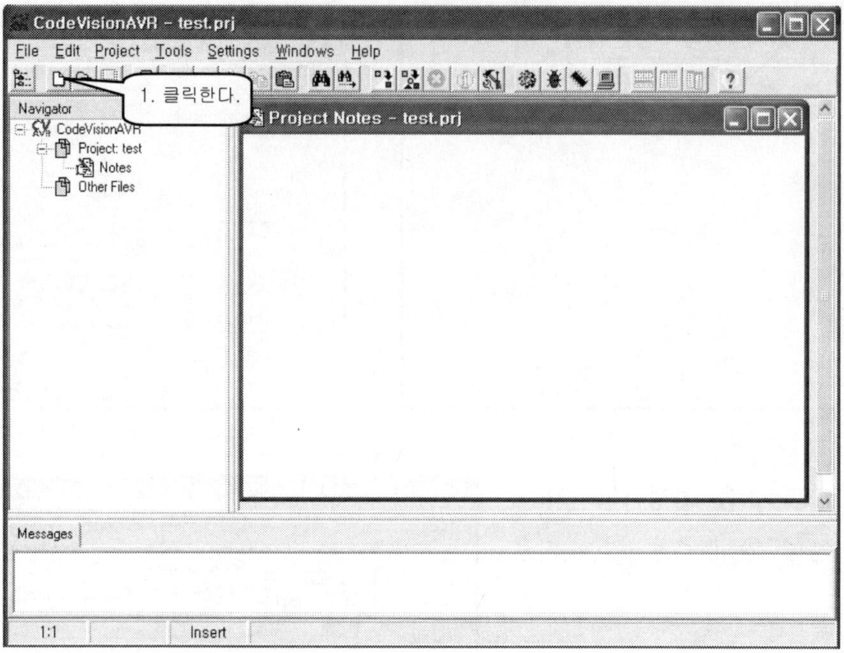

9) File Type을 Source 선택, 「OK」 버튼을 클릭한다.

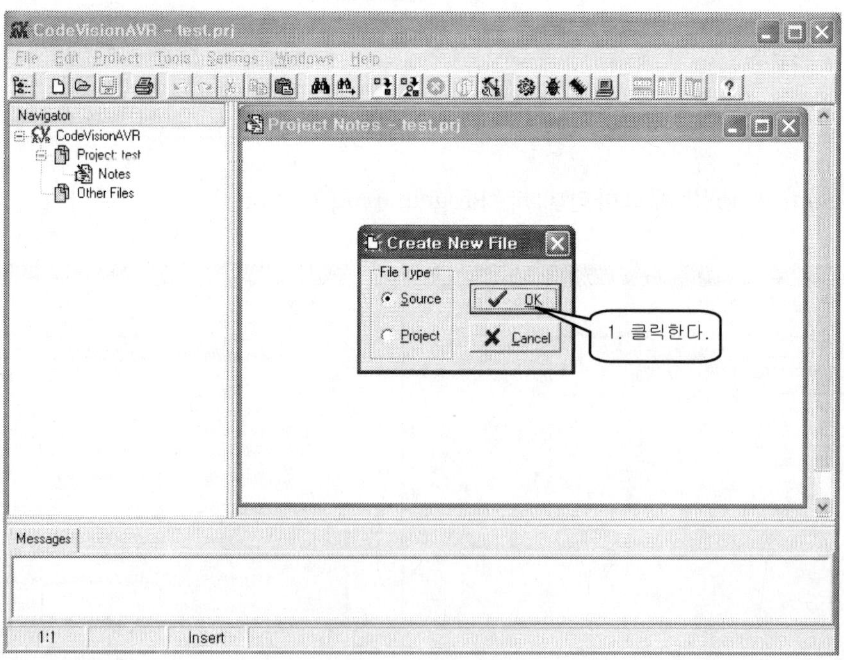

10) 「untitled.c」 파일 생성, 프로그램을 작성한다.

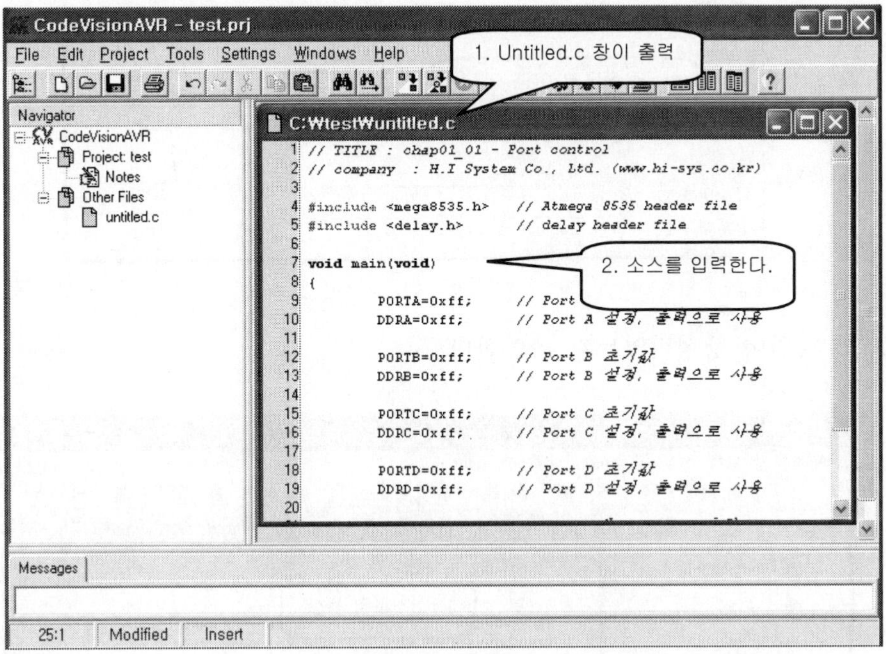

11) 「File」 - 「Save As」를 클릭하여 파일 이름을 입력, 저장 버튼을 클릭한다.

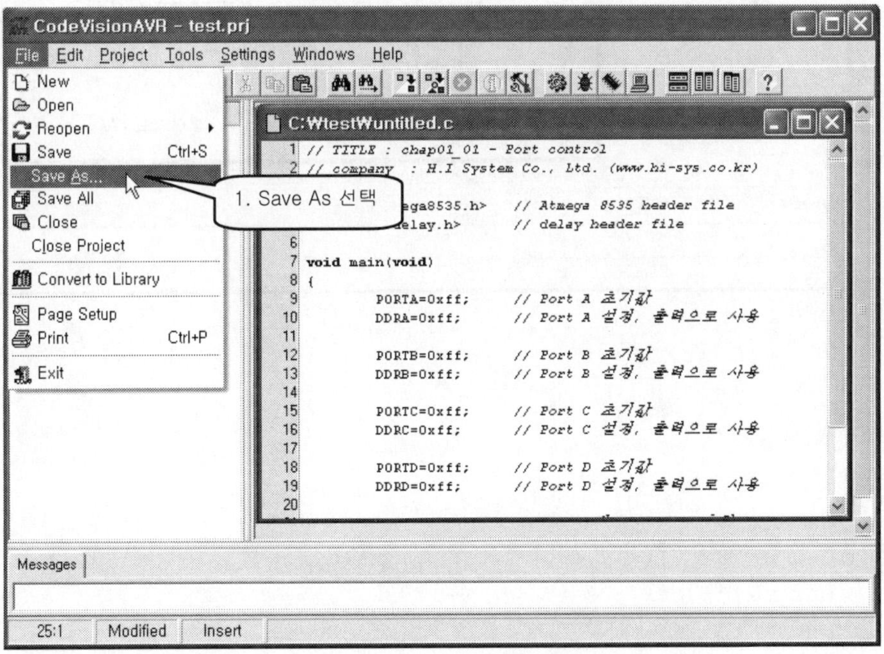

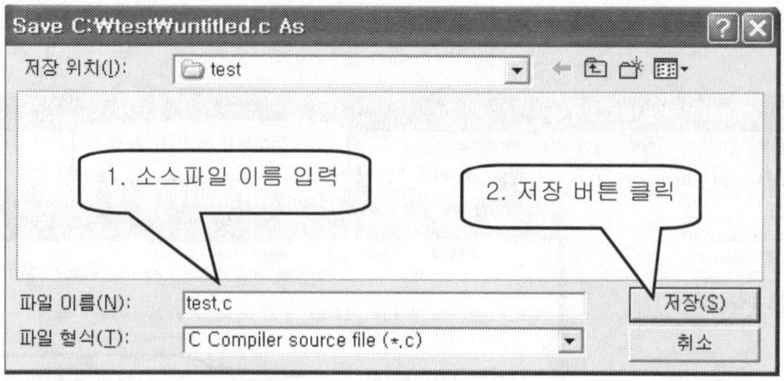

12) 소스 파일이 생성되었는지 확인한다.

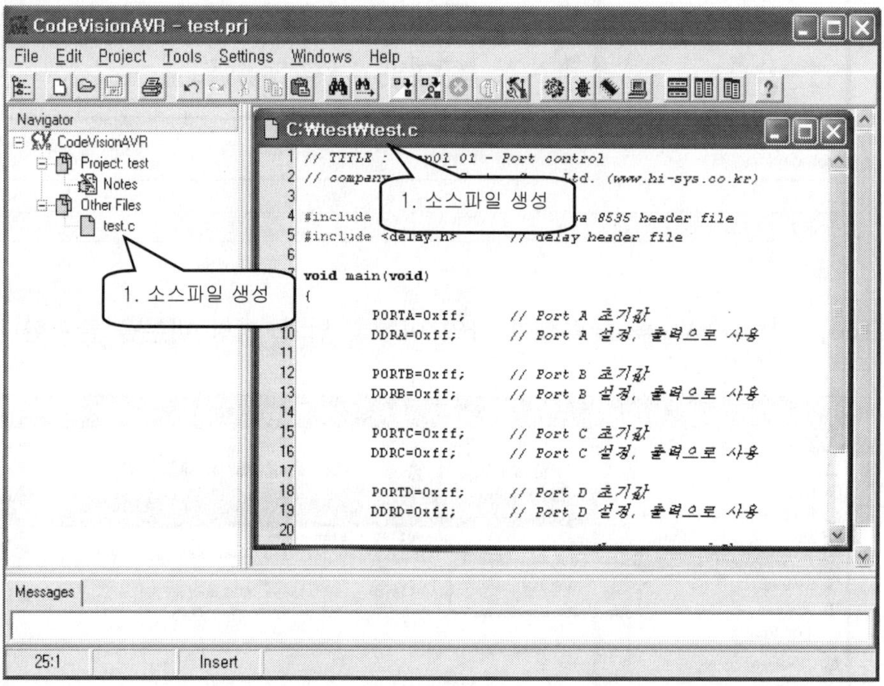

13) 「Project」-「Configure」를 클릭 하여 소스 파일을 프로젝트에 추가한다.

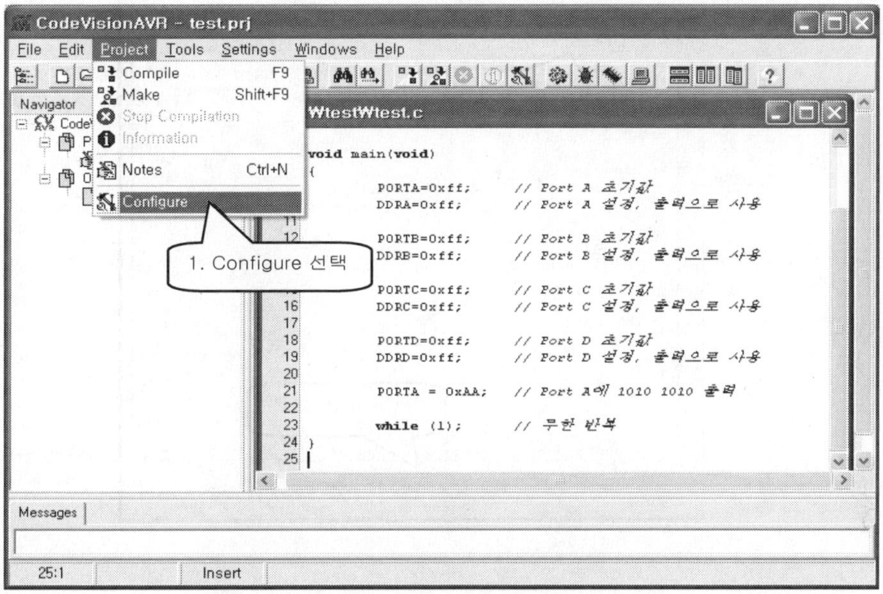

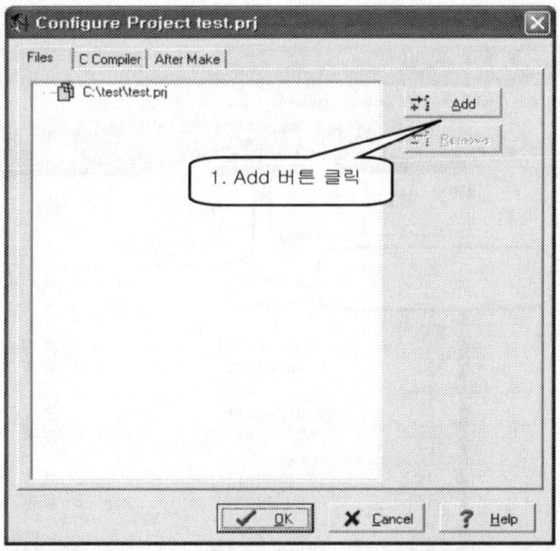

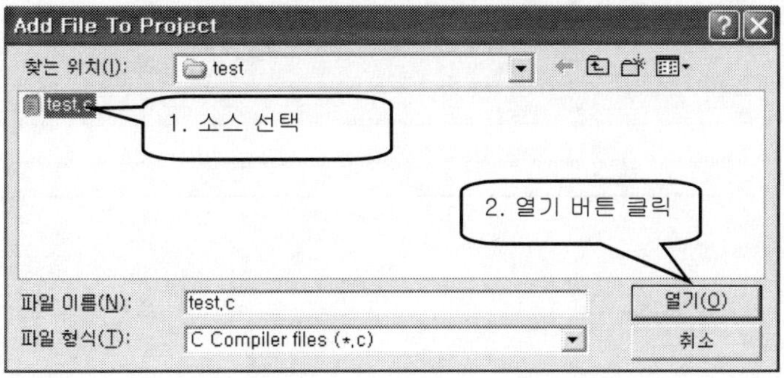

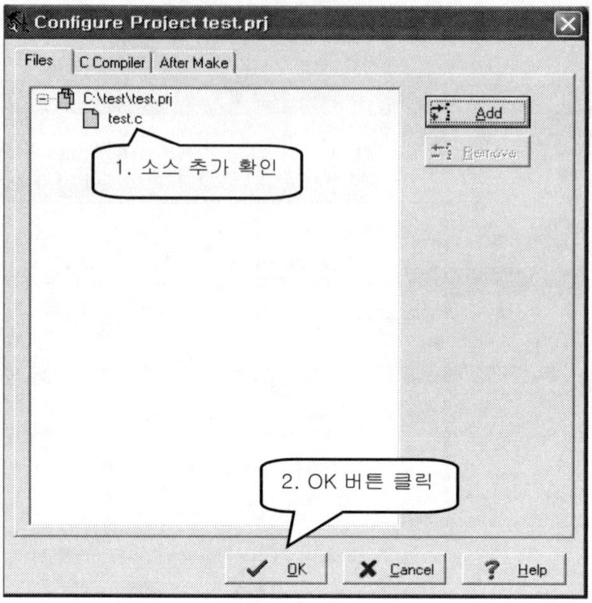

14) 프로젝트에 추가된 소스를 확인, 컴파일, 컴파일 & ISP 다운로드를 한다.

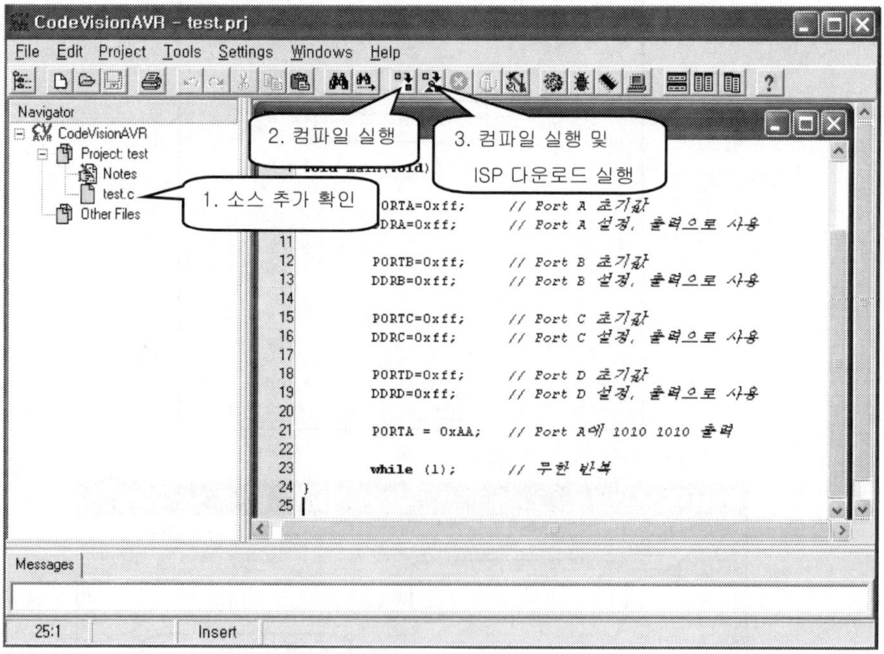

15) 컴파일 실행 화면

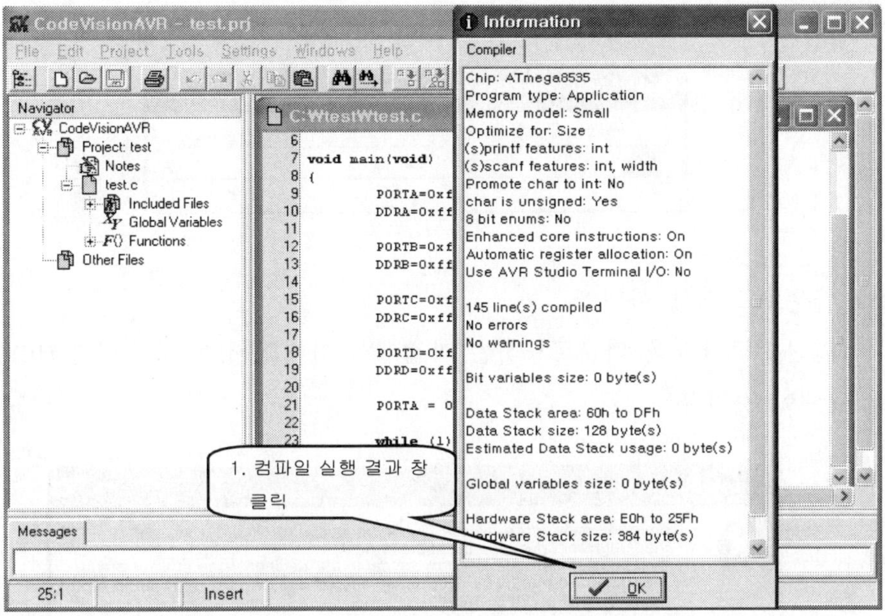

16) 컴파일 & ISP 다운로드 실행 화면

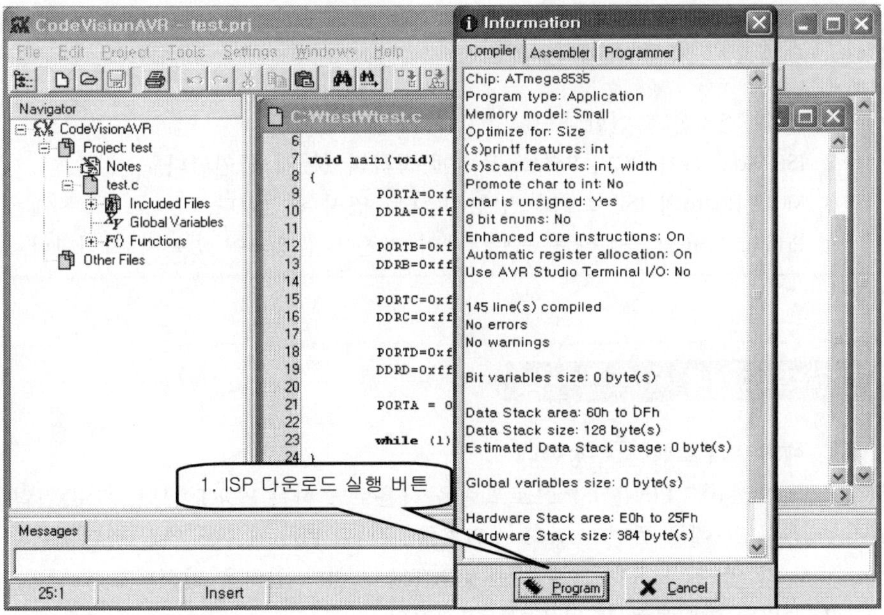

17) ISP 다운로드 진행, 성공 화면

컴파일된 HEX File을 다운로드하는 창이다.

HEX file 다운이 완료되면 MCU Board에 있는 ISP 스위치를 「OFF」 방향으로 설정, 실험을 하면 된다.

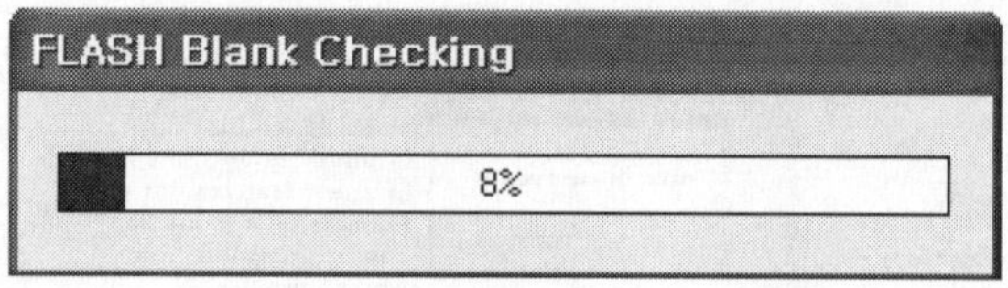

18) ISP 다운로드 실패 화면

컴파일된 HEX File을 다운로드하는 과정에서 아래의 창이 출력되면 HEX file 다운이 실패한 것이다.

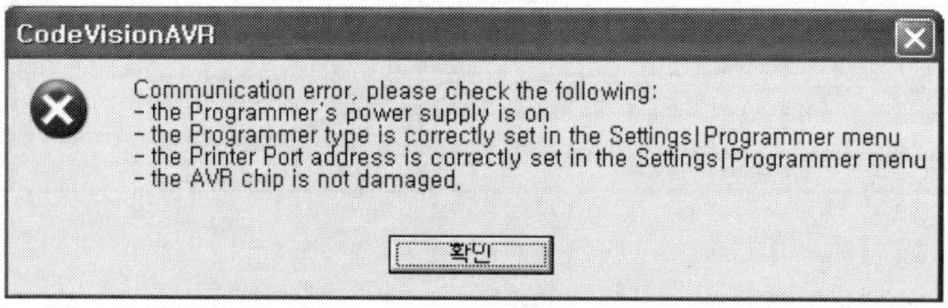

ISP 다운로드 실패 시 확인 사항

1. Kit의 전원을 확인한다.
2. ISP Adapter가 PC의 Printer Port에 장착되었는지 확인한다.
3. MCU Board의 ISP 스위치 방향이 「On」인지 확인한다.
4. Printer Port를 사용하는 프로그램이 기존에 실행되어 있는지 확인한다.

ISP 다운로드 실패 시 확인 사항

1. 예제 프로그램을 수정한다.
   - PB5, 6, 7 PIN은 ISP 프로그램을 다운로드 하는 PORT이므로 GND입력을 바로 연결(예를 들면 Toggle 스위치를 내리고 PB5, 6, 7에 연결)하면 ISP 다운로드가 안 된다. 그러므로 다른 PORT로 스위치 입력을 바꾼다.
2. 프린터 케이블로 PC와 Kit를 연결한다.
3. MCU Board의 ISP 스위치 방향이 「Off」 한다.
4. MICOM-Programmer로 HEX File 다운로드한다.

3 MICOM-PROGRAMMER사용법

부 록

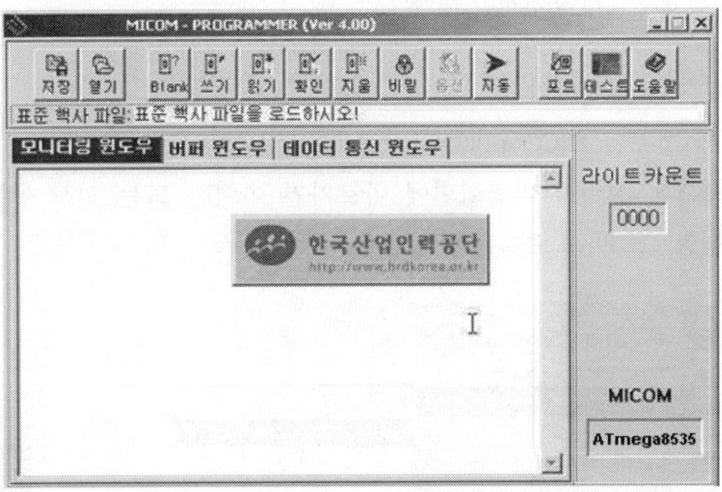

MICOM-PROGRAMMER

MICOM-PROGRAMMER 사용방법을 설명한다.

3.1 MICOM-PROGRAMMER 실행하기

MICOM 프로그램을 사용하기 전에 사용자는 PC와 보드를 연결하여 사용하기 위해 다음과 같은 절차에 따라 준비하도록 한다.

※ 준비사항

- 병렬 케이블 × 1, 테스트 보드 × 1, RS-232 케이블 × 1

1. PC의 LPT1 ↔ 보드 연결

준비된 병렬 케이블을 PC의 LPT 포트와 디지털산업기사 보드와 연결한다.

> 디지털산업기사 보드를 이후부터는 「MICOM 보드」라고

2. MICOM 보드 전원 연결

MICOM보드의 전원으로는 +5V, +12V, -12V의 전원을 사용한다.

> 전원을 연결할 시 잘못된 연결은 MICOM 보드를 손상시킬 수 있으므로 확인 후 올바르게 연결하길 바란다.

3. 프로그램 실행하기

PC에 설치된 MICOM-PROGRAMMER을 실행하도록 한다.

프로그램 설치시 바탕화면에 바로가기 아이콘 또는 시작 메뉴의 프로그램을 실행함으로써 프로그램을 실행할 수 있다.

[그림 3-1] MICOM 실행(좌 : 시작메뉴, 우 : 바로가기)

프로그램을 실행하면 사용자는 다음의 그림과 같은 화면이 출력된다.

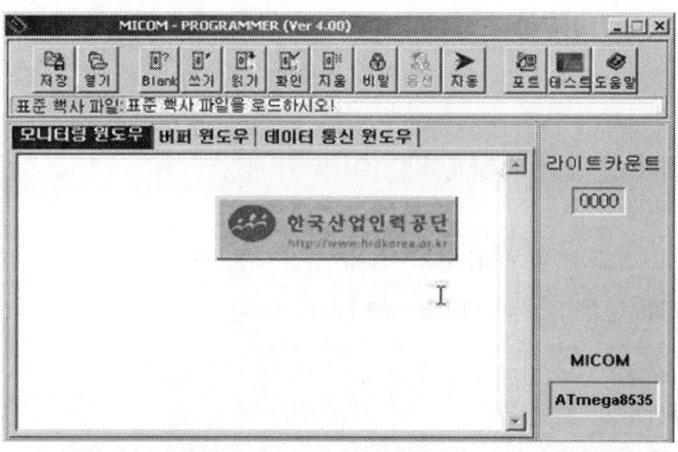

[그림 3-2] MICOM-PROGRAMMER(Ver 4.00) 메인화면

3.2 MICOM-PROGRAMMER 기본 인터페이스 이해하기

1) 단축버튼

[그림 3-3] 단축버튼

① 저장 : 버퍼 윈도우에 있는 내용을 *.hex 파일로 저장한다.

② 열기 : MICOM 보드에 써 넣을 *.hex 파일을 PC로부터 가져온다.

③ Blank : Hex 파일을 MICOM 보드에 써넣기 전에 MCU의 내용이 모두 지워져있는지 검사한다. 결과는 모니터링 윈도우에서 확인할 수 있다.

[그림 3-4] Blank 검사 성공 및 에러 화면

만일 내용이 들어 있다면 에러(error)화면을 비어 있다면 check OK을 모니터링 윈도우를 통해서 사용자에게 알려준다.

④ 쓰기 : MICOM보드에 가지고온 Hex 파일을 써 넣는다. (Hex파일을 써 넣기 전에 항상 플래시 메모리의 내용이 비워져 있어야 한다. 그렇지 않으면 에러발생하게 된다.)

⑤ 확인 : MICOM 보드로의 작업 수행(쓰기,Write) 후 MCU의 상태를 확인한다.(Verification)

⑥ 지움 : MCU의 플래시 메모리 내용을 지운다. 지운 후 항상 버퍼 윈도우를 확인해 보도록 한다. 만일 제대로 모두 지워졌다면 버퍼 내용이 "FF"로 보일 것이다.

⑦ 비밀 : MCU의 플래시 메모리에 Hex 파일을 써 넣었다가 다시 이를 읽으려할 경우 다른 사용자에게 내용이 공개되길 바라지 않을 경우 비밀 기능을 넣어준다.

⑧ 옵션 : PIC계열 MCU에서 사용한다.

⑨ 자동 : 사용자가 MICOM-PROGRAMMER을 이용하여 MCU의 플래시 메모리에

Hex 파일을 써 넣을 때, 수행했던 과정(지움 → Blank → 쓰기 → 확인 → [비밀]) 을 한번에 수행할 수 있도록 사용자 편의를 돕는다.

⑩ 포트 : MICOM보드와 프린트 케이블을 통해 연결할 PC의 프린트 포트를 설정한다.

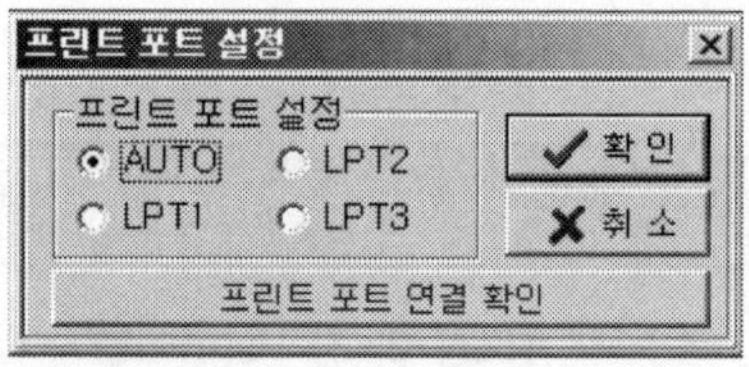

[그림 3-5] PC의 프린트 포트 설정

테스트 : MICOM 보드의 동작 테스트 및 하드웨어 테스트를 하게 된다. 즉, PC와의 프린트 케이블 연결 및 데이터 통신을 위한 RS-232 케이블의 연결을 확인한다. 하드웨어 테스트에서 확인 버튼을 누르면 다음의 하드웨어 테스트 창이 열리게 된다. 여기서 통신 포트는 MICOM 보드와 PC가 데이터 통신을 위해 연결된 포트를 설정한다.

설정된 확인 버튼을 누르면 "테스트"를 수행하게 된다.

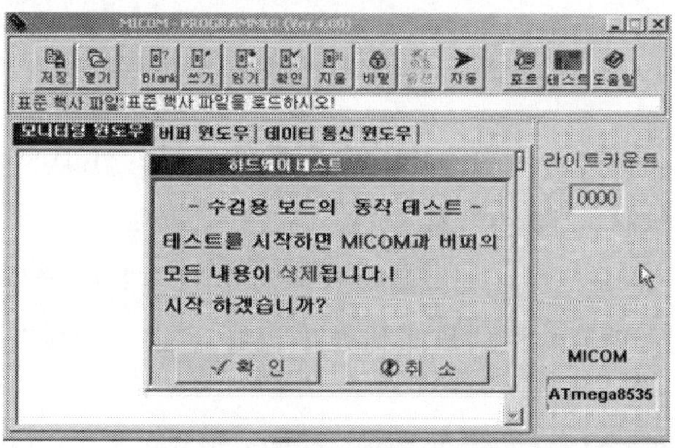

[그림 3-6] 하드웨어 테스트

[그림 3-7] 하드웨어 테스트

"확인" 버튼을 누르면 그림 3.7과 같은 진행 화면을 볼 수 있는데 각 구성화면은 다음의 설명을 참고하길 바란다.

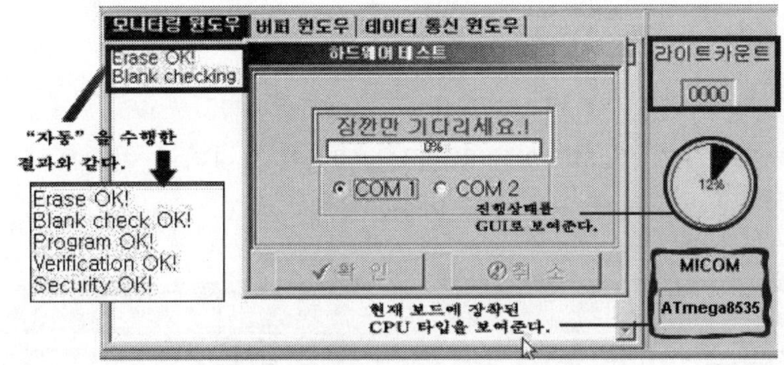

[그림 3-8] 하드웨어 테스트 진행 상태

위의 테스트 결과 화면은 그림 3.8처럼 첫 번째 수행했던 PC와 MICOM 보드사이에 프린트 포트를 통한 테스트결과와 데이터 통신(RS-232통신)의 결과를 보여준다.

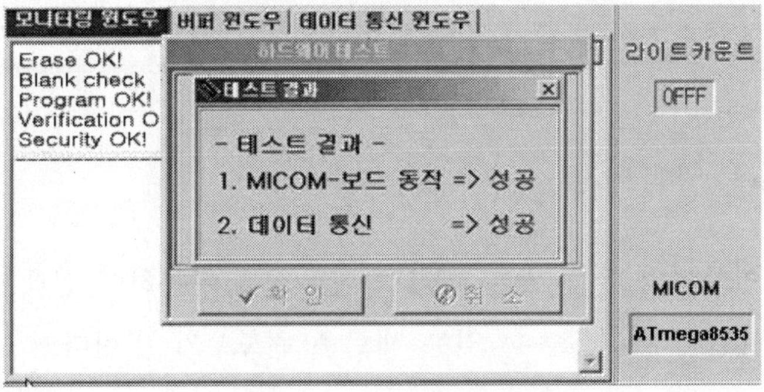

[그림 3-9] 테스트 결과 화면

> 그림처럼 나왔다면 MICOM 보드를 통한 작업을 수행하는데 아무런 문제없이 진행 할 수 있을 것이다. 만일 어느 하나라도 결과가 잘못 나왔다면 케이블 연결 상태 및 마이컴 보드를 확인 해 보길 바란다.

⑪ 도움말 : MICOM에 관한 도움말을 제공한다.

3.3 MICOM 보드에 프로그래밍 할 HEX 파일 읽기

1. 초기상태

Hex 파일을 읽어오기 전 MICOM-PROGRAMMER의 모니터링 윈도우, 버퍼윈도우 그리고 HEX 파일의 경로는 아무것도 없는 Blank 상태이다.

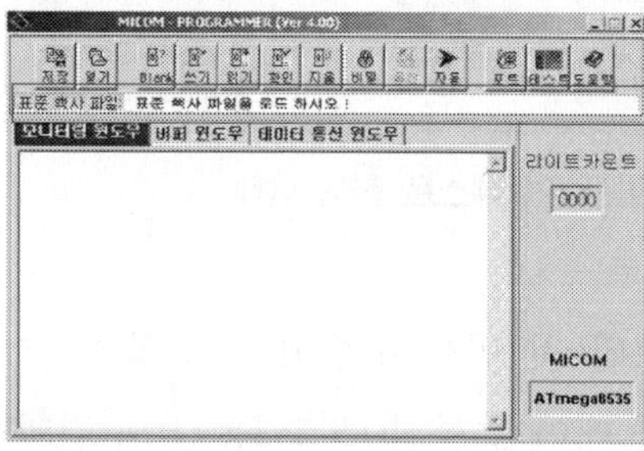

그림 3.9.1 모니터링 윈도우 초기상태

그림 3.9.2 버퍼 윈도우 초기상태

2. Hex 파일을 읽어오기

프로그램의 메인화면의 단축 버튼  를 마우스를 이용하여 선택한다. 그러면 사용자가 작성한 Hex 파일을 불러 올 수 있는 새로운 윈도우가 열린다.

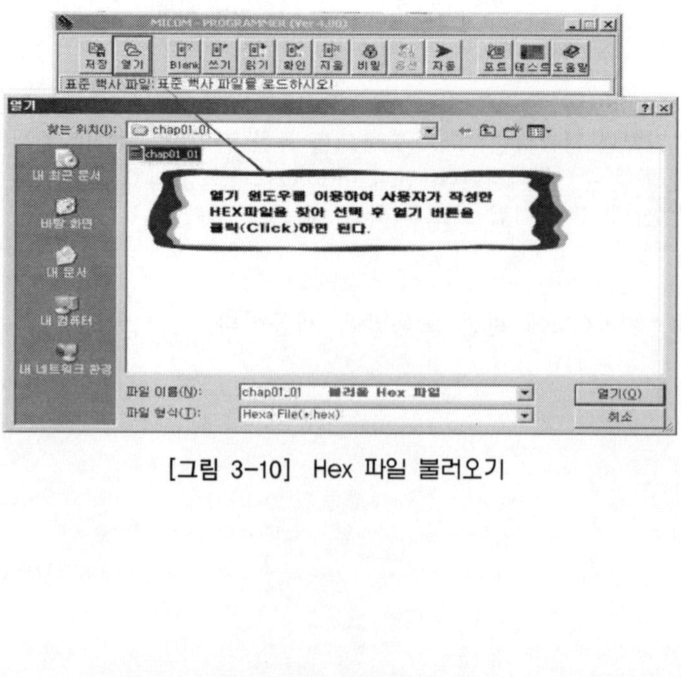

[그림 3-10] Hex 파일 불러오기

파일을 읽어온 후 초기상태와 어떠한 차이를 보이는지 확인 해 보도록 하자.

3. Hex 파일 읽어 온 뒤 화면

처음과는 달리 표준 핵사 파일의 경로의 내용이 현재 불러온 PC의 경로를 나타내고 있으며, 버퍼 윈도우의 내용이 변경된 것을 확인 할 수 있다.

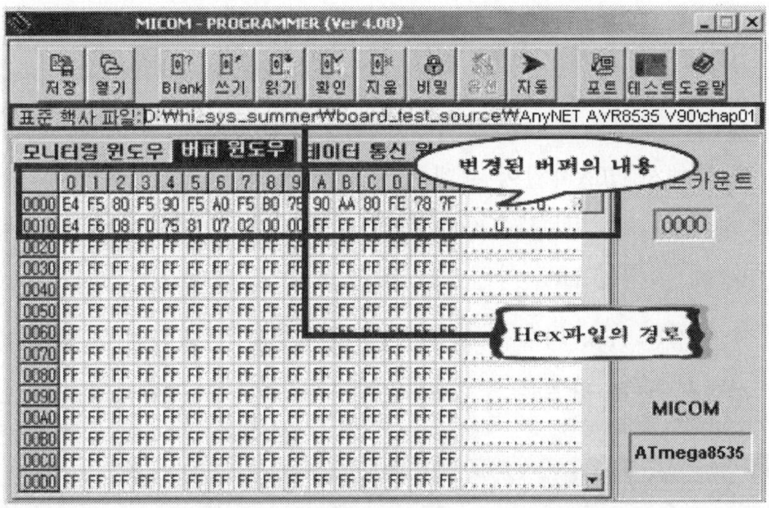

[그림 3-11] Hex 파일 읽어 온 뒤 모습

4. Hex파일 다른 방법으로 읽어오기

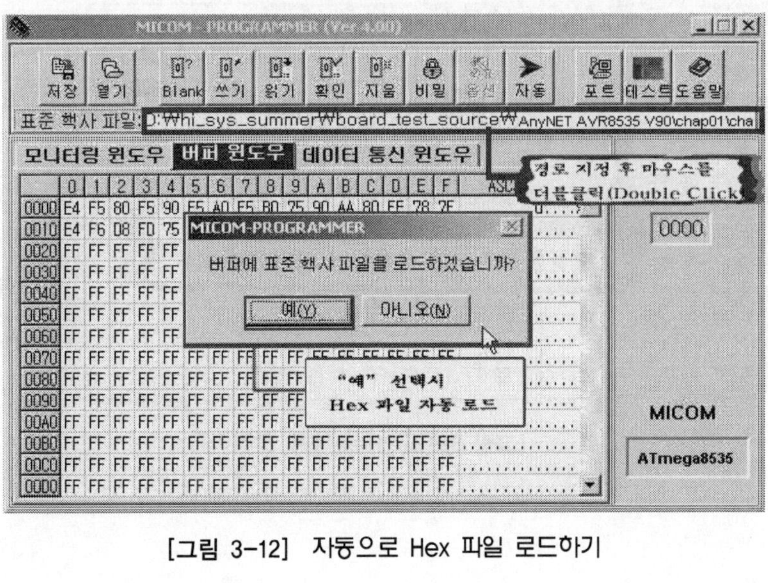

[그림 3-12] 자동으로 Hex 파일 로드하기

HEX 파일을 읽어 올 때 마다 단축 버튼의 "열기"를 이용하여 읽어 올 수 있지만, MICOM-PROGRAMMER 프로그램은 또 다른 방법을 함께 제공하고 있다. 경로를 보여주는 곳에다가 직접 원하는 경로를 입력 후 마우스를 더블 클릭하게 되면 자동으로 표준 Hex 파일을 로드하게 된다.

3.4 HEX파일 편집 및 저장하기

3.3의 과정을 통해서 HEX파일이 제대로 로드가 되었다면 버퍼 윈도우에 Hex파일의 내용을 확인 할 수 있다. 여기서 사용자는 직접 해당하는 주소의 내용을 선택 후 변경할 수 있다. 또한 이렇게 편집한 Hex 파일을 저장할 수도 있다.

이렇게 직접 변경된 Hex 파일을 단축 버튼의 저장을 선택하여 저장한다.

Hex 파일 저장시 원본 파일을 보존을 원한다면 새로운 이름으로 저장한다.

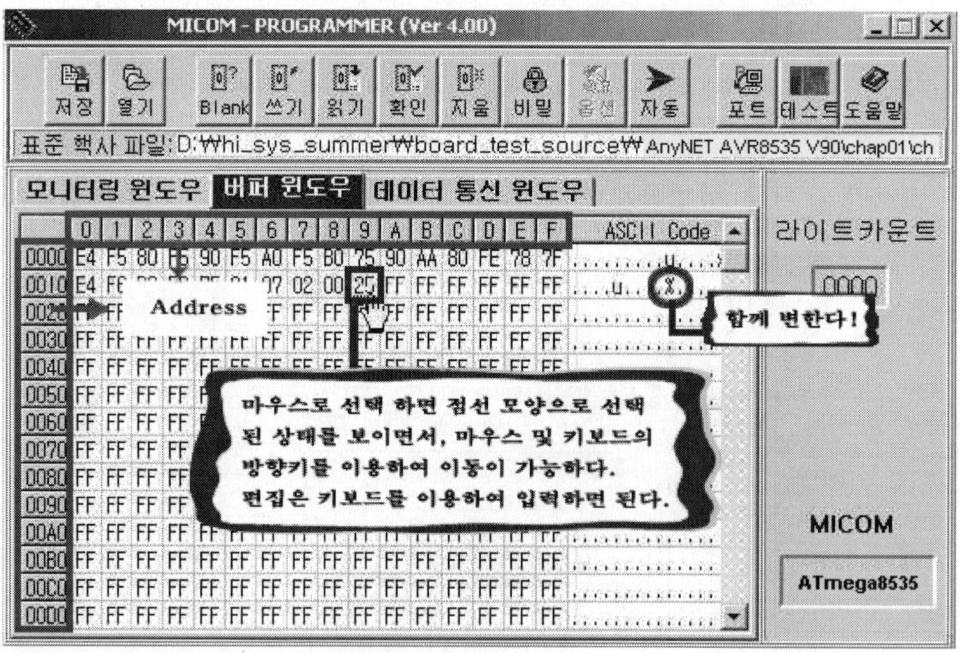

[그림 3-13] Hex 내용 편집하기

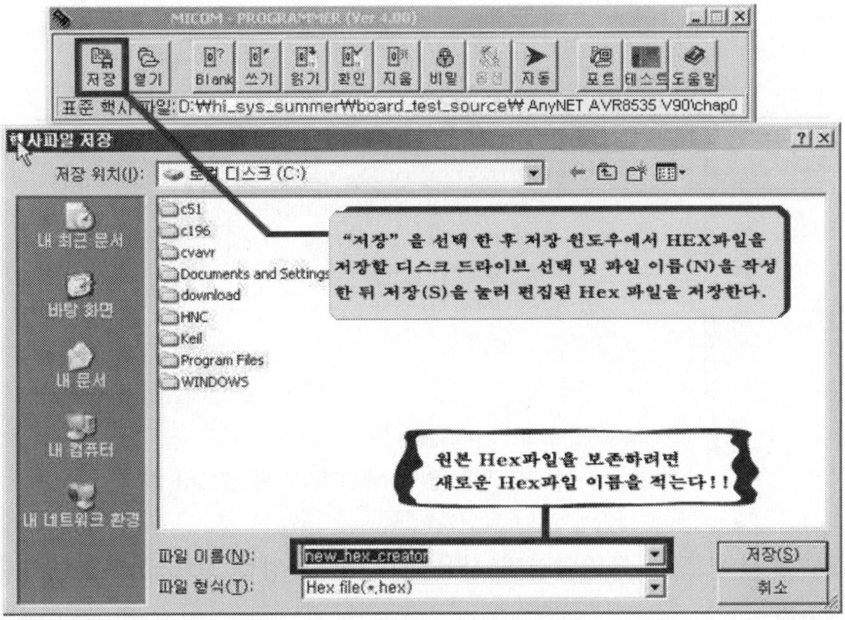

[그림 3-14] Hex 파일 저장하기

3.5 HEX파일을 MICOM 보드에 써 넣기

지금까지 Hex 파일을 읽어오는 일을 수행하였다. 이제 이 Hex 파일을 MICOM 보드에 써 넣는 방법에 대해서 알아보도록 하자.

Hex파일을 MICOM 보드에 써 넣는 방법은 크게 두 가지로 하나는 써 넣는 단계를 하나하나 직접 사용자가 선택 하면서 수행하는 방법이고, 또 다른 방법은 단축 버튼의 "자동"을 이용하여 첫 번째 수행방법을 손쉽게 수행할 수 있는 방법이다.

여기서는 Hex 파일을 써 넣는 방법 중 두 번째 방법인 "자동"을 이용하여 Hex 파일을 MICOM 보드에 써 넣도록 하겠다.

우선 파일을 써넣기 전에 MICOM 보드에 써 넣을 HEX파일을 읽어 오길 바란다. 만일 파일이 없다면 다음과 같은 화면을 만나게 될 것이다.

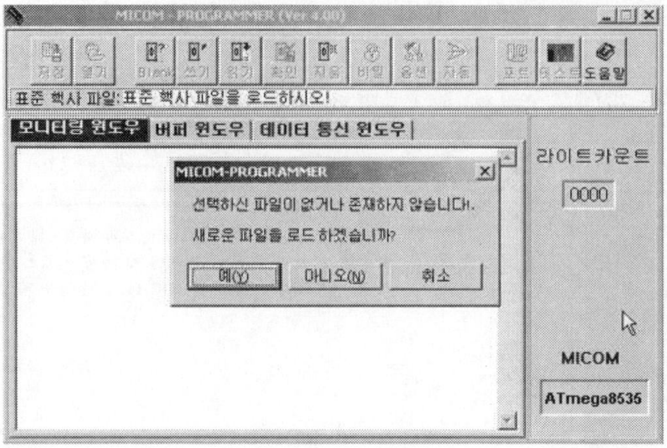

[그림 3-15] HEX파일 없이 MICOM에 써 넣으려 할 때

만일 그림 3.15와 같은 화면이라면 사용자는 HEX파일을 로드 한 뒤 다시 "자동"을 수행하길 바란다.

> 만일 그림 3.15에서 HEX 파일을 로드 하지 않고 "자동" 을 수행해 봤자MICOM의 플래시 메모리에는 아무런 내용도 써 지지 않을 것이다.
> 이는 버퍼 윈도우를 통해서 사용자가 직접 확인 할 수 있으므로 한번 해 봐도 큰 문제는 없다. 단지 알고 넘어가는 것이 중요한 것이다.

MICOM보드에 써 넣을 HEX파일을 로드 한 뒤 "자동" 버튼을 선택하면 이제부터 MICOM 보드에 사용자가 써 넣으려는 HEX파일이 써지게 된다.

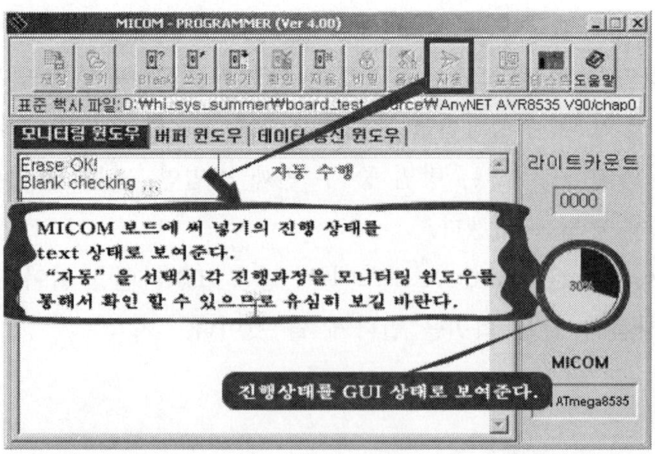

[그림 3-16] Hex 파일 자동으로 MICOM에 써 넣기

여기서 사용자는 "자동"을 통해서 MICOM보드에 HEX파일을 써 넣을 때 정말 각 단계별로 수행되는 동작이 일어나는지 확인하도록 한다. 이것이 큰 문제가 될 일은 없지만 수행되는 과정 하나하나를 눈여겨보는 것이 프로그램의 이해를 높이는데 큰 도움이 될 것이다.

이제 각 수행과정별로 진행이 되는 것을 모니터링 윈도우 및 진행 상태를 보여주는 GUI 디스플레이 화면을 통해서 확인하였다. 끝으로 HEX파일이 아무런 문제없이 MICOM 보드에 써 넣어 졌는지 확인해보자.

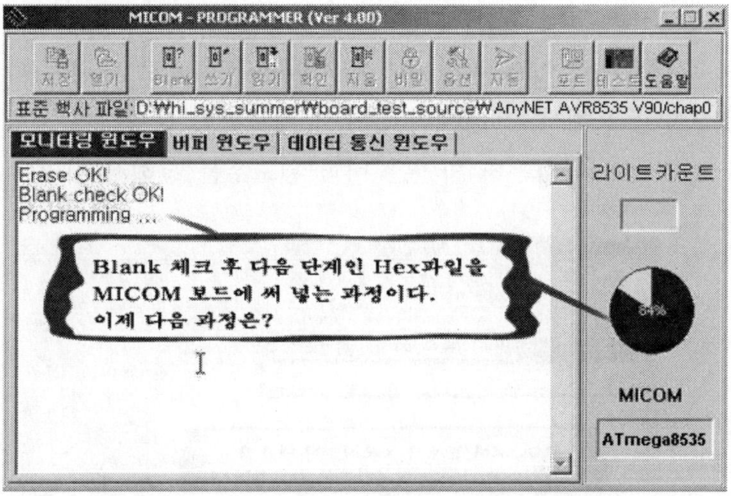

[그림 3-17] Hex 파일 자동으로 MICOM에 써 넣기 1

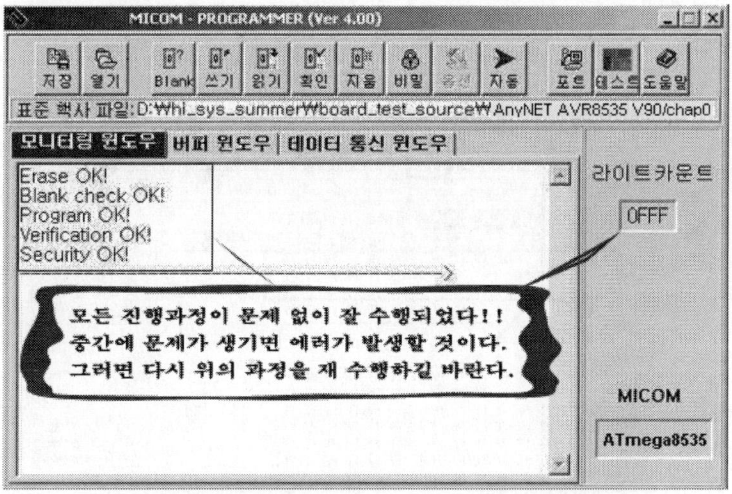

[그림 3-18] Hex 파일 MICOM 보드에 써 넣기 성공

3.6 MICOM의 플래시 메모리의 내용 지우기

위의 과정을 통해서 MICOM의 플래시 메모리에 HEX파일의 데이터를 써 넣었는데, 이번에는 써 넣어진 파일의 내용을 지워 보도록 하겠다.

1. 단축 버턴의 지움 선택

지움 버턴을 선택하기 전에 우선 버퍼 윈도우를 통해서 내용이 있는지를 확인한다. 만일 지움이 제대로 수행된다면 이후 버퍼 윈도우의 내용은 "FF"로 채워져 있어야 할 것이다.

모니터링 윈도우를 통해서 MICOM의 플래시 메모리의 데이터가 지워졌음을 확인 할 수 있다. 하지만 정말 지워졌는지 확인은 버퍼 윈도우를 통해서 하자.

[그림 3-19] MICOM의 플래시 메모리 내용 지우기

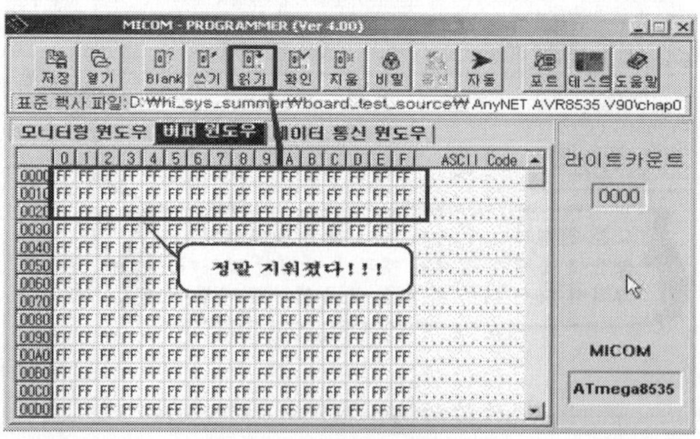

[그림 3-20] 버퍼 윈도우 확인

2. 단축 버턴의 읽기 선택

모니터링 윈도우의 탭(Tab)을 버퍼 윈도우의 탭(Tab)으로 변경한다. 그러면 처음의 HEX 파일을 읽어 왔을 때의 내용들이 자리하고 있을 것이다. 그러면 지움이 제대로 된 것인 아니란 말인가? 그렇지 않다. 항상 데이터를 지우고 난 뒤에 단축 버턴의 읽기를 사용하여 MICOM의 플래시 메모리의 데이터 내용을 읽어 오도록 한다. 일종의 새로고침으로 보면 될 것이다.

3.7 데이터 통신 윈도우 설정

데이터 통신 윈도우는 MICOM보드와 PC간의 RS-232 시리얼 통신을 하는 것을 눈으로 확인 할 수 있는 기능을 제공한다. 일반적으로 우리가 많이 사용하고 "하이퍼 터미널" 혹은 "새롬 데이터맨 프로"와 같은 터미널 프로그램이라고 보면 될 것이다.

처음에 테스트 과정을 거쳐 데이터 통신이 가능한 상태임을 확인하였다. 만일 통신 가능한 상태가 아니라면 시리얼 케이블 혹은 MICOM의 RS-232쪽을 점검한 뒤 데이터 통신을 하길 바란다.

시리얼 통신을 하기 위해서는 MICOM 보드와 PC간의 초기화 과정이 필요한데, 이는 서로간의 약속으로 어떠한 속도로 몇 비트의 데이터 비트와 시작 비트, 정지비트 또는 패리티 비트를 보낼 것인지에 대한 초기화 작업이 필요하다.

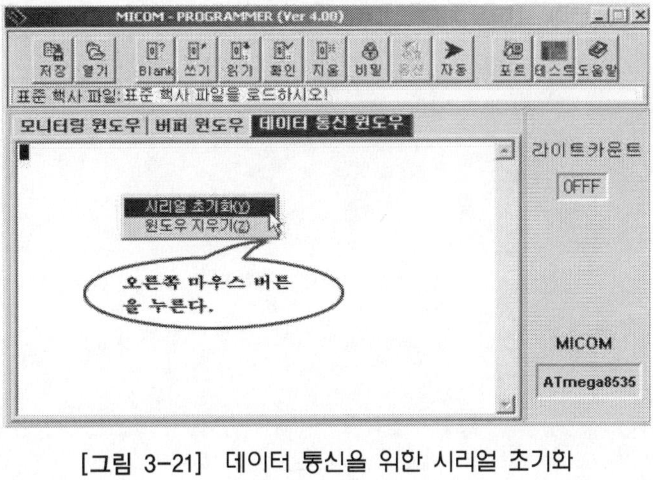

[그림 3-21] 데이터 통신을 위한 시리얼 초기화

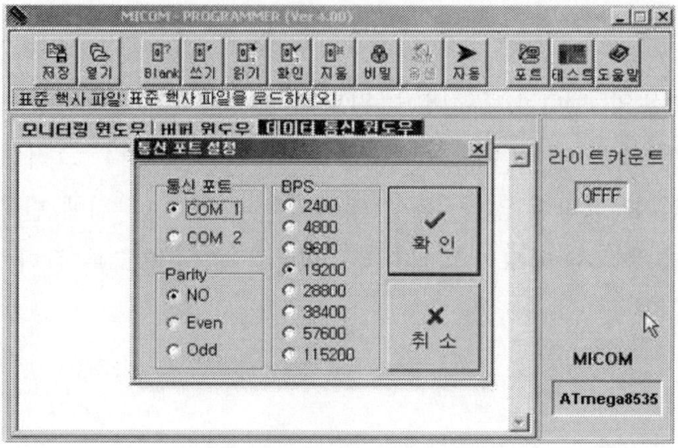

[그림 3-22] 통신 포트 설정

만일 통신 포트 설정에서 잘못된 값으로 설정할 경우 PC와 MICOM보드 간의 데이터 통신이 불가능하게 되므로 정확한 값으로 설정하길 바란다.

4 AnyNET AVR 8535 V9.0 회로도

부 록

• MCU 회로도

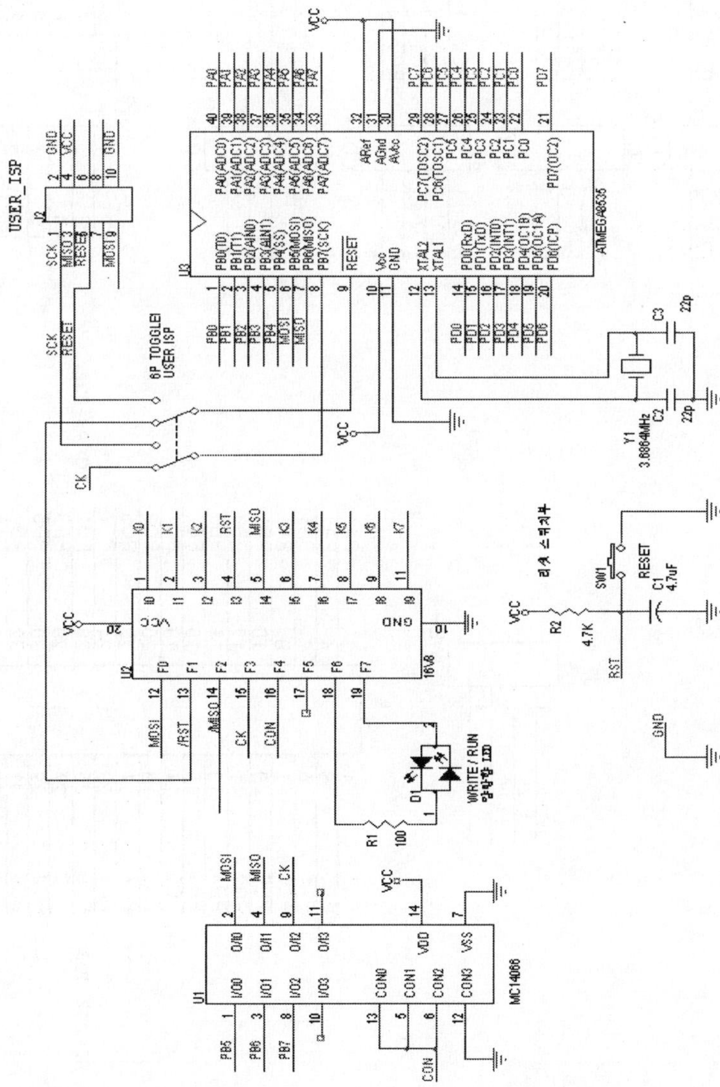

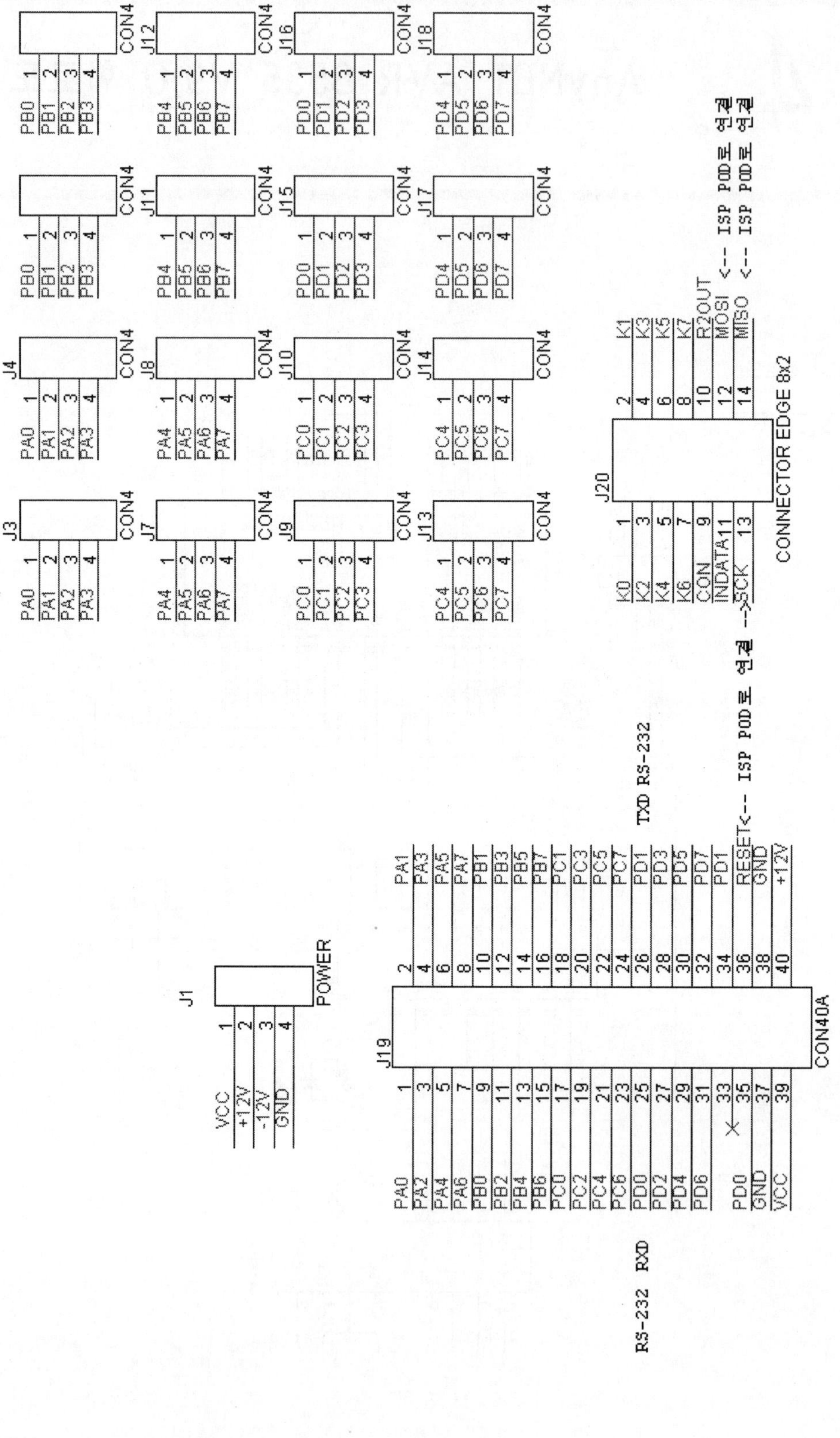
J3 CON4 PA0 1 PA1 2 PA2 3 PA3 4
J4 CON4 PA0 1 PA1 2 PA2 3 PA3 4
J5 CON4 PB0 1 PB1 2 PB2 3 PB3 4
J6 CON4 PB0 1 PB1 2 PB2 3 PB3 4
J7 CON4 PA4 1 PA5 2 PA6 3 PA7 4
J8 CON4 PA4 1 PA5 2 PA6 3 PA7 4
J11 CON4 PB4 1 PB5 2 PB6 3 PB7 4
J12 CON4 PB4 1 PB5 2 PB6 3 PB7 4
J9 CON4 PC0 1 PC1 2 PC2 3 PC3 4
J10 CON4 PC0 1 PC1 2 PC2 3 PC3 4
J15 CON4 PD0 1 PD1 2 PD2 3 PD3 4
J16 CON4 PD0 1 PD1 2 PD2 3 PD3 4
J13 CON4 PC4 1 PC5 2 PC6 3 PC7 4
J14 CON4 PC4 1 PC5 2 PC6 3 PC7 4
J17 CON4 PD4 1 PD5 2 PD6 3 PD7 4
J18 CON4 PD4 1 PD5 2 PD6 3 PD7 4
J20
K0 1 / 2 K1
K2 3 / 4 K3
K4 5 / 6 K5
K6 7 / 8 K7
CON 9 / 10 R2OUT
INDATA11 / 12 MOSI <-- ISP POD로 연결
ISP POD로 연결 -->SCK 13 / 14 MISO <-- ISP POD로 연결
CONNECTOR EDGE 8x2
J1 POWER
VCC 1
+12V 2
-12V 3
GND 4
J19 CON40A
PA0 1 / 2 PA1
PA2 3 / 4 PA3
PA4 5 / 6 PA5
PA6 7 / 8 PA7
PB0 9 / 10 PB1
PB2 11 / 12 PB3
PB4 13 / 14 PB5
PB6 15 / 16 PB7
PC0 17 / 18 PC1
PC2 19 / 20 PC3
PC4 21 / 22 PC5
PC6 23 / 24 PC7
PD0 25 / 26 PD1
PD2 27 / 28 PD3
PD4 29 / 30 PD5
PD6 31 / 32 PD7
33 / 34 PD1
PD0 35 / 36 RESET<-- ISP POD로 연결
GND 37 / 38 GND
VCC 39 / 40 +12V
TXD RS-232
RS-232 RXD

* HI-AnyNET AEB V9.0 Part

- Digital Input/Output 회로도

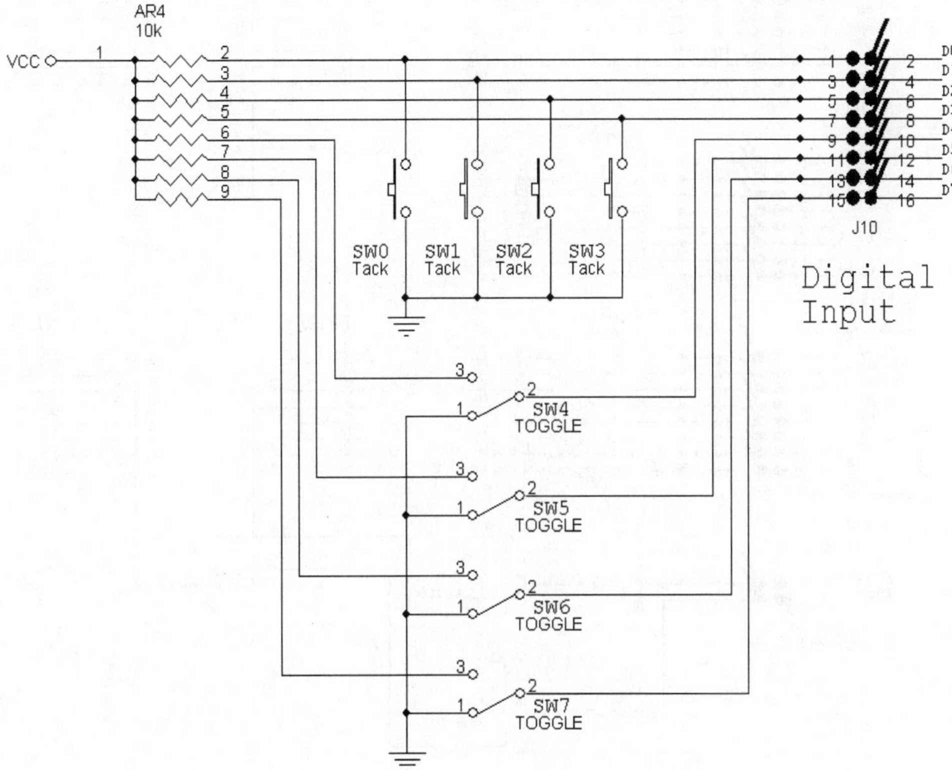

- Digital Output 회로도

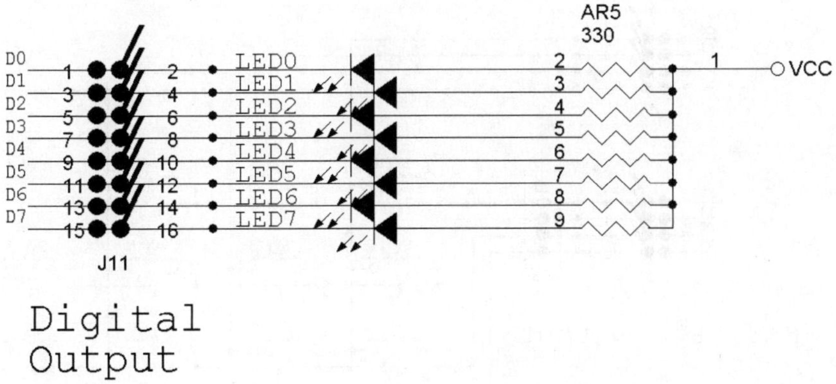

- 7-Segment 제어 회로도

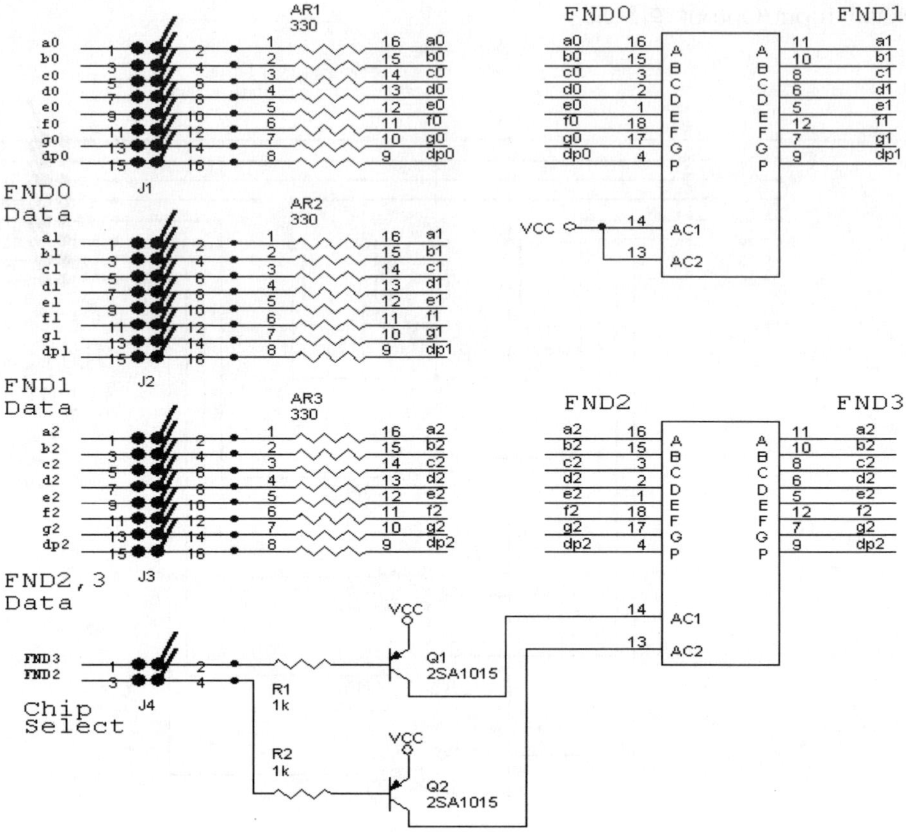

- Key Matrix 제어 회로도

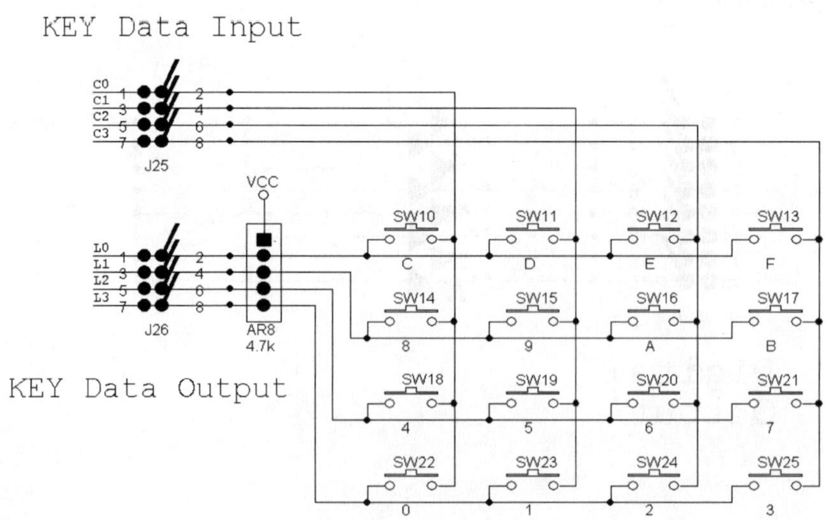

- Relay 제어 회로도

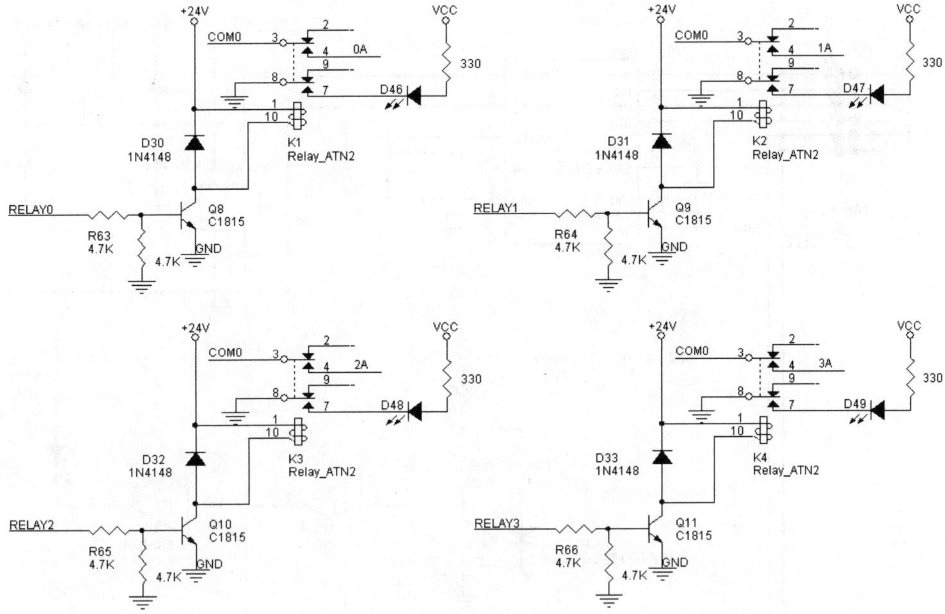

16개 Relay 회로

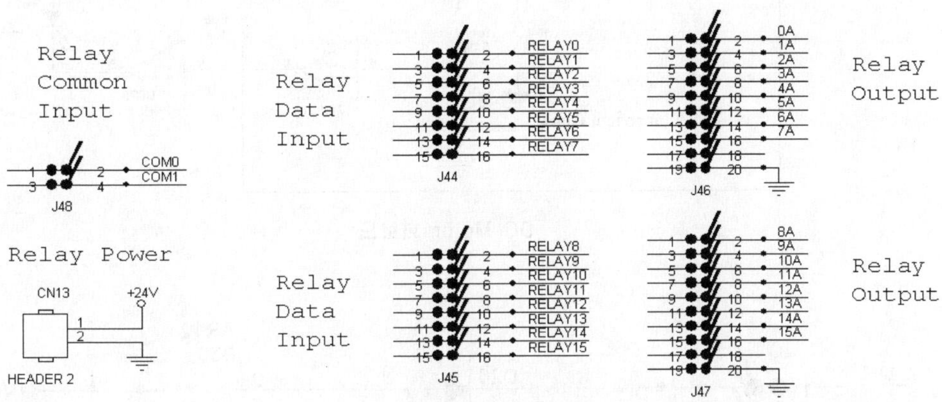

입·출력 Connecter

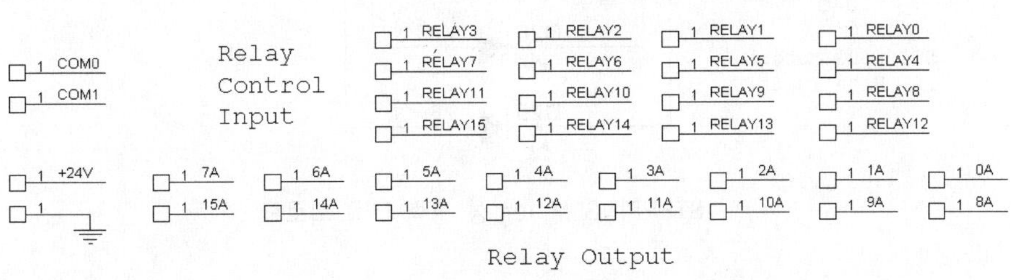

4Ø 입·출력 단자

- Motor 제어 회로도

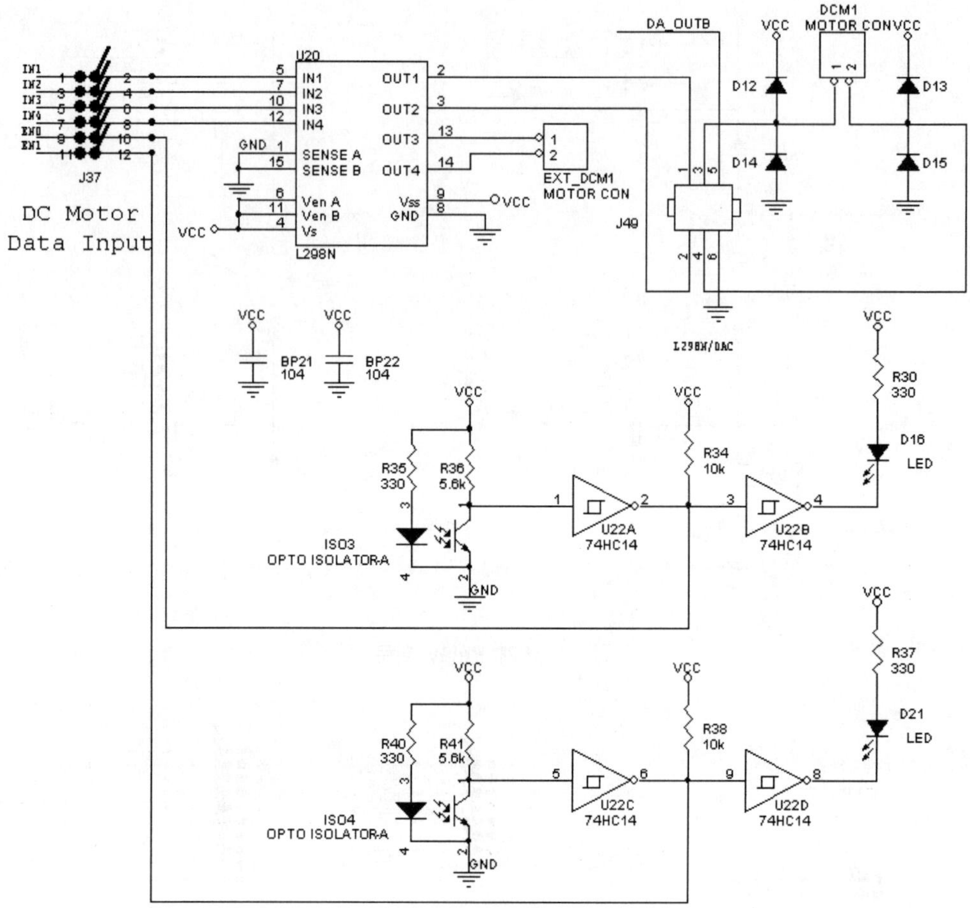

DC Motor 회로도

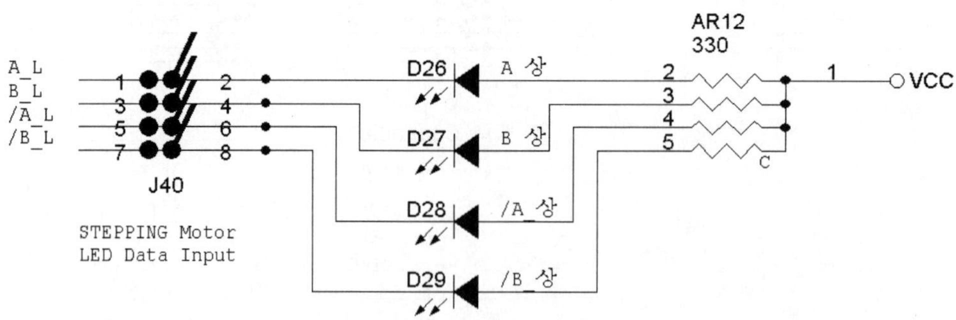

STEPPING Motor 상 출력 LED 회로도

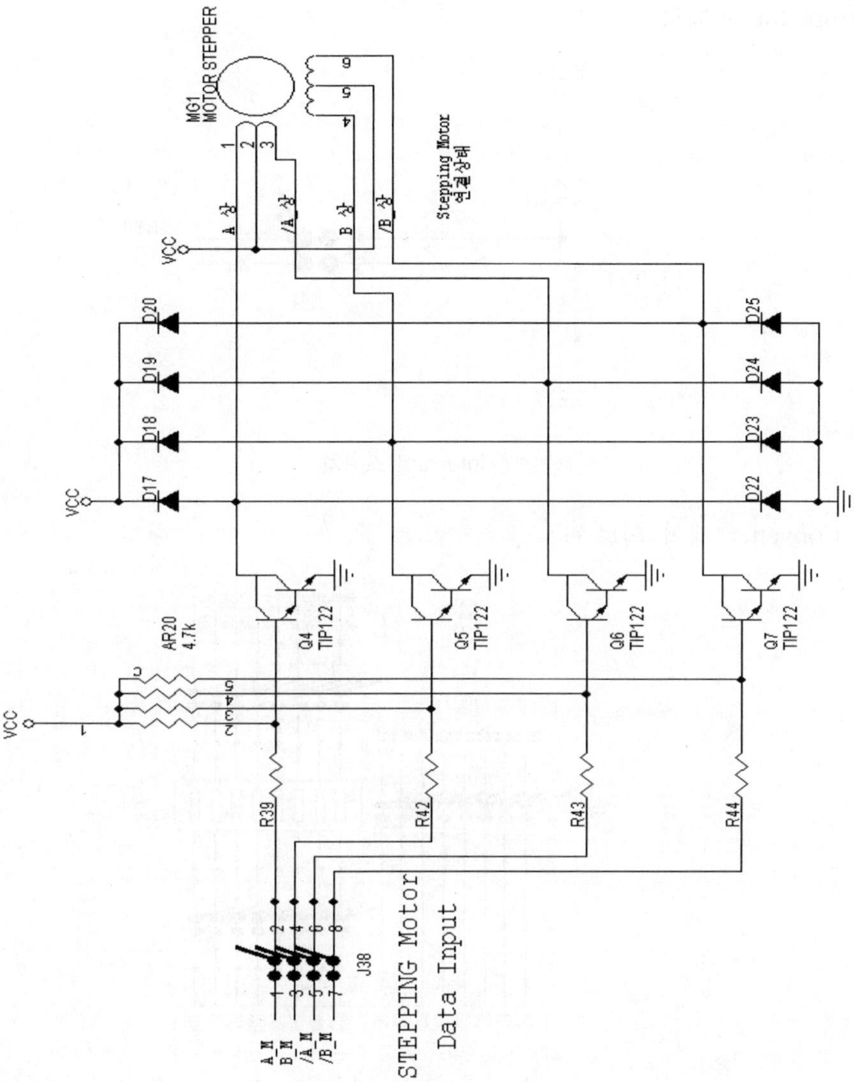

STEPPING Motor 회로도

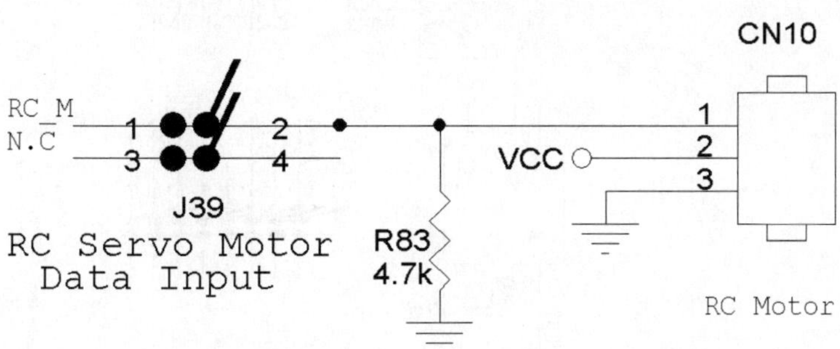

RC Servo Motor 회로도

- Interrupt Input 회로

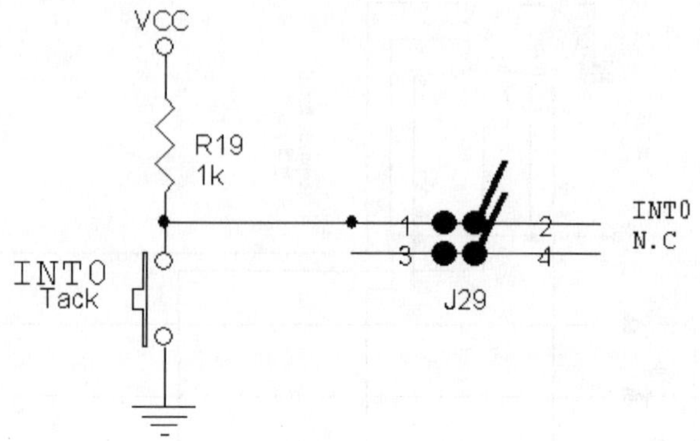

Interrupt 스위치

- A/D Converter 제어 회로 I

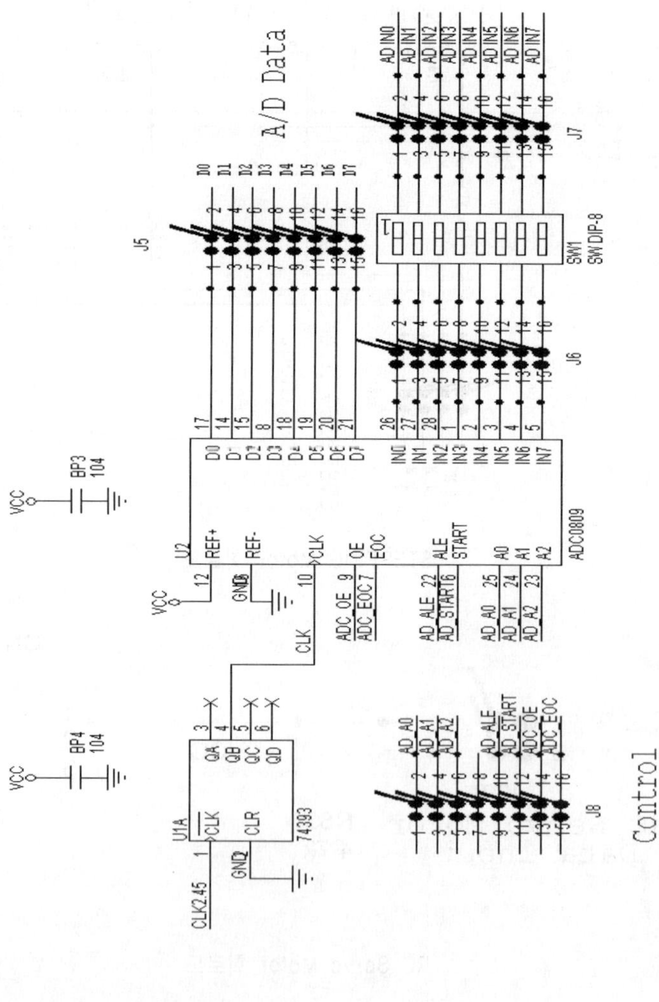

- A/D Converter 제어 회로 Ⅱ

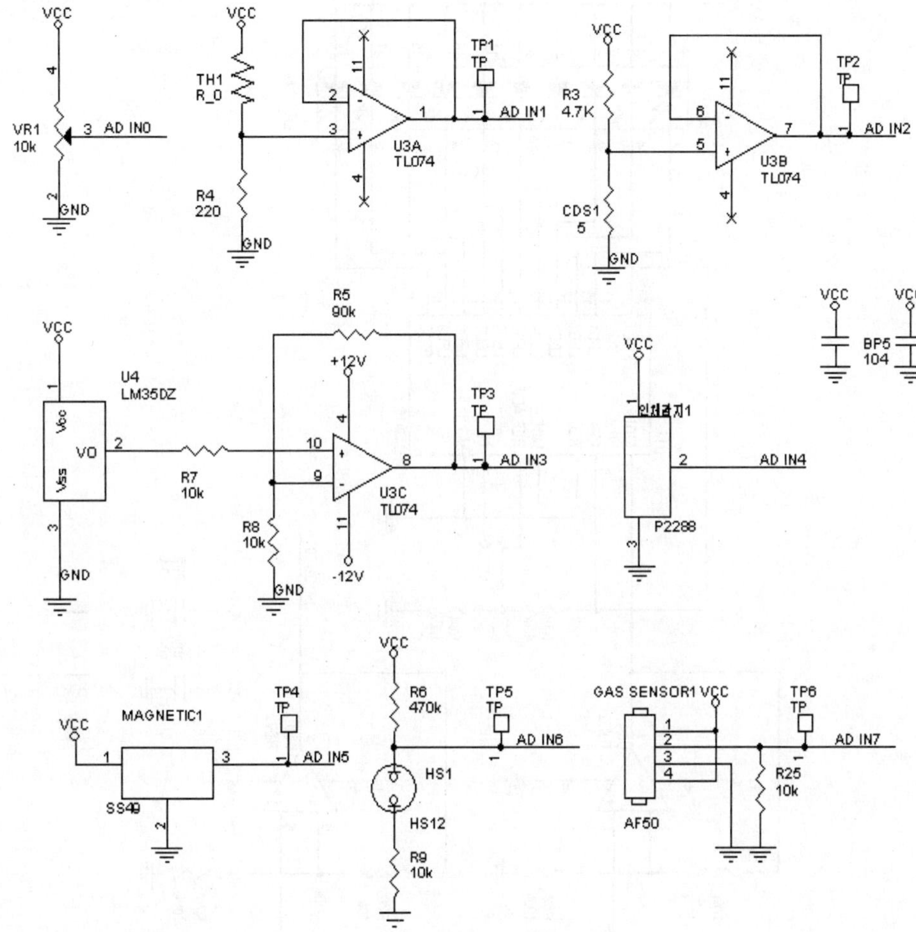

- DA Converter 제어 회로도

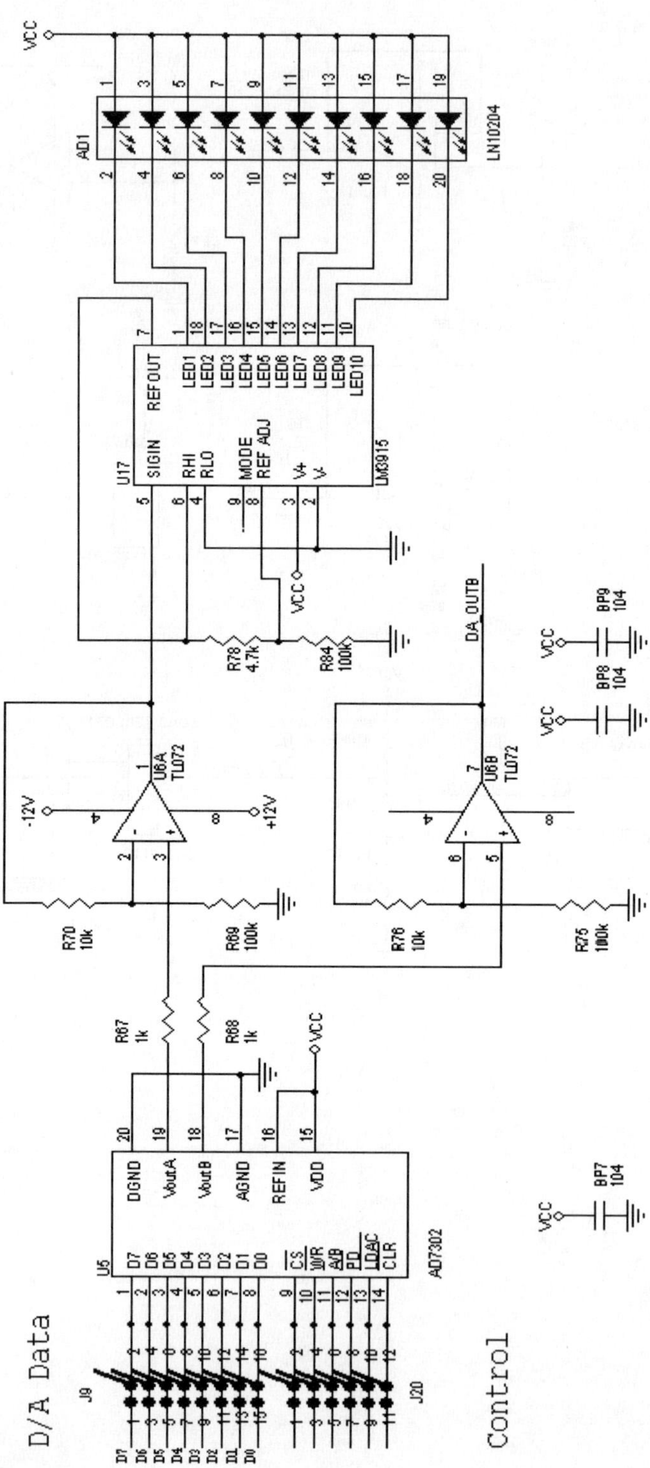

- DOT Matrix-1 제어 회로도

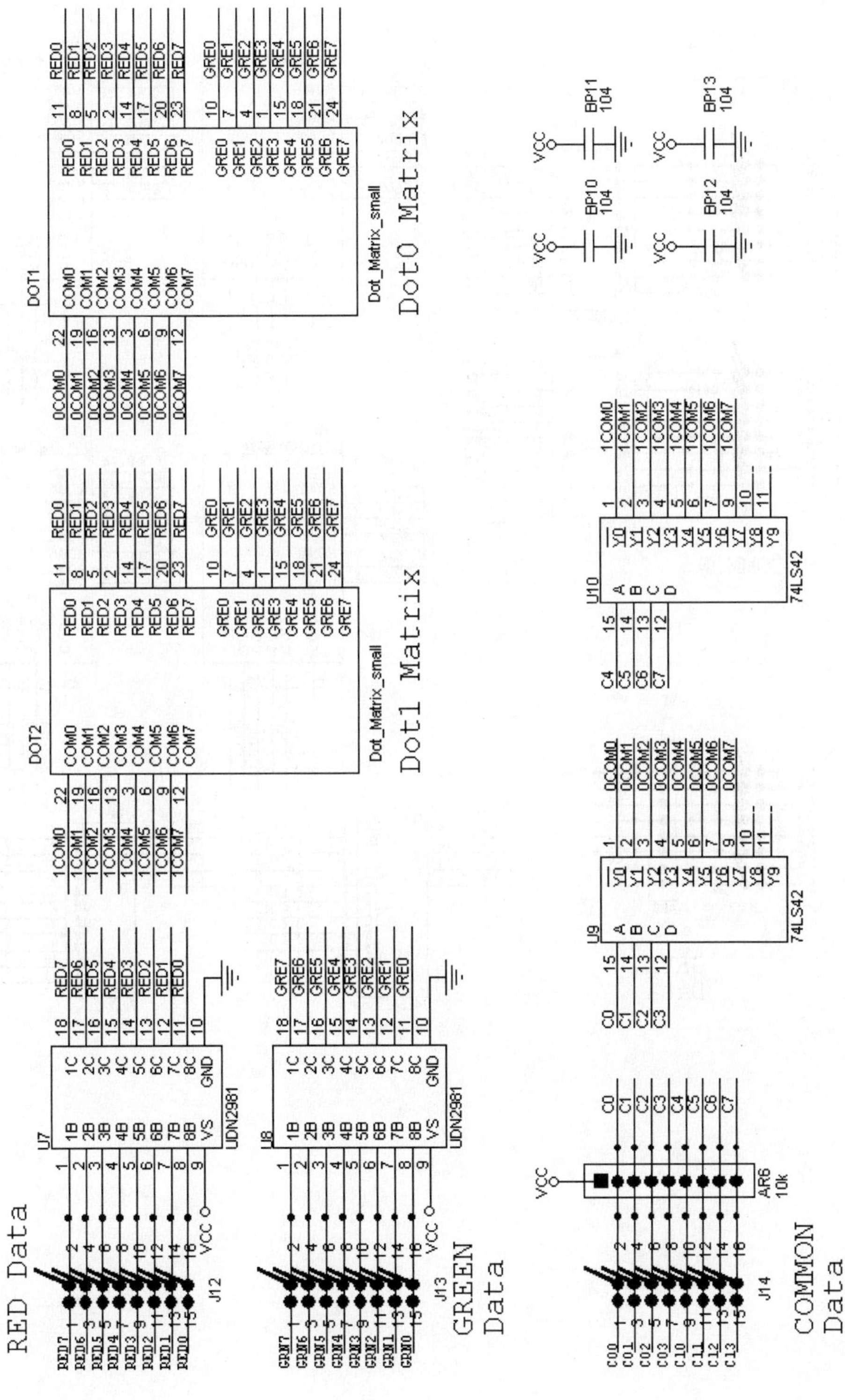

- DOT Matrix-2 제어 회로도

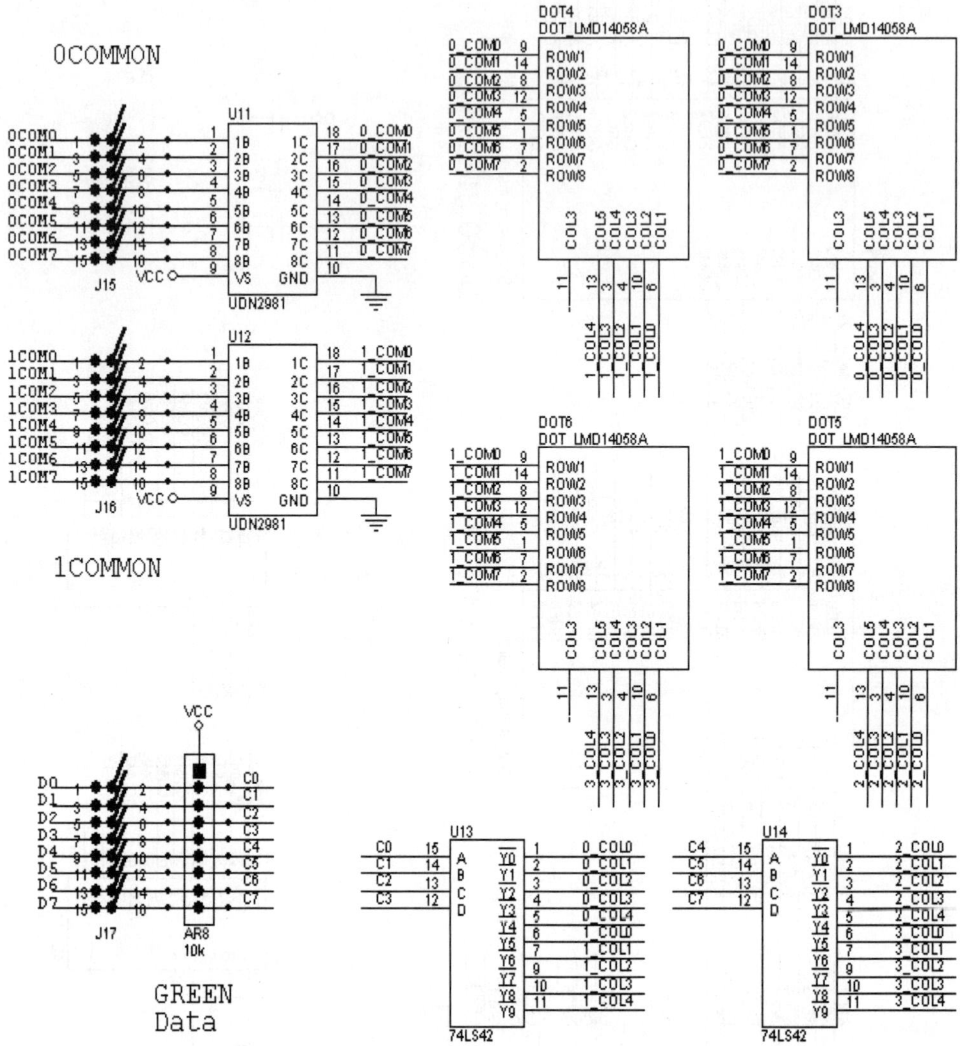

- PIT 8254 제어 회로도

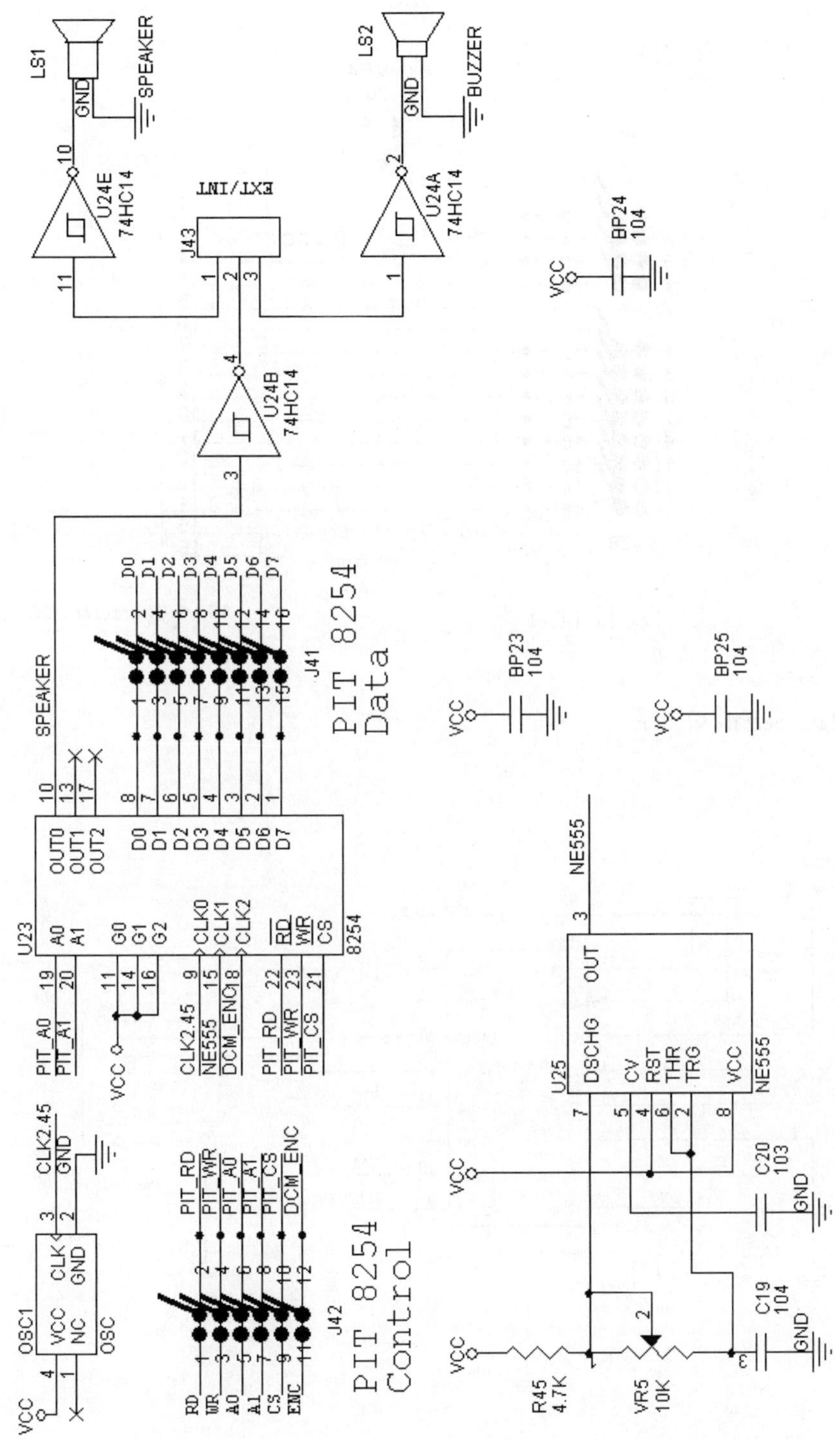

- Character LCD 제어 회로도

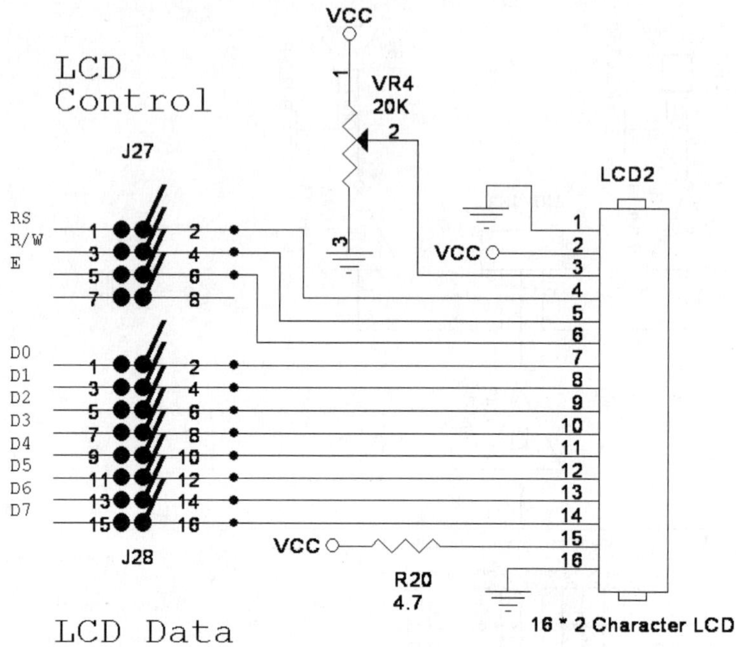

- RS-232C Serial 회로도

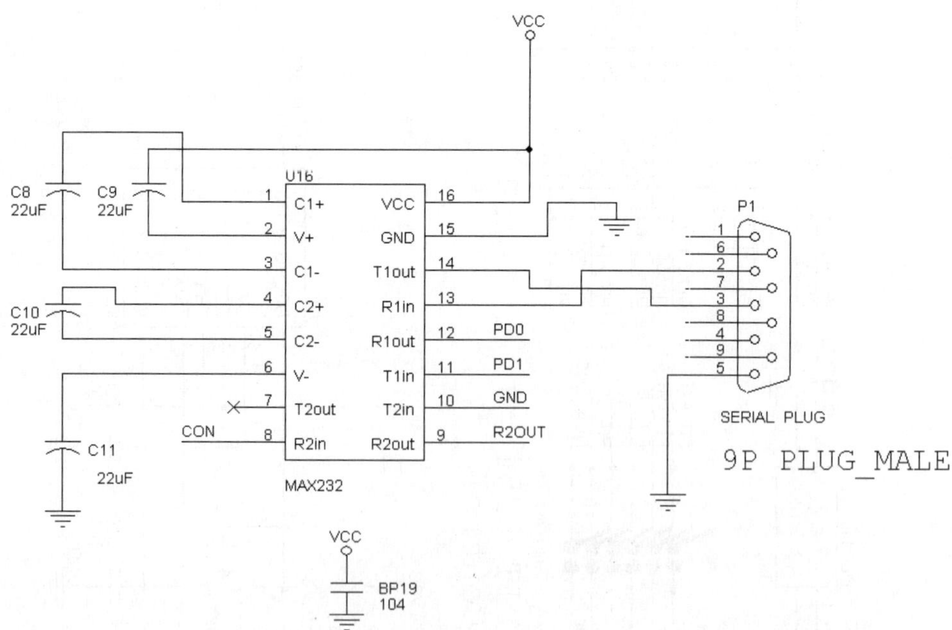

- Graphic LCD 제어 회로도

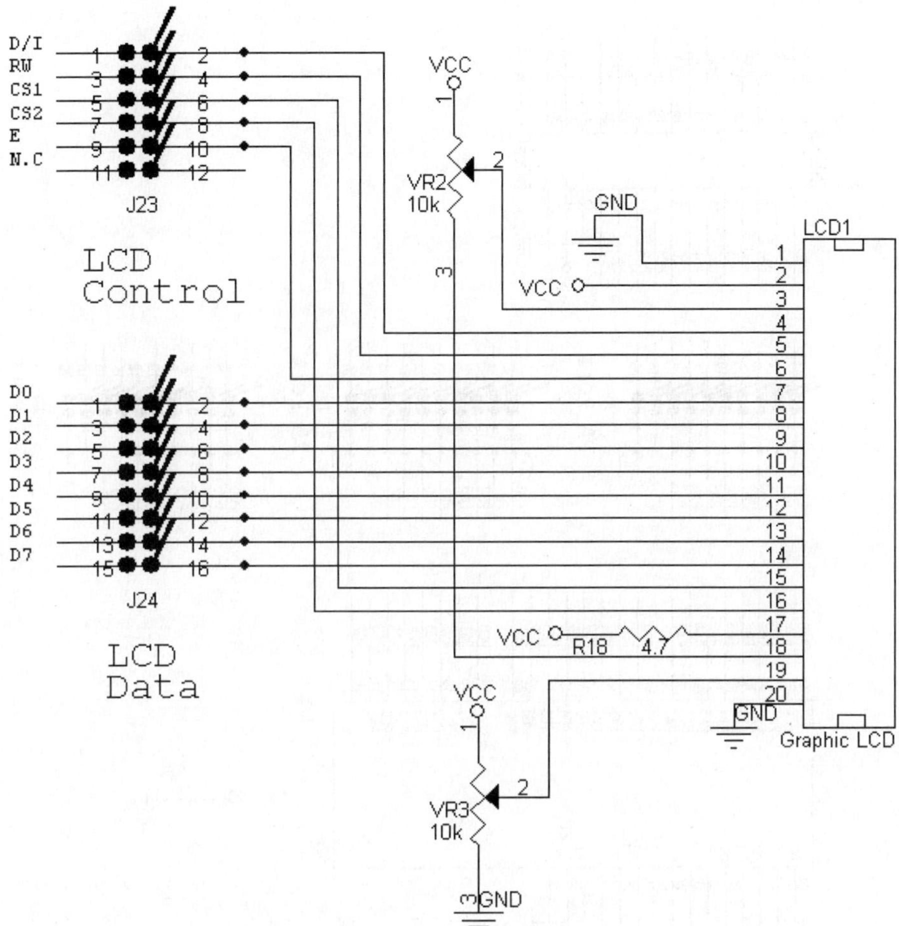

Graphic LCD 회로도

- PPI 8255 제어 회로도

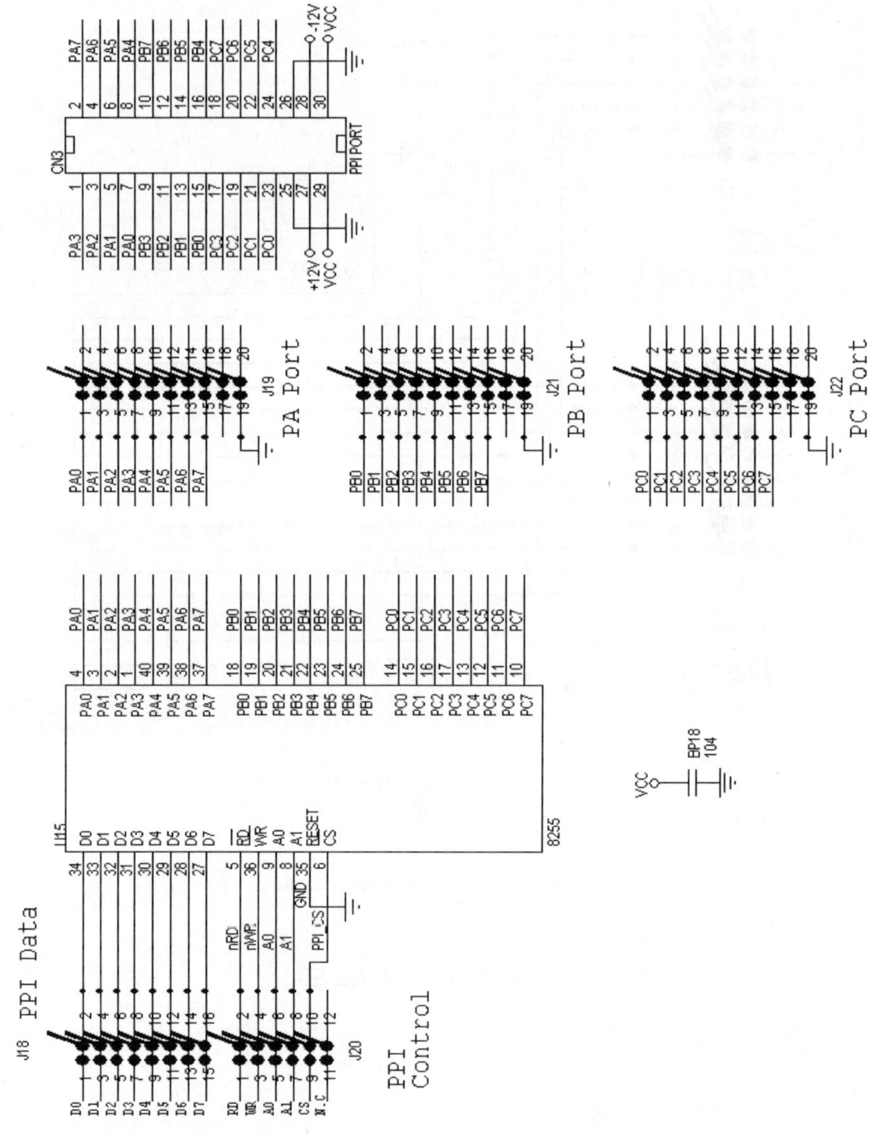

- Printer Port 회로도

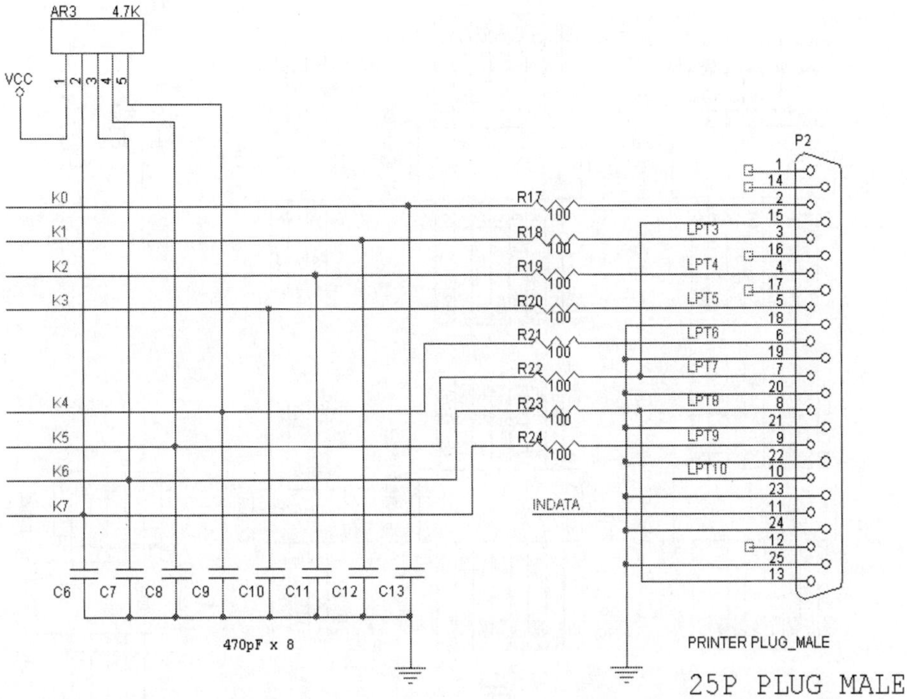

1:1 프린터 케이블 사용

- Connect & Power LED 회로도

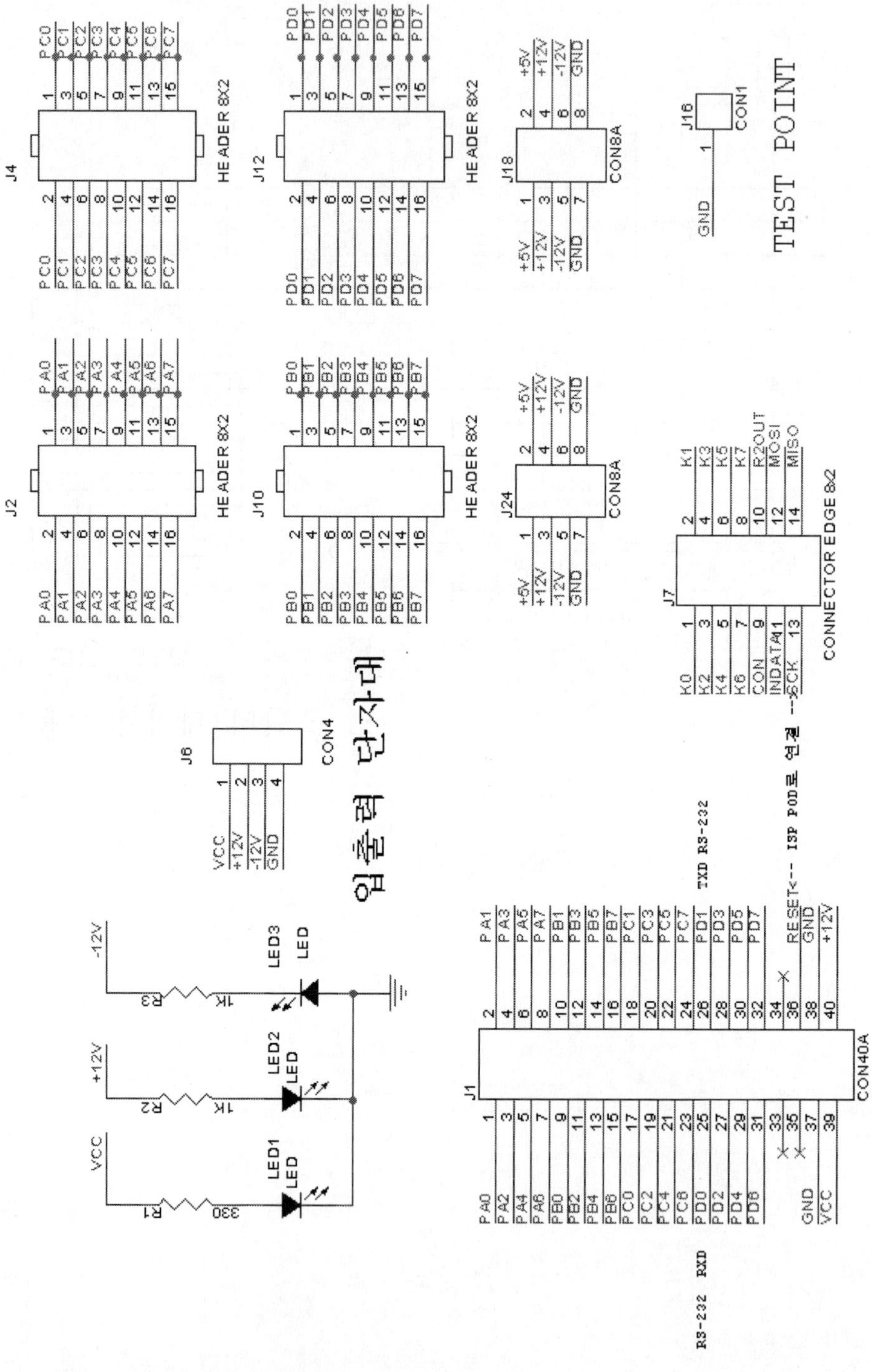

5 ATmega8535_summary

부 록

Features

- High-performance, Low-power AVR® 8-bit Microcontroller
- Advanced RISC Architecture
  - 130 Powerful Instructions – Most Single Clock Cycle Execution
  - 32 x 8 General Purpose Working Registers
  - Fully Static Operation
  - Up to 16 MIPS Throughput at 16 MHz
  - On-chip 2-cycle Multiplier
- Nonvolatile Program and Data Memories
  - 8K Bytes of In-System Self-Programmable Flash
    Endurance: 10,000 Write/Erase Cycles
  - Optional Boot Code Section with Independent Lock Bits
    In-System Programming by On-chip Boot Program
    True Read-While-Write Operation
  - 512 Bytes EEPROM
    Endurance: 100,000 Write/Erase Cycles
  - 512 Bytes Internal SRAM
  - Programming Lock for Software Security
- Peripheral Features
  - Two 8-bit Timer/Counters with Separate Prescalers and Compare Modes
  - One 16-bit Timer/Counter with Separate Prescaler, Compare Mode, and Capture Mode
  - Real Time Counter with Separate Oscillator
  - Four PWM Channels
  - 8-channel, 10-bit ADC
    8 Single-ended Channels
    7 Differential Channels for TQFP Package Only
    2 Differential Channels with Programmable Gain at 1x, 10x, or 200x for TQFP Package Only
  - Byte-oriented Two-wire Serial Interface
  - Programmable Serial USART
  - Master/Slave SPI Serial Interface
  - Programmable Watchdog Timer with Separate On-chip Oscillator
  - On-chip Analog Comparator
- Special Microcontroller Features
  - Power-on Reset and Programmable Brown-out Detection
  - Internal Calibrated RC Oscillator
  - External and Internal Interrupt Sources
  - Six Sleep Modes: Idle, ADC Noise Reduction, Power-save, Power-down, Standby and Extended Standby
- I/O and Packages
  - 32 Programmable I/O Lines
  - 40-pin PDIP, 44-lead TQFP, 44-lead PLCC, and 44-pad QFN/MLF
- Operating Voltages
  - 2.7 - 5.5V for ATmega8535L
  - 4.5 - 5.5V for ATmega8535
- Speed Grades
  - 0 - 8 MHz for ATmega8535L
  - 0 - 16 MHz for ATmega8535

8-bit AVR® Microcontroller with 8K Bytes In-System Programmable Flash

ATmega8535
ATmega8535L

Summary

2502KS–AVR–10/06

Note: This is a summary document. A complete document is available on our Web site at www.atmel.com.

Pin Configurations

Figure 1. Pinout ATmega8535

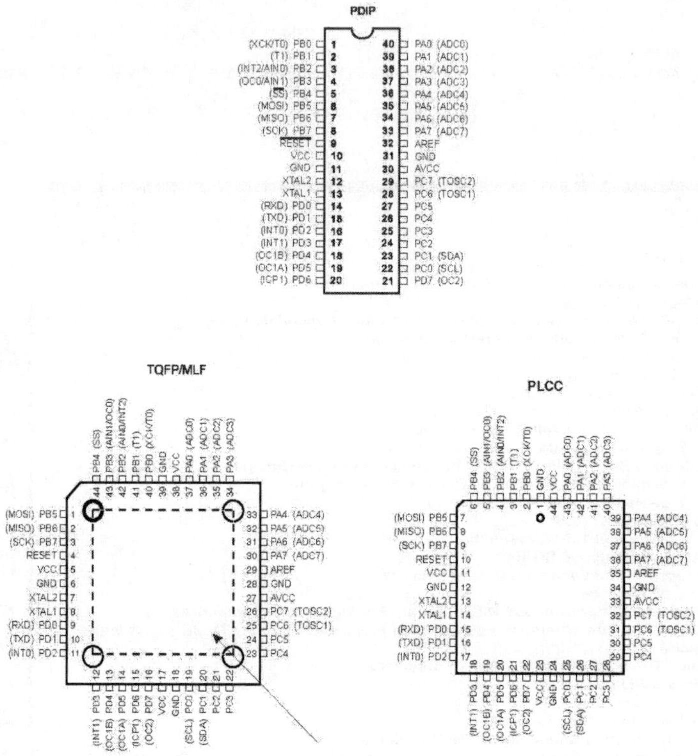

NOTE: MLF Bottom pad should be soldered to ground.

Disclaimer

Typical values contained in this data sheet are based on simulations and characterization of other AVR microcontrollers manufactured on the same process technology. Min and Max values will be available after the device is characterized.

Overview

The ATmega8535 is a low-power CMOS 8-bit microcontroller based on the AVR enhanced RISC architecture. By executing instructions in a single clock cycle, the ATmega8535 achieves throughputs approaching 1 MIPS per MHz allowing the system designer to optimize power consumption versus processing speed.

Block Diagram

Figure 2. Block Diagram

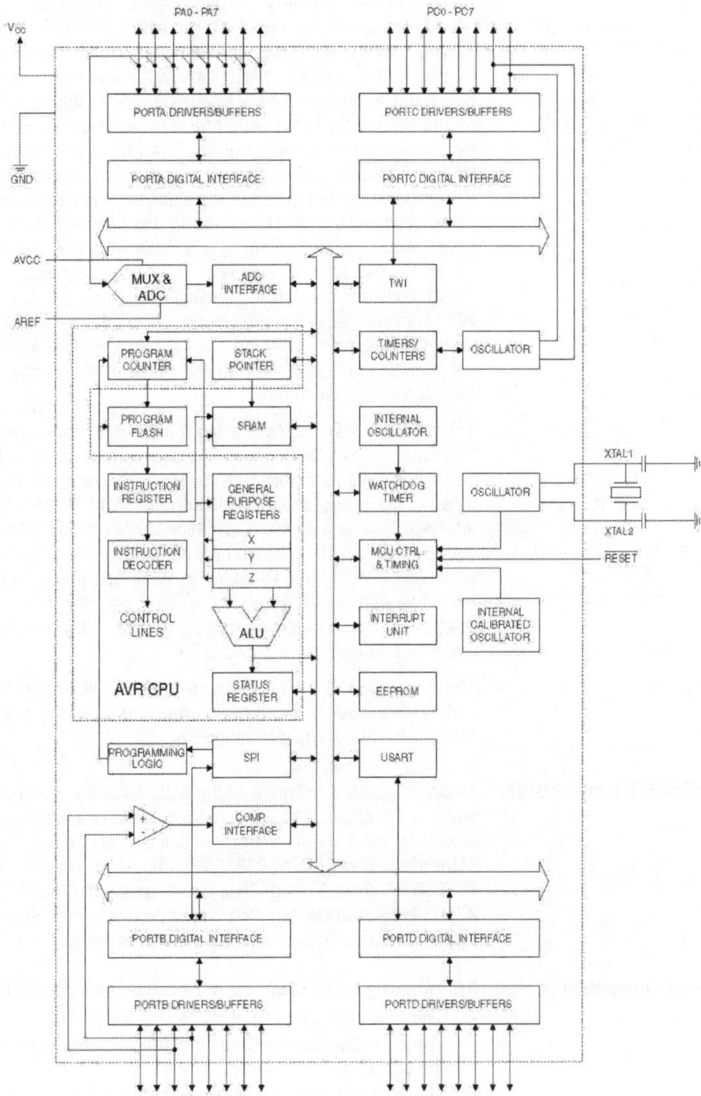

The AVR core combines a rich instruction set with 32 general purpose working registers. All 32 registers are directly connected to the Arithmetic Logic Unit (ALU), allowing two independent registers to be accessed in one single instruction executed in one clock cycle. The resulting architecture is more code efficient while achieving throughputs up to ten times faster than conventional CISC microcontrollers.

The ATmega8535 provides the following features: 8K bytes of In-System Programmable Flash with Read-While-Write capabilities, 512 bytes EEPROM, 512 bytes SRAM, 32 general purpose I/O lines, 32 general purpose working registers, three flexible Timer/Counters with compare modes, internal and external interrupts, a serial programmable USART, a byte oriented Two-wire Serial Interface, an 8-channel, 10-bit ADC with optional differential input stage with programmable gain in TQFP package, a programmable Watchdog Timer with Internal Oscillator, an SPI serial port, and six software selectable power saving modes. The Idle mode stops the CPU while allowing the SRAM, Timer/Counters, SPI port, and interrupt system to continue functioning. The Power-down mode saves the register contents but freezes the Oscillator, disabling all other chip functions until the next interrupt or Hardware Reset. In Power-save mode, the asynchronous timer continues to run, allowing the user to maintain a timer base while the rest of the device is sleeping. The ADC Noise Reduction mode stops the CPU and all I/O modules except asynchronous timer and ADC, to minimize switching noise during ADC conversions. In Standby mode, the crystal/resonator Oscillator is running while the rest of the device is sleeping. This allows very fast start-up combined with low-power consumption. In Extended Standby mode, both the main Oscillator and the asynchronous timer continue to run.

The device is manufactured using Atmel's high density nonvolatile memory technology. The On-chip ISP Flash allows the program memory to be reprogrammed In-System through an SPI serial interface, by a conventional nonvolatile memory programmer, or by an On-chip Boot program running on the AVR core. The boot program can use any interface to download the application program in the Application Flash memory. Software in the Boot Flash section will continue to run while the Application Flash section is updated, providing true Read-While-Write operation. By combining an 8-bit RISC CPU with In-System Self-Programmable Flash on a monolithic chip, the Atmel ATmega8535 is a powerful microcontroller that provides a highly flexible and cost effective solution to many embedded control applications.

The ATmega8535 AVR is supported with a full suite of program and system development tools including: C compilers, macro assemblers, program debugger/simulators, In-Circuit Emulators, and evaluation kits.

AT90S8535 Compatibility

The ATmega8535 provides all the features of the AT90S8535. In addition, several new features are added. The ATmega8535 is backward compatible with AT90S8535 in most cases. However, some incompatibilities between the two microcontrollers exist. To solve this problem, an AT90S8535 compatibility mode can be selected by programming the S8535C fuse. ATmega8535 is pin compatible with AT90S8535, and can replace the AT90S8535 on current Printed Circuit Boards. However, the location of fuse bits and the electrical characteristics differs between the two devices.

AT90S8535 Compatibility Mode

Programming the S8535C fuse will change the following functionality:

- The timed sequence for changing the Watchdog Time-out period is disabled. See "Timed Sequences for Changing the Configuration of the Watchdog Timer" on page 45 for details.
- The double buffering of the USART Receive Register is disabled. See "AVR USART vs. AVR UART – Compatibility" on page 146 for details.

Pin Descriptions

V_{CC} Digital supply voltage.

GND Ground.

Port A (PA7..PA0) Port A serves as the analog inputs to the A/D Converter.

Port A also serves as an 8-bit bi-directional I/O port, if the A/D Converter is not used. Port pins can provide internal pull-up resistors (selected for each bit). The Port A output buffers have symmetrical drive characteristics with both high sink and source capability. When pins PA0 to PA7 are used as inputs and are externally pulled low, they will source current if the internal pull-up resistors are activated. The Port A pins are tri-stated when a reset condition becomes active, even if the clock is not running.

Port B (PB7..PB0) Port B is an 8-bit bi-directional I/O port with internal pull-up resistors (selected for each bit). The Port B output buffers have symmetrical drive characteristics with both high sink and source capability. As inputs, Port B pins that are externally pulled low will source current if the pull-up resistors are activated. The Port B pins are tri-stated when a reset condition becomes active, even if the clock is not running.

Port B also serves the functions of various special features of the ATmega8535 as listed on page 60.

Port C (PC7..PC0) Port C is an 8-bit bi-directional I/O port with internal pull-up resistors (selected for each bit). The Port C output buffers have symmetrical drive characteristics with both high sink and source capability. As inputs, Port C pins that are externally pulled low will source current if the pull-up resistors are activated. The Port C pins are tri-stated when a reset condition becomes active, even if the clock is not running.

Port D (PD7..PD0) Port D is an 8-bit bi-directional I/O port with internal pull-up resistors (selected for each bit). The Port D output buffers have symmetrical drive characteristics with both high sink and source capability. As inputs, Port D pins that are externally pulled low will source current if the pull-up resistors are activated. The Port D pins are tri-stated when a reset condition becomes active, even if the clock is not running.

Port D also serves the functions of various special features of the ATmega8535 as listed on page 64.

$\overline{\text{RESET}}$ Reset input. A low level on this pin for longer than the minimum pulse length will generate a reset, even if the clock is not running. The minimum pulse length is given in Table 15 on page 37. Shorter pulses are not guaranteed to generate a reset.

XTAL1 Input to the inverting Oscillator amplifier and input to the internal clock operating circuit.

XTAL2 Output from the inverting Oscillator amplifier.

AVCC AVCC is the supply voltage pin for Port A and the A/D Converter. It should be externally connected to V_{CC}, even if the ADC is not used. If the ADC is used, it should be connected to V_{CC} through a low-pass filter.

AREF AREF is the analog reference pin for the A/D Converter.

Resources

A comprehensive set of development tools, application notes and datasheets are available for download on http://www.atmel.com/avr.

About Code Examples

This documentation contains simple code examples that briefly show how to use various parts of the device. These code examples assume that the part specific header file is included before compilation. Be aware that not all C compiler vendors include bit definitions in the header files and interrupt handling in C is compiler dependent. Please confirm with the C Compiler documentation for more details.

Register Summary

Address	Name	Bit 7	Bit 6	Bit 5	Bit 4	Bit 3	Bit 2	Bit 1	Bit 0	Page
0x3F (0x5F)	SREG	I	T	H	S	V	N	Z	C	10
0x3E (0x5E)	SPH	–	–	–	–	–	–	SP9	SP8	12
0x3D (0x5D)	SPL	SP7	SP6	SP5	SP4	SP3	SP2	SP1	SP0	12
0x3C (0x5C)	OCR0	Timer/Counter0 Output Compare Register								85
0x3B (0x5B)	GICR	INT1	INT0	INT2	–	–	–	IVSEL	IVCE	49, 69
0x3A (0x5A)	GIFR	INTF1	INTF0	INTF2	–	–	–	–	–	70
0x39 (0x59)	TIMSK	OCIE2	TOIE2	TICIE1	OCIE1A	OCIE1B	TOIE1	OCIE0	TOIE0	85, 115, 133
0x38 (0x58)	TIFR	OCF2	TOV2	ICF1	OCF1A	OCF1B	TOV1	OCF0	TOV0	86, 116, 134
0x37 (0x57)	SPMCR	SPMIE	RWWSB	–	RWWSRE	BLBSET	PGWRT	PGERS	SPMEN	228
0x36 (0x56)	TWCR	TWINT	TWEA	TWSTA	TWSTO	TWWC	TWEN	–	TWIE	181
0x35 (0x55)	MCUCR	SM2	SE	SM1	SM0	ISC11	ISC10	ISC01	ISC00	32, 68
0x34 (0x54)	MCUCSR	–	ISC2	–	–	WDRF	BORF	EXTRF	PORF	40, 69
0x33 (0x53)	TCCR0	FOC0	WGM00	COM01	COM00	WGM01	CS02	CS01	CS00	83
0x32 (0x52)	TCNT0	Timer/Counter0 (8 Bits)								85
0x31 (0x51)	OSCCAL	Oscillator Calibration Register								30
0x30 (0x50)	SFIOR	ADTS2	ADTS1	ADTS0	–	ACME	PUD	PSR2	PSR10	59,88,135,203,223
0x2F (0x4F)	TCCR1A	COM1A1	COM1A0	COM1B1	COM1B0	FOC1A	FOC1B	WGM11	WGM10	110
0x2E (0x4E)	TCCR1B	ICNC1	ICES1	–	WGM13	WGM12	CS12	CS11	CS10	113
0x2D (0x4D)	TCNT1H	Timer/Counter1 – Counter Register High Byte								114
0x2C (0x4C)	TCNT1L	Timer/Counter1 – Counter Register Low Byte								114
0x2B (0x4B)	OCR1AH	Timer/Counter1 – Output Compare Register A High Byte								114
0x2A (0x4A)	OCR1AL	Timer/Counter1 – Output Compare Register A Low Byte								114
0x29 (0x49)	OCR1BH	Timer/Counter1 – Output Compare Register B High Byte								114
0x28 (0x48)	OCR1BL	Timer/Counter1 – Output Compare Register B Low Byte								114
0x27 (0x47)	ICR1H	Timer/Counter1 – Input Capture Register High Byte								114
0x26 (0x46)	ICR1L	Timer/Counter1 – Input Capture Register Low Byte								114
0x25 (0x45)	TCCR2	FOC2	WGM20	COM21	COM20	WGM21	CS22	CS21	CS20	128
0x24 (0x44)	TCNT2	Timer/Counter2 (8 Bits)								130
0x23 (0x43)	OCR2	Timer/Counter2 Output Compare Register								131
0x22 (0x42)	ASSR	–	–	–	–	AS2	TCN2UB	OCR2UB	TCR2UB	131
0x21 (0x41)	WDTCR	–	–	–	WDCE	WDE	WDP2	WDP1	WDP0	42
0x20[1] (0x40)[1]	UBRRH	URSEL	–	–	–	UBRR[11:8]				169
	UCSRC	URSEL	UMSEL	UPM1	UPM0	USBS	UCSZ1	UCSZ0	UCPOL	167
0x1F (0x3F)	EEARH	–	–	–	–	–	–	–	EEAR8	19
0x1E (0x3E)	EEARL	EEPROM Address Register Low Byte								19
0x1D (0x3D)	EEDR	EEPROM Data Register								19
0x1C (0x3C)	EECR	–	–	–	–	EERIE	EEMWE	EEWE	EERE	19
0x1B (0x3B)	PORTA	PORTA7	PORTA6	PORTA5	PORTA4	PORTA3	PORTA2	PORTA1	PORTA0	66
0x1A (0x3A)	DDRA	DDA7	DDA6	DDA5	DDA4	DDA3	DDA2	DDA1	DDA0	66
0x19 (0x39)	PINA	PINA7	PINA6	PINA5	PINA4	PINA3	PINA2	PINA1	PINA0	66
0x18 (0x38)	PORTB	PORTB7	PORTB6	PORTB5	PORTB4	PORTB3	PORTB2	PORTB1	PORTB0	66
0x17 (0x37)	DDRB	DDB7	DDB6	DDB5	DDB4	DDB3	DDB2	DDB1	DDB0	66
0x16 (0x36)	PINB	PINB7	PINB6	PINB5	PINB4	PINB3	PINB2	PINB1	PINB0	67
0x15 (0x35)	PORTC	PORTC7	PORTC6	PORTC5	PORTC4	PORTC3	PORTC2	PORTC1	PORTC0	67
0x14 (0x34)	DDRC	DDC7	DDC6	DDC5	DDC4	DDC3	DDC2	DDC1	DDC0	67
0x13 (0x33)	PINC	PINC7	PINC6	PINC5	PINC4	PINC3	PINC2	PINC1	PINC0	67
0x12 (0x32)	PORTD	PORTD7	PORTD6	PORTD5	PORTD4	PORTD3	PORTD2	PORTD1	PORTD0	67
0x11 (0x31)	DDRD	DDD7	DDD6	DDD5	DDD4	DDD3	DDD2	DDD1	DDD0	67
0x10 (0x30)	PIND	PIND7	PIND6	PIND5	PIND4	PIND3	PIND2	PIND1	PIND0	67
0x0F (0x2F)	SPDR	SPI Data Register								143
0x0E (0x2E)	SPSR	SPIF	WCOL	–	–	–	–	–	SPI2X	143
0x0D (0x2D)	SPCR	SPIE	SPE	DORD	MSTR	CPOL	CPHA	SPR1	SPR0	141
0x0C (0x2C)	UDR	USART I/O Data Register								164
0x0B (0x2B)	UCSRA	RXC	TXC	UDRE	FE	DOR	PE	U2X	MPCM	165
0x0A (0x2A)	UCSRB	RXCIE	TXCIE	UDRIE	RXEN	TXEN	UCSZ2	RXB8	TXB8	166
0x09 (0x29)	UBRRL	USART Baud Rate Register Low Byte								169
0x08 (0x28)	ACSR	ACD	ACBG	ACO	ACI	ACIE	ACIC	ACIS1	ACIS0	203
0x07 (0x27)	ADMUX	REFS1	REFS0	ADLAR	MUX4	MUX3	MUX2	MUX1	MUX0	219
0x06 (0x26)	ADCSRA	ADEN	ADSC	ADATE	ADIF	ADIE	ADPS2	ADPS1	ADPS0	221
0x05 (0x25)	ADCH	ADC Data Register High Byte								222
0x04 (0x24)	ADCL	ADC Data Register Low Byte								222
0x03 (0x23)	TWDR	Two-wire Serial Interface Data Register								183
0x02 (0x22)	TWAR	TWA6	TWA5	TWA4	TWA3	TWA2	TWA1	TWA0	TWGCE	183
0x01 (0x21)	TWSR	TWS7	TWS6	TWS5	TWS4	TWS3	–	TWPS1	TWPS0	183

Register Summary (Continued)

Address	Name	Bit 7	Bit 6	Bit 5	Bit 4	Bit 3	Bit 2	Bit 1	Bit 0	Page
0x00 (0x20)	TWBR	Two-wire Serial Interface Bit Rate Register								181

Notes:
1. Refer to the USART description for details on how to access UBRRH and UCSRC.
2. For compatibility with future devices, reserved bits should be written to zero if accessed. Reserved I/O memory addresses should never be written.
3. Some of the status flags are cleared by writing a logical one to them. Note that the CBI and SBI instructions will operate on all bits in the I/O Register, writing a one back into any flag read as set, thus clearing the flag. The CBI and SBI instructions work with registers 0x00 to 0x1F only.

Instruction Set Summary

Mnemonics	Operands	Description	Operation	Flags	#Clocks
ARITHMETIC AND LOGIC INSTRUCTIONS					
ADD	Rd, Rr	Add two Registers	Rd ← Rd + Rr	Z,C,N,V,H	1
ADC	Rd, Rr	Add with Carry two Registers	Rd ← Rd + Rr + C	Z,C,N,V,H	1
ADIW	Rdl,K	Add Immediate to Word	Rdh:Rdl ← Rdh:Rdl + K	Z,C,N,V,S	2
SUB	Rd, Rr	Subtract two Registers	Rd ← Rd - Rr	Z,C,N,V,H	1
SUBI	Rd, K	Subtract Constant from Register	Rd ← Rd - K	Z,C,N,V,H	1
SBC	Rd, Rr	Subtract with Carry two Registers	Rd ← Rd - Rr - C	Z,C,N,V,H	1
SBCI	Rd, K	Subtract with Carry Constant from Reg.	Rd ← Rd - K - C	Z,C,N,V,H	1
SBIW	Rdl,K	Subtract Immediate from Word	Rdh:Rdl ← Rdh:Rdl - K	Z,C,N,V,S	2
AND	Rd, Rr	Logical AND Registers	Rd ← Rd • Rr	Z,N,V	1
ANDI	Rd, K	Logical AND Register and Constant	Rd ← Rd • K	Z,N,V	1
OR	Rd, Rr	Logical OR Registers	Rd ← Rd v Rr	Z,N,V	1
ORI	Rd, K	Logical OR Register and Constant	Rd ← Rd v K	Z,N,V	1
EOR	Rd, Rr	Exclusive OR Registers	Rd ← Rd ⊕ Rr	Z,N,V	1
COM	Rd	One's Complement	Rd ← 0xFF – Rd	Z,C,N,V	1
NEG	Rd	Two's Complement	Rd ← 0x00 – Rd	Z,C,N,V,H	1
SBR	Rd,K	Set Bit(s) in Register	Rd ← Rd v K	Z,N,V	1
CBR	Rd,K	Clear Bit(s) in Register	Rd ← Rd • (0xFF - K)	Z,N,V	1
INC	Rd	Increment	Rd ← Rd + 1	Z,N,V	1
DEC	Rd	Decrement	Rd ← Rd – 1	Z,N,V	1
TST	Rd	Test for Zero or Minus	Rd ← Rd • Rd	Z,N,V	1
CLR	Rd	Clear Register	Rd ← Rd ⊕ Rd	Z,N,V	1
SER	Rd	Set Register	Rd ← 0xFF	None	1
MUL	Rd, Rr	Multiply Unsigned	R1:R0 ← Rd x Rr	Z,C	2
MULS	Rd, Rr	Multiply Signed	R1:R0 ← Rd x Rr	Z,C	2
MULSU	Rd, Rr	Multiply Signed with Unsigned	R1:R0 ← Rd x Rr	Z,C	2
FMUL	Rd, Rr	Fractional Multiply Unsigned	R1:R0 ← (Rd x Rr) << 1	Z,C	2
FMULS	Rd, Rr	Fractional Multiply Signed	R1:R0 ← (Rd x Rr) << 1	Z,C	2
FMULSU	Rd, Rr	Fractional Multiply Signed with Unsigned	R1:R0 ← (Rd x Rr) << 1	Z,C	2
BRANCH INSTRUCTIONS					
RJMP	k	Relative Jump	PC ← PC + k + 1	None	2
IJMP		Indirect Jump to (Z)	PC ← Z	None	2
RCALL	k	Relative Subroutine Call	PC ← PC + k + 1	None	3
ICALL		Indirect Call to (Z)	PC ← Z	None	3
RET		Subroutine Return	PC ← STACK	None	4
RETI		Interrupt Return	PC ← STACK	I	4
CPSE	Rd,Rr	Compare, Skip if Equal	if (Rd = Rr) PC ← PC + 2 or 3	None	1 / 2 / 3
CP	Rd,Rr	Compare	Rd – Rr	Z, N,V,C,H	1
CPC	Rd,Rr	Compare with Carry	Rd – Rr – C	Z, N,V,C,H	1
CPI	Rd,K	Compare Register with Immediate	Rd – K	Z, N,V,C,H	1
SBRC	Rr, b	Skip if Bit in Register Cleared	if (Rr(b)=0) PC ← PC + 2 or 3	None	1 / 2 / 3
SBRS	Rr, b	Skip if Bit in Register is Set	if (Rr(b)=1) PC ← PC + 2 or 3	None	1 / 2 / 3
SBIC	P, b	Skip if Bit in I/O Register Cleared	if (P(b)=0) PC ← PC + 2 or 3	None	1 / 2 / 3
SBIS	P, b	Skip if Bit in I/O Register is Set	if (P(b)=1) PC ← PC + 2 or 3	None	1 / 2 / 3
BRBS	s, k	Branch if Status Flag Set	if (SREG(s) = 1) then PC←PC+k + 1	None	1 / 2
BRBC	s, k	Branch if Status Flag Cleared	if (SREG(s) = 0) then PC←PC+k + 1	None	1 / 2
BREQ	k	Branch if Equal	if (Z = 1) then PC ← PC + k + 1	None	1 / 2
BRNE	k	Branch if Not Equal	if (Z = 0) then PC ← PC + k + 1	None	1 / 2
BRCS	k	Branch if Carry Set	if (C = 1) then PC ← PC + k + 1	None	1 / 2
BRCC	k	Branch if Carry Cleared	if (C = 0) then PC ← PC + k + 1	None	1 / 2
BRSH	k	Branch if Same or Higher	if (C = 0) then PC ← PC + k + 1	None	1 / 2
BRLO	k	Branch if Lower	if (C = 1) then PC ← PC + k + 1	None	1 / 2
BRMI	k	Branch if Minus	if (N = 1) then PC ← PC + k + 1	None	1 / 2
BRPL	k	Branch if Plus	if (N = 0) then PC ← PC + k + 1	None	1 / 2
BRGE	k	Branch if Greater or Equal, Signed	if (N ⊕ V= 0) then PC ← PC + k + 1	None	1 / 2
BRLT	k	Branch if Less Than Zero, Signed	if (N ⊕ V= 1) then PC ← PC + k + 1	None	1 / 2
BRHS	k	Branch if Half Carry Flag Set	if (H = 1) then PC ← PC + k + 1	None	1 / 2
BRHC	k	Branch if Half Carry Flag Cleared	if (H = 0) then PC ← PC + k + 1	None	1 / 2
BRTS	k	Branch if T Flag Set	if (T = 1) then PC ← PC + k + 1	None	1 / 2
BRTC	k	Branch if T Flag Cleared	if (T = 0) then PC ← PC + k + 1	None	1 / 2
BRVS	k	Branch if Overflow Flag is Set	if (V = 1) then PC ← PC + k + 1	None	1 / 2
BRVC	k	Branch if Overflow Flag is Cleared	if (V = 0) then PC ← PC + k + 1	None	1 / 2
BRIE	k	Branch if Interrupt Enabled	if (I = 1) then PC ← PC + k + 1	None	1 / 2
BRID	k	Branch if Interrupt Disabled	if (I = 0) then PC ← PC + k + 1	None	1 / 2
DATA TRANSFER INSTRUCTIONS					

Mnemonics	Operands	Description	Operation	Flags	#Clocks
MOV	Rd, Rr	Move Between Registers	Rd ← Rr	None	1
MOVW	Rd, Rr	Copy Register Word	Rd+1:Rd ← Rr+1:Rr	None	1
LDI	Rd, K	Load Immediate	Rd ← K	None	1
LD	Rd, X	Load Indirect	Rd ← (X)	None	2
LD	Rd, X+	Load Indirect and Post-Inc.	Rd ← (X), X ← X + 1	None	2
LD	Rd, - X	Load Indirect and Pre-Dec.	X ← X - 1, Rd ← (X)	None	2
LD	Rd, Y	Load Indirect	Rd ← (Y)	None	2
LD	Rd, Y+	Load Indirect and Post-Inc.	Rd ← (Y), Y ← Y + 1	None	2
LD	Rd, - Y	Load Indirect and Pre-Dec.	Y ← Y - 1, Rd ← (Y)	None	2
LDD	Rd,Y+q	Load Indirect with Displacement	Rd ← (Y + q)	None	2
LD	Rd, Z	Load Indirect	Rd ← (Z)	None	2
LD	Rd, Z+	Load Indirect and Post-Inc.	Rd ← (Z), Z ← Z+1	None	2
LD	Rd, -Z	Load Indirect and Pre-Dec.	Z ← Z - 1, Rd ← (Z)	None	2
LDD	Rd, Z+q	Load Indirect with Displacement	Rd ← (Z + q)	None	2
LDS	Rd, k	Load Direct from SRAM	Rd ← (k)	None	2
ST	X, Rr	Store Indirect	(X) ← Rr	None	2
ST	X+, Rr	Store Indirect and Post-Inc.	(X) ← Rr, X ← X + 1	None	2
ST	- X, Rr	Store Indirect and Pre-Dec.	X ← X - 1, (X) ← Rr	None	2
ST	Y, Rr	Store Indirect	(Y) ← Rr	None	2
ST	Y+, Rr	Store Indirect and Post-Inc.	(Y) ← Rr, Y ← Y + 1	None	2
ST	- Y, Rr	Store Indirect and Pre-Dec.	Y ← Y - 1, (Y) ← Rr	None	2
STD	Y+q,Rr	Store Indirect with Displacement	(Y + q) ← Rr	None	2
ST	Z, Rr	Store Indirect	(Z) ← Rr	None	2
ST	Z+, Rr	Store Indirect and Post-Inc.	(Z) ← Rr, Z ← Z + 1	None	2
ST	-Z, Rr	Store Indirect and Pre-Dec.	Z ← Z - 1, (Z) ← Rr	None	2
STD	Z+q,Rr	Store Indirect with Displacement	(Z + q) ← Rr	None	2
STS	k, Rr	Store Direct to SRAM	(k) ← Rr	None	2
LPM		Load Program Memory	R0 ← (Z)	None	3
LPM	Rd, Z	Load Program Memory	Rd ← (Z)	None	3
LPM	Rd, Z+	Load Program Memory and Post-Inc	Rd ← (Z), Z ← Z+1	None	3
SPM		Store Program Memory	(Z) ← R1:R0	None	-
IN	Rd, P	In Port	Rd ← P	None	1
OUT	P, Rr	Out Port	P ← Rr	None	1
PUSH	Rr	Push Register on Stack	STACK ← Rr	None	2
POP	Rd	Pop Register from Stack	Rd ← STACK	None	2
BIT AND BIT-TEST INSTRUCTIONS					
SBI	P,b	Set Bit in I/O Register	I/O(P,b) ← 1	None	2
CBI	P,b	Clear Bit in I/O Register	I/O(P,b) ← 0	None	2
LSL	Rd	Logical Shift Left	Rd(n+1) ← Rd(n), Rd(0) ← 0	Z,C,N,V	1
LSR	Rd	Logical Shift Right	Rd(n) ← Rd(n+1), Rd(7) ← 0	Z,C,N,V	1
ROL	Rd	Rotate Left Through Carry	Rd(0)←C,Rd(n+1)← Rd(n),C←Rd(7)	Z,C,N,V	1
ROR	Rd	Rotate Right Through Carry	Rd(7)←C,Rd(n)← Rd(n+1),C←Rd(0)	Z,C,N,V	1
ASR	Rd	Arithmetic Shift Right	Rd(n) ← Rd(n+1), n=0..6	Z,C,N,V	1
SWAP	Rd	Swap Nibbles	Rd(3..0)←Rd(7..4),Rd(7..4)←Rd(3..0)	None	1
BSET	s	Flag Set	SREG(s) ← 1	SREG(s)	1
BCLR	s	Flag Clear	SREG(s) ← 0	SREG(s)	1
BST	Rr, b	Bit Store from Register to T	T ← Rr(b)	T	1
BLD	Rd, b	Bit load from T to Register	Rd(b) ← T	None	1
SEC		Set Carry	C ← 1	C	1
CLC		Clear Carry	C ← 0	C	1
SEN		Set Negative Flag	N ← 1	N	1
CLN		Clear Negative Flag	N ← 0	N	1
SEZ		Set Zero Flag	Z ← 1	Z	1
CLZ		Clear Zero Flag	Z ← 0	Z	1
SEI		Global Interrupt Enable	I ← 1	I	1
CLI		Global Interrupt Disable	I ← 0	I	1
SES		Set Signed Test Flag	S ← 1	S	1
CLS		Clear Signed Test Flag	S ← 0	S	1
SEV		Set Twos Complement Overflow.	V ← 1	V	1
CLV		Clear Twos Complement Overflow	V ← 0	V	1
SET		Set T in SREG	T ← 1	T	1
CLT		Clear T in SREG	T ← 0	T	1
SEH		Set Half Carry Flag in SREG	H ← 1	H	1
CLH		Clear Half Carry Flag in SREG	H ← 0	H	1
MCU CONTROL INSTRUCTIONS					
NOP		No Operation		None	1

Mnemonics	Operands	Description	Operation	Flags	#Clocks
SLEEP		Sleep	(see specific descr. for Sleep function)	None	1
WDR		Watchdog Reset	(see specific descr. for WDR/Timer)	None	1
BREAK		Break	For On-chip Debug Only	None	N/A

Ordering Information

Speed (MHz)	Power Supply	Ordering Code	Package[1]	Operation Range
8	2.7 - 5.5V	ATmega8535L-8AC ATmega8535L-8PC ATmega8535L-8JC ATmega8535L-8MC	44A 40P6 44J 44M1	Commercial (0°C to 70°C)
		ATmega8535L-8AI ATmega8535L-8PI ATmega8535L-8JI ATmega8535L-8MI ATmega8535L-8AU[2] ATmega8535L-8PU[2] ATmega8535L-8JU[2] ATmega8535L-8MU[2]	44A 40P6 44J 44M1 44A 40P6 44J 44M1	Industrial (-40°C to 85°C)
16	4.5 - 5.5V	ATmega8535-16AC ATmega8535-16PC ATmega8535-16JC ATmega8535-16MC	44A 40P6 44J 44M1	Commercial (0°C to 70°C)
		ATmega8535-16AI ATmega8535-16PI ATmega8535-16JI ATmega8535-16MI ATmega8535-16AU[2] ATmega8535-16PU[2] ATmega8535-16JU[2] ATmega8535-16MU[2]	44A 40P6 44J 44M1 44A 40P6 44J 44M1	Industrial (-40°C to 85°C)

Note: 1. This device can also be supplied in wafer form. Please contact your local Atmel sales office for detailed ordering information and minimum quantities..

2. Pb-free packaging alternative, complies to the European Directive for Restriction of Hazardous Substances (RoHS directive).Also Halide free and fully Green.

Package Type	
44A	44-lead, Thin (1.0 mm) Plastic Gull Wing Quad Flat Package (TQFP)
40P6	40-pin, 0.600" Wide, Plastic Dual Inline Package (PDIP)
44J	44-lead, Plastic J-leaded Chip Carrier (PLCC)
44M1-A	44-pad, 7 x 7 x 1.0 mm body, lead pitch 0.50 mm, Quad Flat No-Lead/Micro Lead Frame Package (QFN/MLF)

Packaging Information

44A

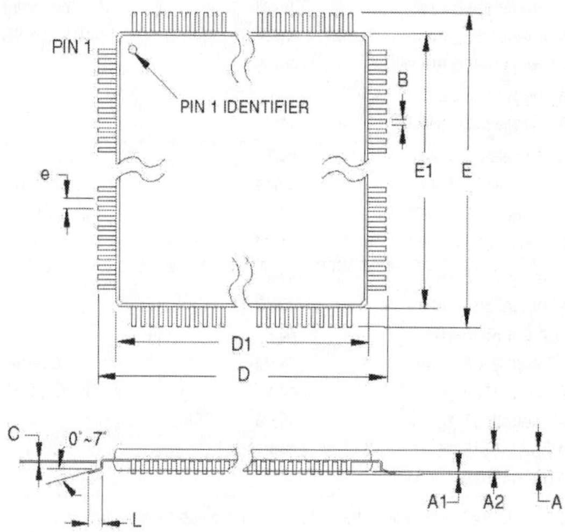

COMMON DIMENSIONS
(Unit of Measure = mm)

SYMBOL	MIN	NOM	MAX	NOTE
A	–	–	1.20	
A1	0.05	–	0.15	
A2	0.95	1.00	1.05	
D	11.75	12.00	12.25	
D1	9.90	10.00	10.10	Note 2
E	11.75	12.00	12.25	
E1	9.90	10.00	10.10	Note 2
B	0.30	–	0.45	
C	0.09	–	0.20	
L	0.45	–	0.75	
e	0.80 TYP			

Notes:
1. This package conforms to JEDEC reference MS-026, Variation ACB.
2. Dimensions D1 and E1 do not include mold protrusion. Allowable protrusion is 0.25 mm per side. Dimensions D1 and E1 are maximum plastic body size dimensions including mold mismatch.
3. Lead coplanarity is 0.10 mm maximum.

10/5/2001

ATMEL 2325 Orchard Parkway San Jose, CA 95131	TITLE **44A,** 44-lead, 10 x 10 mm Body Size, 1.0 mm Body Thickness, 0.8 mm Lead Pitch, Thin Profile Plastic Quad Flat Package (TQFP)	DRAWING NO. 44A	REV. B

40P6

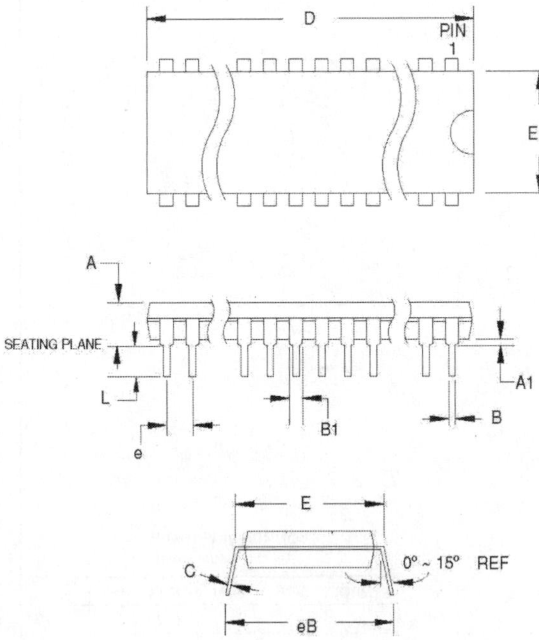

COMMON DIMENSIONS
(Unit of Measure = mm)

SYMBOL	MIN	NOM	MAX	NOTE
A	–	–	4.826	
A1	0.381	–	–	
D	52.070	–	52.578	Note 2
E	15.240	–	15.875	
E1	13.462	–	13.970	Note 2
B	0.356	–	0.559	
B1	1.041	–	1.651	
L	3.048	–	3.556	
C	0.203	–	0.381	
eB	15.494	–	17.526	
e	2.540 TYP			

Notes:
1. This package conforms to JEDEC reference MS-011, Variation AC.
2. Dimensions D and E1 do not include mold Flash or Protrusion. Mold Flash or Protrusion shall not exceed 0.25 mm (0.010").

09/28/01

ATMEL 2325 Orchard Parkway San Jose, CA 95131	TITLE **40P6**, 40-lead (0.600"/15.24 mm Wide) Plastic Dual Inline Package (PDIP)	DRAWING NO. 40P6	REV. B

44J

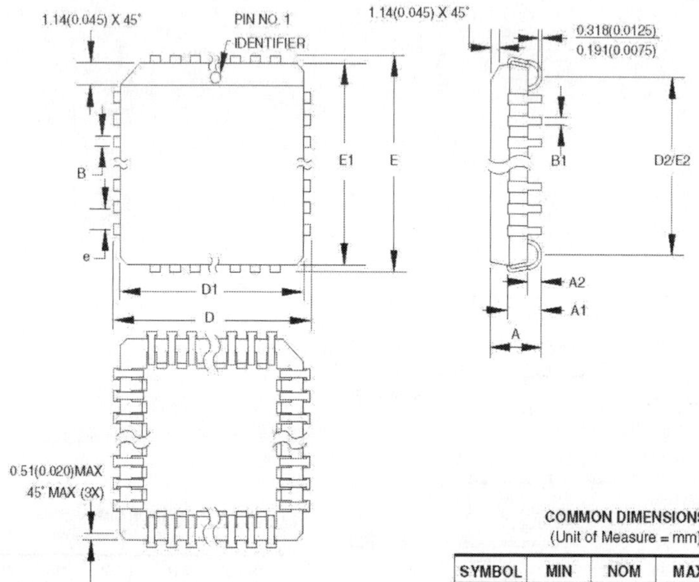

COMMON DIMENSIONS
(Unit of Measure = mm)

SYMBOL	MIN	NOM	MAX	NOTE
A	4.191	–	4.572	
A1	2.286	–	3.048	
A2	0.508	–	–	
D	17.399	–	17.653	
D1	16.510	–	16.662	Note 2
E	17.399	–	17.653	
E1	16.510	–	16.662	Note 2
D2/E2	14.986	–	16.002	
B	0.660	–	0.813	
B1	0.330	–	0.533	
e	1.270 TYP			

Notes:
1. This package conforms to JEDEC reference MS-018, Variation AC.
2. Dimensions D1 and E1 do not include mold protrusion. Allowable protrusion is .010"(0.254 mm) per side. Dimension D1 and E1 include mold mismatch and are measured at the extreme material condition at the upper or lower parting line.
3. Lead coplanarity is 0.004" (0.102 mm) maximum.

10/04/01

2325 Orchard Parkway San Jose, CA 95131	TITLE 44J, 44-lead, Plastic J-leaded Chip Carrier (PLCC)	DRAWING NO. 44J	REV. B

44M1-A

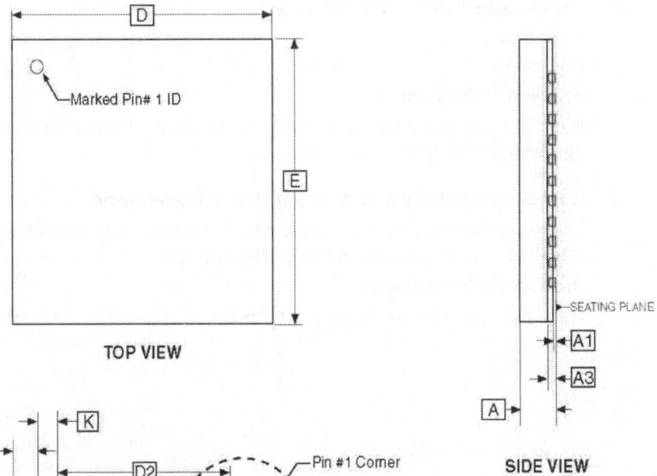

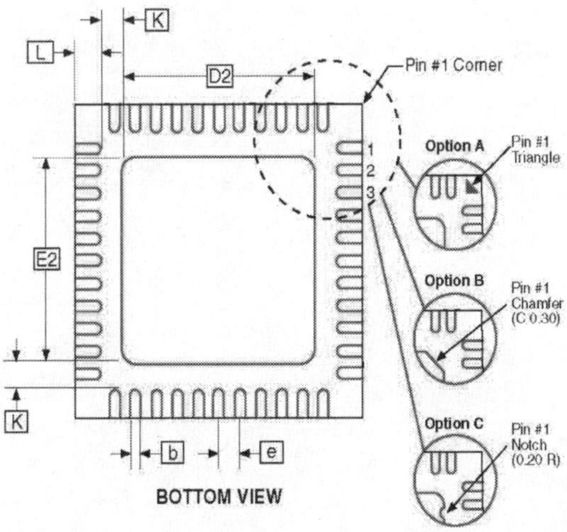

Note: JEDEC Standard MO-220, Fig. 1 (SAW Singulation) VKKD-3.

COMMON DIMENSIONS
(Unit of Measure = mm)

SYMBOL	MIN	NOM	MAX	NOTE
A	0.80	0.90	1.00	
A1	–	0.02	0.05	
A3		0.25 REF		
b	0.18	0.23	0.30	
D	6.90	7.00	7.10	
D2	5.00	5.20	5.40	
E	6.90	7.00	7.10	
E2	5.00	5.20	5.40	
e		0.50 BSC		
L	0.59	0.64	0.69	
K	0.20	0.26	0.41	

5/27/06

	TITLE	DRAWING NO.	REV.
ATMEL 2325 Orchard Parkway San Jose, CA 95131	**44M1**, 44-pad, 7 x 7 x 1.0 mm Body, Lead Pitch 0.50 mm, 5.20 mm Exposed Pad, Micro Lead Frame Package (MLF)	44M1	G

Errata

The revision letter refer to the device revision.

ATmega8535 Rev. A and B

- **First Analog Comparator conversion may be delayed**
- **Asynchronous Oscillator does not stop in Power-down**

1. **First Analog Comparator conversion may be delayed**

   If the device is powered by a slow rising V_{CC}, the first Analog Comparator conversion will take longer than expected on some devices.

   Problem Fix/Workaround

   When the device has been powered or reset, disable then enable the Analog Comparator before the first conversion.

2. **Asynchronous Oscillator does not stop in Power-down**

   The asynchronous oscillator does not stop when entering Power-down mode. This leads to higher power consumption than expected.

   Problem Fix/Workaround

   Manually disable the asynchronous timer before entering Power-down.

Datasheet Revision History

Please note that the referring page numbers in this section are referring to this document. The referring revision in this section are referring to the document revision.

Changes from Rev. 2502J- 08/06 to Rev. 2502K- 10/06

1. Updated TOP/BOTTOM description for all Timer/Counters Fast PWM mode.
2. Updated "Errata" on page 18.

Changes from Rev. 2502I- 06/06 to Rev. 2502J- 08/06

1. Updated "Ordering Information" on page 13.

Changes from Rev. 2502H- 04/06 to Rev. 2502I- 06/06

1. Updated code example "USART Initialization" on page 150.

Changes from Rev. 2502G- 04/05 to Rev. 2502H- 04/06

1. Added "Resources" on page 6.
2. Updated Table 7 on page 29, Table 17 on page 42 and Table 111 on page 258.
3. Updated "Serial Peripheral Interface – SPI" on page 136.
4. Updated note in "Bit Rate Generator Unit" on page 180.

Changes from Rev. 2502F- 06/04 to Rev. 2502G- 04/05

1. Removed "Preliminary" and TBD's.
2. Updated Table 37 on page 69 and Table 113 on page 261.
3. Updated "Electrical Characteristics" on page 255.
4. Updated "Ordering Information" on page 13.

Changes from Rev. 2502E-12/03 to Rev. 2502G-06/04

1. MLF-package alternative changed to "Quad Flat No-Lead/Micro Lead Frame Package QFN/MLF".

Changes from Rev. 2502E-12/03 to Rev. 2502F-06/04

1. Updated "Reset Characteristics" on page 37.
2. Updated SPH in "Stack Pointer" on page 12.
3. Updated C code in "USART Initialization" on page 150.
4. Updated "Errata" on page 18.

Changes from Rev. 2502D-09/03 to Rev. 2502E-12/03

1. Updated "Calibrated Internal RC Oscillator" on page 29.
2. Added section "Errata" on page 18.

Changes from Rev. 2502C-04/03 to Rev. 2502D-09/03

1. Removed "Advance Information" and some TBD's from the datasheet.
2. Added note to "Pinout ATmega8535" on page 2.
3. Updated "Reset Characteristics" on page 37.
4. Updated "Absolute Maximum Ratings" and "DC Characteristics" in "Electrical Characteristics" on page 255.
5. Updated Table 111 on page 258.
6. Updated "ADC Characteristics" on page 263.
7. Updated "ATmega8535 Typical Characteristics" on page 266.
8. Removed CALL and JMP instructions from code examples and "Instruction Set Summary" on page 10.

Changes from Rev. 2502B-09/02 to Rev. 2502C-04/03

1. Updated "Packaging Information" on page 14.
2. Updated Figure 1 on page 2, Figure 84 on page 179, Figure 85 on page 185, Figure 87 on page 191, Figure 98 on page 207.
3. Added the section "EEPROM Write During Power-down Sleep Mode" on page 22.
4. Removed the references to the application notes "Multi-purpose Oscillator" and "32 kHz Crystal Oscillator", which do not exist.
5. Updated code examples on page 44.
6. Removed ADHSM bit.
7. Renamed Port D pin ICP to ICP1. See "Alternate Functions of Port D" on page 64.
8. Added information about PWM symmetry for Timer 0 on page 79 and Timer 2 on page 126.
9. Updated Table 68 on page 169, Table 75 on page 190, Table 76 on page 193, Table 77 on page 196, Table 108 on page 253, Table 113 on page 261.
10. Updated description on "Bit 5 – TWSTA: TWI START Condition Bit" on page 182.
11. Updated the description in "Filling the Temporary Buffer (Page Loading)" and "Performing a Page Write" on page 231.
12. Removed the section description in "SPI Serial Programming Characteristics" on page 254.
13. Updated "Electrical Characteristics" on page 255.

14. Updated "ADC Characteristics" on page 263.

14. Updated "Register Summary" on page 8.

15. Various Timer 1 corrections.

16. Added WD_FUSE period in Table 108 on page 253.

Changes from Rev. 2502A-06/02 to Rev. 2502B-09/02

1. Canged the Endurance on the Flash to 10,000 Write/Erase Cycles.

Atmel Corporation

2325 Orchard Parkway
San Jose, CA 95131, USA
Tel: 1(408) 441-0311
Fax: 1(408) 487-2600

Regional Headquarters

Europe
Atmel Sarl
Route des Arsenaux 41
Case Postale 80
CH-1705 Fribourg
Switzerland
Tel: (41) 26-426-5555
Fax: (41) 26-426-5500

Asia
Room 1219
Chinachem Golden Plaza
77 Mody Road Tsimshatsui
East Kowloon
Hong Kong
Tel: (852) 2721-9778
Fax: (852) 2722-1369

Japan
9F, Tonetsu Shinkawa Bldg.
1-24-8 Shinkawa
Chuo-ku, Tokyo 104-0033
Japan
Tel: (81) 3-3523-3551
Fax: (81) 3-3523-7581

Atmel Operations

Memory
2325 Orchard Parkway
San Jose, CA 95131, USA
Tel: 1(408) 441-0311
Fax: 1(408) 436-4314

Microcontrollers
2325 Orchard Parkway
San Jose, CA 95131, USA
Tel: 1(408) 441-0311
Fax: 1(408) 436-4314

La Chantrerie
BP 70602
44306 Nantes Cedex 3, France
Tel: (33) 2-40-18-18-18
Fax: (33) 2-40-18-19-60

ASIC/ASSP/Smart Cards
Zone Industrielle
13106 Rousset Cedex, France
Tel: (33) 4-42-53-60-00
Fax: (33) 4-42-53-60-01

1150 East Cheyenne Mtn. Blvd.
Colorado Springs, CO 80906, USA
Tel: 1(719) 576-3300
Fax: 1(719) 540-1759

Scottish Enterprise Technology Park
Maxwell Building
East Kilbride G75 0QR, Scotland
Tel: (44) 1355-803-000
Fax: (44) 1355-242-743

RF/Automotive
Theresienstrasse 2
Postfach 3535
74025 Heilbronn, Germany
Tel: (49) 71-31-67-0
Fax: (49) 71-31-67-2340

1150 East Cheyenne Mtn. Blvd.
Colorado Springs, CO 80906, USA
Tel: 1(719) 576-3300
Fax: 1(719) 540-1759

Biometrics/Imaging/Hi-Rel MPU/
High Speed Converters/RF Datacom
Avenue de Rochepleine
BP 123
38521 Saint-Egreve Cedex, France
Tel: (33) 4-76-58-30-00
Fax: (33) 4-76-58-34-80

Literature Requests
www.atmel.com/literature

2502KS–AVR–10/06

저자약력

박 양 수 (朴良洙)
· 공학박사
· 경남정보대학 전자정보계열 교수

신 경 철 (申庚澈)
· 공학박사
· 경남정보대학 전자정보계열 부교수

AVR 8535 중심
One-Chip Microprocessor 실습

2011년 2월 25일 초판1쇄 인쇄
2011년 2월 28일 초판1쇄 발행

저자와의 협의하에 인지생략

저 자 박양수 · 신경철
펴낸이 임 순 재
펴낸곳 **한올출판사**
등록 제11-403호
121 - 849
주 소 서울시 마포구 성산동 133-3 한올빌딩 3층
전 화 (02)376-4298(대표)
팩 스 (02)302-8073
홈페이지 www.hanol.co.kr
e-메 일 hanol@hanol.co.kr
정 가 22,000원

■ ISBN 978 - 89 - 94948 - 01 - 0